人民健康生命线

全国卫生健康系统思想政治工作“一地一品”案例选编

中国卫生健康思想政治工作促进会　编

图书在版编目（CIP）数据

人民健康生命线：全国卫生健康系统思想政治工作“一地一品”案例选编 / 中国卫生健康思想政治工作促进会编 . -- 北京 : 中国人口出版社，2023.6

ISBN 978-7-5101-9081-0

Ⅰ . ①人… Ⅱ . ①中… Ⅲ . ①医疗保健事业 - 政治工作 - 案例 - 中国 Ⅳ . ① D412.62

中国国家版本馆 CIP 数据核字（2023）第 059332 号

人民健康生命线：全国卫生健康系统思想政治工作“一地一品”案例选编

RENMIN JIANKANG SHENGMINGXIAN: QUANGUO WEISHENG JIANKANG XITONG SIXIANG ZHENGZHI GONGZUO “YIDIYIPIN” ANLI XUANBIAN

中国卫生健康思想政治工作促进会　编

责任编辑　张宏君
装帧设计　华兴嘉誉
责任印制　林　鑫　任伟英
出版发行　中国人口出版社
印　　刷　和谐彩艺印刷科技（北京）有限公司
开　　本　710毫米 ×1000毫米　1/16
印　　张　29.25
字　　数　505 千字
版　　次　2023 年 6 月第 1 版
印　　次　2023 年 6 月第 1 次印刷
书　　号　ISBN 978-7-5101-9081-0
定　　价　88.00 元

电子信箱　rkcbs@126.com
总编室电话　（010）83519392
发行部电话　（010）83510481
传　　真　（010）83538190
地　　址　北京市西城区广安门南街 80 号中加大厦
邮政编码　100054

本书编委会

审定委员会

杨建立　郭燕红　曾晟堂　李春华　郭震威

主　编

刘世东

副主编

王华宁　杨　蕊

编　委

王山　胡红濮　冯芮华　王会永　魏　萍　荆伟龙

前言

初心如磐，使命在肩。中国卫生健康思想政治工作促进会坚持以习近平新时代中国特色社会主义思想为指导，深入贯彻落实党中央、国务院《关于新时代加强和改进思想政治工作的意见》，围绕卫生健康事业高质量发展大局，聚焦新时代卫生健康思想政治工作新任务新要求，充分发挥参谋助手、桥梁纽带和平台示范作用，带动全系统扎实推进思想政治工作，筑牢卫生健康工作的生命线，为推动新时代卫生健康事业高质量发展提供坚实思想保障和强大精神动力。

回首来路，中国卫生健康思想政治工作促进会立足全国卫生健康系统实际，在建品牌、树典型、增活力上下功夫，守正创新，积极拓展思路、凝聚力量、整合资源，让榜样和典型立起来、活起来、亮起来。制度建设由顶层设计向落地落实推进，组织实施从立柱架梁向厚积成势迈进，工作运行由配套完备向高效顺畅转变……卫生健康思想政治工作奋楫扬帆，勇立潮头，工作成效花繁果硕，先进典型层出不穷。

先进典型承载着时代的精神，是有形的正能量、鲜活的价值观。2022 年 9 月，中国卫生健康思想政治工作促进会组织开展“一地一品”卫生健康思想政治工作特色品牌案例征集展示活动。活动开展以来，各分会、各省（区、市）卫生健康委以及卫生健康思想政治工作促进会、全国卫生健康系统各单位广泛关注，积极参与，面向基层，深入实际挖掘整理了一大批卫生健康思想政治工作的先进典型。征集到的典型案例以身边人说身边事、以小切口见大图景，生动展现了近年来全国卫生健康系统思想政治工作创新实践的丰硕成果。经专家评选，筛选出活动经常、群众认可、案例新颖的先进典型案例 30 个、优秀案例 100 个入编本书。全书牢牢把握正确政治方向、舆论导向、价值取向，坚持全方位、多角度、深层次的原则，全景展现卫生健康思想政治工作典型。

希望通过本书的编辑出版，带动全国卫生健康系统各单位重视思想政治工作，提升卫生健康思想政治工作影响力、号召力，形成学习先进、崇尚先进的浓厚氛围。

我们相信，有这本书中榜样和典型的示范带动，广大卫生健康思想政治工作者通过学习榜样，赶超典型，朝乾夕惕，笃行不怠，牢记使命，彰显担当，会进一步让品牌发亮，让典型赋能，激发正能量，展现新作为，凝心聚力，为推动新时代卫生健康事业高质量发展而努力奋斗。

本书编委会

2023 年 5 月

目录

CONTENTS

典型案例（30个）

优秀案例（100 个）

典型案例（30 个）

打通专业教育与思政教育 协同育人培养高素质人才

中国医学科学院北京协和医学院党委

为贯彻党中央关于加强和改进新形势下高校思想政治工作的意见精神，坚持不懈用习近平新时代中国特色社会主义思想铸魂育人，中国医学科学院北京协和医学院党委通过开展思想政治课（简称思政课）五位一体“行走课堂”系列活动，将马克思主义基本原理、习近平总书记重要论述、院校史、青年师生感悟、基层实践融为一体，创新开展思政课课程育人。

一、基本情况

中国医学科学院北京协和医学院实行院校合一的管理体制，拥有19个研究所、6家附属医院、9个学院、106个院外研发机构。

医学院深入贯彻落实习近平总书记“努力把中国医学科学院建设成为我国医学科技创新体系的核心基地”重要指示精神，坚持科技创新“四个面向”总要求，秉承“承启文化、健全体系、创立机制、拓展资源”的工作方略，在国内率先实施“4+4”临床医学教育模式、开创卓越护理人才贯通培养改革试验班、率先实施医学类准聘长聘教职聘任改革，组建中国医学科学院学术咨询委员会及6大学部，不断深化拓展国际交流合作，为我国人民健康、医学科学事业和医学教育事业发展贡献力量。

二、主要做法

“行走课堂”以立德树人为根本任务，以理想信念教育为核心，以培育和践行社会主义核心价值观为主线，结合医学教育规律、院校教育传统、师生实际需求，创新理念思路、内容形式、方法手段，实现通识教育知识传授与思政课程价值引领相统一，培养德才兼备的高素质医学人才。2022 年 1 月起，每月举办一期，每期围绕一个主题，已成功举办 10 期。

（一）学习马克思主义理论与中国革命史。“行走课堂”第一讲在北京大学红楼开讲。纪念馆常务副馆长杨家毅博士和本校马克思主义学院专家王韶兴教授分别授课，结合北京大学红楼在党史中的特殊作用，讲授马克思主义基本原理与中国具体实践的结合，回顾马克思主义思想在中国的早期传播历程。来自医科院皮肤病医院的教师代表和来自医科院药物所的研究生代表发表听课感言。院校新闻中心的院校史讲解志愿者张倩，通过讲述陈志潜建立农村三级卫生体系和顾方舟研制糖丸护佑亿万儿童等协和先贤的故事，再现了协和人与党和国家风雨同舟、同向同行的百年历程，弘扬了协和历久弥新的精神文化。

（二）学习习近平总书记重要思想和重要指示精神。“行走课堂”第二讲和第三讲分别以学习习近平总书记网络强国的重要思想、关于媒体融合的重要指示精神为主题，与某大型国企和某知名医学新媒体联合举办。将实地参观、理论讲解与师生分享心得相结合，体会医疗健康和信息技术的交流碰撞，帮助学生深刻领会习近平总书记重要思想和重要指示，学深悟透。第八讲围绕《习近平谈治国理政》第四卷开展学习研讨交流，姚建红书记强调要坚定理想信念，对党忠诚；要坚决做到“两个维护”；要立足现实，在实践中增长本领，在奋发有为中践行初心使命。教师代表和学生代表围绕“努力实现高水平科技自立自强”“把握历史主动，坚持党的领导”“维护国家安全，建设美好世界”等分享学习体悟。

（三）学习中国共产党人精神谱系。“行走课堂”第四讲来到北大二院旧址（原北大数学系）、党早期北京组织的诞生地“亢慕义斋”，追思革命先贤，重温党的光辉历史，领悟伟大建党精神，弘扬劳模精神，传承协和文化。北京市高校教学名师、北京协和医院张奉春教授从他偶然学医的经历讲起，提出学医须有 4 个品质：热爱、敬畏、无惧生死与拒绝诱惑。北京市高校青年教学名师、北京协和医院吴东教授结合北大二院旧址的“中国共产党早期北京组织专题展”，讲述协和病历档案中引申而来的红色历史和英烈事迹。

（四）学习党的二十大报告。“行走课堂”第十讲，师生分享观看党的二十大开幕的心得感悟，院校党委书记姚建红给青年学生讲授了中国共产党历次全国代表大会概况等党史知识，讲述了从中共一大到中共二十大，党走过的百年光辉历程，勉励青年学子在新时代新征程上踔厉奋发、奋进作为，传承好协和百年的历史荣光。

（五）研讨医学人文与课程思政。“行走课堂”第七讲和京津冀医学人文与课程思政融合发展研讨会结合，围绕医学院校思政建设、医学人文与课程思政融合等重要主题，探讨医学院校高质量全面发展的路径与方法，特别是在京津冀一体化国家战略的背景下，如何通过医学人文课程教学和研究的专家携手，发挥医学人文在高校课程思政的引领作用。来自京津冀的 8 所院校的专家学者，围绕着医学人文的理论、实践以及课程思政进行了热烈而深入的研讨。

（六）传承职业精神与校史文化。“行走课堂”第五讲恰逢国际护士节，就以“传承南丁格尔精神　护佑人民生命健康”为主题，致敬院校全体护理工作者，表彰优秀护士，传承“敬佑生命、救死扶伤、甘于奉献、大爱无疆”的职业精神。

▲2022 年 4 月 21 日，“行走课堂”第四讲在北大二院旧址“亢慕义斋”举办

三、取得成效

“行走课堂”开讲以来，每月一讲未曾间断。涉及领域包括政治理论、国史党史、医教研产、信息网络等；参加人员有部委领导和教师学生；合作单位有爱国主义教育基地、大型高科技国企、医药新媒体；学习形式有参观考察、课堂讲授、座谈研讨、交流感悟；主题讲者包括临床大家、教学名师、劳动模范、优秀护士、青年学者。取得的成果可概括为四个方面：

（一）探索出了创新的课程形式。“行走课堂”紧密联系社会现实和学生成长实际，根据课程主题变换上课场所、授课形式等，改革创新思想政治工作方法，激发教师的创新动能。通过实践教学、主题教育、文化活动等，把思想政治教育渗透在场所、文化、制度和活动载体中，形成潜移默化的影响力。

（二）全程实现了“围绕立德树人，培育和弘扬社会主义核心价值观”的思政教学。“行走课堂”把培育和弘扬社会主义核心价值观融入课堂教学的全过程，围绕立德树人根本任务，切实把培育和弘扬社会主义核心价值观落实到教育教学和管理服务各个环节。

（三）始终以职业素养涵育为课程中心。推进立德树人融入医学教育思想道德、文化知识、社会实践教育的各个环节，实现社会主义核心价值观的知识体系向社会主义核心价值观的信仰体系的转换，引导学生在服务他人、奉献社会中升华对社会主义核心价值观的认知理解。

（四）实现了思政教育与医学专业人才培养相融合。利用师德高尚、业务精湛的教师队伍和课堂内外各类平台，将课程思政与思政课程结合，在筑牢医学教育思想政治工作“生命线”的同时，也切实增进了医疗、教学、研究、管理各方面的工作。

老专家口述历史让协和记忆更丰满

北京协和医院党委

一、基本情况

北京协和医院成立于1921年，建院之初就志在建成“亚洲最好的医学中心”。一百多年来，协和人以执着的医志、高尚的医德、精湛的医术和严谨的学风书写了辉煌的历史。医院坚持“严谨、求精、勤奋、奉献”的协和精神和“三基”“三严”的现代医学教育理念，形成了以“教授、病案、图书馆”著称的“协和三宝”，培养造就了张孝骞、林巧稚、曾宪九等一代医学大师和多位中国现代医学的领军人物，创建了当今知名的数十家综合及专科医院，对我国医疗卫生事业的发展产生了深远影响。

今日协和，是国家卫生健康委指定的全国疑难重症诊治指导中心，也是高等医学教育和住院医师规范化培训国家级示范基地、临床医学研究和技术创新的国家级核心基地，以学科齐全、技术力量雄厚、特色专科突出、多学科综合优势强大而享誉海内外。医院2021年获批国家医学中心和高质量发展试点医院，拥有国家“双一流”建设学科5个、国家级重点学科20个、国家临床重点专科29个，连续12年蝉联“中国医院排行榜”榜首，先后荣获“全国文明单位”“全国卫生系统先进集体”“全国先进基层党组织”等多项表彰。

二、主要做法

2017年，为迎接北京协和医院建院100周年，回顾协和人秉承传统、励精图治的奋斗史，剖析协和百年基业长青的奥秘，激发协和人再创辉煌的动力，医院设立“老专家口述历史文化传承教育项目”（简称老专家口述历史项目），面向曾为医院发展作出杰出贡献的协和老前辈，以口述历史为主要方式，对个人生命史、亲历的重大历史事件、见证的学科发展历程等口述影像史料进行抢救性采集和整理。

（一）项目坚持严谨规范，注重理论支撑和制度保证。本项目以马克思主义唯物史观为指导，挖掘整理医院历史、文化特色和名医大家的学术思想与高尚医德。在具体实践中，坚持人民至上，坚持自信自立，坚持守正创新，坚持问题导向，坚持系统观念，坚持胸怀天下。结合党史、新中国史、改革开放史、社会主义发展史以及医学史、北京协和医院院史，对老专家口述内容进行补充、甄别，力求做到收集的史料客观、真实。项目组核心成员前往口述历史专业研究机构培训交流，参加相关学术讲座和论坛，同时参考和借鉴其他行业成功案例，阅读国内外口述历史研究文献，打牢理论基础。成立"口述历史品管圈"，定期开展案例分享和文献阅读会，编写《北京协和医院老专家口述历史工作手册》，详细规定了资料收集、提纲撰写、对接联络、正式采访、资料存储、成果展示、反馈感谢等每一个环节的具体要求和标准。通过明确的制度要求，保证项目实施和成果转化的标准化和统一性。

（二）项目坚持以人为本，注重专家个人生命史采集。受访专家主要是医院自 2007 年以来评选的"协和杰出贡献奖"获得者以及国家科技进步奖等国家级奖项获得者，同时兼顾管理岗位的老领导。按照"抢救优先"原则，高龄、身体情况欠佳者优先采集。采访提纲从个人成长和求学经历、学术研究、经历的社会变革、医院和学科发展、共事过的群贤、家庭生活、体会感悟等方面来设计问题，通过个体经历来反映协和历史、中国医学发展史和国家发展进程，以个人记忆汇聚起宝贵的协和记忆、国家记忆。

（三）项目坚持教育功能，注重传承弘扬医学家精神。医学专家口述史的主要价值除提供医学史料外，更重要的是医学家精神的传承和弘扬。项目采访团队以医院的年轻人为主，通过与前辈面对面访谈，可以在思想的交流碰撞中传承协和精神。在成果展示中，选取老专家成长过程中对之产生重要影响的人、事、物，还原和再现大时代背景下由"医学生"成长为"医学家"的心路历程，透过一个个抉择展现协和人的家国情怀，透过一个个病例折射出协和人的医者大爱。医院新媒体、院报、宣教系统、院周会等平台开设老专家口述历史专栏（专题），通过

▲“老专家口述历史文化传承教育项目”采访的部分老专家

刊发访谈录、播放访谈视频，让全院职工感知协和历史、感受协和传统、感悟协和精神，这既是思想政治教育的崭新形式，也是党建和文化建设的创新实践。

（四）项目坚持多元转化，注重全媒体、立体化传播。项目推出图文访谈录，从访谈文稿中摘选精彩的采访实录，“原汁原味”呈现老专家的口述内容。同时，针对全媒体时代的传播特点和受众的阅读习惯，为每位专家制作短片。将项目成果结集出版，《协和记忆——老专家口述历史（第一辑）》收录了项目首批采访的 20 位专家的访谈录。项目积极与权威主流媒体合作，协和口述历史文章和短片先后在新华社、中央广播电视总台、光明日报、“学习强国”学习平台、北京广播电视台、健康报、中国卫生人才杂志、健康中国 App、中国科协官方公众号等平台刊播。

三、取得成效

北京协和医院老专家口述历史项目启动以来，已采访 30 余位协和前辈，平均年龄在 94 岁以上，累计采访时长 7287 分钟、实录文稿 136.4 万字。项目引发社会各界高度关注，并获得良好反响。图文及短片在医院官方媒体平台累计阅读量 100

余万次，知乎平台“百年协和老专家口述史”专题累计浏览量2.16亿次。读者纷纷留言：“每一期都感人至深、引人深思”“每次读后都有心灵净化的感觉”“专栏真好，每期必看”“愿协和精神不断发扬光大”等。在北京协和医院的引领下，许多兄弟医院也开始开展老专家口述历史，有力地促进了医院文化的蓬勃发展。

项目也受到主流媒体的关注。2021年3月18日，北京晚报以“一群年轻人与时间赛跑 为医学泰斗们留下‘口述历史’听协和大家讲百年传奇”为题刊发整版深度报道，详细介绍了项目的开展情况。2021年9月20日，光明日报头版头条以“听，碧瓦灰墙里的大医传奇”为题，再次聚焦协和口述历史项目，通过一个个事例阐释了项目的价值和意义；第五版刊发张抒扬院长关于口述历史项目的署名文章《百年医脉 历久弥坚》。同日，光明日报开设“听医者讲述”专栏，定期连载老专家访谈文章。

项目开展以来，先后荣获多项荣誉。2019年11月，短片《李纯老主任访谈》《罗慰慈教授访谈》分别荣获北京市卫生健康系统第28届“杏林杯”电视片汇映三等奖、优秀奖；2020年1月，短片《查良锭教授访谈》荣获中宣部“学习强国”学习平台“我爱我的祖国”微视频、摄影作品大奖赛二等奖；2020年12月，短片《协和记忆》荣获全国卫生健康影像大会纪录短片金奖；2020年11月，《徐乐天：新中国第一位进藏医师》荣获北京卫生健康系统第十九届“卫生健康好新闻评选”新闻类优秀奖；2021年4月，短片《协和记忆》荣获首都精神文明办“我学楷模 争做榜样”全国大型短视频征集展示活动一等奖；2021年11月，项目入选第七届中国口述历史国际周·国际口述历史项目展；2021年12月，《毕增祺：让肾脏病人回到生活里去》荣获北京市卫生健康系统第二十届“卫生健康好新闻评选”新闻类优秀奖；2022年1月，图书《协和记忆——老专家口述历史（第一辑）》获评2021年度“十大医界好书”；2022年8月，短片《协和记忆》荣获第十二届北京国际电影节短视频单元三等奖。

“医院大使”服务人民百姓 党建引领践行“四个满意”

北京大学人民医院党委

一、医院简介

北京大学人民医院创建于1918年，前身为“中央医院”，中国现代医学先驱伍连德博士任首任院长。作为中国人自行筹资创建的第一家西医综合医院，亚洲第一例异体同基因骨髓移植、中国第一支血源性乙肝疫苗、中国第一台体外震波碎石机，均诞生在这里。经过一个多世纪的发展，医院现已成为集医疗、教学、科研、保健为一体的现代化综合性三级甲等医院。医院拥有1个国家紧急医学救援基地、1个国家临床医学研究中心、1个国家医学中心、11个国家重点学科、5个北京大学研究所和4个北京大学研究中心，1个教育部重点实验室、1个教育部工程研究中心、9个北京市重点实验室、1个北京临床医学研究中心、3个北京国际科技合作基地，19个国家临床重点专科。同时也是国家级人才培养模式示范区、国家级特色专业示范点、国家级教学创新团队。医院人才济济，有国家工程院院士3名、国家高层次人才支持计划人员3名，科技部中青年科技领军人才1名、国家973首席科学家3名，国家杰出青年5名等优秀人才。北京大学人民医院开展一院多区建设，医院目前正在运行6个院区，医疗资源辐射首都核心区、通州副中心、京津冀地区、胶东半岛。

北京大学人民医院坚持“以患者为中心”的初心和使命，为着力提升“患者满意”，建立“医院大使”服务模式，进一步发挥党组织战斗堡垒作用和共产党员先锋模范作用，推动医院党建工作与业务工作深度融合，提高医疗服务水平，为医院高质量发展助力。

二、主要做法

（一）党委主抓，制度保障，搭建“四满意”优质服务体系。坚持党委全面领导，以上率下、党政联合，搭建“四满意”优质服务体系。制定《北京大学人民医院“四满意”优质服务管理工作办法》，工作办法对着装规范、服务态度、敬业精神、廉洁奉公等方面提出了具体要求。建立“四满意”优质服务评价体系，明确了评分方式与奖惩措施，为医院提升服务水平提供了制度保障。

（二）以患者为中心，“医院大使”走向第一线。具体做法如下：

1. 党委主抓，党政联合，建立“医院大使”工作机制。“医院大使”工作由党委主抓，行政职能部门全员参与。目标是建立行政管理人员主动到一线巡查、主动发现问题、解决问题的工作机制，同时加强门诊咨询、投诉协调解决、服务引导、疫情防控指引相关工作。“医院大使”能随时走到患者身边提供最直接的帮助和服务。“医院大使”既是“服务者”也是“观察者”和“管理者”：作为“服务者”，为患者提供更加优质耐心的服务；作为“观察者”，从不同的视觉发现医院管理及服务流程中的问题；作为“管理者”，进一步优化服务流程、规范服务行为。

2. 制度保障，明确要求，制定“医院大使”管理办法。医院党委制定了《北京大学人民医院“医院大使”工作管理办法》，明确了“医院大使”的工作职责和要求，为工作机制的落地提供制度保障。“医院大使”上岗统一着整洁大方、标识清晰的“白马甲”；党员须佩戴党徽，亮明党员身份。“医院大使”上岗时可与职能部门通过对讲机实时沟通，相关部门“接诉即办”，确保各项问题第一时间得到解决。

3. 全员参与，动态管理，保障“医院大使”工作质量。自 2022 年 2 月 15 日设立“医院大使”以来，除孕产期、长期休假人员以外，24 个职能处室共 264 名行政管理人员均参加“医院大使”排班。工作岗位主要设于门诊人流量较大、咨询问题较多的点位。医院根据门诊量、咨询量的动态数据，对“医院大使”的岗位设置进行动态调整，做到按需设岗，保障“医院大使”工作质量，确保机制真正落地。

4. 督办联动，闭环改进，提升“医院大使”工作实效。通过填写“医院大

▲“医院大使”正在帮助患者

使调查意见反馈表”，“医院大使”均可上报服务过程中发现的问题及解决问题的意见建议。设专人对收集的问题建立清单台账，逐条督办整改，形成优质服务的闭环管理，提升工作实效。

三、成效启示

自“医院大使”上岗以来，提出意见建议 114 项，已整改 99 项，正在整改中 15 项。医院在医疗服务、流程优化、院区环境等方面有了显著提升，平均每月 12345 门诊相关投诉量下降 43%。

“医院大使”的工作机制打破了行政管理人员在办公室里工作的传统模式，使他们走向临床一线帮助患者，提升服务意识，同时也为发现医院管理工作安上了一双“慧眼”。

用“榜样说”引领我们砥砺前行

北京市疾病预防控制中心传染病地方病控制所党支部

一、基本情况

北京市疾病预防控制中心传染病地方病控制所（以下简称传地所）党支部现共有党员 37 名，隶属北京市疾病预防控制中心党委。近年来，先后获得中共北京市委、北京市人民政府授予的“北京市抗击新冠疫情先进集体”“北京市模范集体”荣誉称号，获得中共北京市委授予的“北京市先进基层党组织”称号。

传地所承担北京市全市传染病、寄生虫病和地方病的预防控制，开展重大传染病疫情、突发公共卫生事件和不明原因疾病的现场处置等职责。凶险的病毒从未停止过对人民健康的侵袭，传地所每年要对 23 种法定传染病和部分非法定传染病、新发传染病进行持续监测和处理。长期以来，传地所人员形成了为民服务、勇于担当、奉献无畏的精神，工作中也涌现出一批批好榜样。为更好地发挥榜样的力量，近年来，传地所党支部探索设立“榜样说”形式，通过现身说法、示范带头、典型培树等，进一步形成了向榜样看齐、典型引领的良好氛围，为高标准完成疫情处置任务和日常工作提供了不竭的精神动力和丰厚的道德滋养。

二、主要做法

（一）让“榜样说”说出“理与情”，点亮初心的“灯塔”。支部采取让榜样现场说法，传承一心为民的理想信念和忘我无畏的情怀操守。在新职工进行入职培训时，邀请中心首席专家、科内正高级职称人员讲历史传承和传地所的发展历程、职责使命等，增进新职工的身份认同，感悟使命责任。在特殊时期和重要节日活动中，邀请老防疫专家到科所进行座谈，介绍防疫传统，新老同堂回忆往

▲邀请北京冬奥保障先进个人分享体会、交流经验

昔，传授经验，共话发展，薪火相传。在新冠疫情发生以来，先后5次邀请8名老同志回中心授课，讲述防疫心得、传授流调经验，咨询工作方法，为疫情防控出策出力。每年邀请省部级以上荣誉或科技进步奖获得者来中心，分享各自立足岗位建功、刻苦钻研科技课题的心路历程，在热爱疾控事业，献身传染病防控的情怀中达到情感共鸣；从秉承科学精神，集智攻关践行先进性要求的认识中实现思想升华，让为民服务的初心不断传播，开花结果。

（二）让“榜样说”展示“战斗力”，构筑战斗的“堡垒”。支部积极号召党员干部冲锋在前，以实际行动作表率，以点带面，提高整体工作能力。在日常工作中广泛设立党员先锋岗、党员责任区，一些重要岗位、重大事项以及风险性大的工作，让党员冲先锋、挑大梁，以实际行动影响带动群众。在2020年的“新发地新冠疫情”处置中，首批流调队中的党员比例占73%，发挥了很好的示范攻坚作用。组建“党员重大课题攻关队”，研究解决项目领域内的重难点课题，党员带头申报科研项目，展现专业权威、业务过硬的“榜样”素质。新冠疫情中，支部组建疫情防控攻关队，研究解决采样、流调、分析等方面的重难点问题，遇有重大情况随时抽调优先保障任务完成。该攻关队在北京市“西城大爷”“金马工业园”“新发地”等重大流调溯源和疫情分析研判工作中发挥了重大作用。在新冠疫情防控中，派出支援各区疫情处置力量时，无论市专业队如何分组抽调，传地所必须派出一名领导干部带队直接与各区对接，领导带头干，做好群众的排头兵。在流调队伍中设置人员相对固定的工作小组，每个小组由一名经验丰富的老职工和若干名新职工或其他科室抽调人员组成，工作中新人统一向“老榜样”学习看齐，形成了“传帮带”的工作模式，有效提高了队伍整体疫情处理和分析能力。

（三）让“榜样说”亮出“美与和”，凝聚奋进的“家园”。支部充分挖掘身边榜样，积极宣传榜样事迹，全面展现榜样的形象“美”，利用榜样力量，做好关心关爱工作，建设“和”的集体。注重发挥榜样的群众威信普遍高、基础好的特点，积极发展“宣传员”，通过榜样宣传传地所代代传承的“榜样”精神、上级党委工作精神等，弘扬正能量，激发工作热情，凝聚工作的“同心圆”；积极发展“侦查员”，建立桥梁纽带，通过榜样收集了解大家的思想动态，及时向支部反映，支部及时做好关心关爱工作，消除工作中的消极情绪以及职工的后顾之忧。

三、取得成效

近年来，传地所围绕首都公共卫生事业全局，团结带领科所党员职工，高标准完成日常业务工作和各类重大传染病防控、重大国务、政务活动保障等工作，特别是在新冠疫情防控工作中，勇担重任，积极作为，综合运用“榜样说”这一工作方法，有效激发党员职工的工作热情，提高工作能力，营造良好氛围，在疫情防控中发挥了中坚作用，有力地保障了首都人民的身体健康。

（一）党员干部爱岗敬业的事业心更足了。支部常年开展“榜样说”，通过将榜样精神、榜样形象的灌输和展示融入日常教育、党日活动、工作环境和岗位实践，让党员干部能够在时时感悟榜样楷模优秀品质中提升思想境界，进一步坚定了对党信念和为民初心，对待岗位工作更加有责任心，并影响带动广大职工热情对待工作，科室内形成了积极勤奋的良好精神风貌。

（二）党员干部谋事干事的进取心更强了。广大党员干部从“榜样说”中汲取了丰富营养，积极当榜样树先锋，无论是抗击疫情，还是日常工作中，总是冲锋在前，涌现出一批新的榜样。支部积极发挥榜样作用，广泛开展学先进当榜样、岗位竞赛、传帮带等活动，号召广大党员职工对标先进，反省自己，提高能力，敬业履职，提升了想干事、能干事、干成事的能力。近两年来，支部 2 人被评为北京市抗击新冠疫情先进个人，1 人被北京市卫生健康委评为优秀共产党员，5 人被中心表彰先进，3 人因工作表现突出提职使用。

（三）党员干部团结友爱的正气心更浓了。良好的集体就像一个温暖的大家庭，能给人以关心和帮助。支部通过“榜样说”活动，让大家的目标更一致，将心凝聚在了一起，汇聚了力量，团结了集体。广大党员干部的集体精神和团结意识得到了增强，以团结互助为荣，大家大事讲原则，小事讲风格，有事心往一处想，劲往一处使，团结如家，快乐共事，形成了干事创业的强大合力，提升了支部战斗力、凝聚力。

“三以三保”推动思想政治工作创新发展

河北省卫生健康委员会

为推动新时代思想政治工作进一步强起来、实起来，河北省卫生健康委牢牢掌握思想政治工作的领导权和主动权，将思想政治工作作为一切工作的生命线，积极探索实践“三以三保”思想政治工作模式，持续增强时代感、加强针对性、突出实效性、激发主动性，为新时代全省卫生健康事业高质量发展汇聚了强大精神力量、提供了坚强思想保证。

一、以学为本，确保思想政治工作之基“筑得牢”

高擎习近平新时代中国特色社会主义思想伟大旗帜，突出思想引领、强化理论武装，是思想政治工作的“根”和“魂”。河北省卫生健康委坚持把学习贯彻习近平新时代中国特色社会主义思想融入日常、抓在经常，学思用贯通、知信行统一，切实筑牢守初心担使命的思想根基。

（一）在学深悟透中守正。坚持把加强和改进思想政治工作作为一项重大政治任务和经常性、基础性工作，持续开展党组（党委）理论中心组示范学、青年理论小组严肃活泼学、专家辅导引领学、专题读书班系统学、研讨交流深入学、网络平台在线学、社会实践创新学，提升学习教育的时代性、针对性、实效性，全委干部职工学出坚定信仰、学出使命担当、学出过硬党性、学出行业自信，切实增强“四个意识”、坚定“四个自信”、做到“两个维护”。

（二）在专题教育中深化。认真开展“不忘初心、牢记使命”主题教育、党史学习教育、“四史”宣传教育，做到规定动作不走样、自选动作有特色。通过落实“三会一课”“特色主题党日”“机关大课堂”“卫健青年论坛”、专题民主（组织）生活会等各项制度，推动党员干部经常反观内视，扫除思想灰尘、接受灵魂拷问、勇于自我革命，切实把稳思想之舵、筑牢信念之基、坚定政治之魂，推动习近平新时代中国特色社会主义思想铭记脑海、扎根心田、融入血脉。

（三）在学做结合中笃行。用好河北省是白求恩精神发源地的优势，组织广大党员干部赴唐县白求恩纪念馆参观学习，认真学习中国卫生健康发展史、爱国卫生运动史、河北省卫生健康史，广泛开展“修医德、强医能、铸医魂”“我为群众办实事·病有所医”等主题实践活动，努力把学习成果体现到办实事、解难事、开新局上，推动了健康扶贫攻坚、深化医改等重大政治任务落地落实。

二、以快制快，确保思想政治工作之速“跟得上”

思想政治工作是否有效，主要看重要节点和关键时刻能否及时跟进、发挥作用。在新冠疫情防控中，河北省卫生健康委注重发挥思想政治工作统一思想、凝聚共识、鼓舞斗志、团结奋斗的重要作用，坚持关口前移、以快制快，使思想政

▲河北省卫生健康委 2021 年度“两优一先”表彰大会现场

治工作成为这次“战疫”的看家本领、最大特色、最大优势，为夺取“战疫”全面胜利提供了坚强政治保证。

（一）第一时间部署。新冠疫情发生后，立即启动响应机制，作出全面系统部署，及时印发《加强党的领导为打赢疫情防控阻击战提供坚强政治保证的通知》，持续把党的政治优势、组织优势、密切联系群众优势转化为疫情防控的强大政治优势，确保疫情防控中始终高举党的旗帜，为疫情防控工作把住方向盘、矗起顶梁柱，确保抗疫斗争始终沿着正确方向前进。

（二）第一时间发动。生死危急关头，时间就是生命。在与时间赛跑中，第一时间动员全省卫健系统党组织和党员发挥战斗堡垒作用和先锋模范作用，第一时间发出“倡议书”，率先开展“我是党员我带头，防控疫情当先锋”主题活动，迅速吹响抗疫集结号，广大党员和医务人员斗志昂扬、纷纷请缨、整装待发，为这次“战疫”赢得了主动、赢得了先机、赢得了时间。

（三）第一时间冲锋。第一时间组织党员先锋队奔赴流调救治一线，第一时间开通线上抗疫心理咨询服务，第一时间成立党员突击队，把党员战斗堡垒筑在战疫最前沿，谱写了一曲曲以生命赴使命、以大爱护苍生的壮丽战歌，为打赢疫情防控阻击战提供了坚强组织保证。

三、以变应变，确保思想政治工作之力“贴得紧”

面对新形势新任务，卫生健康委的政治属性越来越凸显，对思想政治工作提出了更高要求。为破解难题、打开局面，河北省卫生健康委不断强化政治机关意识教育，因地、因人、因事、因时开展思想政治工作，“贴人”服务、“贴事”发力、“贴变”制变，不断提升思想政治工作的前瞻性、主动性、实效性，积极引导广大干部职工认识新常态、迎接新挑战、展现新作为。

（一）以融合为抓手。坚持把思想政治工作与中心工作和业务工作深度融合、一体推进。特别是针对常态化疫情防控、疫苗接种、健康扶贫、健康河北行动、“四医联动”改革、生育配套政策、“国家三件大事”相关工作及重大任务，始终将思想政治工作贯穿其中，工作每推进一步，思想发动就跟进一步，不断激励干部职工坚定信心、敢打必胜，知重负重、担当作为。

（二）以创新为动力。为确保疫情防控的特殊形势下思想政治工作“不隔离”“不掉线”，积极探索“互联网＋党建＋思政工作”新模式，举办网上培训班、线上研讨交流会，开通“掌上党支部”“线上警示牌”，网上思想政治工作成为常态，思想政治工作更加体现时代性、富于创造性、增强战斗性。河北省卫生健康委“互联网＋党建”的实践探索获中央和国家机关工委党建创新案例一等奖、健康报社评选的“卫生健康行业党建创新最佳实践案例”。

（三）以服务为手段。及时关注新形势下党员干部职工新需求，与时俱进做好暖人心、聚人心、解烦事的关爱帮扶工作。广泛开展“我是党员我帮你”主题实践活动，不断强化谈心谈话、心理疏导、人文关怀、生活帮助、业务帮扶，切实把思想政治工作做到职工心坎上。坚持解决思想问题和解决实际问题相结合，持续深化“我为群众办实事”实践活动，用心用情用力解决好干部职工急难愁盼问题，进一步激发了干部职工建功新时代的动力和活力。

以小见大的“党支部书记微党课比赛”

山西省中医院党委

一、基本情况

山西省中医院成立于1957年，是集医疗、科研、教学、康复和产业为一体，山西省规模最大的三级甲等中医院，是“全国文明单位”，曾多次被评为全国和山西省卫生系统先进集体。山西省中医院在全国三级公立中医院绩效考核中排名第24位，在全国中医药特色优势和科技影响力百强中医院中排名第18位。由于在抗击新冠疫情中表现突出，2020年山西省人社厅、山西省卫生健康委给予山西省中医院集体记大功奖励，同年9月被中共中央、国务院和中央军委授予“全国抗击新冠疫情先进集体”荣誉称号。

医院设有党委1个，党总支1个，党支部14个。其中党委班子成员共9人，党委书记1人，专职副书记1人，纪委书记1人，专职党务干部3人。截至2022年10月底，全院党员共640人。14个党支部中，有13个党支部书记为科主任，15位支委从院内青年优秀专家中选拔而出。

二、主要做法

自2019年起，山西省中医院党委以“小切口、大格局、正能量、易传播”为标准，已举办了三届“党支部书记微党课比赛”（下称微党课比赛）。选手们围绕百年党史、打好新冠疫情防控阻击战、决胜全面小康等主题，结合身边的故事和自身经历，讲百年奋斗，讲家国情怀，讲发展成就，讲时代精神，讲“窗口”经验，讲未来憧憬，用小故事诠释大情怀，以小切口展现大道理，充分激发起广大党员群众“不忘初心跟党走、不负韶华建新功”的奋进力量。形成了常态化、生动化、灵活化的党课宣讲机制，成了有一定影响力的基层党建品牌。

（一）主角明确，全员参与。微党课比赛始于2019年“不忘初心、牢记使命”主题教育活动。要求全院14个党支部必须参加，党支部书记或支部委员必须参加，旨在充分发挥党支部书记的领头雁、排头兵作用。这就从一开始明确了微党课比赛的参与主角，对党支部书记和支委的讲党课能力提出了更高要求。而在微党课比赛课件准备阶段，各党支部采取了一人主导，群策群力的方式，形成了“一人参赛，众人出力”的局面。

（二）以赛带讲，打磨精品。2019年第一次微党课比赛经山西电视台报道后，激发了支部和党员对微党课的热情，支部书记、支委讲微党课开始在各个支部展开。2021年、2022年接续举办的两次微党课比赛，党支部书记和支委们对这样的形式更加认可，参与更加积极主动，文稿水平、课件制作水平、演讲能力也上了更高台阶，仅2021年就在山西省卫生健康委相关比赛中获得了一等奖一名，二等奖两名的好成绩。

为了让优质微党课真正发挥作用，每次微党课比赛，院党委都要求一线诊疗工作的党员、发展对象和入党积极分子全员参加，集中听课；赛后，三等奖以上的微党课课件再次打磨，在全院党员重要活动中再次授课，多年来积累了一批精品微党课。有以展现身边抗疫优秀典型的《伟大抗疫精神 我们前进的引擎》，有从第一份珍贵革命历史文物谈起，讲述优秀共产党员代表精神的《入党誓词的“史”与“实”》，也有以立足岗位为出发点的《不忘初心 牢记使命 争做开拓奋进时代先锋》。这些微党课为全体党员带来了一场精彩纷呈、启悟思想、引人深思的“精神盛宴”。

（三）形式灵活，全面把控。为进一步拓宽微党课的影响力，不断强化教育渗透效果，医院党委对于每次微党课比赛都精心准备，严格要求。从文字稿到课件PPT，都指定专人审核、修改，使微党课的内容、表现形式更加丰富多彩。根据新冠疫情防控形势，医院党委采取灵活的方式举办了线上微党课比赛，由各支部自己录制、编辑视频，提交成品，专家在线上对讲课视频内容和表现形式进行评选，这次选手们不见面的微党课比赛同样取得了较好效果。

▲2021 年 7 月举办的微党课比赛合影

三、取得成效

“党支部书记微党课比赛”作为良好的交流展示平台，作为党员学习教育的重要内容和提高党支部书记履职能力的重要抓手，发挥重要作用。

（一）将微党课比赛打造成基层党支部规范化建设的重要品牌。通过三届微党课比赛，各党支部发掘了身边不忘初心、牢记使命、立足本职、扎实工作的先进典型，配合宣传部门进行院内宣传，更好地发挥党支部的战斗堡垒作用和共产党员的先锋模范作用。院党委还将微党课比赛作为党支部年度考核计分点，按照比赛成绩适当加分，激励党支部结合临床、科研实际，积极探索与医院工作及本专业工作相适应的“三会一课”、主题党日活动，并在“我为群众办实事”活动中，出台了多项为患者服务的措施，如开通中医全科夜间门诊、升级了“取药不用等，快递送到家”服务，让微党课比赛带来更多影响力，提升了医院服务水平。

（二）将微党课比赛作为提升党支部书记、支部委员能力的重要手段。从微党课比赛入手，党支部书记和支部委员重新审视自己的能力，意识到在党建工作上的不足。工作之余增加自学时间。院党委抓住有利时机，开展“学习强国”平台积分活动，鼓励党支部书记带头，全体党员利用平台学习。党支部书记队伍建设得以强化，党支部书记学习、工作和创新能力得以提升，支部委员在支部工作中更加得心应手。

（三）将微党课比赛作为党员学习教育的重要途径。微党课比赛的准备过程与支部党员教育相结合，形成了全部支部参与、全体党员参与的精品课堂。为了将微党课成果更好地应用到党员教育中，院党委要求各党支部要将精品党课在支部内部讲，在全院重要活动上讲。在连续两年的“庆七一‘光荣在党50年’纪念章颁发仪式暨集体政治生日”活动上，院党委从微党课比赛的优胜作品中优中选优，活动现场再次宣讲，让一篇好的微党课影响更多的党员干部，使微党课这一党建品牌成为党员教育的“红色动能”。

创建党史馆　传播党史文化
构筑党员奋进新时代的“精神高地”

大连医科大学附属第二医院党委

党员教育基地是广大党员干部重温革命传统、提升政治素养、学习优良作风、陶冶革命情操的重要课堂，是落实全面从严治党要求、弘扬光荣传统、加强理想信念教育的重要载体，是激励全党全社会奋进新征程、建功新时代的重要引擎。作为大学附属医院，因行业工作的特殊性质，党员思想教育尤为重要。2014 年初，为深入贯彻落实习近平总书记关于加强基层党建的重要指示精神，不断提升医院广大党员思想教育成效，大连医科大学附属第二医院（简称大医二院）党委开始策划建设医院自己的党史馆。在上级领导、党史专家的指导下，历经一年多的努力，医院创建了大连市高等院校第一家党史馆。

一、做法

（一）精心谋划，着力将党史馆打造成精品工程。在大连医科大学党委的大力支持下，医院成立党史馆建设专项工作小组，由党政办公室牵头，宣传与文化建设部配合。工作小组赴国内各类红色基地学习调研，并阅览收集国家历史博物馆展出的各类照片素材，最终确定党史馆“小规模、高水平、突特色”的建设理念。

党史馆选址在医院 C 座二层，与院史馆、图书馆三馆合一。其设计以红色为主要基调，与医院院史馆的蓝色相得益彰。按照党史馆建设理念，党史馆内容展示会使用到大量图片史料，工作小组为确保史料的权威性、准确性、科学性、时效性、前瞻性和观展性，对编制、收集的 520 余张图片，30 多个图表进行仔细推敲，其中很多图片采集于国家历史博物馆，力求经得起受众的评判、行家的鉴定、历史的检验。

（二）丰富内涵，图文结合反映党的百年辉煌。党史馆通过大量图片史料，生动展现中国共产党波澜壮阔的百年历程，有效发挥其提高思想觉悟、凝聚医院精神、丰富专业知识的重要作用，积极打造医院的“精神高地”和“文化高地”。

图说党史是党史馆的核心内容，将党的一大到十九大历程以图片形式划分为 4 个历史时期 10 个历史阶段。通过 300 多张图片，可以清晰地看到中国共产党人那段可歌可泣的历史，摸索前进的历史，催人奋进的历史。可以清晰地看到中国共产党人 100 年风雨如晦，历经苦难和曲折，矢志不渝，由最初一支 50 多名的党员队伍发展成为 9600 多万党员的执政党的艰苦卓绝的历程。可以清晰地看到党领导中国人民实现的伟大历史转变和最广泛最深刻的社会变革。

此外，党史馆还以图片和图表为主展示了党领导下的卫生事业从无到有、从小到大、从点到面、从弱到强等不断跨越式发展的历程。其中，可以看到大连医科大学作为中国共产党在解放区建立的第一所正规医科高校，建校 75 年来所取得的成绩和所积淀的深厚历史文化底蕴，同时，也可以看到“大医二院人”在历史发展中所作的贡献。

（三）文化引领，党史馆达到最佳教育效果。党史馆的建成，是医院政治生活的一件大事，是全院近 4000 名职工、2000 多名学生的一件喜事，在医院党的建设和发展史上留下了浓墨重彩的一笔。

2015 年 12 月 3 日，大医二院党史馆正式落成当天，辽宁省党史宣教中心授予医院“辽宁省党史宣传教育示范基地”这一殊荣。2017 年获批大连市委组织部“中共大连市党员思想教育基地”，将这一宣教平台推向社会。医院党史馆是大连市医院中首家党史馆和首个辽宁省中共党史宣传教育示范基地。

医院党委组织各总支和支部有计划地分期分批安排党员学习参观，并安排专人讲解。党史馆全天面向全院职工开放，同时面向社会开放。据不完全统计，自 2015 年以来，已有近万人次参观学习。到党史馆参观学习已成为医院职工和学生入职入学教育的必修课。党史馆与院史馆、图书馆三馆合一，连成一体，形成医院特有的文化宣传教育中心，使党建文化更加特色鲜明。

医院以党史馆建设为契机，把党史文化融入医院文化建设及医院中心工作

▲党史馆一景

中，以高质量党建引领医院各项工作高质量发展。医院荣获了全国卫生计生系统先进单位、全国文明单位、全国特色医院文化医院、全国青年文明号（儿科）、中国卫生健康思想政治工作促进会思想政治工作先进单位、全国城市医院文化建设创新奖、全国医院（卫生）文化建设先进单位等荣誉，连续多年挺进中国医院竞争力百强榜，获批辽宁省第一批标杆院系。涌现出了“全国抗击新冠疫情先进个人”“全国三八红旗手”“全国先进工作者”“中国好医生”“优秀援藏干部”“我身边的好书记”“校园先锋示范岗（个人）”“健康卫士”、高铁救人好医生、平台救人好护士等先进人物。

二、启示

几年来，党史馆充分发挥其政治功能、教育功能，成为广大党员的精神家园，在全院乃至全市都赢得了良好的社会声誉。综观党史馆的建设和所发挥的功效，有以下几点启示：

（一）科学定位、因地制宜，为党史馆建设打下扎实基础。医院坚持聚焦学习贯彻习近平新时代中国特色社会主义思想，紧扣“不忘初心、牢记使命”主题教育和党史学习教育等重大部署，依托历史、红色资源，充分利用医院有限空间，将党史馆建设成为广大党员干部重温革命传统、加强党性锻炼的重要阵地，打造了正能量和大流量兼具的党建“网红打卡地”，既落实了党中央的有关政策要求，又满足了基层党组织的学习需求，这是获得广泛好评的关键所在。

（二）强化质量、规范制度，为党史馆高效运行提供重要保障。医院党委坚持打造精品党史馆的定位，反复研究策划展览内容，“好中选优”确定场馆讲解人，精益求精做好场馆日常维护，从而保证了党史馆的建设质量，实现了深入进行党员教育的目的。实践证明，只有目标定位上的高标准，才会有工作上的高质量。这就启示我们，要坚持高标准、严要求，突出目标导向、问题导向、结果导向，努力把每一项工作做到一流、做成精品。

（三）注重实效、拓展功能，为党史馆充分发挥作用提供有力支撑。党史馆建成后，为了扩大教育效果，医院党委利用组织优势，广泛动员各级党组织和广大党员参观学习。

医院党委以建立党史馆为契机，全面完成党员活动室改造，目前拥有党员活动室 48 个；全面提升基层党员能力素质，创新方式方法，灵活运用讲授式、研讨式、互动式、观摩式、体验式等学习方法，增强党员教育培训的吸引力和感染力。

实践证明，坚持成果最大化，是高水平开展工作的重要理念。这就启示我们，抓工作要坚持实践实干实效，善于挖潜增效、提质升级，总结经验、把握规律，充分发挥示范带动作用。

加强党风廉政建设
构筑风清气正医疗环境

吉林大学中日联谊医院党委

为深入贯彻习近平新时代中国特色社会主义思想，不断增强“四个意识”、坚定“四个自信”、做到“两个维护”，切实加强以党员干部为重点的廉洁教育，推进医院廉洁文化建设，优化医院政治生态，吉林大学中日联谊医院扎实开展“四个一”廉洁教育活动。

一、基本情况

吉林大学中日联谊医院设有 114 个党支部，其中，党总支 6 个，教工党支部 87 个，离退休党支部 9 个，学生党支部 12 个，现有党员 2015 人。医院党委始终坚定建设人民满意大学附属医院的理想，以建设高水平研究型医院为目标，坚持医疗、教学、科研协调并举的发展理念，加强思想政治工作，始终秉承“仁心良术”的医院精神，大力弘扬践行白求恩精神，遵循“以人为本、精益求精、团结务实、创新图强”的院训，以一流的管理、一流的质量、一流的技术、一流的服务、一流的环境为保障人民生命健康做出贡献。

二、主要做法

（一）每年开展全面从严治党警示教育大会。中日联谊医院党委、纪委每年组织召开一次全面从严治党警示教育大会。会上传达上级党委全面从严治党精神，通报近期违规违纪违法情况，并结合医疗领域反腐败的严峻形势提出纪律要求，督促全院中层干部要主动承担起“一岗双责”责任，树立正确的权力观、地位观、利益观，注重医德医风建设工作，做好科室宣传教育，筑牢拒腐防变的思想防线，切实增强遵纪守法意识，坚决抵制不正当利益的诱惑，持续推动新风正气不断充盈。

（二）每季度开展“廉洁文化角”活动。中日联谊医院纪委注重加强廉洁文化阵地和载体建设。充分利用纪检监察网页、微信群等各类宣传载体，大力宣传廉洁文化知识，传递廉洁正能量，使之成为廉洁文化宣传教育的窗口和阵地。将廉洁文化建设融入医院建设中，在办公楼、食堂、教室等公共场所设立廉洁标语、警句、格言标牌等廉洁文化景观。做好“廉洁文化角”的建设，营造“以清为美、以廉为荣”的崇廉尚洁氛围。另外，为进一步深化全面从严治党，结合目前医疗领域反腐形势，中日联谊医院纪委编制了《医者之鉴——医疗领域违纪违法典型案例选编》，运用近期曝光的医疗领域典型案件，以案说纪、以案说法，发挥警示教育的震慑作用。

（三）每月开展专项教育、培训工作。中日联谊医院纪委始终加强对党员领导干部的信念教育和廉洁从业从政教育，发挥党员领导干部的模范带头作用。通过开展习近平新时代中国特色社会主义思想教育，使党员领导干部不断增强“四个意识”，坚定“四个自信”，做到“两个维护”，打牢廉洁从政的思想政治基础，引导领导干部不忘初心、牢记使命。加强对医务人员的职业道德教育和行风教育，自觉遵守廉洁自律的各项规定。将廉洁行医教育纳入医务人员的培训中，定期组织开展加强医德医风教育活动，构建医院行风建设长效机制。拓宽廉政教育途径，组织参观警示教育基地、反腐倡廉考试等多种方式开展警示教育，切实提高医务人员拒腐防变能力。

围绕纪检监察体制改革后新的执纪执法要求、工作规则和业务流程，突出政治训练和业务培训，以应知应会基础知识为重点，通过教育培训，理论研究，岗位实践等方式，加强学习调研培训，有针对性地补短板、强弱项。积极发挥党支部纪检委员作用，织密监督网络，把住从严治党第一道“关口”，使党风廉政建设和反腐败工作向基层延伸。

（四）每周开展廉政走访座谈会活动。为加强医护工作人员廉洁从业意识，中日联谊医院纪委深入开展廉政走访座谈会活动。针对重点科室、关键岗位人员采取廉政走访座谈会的形式，就党中央坚定不移推进全面从严治党，推动党风廉政建设和反腐败斗争向纵深发展，对医疗领域反腐败治理专项工作，“九项准则”规定及“红包”形式等内容进行宣讲，提高医护工作人员政治站位和廉洁从业意识，压实科室管理责任，守住底线，不越红线。

▲2022年9月召开的中日联谊医院警示教育大会现场

三、取得成绩

中日联谊医院纪委协助党委深化全面从严治党，加强党风廉政建设和反腐败工作，积极探索加强廉洁教育的有效模式，按照分类指导的原则，建立全方位、分层次、有重点的廉洁教育体系，突出廉政和廉洁教育的针对性、可操作性和有效性，加强对权力运行的制约和监督，增强对“一把手”和领导班子监督实效，落实“党政同责”“一岗双责”，从严从实强化对年轻干部教育管理监督，督促领导干部严于律己、严负其责、严管所辖、严肃执行，形成全面覆盖、常态长效的监督合力，促进各类监督贯通协调，将完善党的自我监督和人民群众监督有机结合，一体推动党风廉政建设和廉洁文化建设深入开展。

通过加强廉洁文化建设，推动以案促教、以案促改、以案促建，一体推进“三不”机制建设，强化“不敢腐”的震慑，增强“不能腐”的约束，提高“不想腐”的自觉，实现党员干部、教职员工警示教育全覆盖。提高了党员领导干部的廉洁从政意识和拒腐防变的能力，树立领导干部秉公用权、廉洁从政的价值理念；提高了教师依法执教、行为世范的意识；提高了普通员工爱岗敬业、诚信服务的意识；提高了学生自觉遵守法律法规和社会道德规范的意识。促进了全院师生员工树立崇高的理想情操和良好的道德修养，形成正确的世界观、人生观和价值观，形成廉荣贪耻、诚实守信的文化氛围，逐步构建具有医院特色的“医院廉洁文化体系”。

心灵园地　党员成长的沃土

黑龙江省哈尔滨市第一医院党委

一、基本情况

黑龙江省哈尔滨市第一医院党委面向11个基层党支部和奋战在医院的医疗、护理、行政、后勤、辅助等各个部门的640名党员，开设了“市一院党建平台”，将党建工作的相关信息发送到平台中，党员们可以通过平台及时了解学习情况并提前做好各项工作安排。

加强党员队伍建设，永葆党的先进性和纯洁性，是党建工作长期的、最重要的任务。但在实际工作中，仍然存在着一些问题，需要引起党务工作者足够的重视。有的党员偏重业务学习，政治学习主动性不强，从而理论基础不扎实；有的党员参加组织生活会就是走个过场，人到心未到；有的党员党性意识淡薄，常常把对自己的要求和一般群众等同，不能发挥党员的先锋模范作用；有的党员不能坚持唯物史观，面对各种负面信息、谣言，立场不够坚定，思想容易发生动摇。因此，加强党员教育，提高党员队伍素质，增强党组织的凝聚力和战斗力，是摆在党务工作者面前最重要的课题。

2019年2月，医院党委决定依托党建平台公众号开设“心灵园地”栏目，力争打造线上党员之家，让“心灵园地”成为培育党员的沃土，成为党员成长过程中的加油站，成为党员休憩的港湾。

二、探索与实践

（一）转变党员教育方式，变传统线下党课为线上微党课。传统的线下党课，已经不能满足新形势下党员对学习教育的需求，“心灵园地”栏目依托党建平台开启了全新的线上微党课，传达中央精神，发布党建信息，临床一线党员可以在繁忙的工作之余利用零散时间学习，轻点手指就能体验“指尖上的党建”，从而推进理论学习向自觉性、常态化发展，使党员教育工作焕发新的生机与活力。

（二）转变党员教育主体，变“大家听”为“大家讲”。2021 年，是中国共产党建党一百周年。“心灵园地”栏目为了调动全体党员的积极性和主动性，先后开展了“百年党史大讲堂”和“七月颂歌”活动。“百年党史大讲堂”主要围绕党在革命时期的艰苦奋斗历程，党在社会主义建设时期和改革开放时期的成就，由各支部选出优秀的共产党员进行 3 ~ 5 分钟的语音播报，讲述从 1921—2021 年有代表性的 100 个党史事件；“七月颂歌”则是以支部为单位，组织全体党员齐唱红歌，讴歌中国共产党建党一百年的光辉岁月，抒发对中国共产党的热爱之情，这两个活动都是以音频的形式定期发布在“心灵园地”上，引起了广大党员精神上的触动。普通党员通俗易懂地讲述身边人、身边事，更有说服力和直观感；普通党员满怀深情地讲述党史，更有吸引力和亲切感，最重要的是讲述者在感动他人

▲哈尔滨市第一医院党建平台“心灵园地”

的同时自己的思想也得到了升华。

（三）转变党员教育内容，变单一化为多元化。“心灵园地”栏目开播以来，在党员教育内容上可以说是丰富多彩，包括习近平新时代中国特色社会主义思想理论、会议公告、伟大领袖人物事迹、社会主义核心价值观、全国优秀共产党员的先进事迹、平凡人的奋斗故事、改革开放以来医院的发展变化以及专科特色服务、专科新技术等医疗护理相关内容。

三、总结与思考

在党建工作的新形势下，要坚持和加强党员教育，就要让党员在党课教育中能够坐得下来、学得进去、想得深远。“心灵园地”栏目开播至今，深受党员和群众的喜爱，其根本原因主要在于栏目从医院临床工作实际出发，将党员教育从线下开展到线上，从图文发展到音像，同时也为党员同志提供了展示个人才能及经验交流的平台，从而激发了广大党员的学习兴趣，提高了学习效率，增强了学习效果。

（一）党员教育要坚持马克思主义中国化。任何时候党员教育的核心思想都不能变，党建工作要想深入推进马克思主义中国化，永葆党的先进性和纯洁性，就应该在党课上紧紧围绕焦点和热点问题，持之以恒地从一点一滴中渗透对中国特色社会主义理论体系和党的路线方针政策的深刻理解，推进马克思主义理论在基层党员心中实实在在地普及。

（二）党员教育要充分调动全体党员的主观能动性。“心灵园地”由以往领导讲、专家讲的模式转变为领导班子、支部书记、普通党员齐参与，调动了全体党员的积极性。普通党员从听讲人转变为主讲人，对党组织的感情从认同走向归属；在讲故事和唱红歌的过程中，政治素质得到进一步提高，党课教育的直观性和互动性大大增加，同时也促进了上下级之间、普通党员之间的相互沟通和相互了解。

（三）党员教育要紧跟时代步伐，注重开拓创新。“心灵园地”栏目开播已经 3 年了，之所以越来越受到医院广大党员的喜爱和欢迎，来源于栏目不断地推陈出新。首先是内涵的提升，从最开始只是单纯地发布工作简报、学习任务的平台公众号逐步发展为集党员思想和业务学习为一体的教育载体；其次是形式的创新，从听课到讲课，从讲课到讲故事，从讲故事到唱红歌，生动活泼，寓教于乐；最后是内容的创新，“心灵园地”紧跟时代发展要求，不断将党的路线方针政策转化为党员群众关心的热点话题，从小处着手，用一个个短小精悍的故事和生动鲜活的事例，引出大问题、大道理，真真正正引起党员思想上的共鸣，从而让党员听入耳、看入眼、想入心、思入行！

传承红色基因　赓续华山精神

复旦大学附属华山医院党委

党课是党内政治生活的重要组成部分，是党员提升党性修养、扩大知识储备的重要途径。复旦大学附属华山医院党委基于自身工作实际，开发了“班后一小时”系列微党课，有请党支部书记或者党员从工作生活实例小切口出发，以身边的人和事为案例进行教学，从中窥探理想信仰、家国情怀和医者大爱，既能春风化雨、熏陶精神，又能对照检视、催人奋进，有效地提升了党课的质量与效果。

“班后一小时”系列微党课荣获上海市委党校培育和践行社会主义核心价值观“十佳优秀案例”、上海市委宣传部“改革开放40周年上海思想政治工作创新成果优秀品牌”，受到中国卫生健康思想政治工作促进会的表扬；华山医院也因此被评为全国党建思想政治宣传工作先进集体。

一、背景与起因

处在新时代，应对新变局，做好党员的教育工作有着重要意义，但现实情况也为党员教育工作带来了新的问题。

就医院工作实际而言，很多同志值班、出差、三班倒等，一个支部近30人很难聚齐；医生任务繁重，面对高强度的医疗、教学和科研压力额外精力有限，想把党课学深学透存在难度。此外，往年的党课都会邀请校外专家进行专题辅导，不仅耗费人力、物力，上课内容也与医院工作实际有一定的脱节。华山医院党委秉承着“党建就是生产力”的工作思路，为确保党课主题能够将中央精神与医院中心工作紧密结合，以党课不断助推教、学、研工作全面提升，医院党委充分开展调研走访，听取基层支部的意见建议，在此基础上形成“班后一小时”微党课设想。

二、做法与经过

（一）学习时间便利化。为方便更多的基层党员能够参与到活动中来，降低学习教育的“时间门槛”和“距离成本”，医院党委利用下班后一小时在门诊大楼12楼开展主题微党课活动，每场安排10堂党课，每堂约6分钟。党委要求每位党员都要参加党课学习，党员可以根据自己的实际工作安排和对课程的兴趣选取2次听讲。这样既保证了每次党课的出勤率，也能兼顾到党员的兴趣，有效提升了党课的效果。而且，每个支部只需精心准备6分钟的微党课，就能分享另外350分钟的精彩内容，党员们都亲切地称“班后一小时”微党课为“红色晚自习”。

（二）学习内容贴近化。从2011年“创先争优”主题教育活动开始，华山医院系列微党课已举办多次，2016年起以“班后一小时”的方式来安排，迄今为止已举办了“学党史，明宗旨，强信念，促贡献”“党员好声音，华山正能量”“两学一做党员公开课”“寻访红色史迹，听讲党史故事，牢记奋斗使命”“迎新中国70周年，讲新华山70人和事”“不忘初心学‘四史’，健康扶贫奔小康”6届活动。每次微党课邀请支部书记和基层党员代表作为主讲人，围绕一个固定主题，结合自身工作与学习体会进行讲授。微党课以小见大、寓理于情，紧贴党员工作和生活实际，传递经验的同时，也给予听课党员以精神上的激励。

（三）学习形式互动化。在活动开展过程中，充分利用“网络微平台”作为网络载体，推动学习教育互动化。医院党委利用“复旦大学附属华山医院”微信订阅号，提前预告课程表与主讲人，方便大家根据业务特点和兴趣爱好合理选择。同时，鉴于党课反响良好而会场空间有限，医院党委在订阅号上连续推送每一堂微党课的主要内容和视频，方便未能到场的党员通过网络途径收看课程、参与学习讨论。

三、成效与反响

（一）“红色晚自习”受到热捧。由于时间便利、内容亲切，参与性强，“班后一小时”微党课受到广大党员同志们的欢迎。2020年7月14日，华山医院“班后一小时”微党课第一场开讲。5点刚过，近300人的会场已经座无虚席。党课报告人耐心讲解健康扶贫历史，生动鲜活又密切联系实际；每6分钟切换一个内容，充分调动了现场观众听课的积极性。与此类似，微党课的人气场场爆棚，每次都会吸引超过 200 名党员和入党积极分子到场。

（二）精彩故事激励精神。2021 年时值建党一百周年，习近平总书记在给上海市新四军历史研究会百岁老战士们的回信中写道："希望老同志们继续发光发热，结合自身革命经历，多讲讲中国共产党的故事、党的光荣传统和优良作风"。华山医院党委响应习近平总书记的回信精神，围绕党史学习教育，不断开拓党课思路，向内挖掘精神宝藏，开启"党的光辉照征程"老专家口述史微党课，通过访谈采写、影像记录等形式呈现和保留珍贵的历史和宝贵的精神。饱含深情的讲述，精彩纷呈的演示，展现了新中国成立以来医院、学科、个人的发展变化，激励广大党员干部将对党和国家的热爱融入医疗工作、乡村振兴、家国发展中去。

（三）比赛形式提高积极性。微党课不仅要讲，还要比。医院党委发动观众每场投票选出 2 场"最佳微党课"，进行第二轮评比。参讲的党员同志们均不甘落后，精心准备讲义和课件，提前演练，争取呈现出最好的效果。

2020 年"班后一小时"微党课总决赛上，脱颖而出的 12 节微党课经过再次精心打磨呈现给听众。外科第二党支部微党课《薪火相传，点亮生命》将扶贫之路追溯到四十年前：一代又一代"外二人"以孜孜不倦迎难而上的钻研精神、狭路

▲华山医院党委书记邹和建主持"班后一小时"微党课

相逢敢于亮剑的拼搏精神和默默耕耘始终如一的奉献精神，赴江西省宜春县、万载县、上高县支援。华山医院原院长、老党员张元芳教授代表老一辈“外二人”，将代表华山精神的火炬传递给年轻党员，令现场观众动容，毫无悬念地获得年度微党课比赛第一名。

四、经验与启示

（一）不局限于一次性讲演，赋予党课生命力。华山医院党委组织开展微党课活动，并不局限在课堂上，更着眼于将选拔出的精品微党课课程，用于巡讲交流和线上推广。这样不仅丰富了党员与基层党组织共同成长的渠道载体，更赋予了党课持久的生命力。

（二）不满足于现有形式内容，赋予党课创造力。党员教育工作不断创新是党委工作的内在要求，华山医院党委每年紧跟中央部署，结合医院工作实际，吸取往年工作经验，不断创新课程主题与内容。党课常讲常新，持续为广大党员注入强大的精神力量。

“格桑花之爱”在沪藏两地绽放

上海市儿童医院党委

一、背景

2013年，为了深入贯彻落实党中央第五次西藏工作会议精神，积极支持和参与“技术援藏”工作，上海市儿童医院选派了第七批援藏干部杨晓东同志到西藏自治区日喀则市进行技术援藏。杨晓东在藏区走访过程中，发现了许多疑似髋关节发育不良（脱位）（Developmental Dysplasia of the Hip，DDH）的儿童，他当即与上海市儿童医院相关部门联系日喀则市DDH患儿的筛查事宜。筛查发现有大量急需尽早治疗的大龄、重症DDH患儿。为了让这些筛查出来的大龄、重症DDH患儿得到及时、规范和有效治疗，也为了让更多没有得到筛查的患儿得到尽早诊断和治疗，2014年10月，“‘格桑花之爱’——西藏日喀则地区发育性髋关节发育不良（DDH）早期筛查和早期诊治”公益项目在上海市儿童医院和日喀则市人民医院落地。

日喀则市位于青藏高原西南部，平均海拔4000米以上，世界最高峰珠穆朗玛峰位于其境内，这里高原特色疾病高发。受困于恶劣的自然环境，许多患者无法得到及时救治。由于缺乏髋关节B超检查技术等医疗条件，加之藏区农牧民健康保健意识薄弱、基层医务人员对DDH的认识不够，很多罹患DDH的儿童由于得不到早期诊断和及时治疗而落下终身残疾。“格桑花之爱”这一公益项目围绕西藏地区DDH患儿的筛查和诊治开展系列活动，上海市儿童医院骨科、麻醉科等医护人员到西藏地区实地指导早期DDH患儿保守治疗的手术和石膏固定方法、对当地医疗条件不能治疗的晚期、重症DDH患儿进一步转诊上海市儿童医院并接受大型手术矫正治疗，请当地医师到上海儿童医院进修学习，收到较好的效果。

二、基本做法

（一）党建引领，党员志愿者跋涉在雪域高原。2014 年，在上海市儿童医院党委的精心组织和安排下，日喀则市成立了西藏自治区首个“发育性髋关节脱位诊治中心”，并启动“格桑花之爱”公益项目，时任上海市儿童医院外科第三党支部书记、骨科主任应灏同志兼任该中心主任。在医院党委领导下，外科第三党支部全体党员和志愿者充分发挥先锋模范带头作用，每年选派 3 ~ 5 人次到西藏基层社区进行 DDH 患儿筛查、DDH 患儿术后疗效回访、基层社区医护人员 DDH 筛查技术和诊治技术培训、DDH 早期筛查早期治疗重要性的科普宣传教育等工作；每年转诊大龄、重症 DDH 患儿到上海市儿童医院骨科进行截骨根治手术 8 ~ 10 次，每次 10 ~ 15 名 DDH 患儿。通过不断与日喀则市人民医院 DDH 诊治中心的共建合作，提高了日喀则市基层医务人员 DDH 的早期筛查、诊断和手术治疗的能力，为该市日后的 DDH 早期筛查和诊治提供了源源不断的人力储备。

近十年来，在医院党委领导下，支部党员和群众骨干医师组建医疗队多次赴藏进行义务巡诊和 DDH 早期筛查，医院外三科党支部参与该项目的党员达 60 余人，培训当地医师 500 余人次，共筛查日喀则地区 0 ~ 14 岁患儿 10000 余名，筛查出来的 700 余例早期、轻度 DDH 患儿在西藏当地获得早期诊断和早期治疗。

▲“格桑花之爱”公益项目

（二）精准帮扶，“格桑花之爱”绽放在雪域高原并辐射至国内其他 6 个地区。2013 年 10 月至今，在各界的关心帮助下，已完成 59 批 561 人次晚期严重畸形术后治疗，通过手术矫治和持续康复训练，DDH 患儿永远告别了“鸭子步”，生活质量得到极大改善。党建引领下的“格桑花之爱”公益项目圆了这些雪域高原孩子们健康奔跑的梦。同时，儿童医院发挥传帮带作用，协助日喀则市人民医院获得了国家残联颁发的“西藏上海市先天性儿童骨科疾病定点医院”。

三、取得成效

“格桑花之爱”——西藏 DDH 患儿筛查和诊治公益项目已成为上海市儿童医院特色品牌项目，得到西藏地区和辐射地区人民高度评价和赞誉。在该项目持续开展的过程中，医院党员艰苦奋斗的精神得到了历练，临床业务能力、教学带教能力、科学研究思维和能力、团队组织合作和协调能力等得到全面锻炼和提升。

该项目也受到社会各界的广泛关注和支持，2015 年“格桑花之爱”项目案例荣获第三届全国品管圈大赛二等奖；2017 年，获得上海市教卫党委系统第二届优秀组织生活案例；2018 年，“格桑花之爱”公益项目受到国家民政部通报表扬；2019 年，该项目获得上海交通大学校长奖。该项目也获得上海市卫生健康委等单位的爱心资助共计 1800 余万元人民币。科研成果方面，以该公益项目为支撑立项了国家自然科学基金、上海市科委、上海市卫生健康委等科研项目 9 项。

该项目也受到广大媒体的宣传。2021 年 2 月，“格桑花之爱”公益项目还有幸被中央广播电视总台的《平“语”近人——习近平喜欢的典故》（第二季）选中并作为“共享”理念的典型案例展现给全国人民。

格桑花盛开在藏族人民心中，是人间最美丽的风景，而更多西藏的孩子、更多偏远地区的孩子都能够享受到优质的医疗资源、都能够健康、活泼地成长，这是新时代中国特色社会主义最美丽的风景。草原的格桑花每年都会绽放，上海市儿童医院的“格桑花之爱”故事也将永续。

擦亮“彭浦医家人”品牌 暖心惠民零距离

上海市静安区彭浦新村街道社区卫生服务中心党支部

上海市静安区彭浦新村街道社区卫生服务中心党支部，以支部为依托，以社区居委会为平台，以服务团队为支撑，成立“彭浦医家人”党员服务队，打造居民需求与党员服务有效对接服务模式，全方位践行全心全意为人民服务的宗旨，增强党支部的凝聚力和居民的认同感。

一、背景与起因

彭浦新村街道社区卫生服务中心地处静安区北部，扎根于上海最早的工人新村之一——彭浦新村，辐射周边15万人。老龄化程度高是这里的典型特点。社区中60岁以上人群占户籍人口36%，但在老小区中，这一比例高达60%以上。很多老人住在小区高层，但苦于没有电梯、子女又不在身边，日常生活多有不便，服务中心称这样的老人为“悬空老人”。在新冠疫情流行期间，这些“悬空老人”的就诊成了一道难题，社区卫生服务中心党支部通过与居委会的党建结对启动了“彭浦医家人”党建服务项目，为辖区内的高龄独居、失独等特殊群体上门提供专业的健康管理和心理干预，不断增进老年人健康福祉，增强居民健康获得感。

二、基本做法

（一）建立服务网络，夯实团队服务基础。党支部本着“齐参与、亮身份、突特色”的原则，按照岗位性质和职责，组织党员干部、团员青年等共注册137名，编制“志愿服务网”，建立电子注册登记表、服务活动台账，明确服务对象基本信息、联系方式、服务时段、服务项目等，为开展社区助老志愿服务提供人员保障。党支部制作了志愿者“胸牌”，联系服务居民的“一张名片”，佩戴专属LOGO标识，上门“一人一档”结对，着力打造彭浦社区党建结对的新格局。

（二）打造特色品牌，激发团队服务活力。党支部坚持立足实际，抓住重点、突出特色、注重成效，打造新品牌，凝聚正能量，激发了团队服务活力。

1. 打造“对接”服务品牌。组织广大党团员积极发挥奉献精神，对接辖区内的居委会，为老人提供测量血压、中医把脉、整理药箱等服务，提供常见病症的健康咨询，讲解定期健康体检的重要性并鼓励他们树立积极乐观的态度，养成良好的生活和饮食习惯。开展线上线下同步宣传，活动过程和照片都会通过微信公众号线上平台同步发布分享，让更多的老人受到社区的关注。同时，中心主动对接各大媒体广泛宣传，扩大辐射效应。根据老人的服务需求和党员的服务意向，为广大志愿者量身设立健康讲座、家庭医生签约、用药指导、大肠癌筛查、免费体检、心理干预等医疗服务。每逢过节或老人生日等特殊日子都上门慰问，使老人获得生活和心灵的慰藉。

2. 打造“接力”服务品牌。除参与“彭浦医家人”活动外，在日常生活中，服务队还积极参加文明城区创建、学雷锋义诊、冬日暖阳、扶弱助残等公益活动。

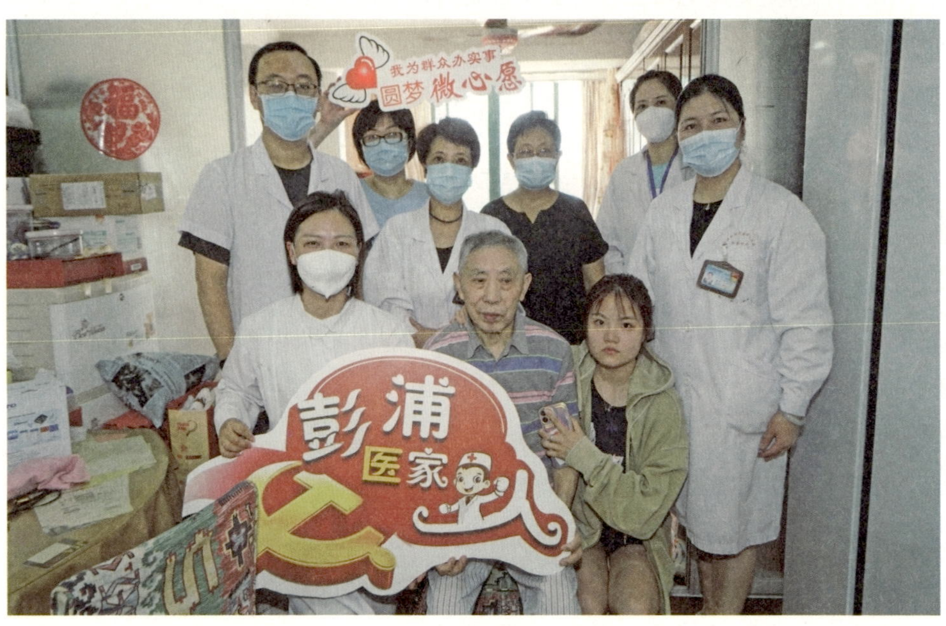

▲2022年8月16日，“彭浦医家人”圆梦退伍老兵微心愿

在新冠疫情管控期间，中心对辖区内的居民公开了24小时就医服务热线，在全时段可以随时电话咨询，服务队在特殊时期夜以继日，用心、用情守护着这条连接居民的“暖心热线”，为每一位打进热线的居民排忧解难。

（三）健全保障机制，确保团队服务效果。党支部通过建立培养机制、总结交流经验，健全激励措施，积极培养优秀的党员服务队，努力提高团队服务水平。

1. 建立培养机制，提高团队服务的针对性。中心围绕服务社区居民，组织党员服务者开展健康知识、心理辅导、通讯写作等培训，提高了志愿服务的针对性。

2. 党支部以凝聚正能量为目标，注重收集总结团队服务活动的好经验和好做法。通过每月党员大会、专题座谈会等形式，交流经验、推广先进、部署活动，提高服务的示范性。

3. 健全激励措施，提高团队服务的积极性。中心党支部组织评比，为服务效果突出的党员实行年度表彰奖励，充分调动了广大职工争做志愿者、全心全意为居民服务的积极性。

三、取得成效

（一）创新党建品牌工作。党支部坚持以党团员为主体，将抓党建、促发展的根本理念贯穿始终，自觉把党建工作与中心日常工作紧密结合起来，融入优质服务、精细管理、创新品牌等工作中，自觉把党建品牌的创建与服务居民紧密结合起来，创新新形势下加强基层党组织建设、保持党的先进性工作思路，使党建品牌理念日益成为党组织和党员的共同追求、自觉行动。

（二）发挥党员先锋引领。在党建品牌创建过程中，通过各种行之有效的载体和实践，进一步增强了党组织的凝聚力、向心力、创造力。同时，通过党员在本职岗位上主动亮出身份、做出承诺、树好形象，主动接受居民的监督，带头提高业务水平，主动转变作风，切实成为推动中心发展的骨干力量，涌现出一大批先进典型。

（三）擦亮了党建品牌。“彭浦医家人”党员服务队自觉践行全心全意为人民服务的宗旨，用真诚和奉献将爱心镌刻进每一寸温暖的记忆，处处演绎着感人故事，已成为中心一道美丽的风景线，也成为引领基层党建的“航向标”、促进中心发展的“助推器”、凝聚党员群众的“强磁场”。

二十四节气照亮初心之路

江苏省连云港市妇幼保健院党委

一、基本情况

江苏省连云港市妇幼保健院始建于1986年，是一所集医疗、保健、预防、教学、科研为一体的国家三级甲等妇幼保健院，现有编制床位938张，开放床位536张，在职职工995名，专业技术人员861名，在职党员265名。

医院秉承“诚信、敬业、求精、和谐”精神，践行新时代党的建设总要求，以党建为引领，积极开展“二十四节气照亮初心之路”党建品牌建设，实现党建与中心工作互促互进的深度融合，为实现人民期待的现代化妇幼保健院提供坚强有力的政治保证。

二、主要做法

将中国传统二十四节气与党建、健康科普、文化、医疗与保健业务工作相融合，打造集党建、文化、健康、科普、公益于一体的党建品牌，实现党建工作有抓手、文化建设有特色、公益惠民为根本、健康促进提素养的目标。在每个节气开展“三个一”形式主题活动——同上一堂有温度的思想政治课，参与一次有爱心的志愿活动、解决一个有难度的工作案例。一节气一案例，以党建引领各项工作有序推进，让党员干部在传承优秀传统文化的同时，激发新时代干事创业新活力，让党建更接地气，推动党建从“一个红”到“一片红”。

（一）春分时节：春分作伴早还乡。2022年3月初，连云港市突发新冠疫情，全体妇幼人忘记休息，全员闭环投入抗疫战斗。为坚守疫情防线，全面谋划复工复产后的工作，9个党支部9场“腾讯会议”同时开启，240名党员干部相聚线上开展一场特殊的“党建 + 节气”主题党日。大家一起学习国家、省市最新出台的疫情防控精神和措施，统一了思想、明确了方向，坚定了信心；全体党员对照入党誓词、党章进行一次深刻自省，坚决保卫妇幼这片净土；重点科室、重点岗位负责人摆困难、想思路，查不足、找方法，立志实现弯道超车。

（二）谷雨时节：读书燃智慧 · 谷雨润心田。谷雨时节，富有情怀的妇幼人始终坚持人民至上、生命至上的理念，在全院范围内启动为期 3 个月“读书燃智慧 · 谷雨润心田”主题党日活动，通过阅读指定用书《医述：重症监护室里的故事》，掀起一股阅读之风。

（三）白露时节：步步为营，满满收获。为按期完成各项任务，院党委一起进行了年度工作大盘点，所有中层干部积极表态要抓出成效、抓出亮点、抓出特色，所有党员、中层干部共撰写有行动的心得体会 240 篇，确保 90 天步步为营，12 月满满收获。

（四）小满时节：小满臧臧，能量满满。为把团队文化引入支部组织建设，使支部拥有更强大的精神和凝聚力，小满前后开展支部团队赋能行动暨主题党日活动，共读一本医学人文好书并分享心得体会，提升医务人员敬畏生命、仁慈博

▲2022 年 3 月，临时党支部在发热门诊开展“春分作伴早还乡”主题党日

爱的至善品质；确认8个支部团队的名称、队徽、口号、队歌、“团建标识”，凝聚支部团队力量；梳理加快妇保院高质发展的案例8个，用团队的智慧使主题党日发挥满满正能量。

（五）大暑时节：临大暑，热血热情热心；战疫情，同向同行同力；谋发展，优品优质优享。面对新冠疫情的再次来袭，全院职工坚定地将党建优势转化为发展优势、发展动力。在大暑时节，组织全体党员深入学习和践行疫情防控最新政策、医学人文讲座，感受兄弟医院系列微文化，同向同行同力落实上级疫情防控决策部署；根据科室特色特点组织集体大讨论，确定鼓励小站、孕妇加油站等可行性微文化13项，调整工作思路，以“常态化疫情防控下如何实现高质量发展”为主题确定新发展举措37项，按月制定推进表，助力完成2022年度工作目标。

（六）立秋时节：党建引领进社区，立秋养生送健康。立秋时节，院党委精心谋划，以党总支为单位分别深入4个社区开展大型互动活动，8个党支部4场大型送医送药送健康活动齐聚力，通过健康讲座、义诊咨询、贫困帮扶活动，接诊受益群众1000余名，发放健康处方3000余份，赠送药品价值20000元、儿童鞋价值40000元，为困难群众送上慰问金5000元，开展免费测血糖、血压近千次，让群众在家门口就享受到三甲妇幼保健院的优质医疗保健服务，真正做到把健康送到群众手中。

（七）霜降时节：霜降红初心，聚力强品牌。在霜降节气开展主题党日活动，组织学习党的二十大精神，用党的二十大精神武装头脑、统一思想。各支部全员联动组织集中开展专题党课学习，推动党的二十大精神落地生根，助力妇幼高质量发展；围绕年度书记项目谋划主题活动，以服务群众为出发点，在霜降当天各支部深入社区、商场举办大型义诊、志愿服务等活动，推动书记项目走深走实；组织党员干部对重点工作“医后付”进行走基层亲身体验行动，涵盖挂号、就诊、检查、取药等各项流程，通过亲身体验提出需改进的流程共10余项，使主题党日获得实实在在成效。

三、取得成效

（一）党员队伍活力更加激发。“二十四节气照亮初心之路”党建品牌活动作为党员日常教育管理的重要抓手，通过规定时间、明确主题、规范内容、丰富形式，确保党员参加党组织活动全面覆盖，激活党员参加活动的主动性、积极性，真正让支部“活”起来，让党员“动”起来，让作用“显”出来。在党员参加疫情防控志愿服务、捐款、无偿献血、党员走基层、对口帮扶等活动中，各支部充分发挥堡垒作用，踊跃参与，党员的积极性、主动性都有了明显提高，党建工作活力四射。

（二）支部建设更加规范。党支部依托“党建 + 节气”品牌建设活动，深入学习抓教育，做实工作抓考核，务实作风抓成效，有效解决了以往开展主题党日的盲目性、形式化、娱乐化，做到强化政治性、体现庄重感，让党员把思想和工作摆进去，从中得到锻炼、受到熏陶，进一步推动了党内组织生活回归本原，达到激励广大党员树立崇高理想、坚定信念，激发干事创业、创先争优的目的。自 2022 年起，支部主题党日规范率 100%，党员参与率 90% 以上。

（三）党建与业务融合更加深入。将党建品牌活动延伸到每个支部、每个科室、每名党员，实现“以学为主”向“以学促行”的转变，有效指导支部及科室负责人党建抓什么、怎么抓的问题，与医院当前中心工作以及存在的实际困难紧密结合，确保活动影响力辐射到实务工作中。

“传承·讲述”新员工入职第一课

浙江大学医学院附属儿童医院党委

一、基本情况

浙江大学医学院附属儿童医院是浙江省成立最早、规模最大的三级甲等综合性儿童医院，2019 年以来，先后成功获批国家儿童健康与疾病临床医学研究中心和国家儿童区域医疗中心，实现了浙江省儿科国家中心“零”的突破。医院是首批儿科学国家重点学科单位，拥有儿科领域全部国家临床重点专科，新生儿、小儿呼吸、小儿消化、儿科重症、血液肿瘤等多个专科达到国内领先或先进水平，尤其在危重新生儿救治、出生缺陷防治、达·芬奇机器人手术、儿童器官移植、儿童 ECMO（体外膜氧合）等儿科高精尖技术创新运用方面引领全国，为提高儿科危急重症和疑难病症诊治水平、提升人口素质发挥了重要的作用。在 2021 年全国三级公立医院绩效考核中位列全国儿童医院第二；在“中国医院/中国医学院校科技量值（STEM）排行榜”中，位列全国儿童专科医院第二，综合实力稳居全国儿童医院第一方阵。

医院党委贯彻落实党委领导下的院长负责制，充分发挥党委“把方向、管大局、作决策、促改革、保落实”的作用，不断夯实基层党组织战斗堡垒。目前医院共有 53 个党支部，1500 余名中共党员。在抗击新冠疫情战斗中，医院集体和个人分别荣获“浙江省先进基层党组织”“浙江省抗击新冠疫情先进集体”“浙江大学先进基层党组织”“致敬最美抗疫人先进集体”“浙江省抗击新冠疫情先进个人”等多项荣誉。

二、主要做法

青年的价值取向决定了未来整个社会的价值取向，而青年又处在价值观形成和确立的时期，因此，加强对青年的思想政治教育和理想信念教育，讲好铸魂育人、立德树人的“大思政课”，是培育复兴栋梁、强国先锋的必由之路。为了帮新员工"扣"好职业生涯的"第一粒扣子"，浙江大学医学院附属儿童医院以"传承·讲述"的方式上好新员工入职第一课。该活动通过让工作中的楷模、生活中的榜样讲述自己的经历经验，给予新员工信仰的力量，让一代代"儿院人"在榜样的精神引领下不断成长，以"求是、仁爱、勤勉、卓越"的院训为指引，以拼搏进取的精神为动力，为中国儿童健康事业奋斗不息。

（一）邀请各类访谈对象。"传承·讲述"活动访谈对象多样，不仅有德高望重的长者，也有初出茅庐的"90后"，不仅有本院的先锋模范，也有其他医院的行业楷模。2019年是"传承·讲述"新员工入职第一课活动启航年，恰逢新中国成立七十周年，为继承和弘扬老一辈"儿院人"的优良传统，活动邀请离休革命老兵、全国三八红旗手等老一辈"儿院人"，也邀请了助力医院发展的中流砥柱，还邀请了朝气蓬勃的"90后"，听各个年龄段的"儿院人"讲述医院的发展历程，自身的奋斗经历以及对信仰的坚守；2020年新冠疫情席卷全球，为弘扬广大医务人员在抗疫工作当中所表现出来的崇高精神、彰显医务工作者护佑人民健康的职责使命，也激励广大医务人员为建设健康中国、增进人民健康福祉作出新贡献，"传承·讲述"活动邀请了卫生健康系统的抗疫先锋，让新员工听身边的抗疫英雄讲述战疫故事，弘扬好伟大的抗疫精神；2021年结合党史学习教育，以"致敬榜样·青春向党"为主题，分别寻访3位儿院"优秀共产党员"代表，听他们讲述医院的发展历程、自己的工作经历，让新员工了解身边平凡榜样们的不平凡的力量；2022年医院邀请了奥运冠军、全国卫生系统先进工作者、特警队长等多位精神榜样，以"传承精神·赓续奋进"为主题，让新员工们聆听榜样事迹，汲取榜样的力量，在"淬火"中沉淀，在"墩苗"中成长。

▲2022年8月，医院第四期传承讲述活动专访雅典、北京奥运会皮划艇冠军孟关良，听奥运冠军讲述百折不挠、奋勇争先的夺冠拼搏故事

（二）提升新员工参与度。活动采用职工党员、团员带领新职工组成采访小组的模式，深入走访身边的楷模，聆听榜样的讲述，传承信仰的力量。参与的新员工来自不同专业，

有临床科室，也有行政部门，在职工党员、团员的带领下，需要自己设计访谈内容、拍摄访谈过程，最后将访谈成果在全体新员工面前展示。并健全培训效果反馈机制，在培训后广泛征求新员工的体会和建议，逐步迭代升级培训内容与形式。

（三）创新成果呈现形式。采访成果在新员工入职培训期间集中做汇报展示，采访小组将采编的内容以主题演讲、诗歌朗诵、短视频、情景剧、朗诵、现场访谈等多种形式呈现，并邀请受访者亲临现场以访谈的形式向全体新员工展示。

三、取得成效

（一）促进了新员工思想及身份的“两个转变”。一是把“不忘初心、牢记使命”主题教育和党史学习教育的总要求贯穿活动全过程，实现理想信念从模糊到清晰转变，坚持“学、思、行”一体，实现了理想信念从浅层认知到深入实践的转变。二是通过聆听身边的先进榜样的故事，让新员工在榜样身上找到前行的方向和目标，加快适应从学生到医务工作者身份的转变。

（二）促进了新员工入职培训的“两个突破”。一是立足自身队伍、资源打造特色教育品牌，实现教育模式的突破。让身边的先进榜样来讲信仰、讲担当、讲奉献，使思想政治教育从传统的“被动灌输”向“主动内化”转变。二是传统教育方法与现代方式有机结合，实现入职培训模式的突破。通过设计访谈、情景重现等行之有效的方式，找准理想信念教育和儿童医院文化的契合点，挖掘行业特点和医院特色，让入职培训不再枯燥乏味。

（三）促进了坚定理想信念和服务病患“两个结合”。一是深化了新员工对医院宗旨、院训、愿景的认识。通过听前辈讲述医院的发展历程、自身的奋斗经历以及对信仰的坚守，让年青的一代能学习他们对党忠诚的政治品格，恪尽职守、担当有为的敬业精神，甘于奉献、勇于牺牲的崇高境界和淡泊名利、清廉自守的道德情操，将“儿院人”的优点和品质内化为精神操守，外化为服务病患的行动力量。二是访谈的成果体现了新员工对个人事业的思考与实践。通过采访各行各业奋战在一线的楷模，通过身边看得见、学得到的典型事迹，让新员工学榜样、当榜样，大力弘扬“敬佑生命、救死扶伤、甘于奉献、大爱无疆”的崇高精神和优良品德，在今后的工作生活中，用严格的标准来衡量自己，积极投身推进医院高质量发展新征程，为推动医学事业发展、保障儿童健康作出积极贡献。

打造“健康红”契约品牌 构建现代基层医护体

浙江省绍兴市越城区斗门街道社区卫生服务中心党总支

浙江省绍兴市越城区斗门街道社区卫生服务中心党总支以“健康红”契约品牌为着力点，以“数字＋医疗”为服务平台，通过组织共促、资源共享、困难共帮等多种形式，为群众提供全方位全周期的健康服务，为“健康越城”建设贡献力量。

一、基本情况

浙江省绍兴市越城区斗门街道社区卫生服务中心党总支下辖3个党支部，现有党员59名。在摸底老百姓健康需求及基层医疗机构优势的基础上，立足实际，大胆创新，于2020年6月启动“健康红”契约品牌。该项目主要包括：

（一）四大基地。即“红色健康驿站”示范基地、居家养老护理工作站示范基地、智慧医疗示范基地、驻企示范基地，通过运用典型示范、以点带面，使“点上之花”结出“面上之果”。

（二）四大项目。即组织共建、服务共享、帮扶共促、文明共建。

（三）十项内容。即党员队伍共育、党员活动联办、健康管理服务、便民惠民服务、急救知识服务、陪护指导服务、结对困难家庭、结对困难群众、文明单位共建、文明城市共创。

二、工作实践

（一）共建争优，共促发展。中心党总支下属3个党支部与辖区内村居、企业和学校等13家共建单位通过自愿结对，建立共建互惠的合作伙伴关系，党组织之间定期开展交流研讨，相互学习、借鉴党建工作的好经验和好做法，并通过共同过组织生活，开展主题党日活动，组织党员之间相互学习，研究党建难题等方式，进一步形成比学赶超、争先创优的浓厚氛围，合力提升党建业务水平。

（二）强基提优，共享资源。在结对共建过程中，充分利用各方的资源优势，实现优势互补、共建共享。中心下属3个党支部立足自身行业特色，以共建单位健康需求为导向，定期进村、进企业、进学校组织开展健康讲座、专家义诊、居家养老护理技能培训、学生心理干预、疫情防控指导和驻企健康管理等一系列有针对性的健康服务，并积极主动为身体残疾、身患肿瘤等特殊人群提供上门医疗健康服务，最大限度地满足群众的实际需求。

（三）品牌创优，共推服务。组建“健康红”契约志愿者服务队伍，充分发挥志愿者的积极作用，深入基层开展各项志愿服务活动。如与困难家庭实行“一对一、点对点”的结对帮扶，上门探望慰问，切实帮助困难群众改善生活，解决困难；走村入户开展健康宣传教育，多渠道了解群众的健康需求；参与疫情防控志愿者服务等活动，进一步打响“健康红”党建服务品牌。

三、取得成效

“健康红”党建契约化共建工作自开展以来，在参与社会治理和服务群众的各方面、全过程发挥着不可或缺的作用，党建和业务深度融合的整体效应得到有效发挥。

（一）健康服务一点单，契约医生就下村。让百姓少跑腿、少花钱、看好病，是实施“健康红”的初心，也是走好高质量共富路的重要一环。斗门街道璜山北村红色健康驿站示范基地，是“健康红”的初创“试验田”之一，2020年9月起，由斗门街道社区卫生服务中心和村“签约”，村里设立“门诊室”，为村民提供健康管理、急救知识、疫情防控等10余项清单服务。通过智慧结算流程，现场完成刷卡、挂号、配药、取药、结算，整个看诊过程不到15分钟。在党建共建期内，中心党总支围绕组织共建、服务共享、帮扶共促、文明共建四大主题，为

▲2021年6月1日在斗门街道盐仓溇村启动数智实践基地暨义诊活动

该村居民量身定制入户结算、中医服务、疫情防控等个性项目清单，提供家庭病房、全科诊疗、住院治疗等10项服务。截至目前已惠及村民上千余人。

（二）医疗资源沉下去，企业员工健康有保障。2020年12月起，斗门街道社区卫生服务中心党总支立足企业健康需求发起“健康红契约——医企心连心”驻企健康服务模式试点，通过组建“1名企业联络员、3名健康管理员（即1名全科医师、1名公卫人员、1名护士）”的“1+3”助企健康管理团队，为企业员工提供门诊诊疗、健康教育、预约转诊、中医药服务等医疗帮扶服务，帮助企业加强员工医疗健康管理，切实提升员工就医获得感和就职幸福感。首批项目实施后已惠及超过2万余名企业员工。

（三）校地合作再深化，志愿发动走在前。应对属地面积大，企业多，流动人口密集等现实情况，结合常态化疫情防控工作需要，成立“健康红契约——新冠疫苗接种志愿服务队”，已招募志愿者100余人。共建队伍积极配合斗门街道社区卫生服务中心做好政策宣传、秩序维护、信息建档、告知提醒、观察反馈等各项服务保障工作，志愿服务期间根据现场工作需要被划分在等候区、登记区、接种区及留观区4个区域，日均引导群众百余人。此外还开展“微心愿认领”等志愿服务活动，通过发动结对双方党员共访民情，组建特殊群体关爱小组等，进一步了解群众迫切需要解决的“急难愁盼”心愿，利用自身医疗资源优势主动服务好百姓，服务好群众，解决“老百姓小困难，小需求，小梦想”。

（四）医养理念入基层，数智平台来助力。2021年6月起，斗门街道社区卫生服务中心党总支在盐仓溇居委会率先全区试点“健康红契约——数智健康实践基地”，围绕“数字＋医疗”医养模式，开发“视频问诊”系统，线上通过两台电视机、两个摄像头、一条光纤，让居民足不出户就能得到医生的及时指导和诊疗意见；线下通过为每一位结对老党员建立了“1名医护人员＋1名党员”的健康管家队伍，为老人提供送医、送药等上门医疗服务。

（五）养老护理上门教，老人需求得满足。2020年，中心率先在百盛社区成立越城区首家社区居家养老护理工作站，通过社区、居民和医院三方合力，利用社区卫生服务中心的医疗资源，为社区老人提供多方面的养老特色服务，包括建立护理实训基地、开展家庭健康教育和专科护理、建立护理档案等，为老年人提供健康帮扶，通过上门教老人学会几招简单、安全、有效的保健技能，如传授监测血糖、测量血压、养生操等方法，让老百姓掌握实用的健康技能。

细微处显医者大爱 点滴事见“晓燕”真情

安徽省蚌埠市第三人民医院党委

安徽省蚌埠市第三人民医院（简称蚌埠三院）的“晓燕工作室”是以门诊部科护士长——“中国好人”秦晓燕的名字命名的，55名姑娘弘扬“晓燕精神”，不断优化服务质量，提升服务技能，逐步形成了主动热情、细致周到，患者满意、家属放心的“晓燕式服务标准”。

“晓燕工作室”精湛的技术和优质的服务受到了患者的欢迎和社会的高度赞誉，荣获全国“巾帼文明示范岗”、安徽省“五一巾帼标兵岗”“安徽省青年文明号”“安徽省青年文明号标兵”、蚌埠市“敬老文明岗”“蚌埠市第二届窗口行业服务品牌”等多项荣誉称号。秦晓燕作为“领头燕”，也荣获全国敬业奉献类“中国好人”、全国改善医疗服务先进个人、全国职业道德先进个人、全国岗位学雷锋标兵、安徽省优秀共产党员、安徽省“三八红旗手标兵”、安徽省“我最喜爱的健康卫士”、安徽省“五一劳动奖章”、安徽省“双百优”优秀护士等多项荣誉称号。

一、党建领航，传承发展，“医”心为民

蚌埠市第三人民医院“晓燕输液室”成立于2011年11月。2016年10月，秦晓燕同志被任命为医院门诊部护士长，“晓燕输液室”更名为“晓燕工作室”，工作室成员扩大到55人。她们一直秉承“以人为本，患者至上”的服务理念，坚持“关爱生命，促进健康”的服务标准，打造“一流管理，一流技术，一流服务”的服务目标，从提高服务水平、改善服务环境入手，建立起服务内容从门诊患者输液延伸至整个门诊的导医、志愿者服务、伤口造口、出入院一站式服务等一系列便民利民服务平台。

在不断提高服务技能、改善服务态度的同时，"晓燕工作室"推行"一个善意的眼神、一句温馨的问候、一个甜美的微笑"三个一服务，并总结出"四心、四勤、四声、四环节"的晓燕式工作法，"四心"即接待患者热心、护理操作细心、解释问题耐心、接受意见虚心；"四勤"即眼勤、嘴勤、手勤、脚勤；"四声"即患者来时有迎声、治疗前有称呼声、患者询问有答声、患者合作有谢声；"四环节"即接药环节认真核对杜绝差错、配药环节无菌操作准确无误、输液环节双重核对确保安全、巡回环节随时观察定时巡视，形成了独特的"晓燕式服务标准"。

二、体现温馨温暖，在服务细节上不断追求完美

"晓燕工作室"秉承"关爱生命，促进健康"的服务宗旨，树立"以人为本，患者至上"的服务理念，成立"便民志愿者服务队""便民输液服务队""便民应急服务队"，24 小时为患者提供服务。针对挂号收费、检验科抽血、药房取药等窗口人员相对集中，儿科、妇产科等患者较多、等候时间偏长的现象，成立便民志愿者服务队，为患者自助取号到为患者取药、提供雨伞、纸巾、为低血糖患者备好糖果，为老人配置轮椅、搀扶老年患者如厕，为患儿准备好尿布。

三、践行医改要求，不断创新服务举措

蚌埠三院作为"全国开展建立健全现代医院管理制度试点医院"，为落实公立医院改革任务，积极开展改善医疗服务行动，为患者提供更加优质的医疗服务，"晓燕工作室"一马当先，以实际行动诠释着"接待患者热心、护理操作细心、解释问题耐心、接受意见虚心"的晓燕式"四心"服务模式。她们率先在儿科门诊大厅内设置了"母婴哺乳室"，为需要哺乳的母亲提供舒适、安全私密的哺乳空间；为满足不同患者群体需要，提供人性化服务，在输液室设置了"青年志愿输液

▲"晓燕工作室"获得全国巾帼文明岗

区”“暖心奶娃小屋”“爱心特殊人群输液区”“精心重点观察输液区”“学生输液学习区”等个性化输液区；她们推行一站式结算窗口、床边结算及陪检陪送业务，将各种功能集合，大大缩短了患者在各个窗口之间奔波、排队等待的时间。

四、积极拓展服务范围和空间，展现“青年文明号”风采

在紧张有序的工作之外，“晓燕工作室”还拓展服务的空间和范围，经常利用休息时间免费为行动不便的患者上门换药，同时深入福利院等特殊场所，为空巢老人、留守儿童及残疾人等开展爱心义诊、保健辅导服务。积极开展“学雷锋纪念日”“结核病宣传日”“5·12 国际护士节”“中国青年志愿者服务日”等一系列节日主题宣传活动，开展健康咨询 1000 多人次。

五、争当抗疫排头兵

新冠疫情暴发后，作为疫情防控的第一线，“晓燕工作室”的姐妹们毅然挽起长发，戴上护士帽，穿上白衣，火速“集结”，投入这场没有硝烟的战争。她们坚守岗位，与时间赛跑，预检分诊处、楼层导医台，输液室内……用实际行动践行“不忘初心牢记使命”。一封请战书，55 个红手印。蚌埠市第三人民医院“晓燕工作室”的“燕子”们用实际行动作出了最庄严的承诺。

作为“领头雁”的秦晓燕同志，更是责任重大，她负责的发热门诊预检分诊工作是疫情防控的第一道关口，为了让门诊一线分诊人员迅速掌握抗疫分诊工作流程，有效完成预检分诊，守好疫情防控的第一道关口，确保每一个发热患者实行闭环管理，从而有效控制和阻断疫情传播，她带领工作室姐妹认真制定各项工作流程，推敲门诊分诊工作细节，并在实施过程中不断细化完善，发热门诊的预检分诊工作得到了国家组督导专家的高度认可和肯定。

“细微处显医者大爱 点滴事见晓燕真情”这是她们的宣传语，更是她们的真实写照。“晓燕工作室”牢记职责、坚守使命，发扬“情系患者、爱传万家”的奉献精神、“博学善研、求精创新”的进取精神、“团结协作、群燕齐飞”的团队精神，形成了“群燕齐飞”的良好景象。

以思想政治工作新成效，凝聚卫生健康事业高质量发展新合力

江西省卫生健康委员会机关党委

一、基本情况

江西省卫生健康委坚决贯彻落实党中央关于卫生健康工作的方针政策和决策部署，紧紧围绕举旗帜、聚民心、育新人、兴文化、展形象的职责使命，深入开展思想政治教育，为打造革命老区卫生健康事业高质量发展示范区而凝聚起强大发展合力。

2021 年，江西省卫生健康委通过了全国精神文明单位复评，获得了全省文明单位和省直机关文明单位荣誉称号；作为受邀的三个省份之一，在全国卫生健康系统思想政治工作会议上做经验交流。

二、主要做法及成效

（一）聚焦职责使命，强化责任落实。江西省卫生健康委高度重视思想政治工作，坚持高位推动、系统谋划、整体推进，不断强化做好思想政治工作的政治意识、责任意识、使命意识，构建了系统完备、科学规范、协调顺畅、运行有效的思想政治工作责任机制。

一是坚持高位推动，切实把主体责任扛起来。江西省卫生健康委党组坚持把思想政治工作作为传家宝和生命线，定期研究思想政治工作的重大事项、重点任务、责任落实，科学制定思想政治工作总体规划，切实承担起思想政治工作的政治责任和领导责任。统筹推进思想政治工作和意识形态工作，坚持把意识形态工作纳入党建工作责任制，严格落实意识形态风险防控、联席会议、检查考核、

谈心谈话等各项制度，有效处置了疫情防控等舆情事件，牢牢掌握了意识形态工作的领导权、管理权、话语权。

二是坚持系统谋划，切实把工作力量聚起来。坚持把思想政治工作作为各单位、各部门的分内之事、应尽之责，与打造“让党放心、人民满意”的模范机关相结合，与打造“革命老区卫生健康事业高质量发展示范区”相结合，切实做到思想政治工作与卫生健康业务工作同谋划、同部署、同推进、同落实。

三是坚持守正创新，切实把工作本领强起来。按照提高素质、优化结构、促进稳定的要求，配齐配强思想政治工作骨干队伍，充实优化兼职队伍。注重从思想上、政治上、工作上、生活上关心政工干部，积极参与中国卫生健康思想政治工作促进会、江西省职工思研会有关活动，组织开展卫生健康行业思想政治工作课题理论研究、对策研究、应用研究，促进江西全省卫生健康系统思想政治工作再上新台阶。

（二）坚持思想引领，把准政治方向。聚焦各类群体的思想特点，强化思想引领、信念引领、岗位引领、品德引领，切实把“关键少数”“特殊群体”“绝大多数”团结起来、凝聚起来，朝着共同目标奋勇前进。

▲2022年10月9日，“江西这十年”系列主题新闻发布会（卫生健康事业专题）在南昌市召开

一是牢牢抓住“关键少数”。每年制定理论学习中心组专题学习内容安排，让领导干部以上率下、先学一步、学深一层。建立“第一议题”制度，及时传达学习习近平总书记关于思想政治工作的重要论述、深入学习贯彻习近平总书记视察江西重要讲话精神和关于卫生健康工作的重要指示批示精神，确保党的重大决策部署和最新指示批示精神在江西全省卫生健康领域不偏向、不变通、不走样。

二是紧紧盯住“特殊群体”。充分发挥青年干部理论学习小组的作用，坚持每季度开展一次集体学习，引导广大青年积极争当新思想、新理念的坚定信仰者，努力成长为健康江西建设的忠实实践者。用心用情用力做好新时代退役军人和“双拥”工作，切实当好军转干部的“娘家人”。

三是全面覆盖“绝大多数”。严格落实“三会一课”制度，利用学习强国、江西干部网络学院、指定学习书目等多种载体，引导广大党员进一步增强“四个意识”、坚定“四个自信”、做到“两个维护”，自觉在思想上政治上行动上同党中央保持高度一致。

（三）发挥资源优势，激扬红色血脉。江西是人民卫生事业初心使命的孕育地，是共和国卫生健康部门的发祥地，在这里孕育了伟大的井冈山精神、苏区精神。江西省卫生健康委坚持以“四史”学习为抓手，把思想政治工作同用好用活身边的红色资源深度融合，教育引导广大党员争做红色基因的传承者、宣传者、实践者。

一是点亮红色卫生标地。以“人民卫生健康事业从这里出发”为主线，通过创建红色卫生、创立管理体系、创办红色医院、开展卫生运动、实施战场救护、筹措中西药材、培养医务人才、赓续红色血脉、建设健康中国九个篇章，对中央苏区红色卫生史馆进行全面升级改造。

二是讲好红色卫生故事。出版《人民卫生健康事业从这里出发》书籍，全方位多角度展示苏区红色卫生光辉历程，推进红色卫生文化繁荣发展。举办专题读书分享会，讲述红色卫生健康发展历程，引导广大干部职工坚守红色卫生初心、赓续红色卫生血脉。开展“弘扬建党精神、对党绝对忠诚”微党课竞赛，聚焦疫情防控、疾病预防、深化医改、公共卫生、中医药传承等重点领域，讲好新时代卫生健康故事。

三是开展红色卫生走读。组织广大党员干部重上井冈山、走进瑞金沙洲坝革命旧址群、中华苏维埃共和国卫生健康史料陈列馆、余江血防纪念馆等红色卫生教育基地，通过“实地参观＋现场授课＋专题研讨”相结合的形式，把江西的“红色地标”化为身边的“红色课堂”。

（四）聚焦文化育人，凝聚攻坚合力。始终坚持把中华优秀传统文化教育与社会主义核心价值观、时代精神教育、革命传统教育、实践教育等相结合，实现以文化人、以文育人，为江西全省卫生健康事业高质量发展提供强大精神动力。

一是坚持用主流价值凝聚合力。坚持把培育和弘扬社会主义核心价值观作为凝魂聚气、强基固本的基础工程，从教育引导、实践养成、制度保障等方面作出部署。聚焦“敬佑生命、救死扶伤、甘于奉献、大爱无疆”的新时代职业精神，在江西全省卫生健康系统深入开展“以高尚医德高超医术履行好职责使命 不负党和人民重托”专题教育，累计开展爱国主义教育活动 210 余次，开展警示教育 120 余次，累计覆盖干部职工 5300 余人。

二是坚持用伟大实践激励斗志。围绕“高质量发展”永恒主题、“工作落实年”总体定位和“政治引领、发展为要、项目为王、业绩为重”工作理念，聚焦疫情防控、健康江西、项目建设等重点工作，引导广大卫生健康工作者继承和发扬伟大建党精神和伟大抗疫精神，更好构筑江西卫健精神、江西卫健价值、江西卫健力量。

三是坚持用先进典型激发活力。2022 年上半年，江西省先后有 1 人荣获 2022 年国家“最美医生”称号、4 人荣获“中国好医生、中国好护士”月度人物称号。组织赣鄱先锋、优秀共产党员、先进党务工作者开展主题宣讲、专题党课、志愿服务等活动，举行“江西最美医生、江西最美护士”先进典型宣传推荐活动，全方位、多维度展现江西卫健务实担当、能征善战的良好形象，委直机关崇尚先进、学习先进、争当先进、赶超先进的浓厚氛围逐步形成。

“党课课代表”让“党味”浓起来

山东省聊城市第三人民医院党委

党建工作是山东省聊城市第三人民医院的一块金字招牌。党的十八大以来，院党委始终坚持深入贯彻习近平新时代中国特色社会主义思想，切实加强党对公立医院的领导，把党建工作与中心工作有机结合，融入医院高质量发展各个方面、全部过程。从 2012 年到 2022 年，经过 10 年的打磨，聊城市第三人民医院的“三好党建”，即“三院故事讲得好、特色党课上得好、红色引擎发挥好”名气越来越大，被中央广播电视总台、“学习强国”学习平台、人民网等多家媒体宣传推广。医院党员同志们也有一句口头禅，我们的党建有“三好”，关键是有“党课课代表”。

一、党委书记开创性担当“时事党课”课代表

2016 年 2 月开讲“时事党课”，是党委书记孔祥之即兴发挥的结果，收效之好远远出乎意料。原本，他像往年一样，精心准备了传统开年党课课件，党课题目也是在医院年度党建工作计划中提前拟定好的。可开讲那天，正好赶上著名词作家阎肃逝世不久，因为平时特别喜欢听、唱阎肃作词的歌曲，孔书记开始只是想和大家共同缅怀一下这位老艺术家，可一讲起来他却一发不可收拾。而台下的党员和中层以上干部，对这位“弦歌感人肠”的艺术家也大都非常熟悉，因此个个听得津津有味。最后，在台上台下齐声合唱《团结就是力量》的歌声中，才结束了这堂为时 75 分钟的党课。

自此，孔祥之又多了一个新称呼——医院“时事党课”课代表，这也为医院全体党员树立了创新形式讲党课的新标杆。各党支部书记开始登台演讲，看看有什么值得大家学习借鉴的、也看看自身有什么不足，以此来改进党建思想方法，

相互交流，共享共建。

二、“明星”党员接续担当“故事党课”课代表

不只是党委书记、党支部书记，“党课课代表”就像一粒种子，迅速在广大普通党员心中生根开花。自2018年参加中宣部、文化和旅游部主办的“全国第一届红色故事讲解员大赛”开始，该院年轻党员白迪，就把孔繁森、廖俊波等时代楷模的故事，讲到了中央广播电视总台、东方卫视、“学习强国”学习平台和中组部“共产党员网”等多家高端媒体上，先后荣获首批“全国优秀红色故事志愿者讲解员”、“中国青年好网民优秀故事”、“山东省基层理论宣讲优秀个人”、第25届“山东青年五四奖章”。2021年，他为庆祝建党百年而录制的“建党百年青年说”系列党史课，在当年“七一”前夕作为全市30万党员的集中学习课程进行推广，并作为优秀课程选送参选第十六届全国党员教育电视片观摩交流，被中央组织部“共产党员网”推荐采用。

三、临床医护自发担当“自媒体党课”课代表

“各位党员同志，大家晚上好，我是今天党课随身听的主播陈丽芳。接下来，我要为大家分享的是……”这是儿科主任医师陈丽芳，在工作间隙录制的一段党课音频，清脆悦耳、娓娓道来的声音，让传统党课枯燥无味的感觉荡然无存。“音频党课”是医院医护党员自发开辟的一条党课新途径。众所周知，医院临床一线的医护人员大都是24小时“三班倒”，很难集中学习，他们就充分利用上下班路上、手术间隙碎片时间，录制“党课随身听”“党课随时播”，自发担当“自媒体党课”课代表，自行进行理论学习，

▲2016年7月，医院党委书记孔祥之在院内讲时事党课

随时随地播讲习近平总书记重要讲话精神、党的创新理论、国家法律法规和党报党刊上的好文章，从被动学习到主动传播，开辟了一条宣传党的声音的新途径。

四、青年党员踊跃担当“情景党课”课代表

在党史学习教育中，讲“情景党课”成为医院一道亮丽的风景线。为了挖掘受众的“共情点”，把优质内容与时尚形式相统一，让“沉睡”的大道理“鲜活”起来，青年党员们踊跃担当“情景党课”课代表，还制作了一个串联百年党史的小短片，在短片中的重要精神谱系节点，让时间暂停，一名“情景党课”课代表穿着具有年代感的服装，结合产生这种精神的背景、故事和内涵进行三分钟的讲解，让受众对重要时间节点有更深入的了解，宏观与微观结合来实现人民群众与党史的对话。在病房走廊里，有青年党员穿着抗战时期的军装，英姿挺拔，诉说着铿锵誓言，或者身着五四学生装，青春靓丽、慷慨激昂，用饱满的热情去完成一次次“青春与党史”的对话。

在医院全体党员争做“党课课代表”的浓厚氛围下，2019 年 8 月，医院编印了第一本《三院故事》；2022 年 5 月，编印了第二本《三院故事》，书中的《护理人文故事集》《“平民医生”郭富山》《“雷锋医生”史乃民》《“拉栓医生”宋存峰》等优秀共产党员的故事先后被《医院党建故事 100》收录。截至目前，聊城市第三人民医院在国家卫生健康委主管、中国医师协会主办的《中国医学人文》杂志上，累计发表弘扬医者仁心的医学故事 9 篇。健康报先后以“党建创新 品牌制胜”“病房里的党史故事宣讲团”为题目，长篇报道聊城市第三人民医院“党课课代表”工作创新案例。

让“党味”浓起来，让“党员”动起来，让“党建”活起来——这是聊城市第三人民医院“党课课代表”们的初心和使命，也是他们守正创新，继续奔赴“下一站”的动力和目的。目前，医院党建宣讲团的“台柱子”“故事党课”课代表白迪，已入选团中央青年讲师团。他说，我们共同的目标就是让党的二十大精神“飞入寻常百姓家”。

以“幸福省医 经典共读”项目为抓手扎实推进“书香医院”建设

河南省人民医院党委

自2017年10月至今，河南省人民医院党委在全院创新举办“幸福省医 经典共读”读书分享会系列活动，累计组织160余场，精心策划上百个特色主题，8000余人次踊跃参与，分享推荐1200余本经典著作，同步建立书目库，开展11个平台300多篇次全媒体宣传，吸引40多家省级、国家级主流媒体关注报道，140余万人次点击浏览，凝练形成了独具特色的“六位一体”模式，打造“书香医院”特色品牌，已成为提升职工人文素养，讲好医者故事，传播文化文明，弘扬医疗卫生职业精神和社会主义核心价值观的重要平台。为培育和践行社会主义核心价值观、加强新时代卫生健康思想政治工作，提供了路径创新、有益探索和实践经验。

一、医院概况

河南省人民医院建院于1906年，秉承“仁爱、博学、严谨、卓越”的医院精神，在深化现代公立医院改革的进程中，凝练铸造了“人民医院服务人民”的百年省医品牌形象。

近年来，医院高质量发展不断突破，五届蝉联“全国文明单位”；连续12届荣获“河南省群众满意医院”；先后获评全国改善医疗服务十大亮点医院、全国百姓放心示范医院、人文爱心医院等；在抗击新冠疫情中表现突出，被党中央、国务院、中央军委授予“全国先进基层党组织”“全国抗击新冠疫情先进集体”荣誉称号。

二、主要做法

（一）完善制度设计。**一是重视战略规划。**明确将“书香医院”建设纳入“百年省医文化铸魂工程”，列入党委工作要点、医院年度重点工作及“十四五”发展战略规划，高位部署、细化落实。**二是健全制度机制。**坚持统筹结合、部门协同，构建院工会、党办、宣传部为主体，全院基层分会、基层党组织、院中院、院中中心、医联体单位、共建单位等一体联动覆盖的工作格局，成立全院职工读书俱乐部，广泛开展读书分享会、书香科室及书香职工创建评选等系列特色活动，为全院职工每月发放读书费，定期发放读书券，打造书吧、驿站等精品阅读文化阵地，不断凝聚“书香医院”建设的强大合力。

（二）打造活动阵地。**一是高标准打造文化驿站，注重文化延伸。**与河南日报报业集团合作，在全省率先将书店引入医院，让院内书吧成为职工、患者及家属享受阅读、缓解焦虑、滋养身心的文化驿站。在河南省立眼科医院、国际医疗中心、阜外华中心血管病医院等同步开设主题书吧，有效实现了书香文化的纵深浸润。**二是成立职工读书俱乐部，活跃文化氛围。**由院工会牵头，在全院各分会成立读书俱乐部，与踏青、健步走、乐队演奏等户外活动有机结合，开展多种形式的读书、分享、交流，让书香文化走出去，不断焕发新活力。

（三）创新特色载体。**一是举办“百年省医人文讲堂”。**每月二期，广邀名家大家，围绕党建、管理、法律、文化、时政等主题精心授课，线上线下累计参与2万余人次，课程满意度达99%，大力培育人文精神，打造职工精神文化高地。**二是创新开展“幸福省医 经典共读”读书分享会。**突出“四个注重”，形成“六位一体”特色模式：

1. **注重组织，全员参与。**在院党委的领导下，由院工会主办，13个基层分会承办，活动每月举办一次，参与人员涵盖院领导、中层干部、医护人员、患者及患者家属、第三方服务人员，同时广邀行政主管部门、社会知名人士、共建单位、新闻媒体、社会志愿者等参与，同步延伸至院中院、医联体单位及全院各科室，实现全员参与、全院覆盖。

2. **注重内涵，提高品质。**每期精选主题，设计特色标识，与三八妇女节、五一劳动节、五四青年节、八一建军节等节庆节日有机结合，举办“巾帼展风

▲2022 年 9 月 28 日在河南省立眼科医院举办“喜迎二十大 赞歌颂中华”主题读书会

采 建功新时代”“激扬青春 筑梦前行”“军民谊 鱼水情”等特色读书会；与医师节、教师节、重阳节、抗击新冠疫情等专题同频共振，举办“致敬仁医 传承仁心”“桃李芬芳 金秋颂师”“初心如磐 使命在肩”等专题读书会，诵读、分享、推荐契合专题、主题的经典著作。先后精选 118 个特色主题，8000 余人次踊跃参与，分享推荐 1200 余本经典著作，建立书目库，真正实现了以“幸福”为目标、以“经典”为载体、以“分享”为形式、以“文化”为归宿。

3. **注重创新，丰富载体。**节目形式丰富，以朗诵为主，以舞蹈、歌曲、戏曲、钢琴伴奏、合唱、情景剧等表演形式为辅，用多种多样的艺术形式丰富读书会内容，不限专业、身份、职务、岗位等，人人可朗读分享、倾诉心曲，在降低承办难度的同时，最大限度激发创造力，全方位绽放精彩。

4. **注重宣传，扩大影响。**医院宣传部提前策划，团队协同，直击现场，全程录像，第一时间采写发布。同时充分发挥医院“两报、两网、两微、两端、两视、一屏”11 个融媒体宣传平台的传播优势，开展全媒体立体宣传，形成多轮传播，知名度、美誉度持续提升，逐渐形成了“坚强有力的组织领导”“纵横结合的灵活机制”“匠心独运的特色主题”“人人可及的多彩舞台”“以情动情的深沉共鸣”“双向滋养的文化土壤”——“六位一体”特色模式。

三、取得成效

“书香医院”建设在探索中思考、在实践中完善，推动医院文化蔚然成风、落地见效、成风化人，业已成为百年老院医院文化的特色品牌和靓丽名片。得到国家卫生健康委、河南省卫生健康委、中国医院协会、中国医师协会等各方高度认可。医院荣获全国十佳文化建设示范医院，“幸福省医 经典共读”读书分享会作为先进典范被收录进国家卫生健康委编纂的《医院文化建设经验 30 例》一书，并荣获河南省直工会创新案例，还受邀在中国医院协会文化专委会年会上作为书香医院及文化建设先进经验进行分享、展示和交流。

同舟共济　四史同行

华中科技大学同济医学院附属同济医院党委

自 2017 年起，华中科技大学同济医学院附属同济医院以新时代中国特色社会主义思想为指导，打造“同舟共济 四史同行”特色品牌，围绕党史、新中国史、改革开放史、社会主义发展史的脉络，深度挖掘并创新结合医院历史和“四史”，多层次讲好同济故事，利用红色基因赋能职工思想政治教育，先后五年推出系列活动，多形式讲透“四史”教育，促进职工在教育中汲取奋进力量，树立“同济自信”，增强凝聚力和向心力。

一、挖掘百年同济红色基因，讲述辉煌党史

同济医院是一所有着 120 多年历史的百年老院，一代代同济人始终秉持“严谨求实，开拓创新，一心赴救，精益求精”的同济精神。医院诞生于 1900 年的上海，1955 年整体搬迁至武汉，支援中南医疗。穿越历史风雨，“听党话、跟党走”成为同济的精神底色。在建党百年之际，医院宣传部从同济历史中，选取典型人物和团队，推出“奋斗百年路 启航新征程”系列宣传，开展“回看百年变迁——追寻初心使命”“重走红色足迹——展现今昔巨变”“畅想红色未来——凝聚前进力量”三大主题宣传教育活动。

（一）回看百年变迁——追寻初心使命。医院以“我心向党、初心永挚”为主题，在官方微信和官方网站开辟建党百年专栏，讲述同济烈士、抗日烽火中一心赴救的同济人、奔赴抗美援朝和太仓血防的同济人的故事等。这些鲜活的故事，帮助职工深入了解党和医院事业，以革命历史滋养心灵，增添心中正能量。

（二）重走红色足迹——展现今昔巨变。医院聚焦农村巡回医疗、健康扶贫、援疆援藏、援外中涌现出的党员群体，挖掘宣传系列人物与故事，带领职工

体悟重大历史事件中党建引领的作用。还特别策划“院史馆开放日”“理想照耀中国——湖北省庆祝建党百年网络试听全媒体走进同济医院院史馆”等红色之旅，由职工讲述同济历史，并以党支部为单位，邀请职工探访院史馆，沉浸式接受再教育。

（三）畅想红色未来——凝聚前进力量。宣传部搜集医院各党支部30年来“党员奉献日”活动点滴，制作成微电影献礼建党百年，在全院职工中传播、收获良好反响。

二、从同济迁汉历史走近新中国史

为展现新中国的光辉历史，医院搜集自1955年迁汉以来，同济人亲手书写的各类笔记、诗歌、书信等，开展“做生命的朗读者”诵读会，两位同济院士领衔40多位专家共同演绎，以诗歌朗诵感召医务人员追寻医学的科学与人文理想，传递医者对生命的敬畏和思索。朗诵会线下吸引了近600名职工现场观看，并通过多个网络平台进行线上传播，近万人参与。

邀请80岁、90岁在岗老教授们拍摄微电影《我是医生》，挖掘跟随新中国成长、迁汉老专家们不忘初心、爱岗敬业的从医历程，该微电影获第三届全国卫生健康微电影节医院形象宣传片类金奖。拍摄主角之一——93岁仍坚守岗位的冯克燕教授的故事，被中央广播电视总台央视新闻关注和报道后，在全国获得广泛影响。

2019年，新中国成立70周年，医院推出以新中国“最美奋斗者”裘法祖院士、“中国器官移植拓荒者”夏穗生教授为代表的一批同济人物宣传，以他们的榜样故事，展现新中国成立以来几代卫生健康工作者的精神风貌和突出贡献，以同济人迁汉历史讲述新中国发展史。

值得一提的是，同济医院20世纪80年代在中国分离出世界上第一株22A型肺炎球菌所用的实验器材亮相北京展览馆举办的“伟大历程 辉煌成就——庆祝中华人民共和国成立70周年大型成就展”，成为职工以院为荣、踔厉奋进的动能。

三、从现代医学腾飞感悟辉煌改革开放史

（一）“生命是一次旅行”器官移植系列活动。作为中国器官移植的起源地，

教育部唯一的器官移植重点实验室，同济医院器官移植事业在 20 世纪七八十年代取得飞跃。为倡导职工感恩生命，激发职业荣誉感和归属感，医院面向全院、全社会启动“生命是一次旅行”器官移植系列活动。

系列活动之一“明信片漂流瓶”活动，邀请人们写下对器官捐献者的感恩与祝福，寄送给曾经的器官捐献者，共向全社会征集到约 300 份留言明信片。

系列活动之二是器官移植医患分享会，7 位患者和主刀医生一起分享生命故事，400 多位器官移植患者现场聆听。拍摄 7 部微电影，从 7 组不同角度的器官移植话题，引导全院职工、全社会思考器官移植技术的意义和器官捐献的价值，思索医者职业精神、医学人文关怀的走向。微电影故事通过医院官微二次传播后，收获 40 万网友关注。

（二）纪念建院 120 周年系列宣传。跟随改革开放浪潮，百年同济扬帆起航，逐步茁壮成华中地区的医疗名片。2020 年，恰逢医院建院 120 周年，为总结医院改革发展经验和历史，医院在湖北日报、长江日报推出《同心赴救双甲子 初心不改立潮头》《百廿同济是武汉的一座城市标杆》等系列报道。医院还与中国邮政联合发布同济医院建院 120 周年纪念邮资信封，系列活动广受欢迎。

▲“E 路心向党　百年赞辉煌”活动现场

四、弘扬同济抗疫精神，推动学习社会主义发展史

2020年武汉出现新冠疫情期间，作为武汉重症救治主战场，同济医院表现突出，荣获全国抗疫先进集体等6项国家级表彰，同济医院重症救治尖刀连被中宣部授予“时代楷模”荣誉称号。

作为新时期社会主义发展史的重要部分，讲好抗疫历史，弘扬同济抗疫精神，成为引导职工铭记历史、砥砺前行的生动范本。为此，医院与中央广播电视总台共同筹拍抗疫纪录片《同济时刻》，经央视网首映后，好评如潮，斩获2020年全国卫生健康影像大会“金舟杯”纪念片银奖和抗疫题材作品大奖。与湖北广播电视台合作制作的无干扰、零距离、不停机全息式战疫纪录片《B8东》首播收视率破4，省网第一。由重症尖刀连故事改编、同济人自编自导自演的音乐剧《抗疫日记》在武汉琴台大剧院演出并通过腾讯视频线上直播，多种形式引导职工重悟伟大抗疫精神，同济抗疫精神，点燃家国情怀。

五年来，同济医院紧扣医学和“四史”融合，通过身边人讲身边事，身边事育身边人，利用多载体、多形式，点亮职工思想政治教育活动，形成知史爱党、知史爱国、知史爱院的良好氛围，增进医院职工自身与国家和民族命运的关联感，达到了提升职工思想政治水平、凝聚人心的重要目标，对于推动医院高质量发展起到了积极作用。

构建“1+N”联系机制 促进医院高质量发展

湖南省肿瘤医院党委

湖南省肿瘤医院党委构建“1+N”党建联系机制，把牢主线、丰富分线、搭实网线、做好连线，打通基层党建“最后一公里”，推进基层党建工作与医院业务工作的深入融合，促进医院高质量发展。

一、主要做法

（一）把牢主线——以党委书记下支部为主线。实施党委书记下支部机制，党委书记带领相关院领导及相关职能部门负责人组成支部联系小组，定期下支部考察，参加支部主题党日，开展座谈交流，了解和掌握各党支部工作动态，督促和指导各支部党建与发展工作，制定任务清单，解决抓什么、谁来抓、怎么抓，提升支部工作质量和水平，带动业务发展。

（二）丰富分线——构建院领导联系党总支、党支部，联系高知群体、青年和党外人士多条分线。院领导党员组织关系分别落户不同总支不同支部，以普通党员身份参加组织生活，联系、指导所在党总支工作。同时建立多条联系分线，联系所在总支的高知群体、青年、党外人士、困难群众等。

1. 坚持问题导向。从解决基层最关心、最期盼的目标出发，充分听取“沾泥土、带露珠、冒热气”的建议。

2. 坚持结果导向。注重收集患者家属、干部职工的满意度，切实增强工作的务实性和有效性。

（三）织密网线——落实网格化联系机制。通过“院领导联系党总支—党总支委员联系支部—支部委员联系党员—党员联系群众”的网格化联系机制，织密联系网络，实现“无死角”覆盖。推动下情上传，深化交流，化解矛盾，服务群众，凝聚共识，架起紧密联系干部职工群众的“连心桥”。

（四）搭好连线——党务专干连线党总支。党委办公室党务专干分片包干，对点联系党总支，指导服务各党总支、党支部落实党建工作。

1. **抓常抓细，全面严把支部党建“质量关”。**检查支部工作台账，指导党员发展、宣传阵地建设等具体工作，全面掌握支部党建工作整体情况。

2. **真改实改，不断提升支部品质感。**协助党总支一起研究支部党建工作中存在的问题和不足，不断夯实支部“五化”建设成果。

3. **做精做实，确保支部党建高质量发展。**以党建联络员为纽带，推动党建工作“规范化、示范化、品牌化”，形成全覆盖齐抓共管的党建工作格局。

二、主要成效

（一）政治引领的聚力与用力全面提升。在思想政治上“聚力”，全年党委书记下支部 13 次，协调解决堵点、难点问题近 80 项，讲党课 3 次，覆盖全院党务干部；全体班子成员平均讲党课 1 次以上，引导党员充分认识学习贯彻习近平新时代中国特色社会主义思想的重大意义，自觉学懂弄通做实，不断增强联系干部职工的紧密性，更加有力有效发挥政治引领聚力作用。医院在国家三级公立医院绩效考核（2020 年度）成绩排名中居全国肿瘤专科医院第 3 位，获评肿瘤专科医院最高等级 A 级。在宣传教育中“用力”，充分利用“1+N”联系机制，开展党课、研讨、知识竞赛等多种方式 20 余场教育活动，利用支部交流群、党群微信群等新媒体平台持续宣传教育，切实提高覆盖面；坚持上连“天线”、下接“地气”，做到

▲2021 年 7 月 8 日下午，“1+N”党委书记下支部联系放射物理技术部党支部

精准有效，把群众最想了解、最需知晓的"声音"传播开来。

（二）人才队伍的活力与水平显著提升。党委书记下支部与院领导联系党总支双轨并行，党建工作有形覆盖与有效覆盖相容并进，架起无障碍沟通桥梁，思想教育工作见实效，人才活力得到激发。3 年来，17 名高知人才被吸收为党员，32 名被列为入党积极分子；82 名党员被提拔为中层干部。全院各党支部在党史知识竞赛、革命诗词朗诵、院歌"我来唱"等活动中参与度 100%。1036 名党员每日参与"学习强国"学习平台开展政治学习。

同时，通过"1+N"联系机制，密切关注人才培育、科研攀登等发展，医院荣获 1 项国家自然科学基金优秀青年基金，新增湖南省政府特殊津贴专家 1 人，获评湖南省中医药学科带头人、湖南省中医药青年神农学者各 1 人，推选国家卫生健康突出贡献中青年专家候选人 1 人，"湖南青年五四奖章"获得者 1 人。

（三）文化建设的内涵与品质持续提升。在联系机制下，医院干部职工通过充分交流、思维碰撞，将主题党日与便民举措、质量服务提升相融合，文化成果全面开花。开展"忆院史，悟院训，讲述成长故事"等文化活动，"大学习 走在前——我为你荐书"学习活动，"送健康 进社区"等志愿服务活动。文化建设的内涵在学习活动中根植、在文化活动中深化、在志愿服务中拓展。医院的文化理念、文化价值得到有效传导，支部文化精神、文化氛围得到充分体现，干部职工的主人翁意识不断增强，医院向心力和凝聚力进一步提升。

（四）为民服务的实效与成果不断提升。在"1+N"联系机制下，突出"两服务、两解决、两提升"，精准对接支部需求，进一步夯实了党建工作力量，推动党建工作与中心工作深度融合，相互促进，为民服务的成果不断凸显。

一是打通了挂号难的堵点，开通线上线下多渠道挂号等方式，实行弹性门诊，让"信息多跑路、患者少跑路"，缓解了病人挂号难的问题。

二是打通了检查难的堵点，发挥放射物理技术部、放射诊断科等科室党员先锋模范作用，通过多次实地调研设备承载能力、运行状态，科学安排分时段综合预约等，缩短了患者等候时间，缓解了病人检查难的问题。

三是打通了落实难的堵点，通过层层压实责任、强化监督考核，切实提高了办事效率与服务质量。

守正创新　用“四有”工程推进医院党建高质量发展

广东省卫生健康思想政治工作促进会

近年来，广东省卫生健康思想政治工作促进会通过广泛调研、深度访谈、文献查阅、试点推广等方式，构建党建“四有”工程，即“班子有作为”“支部有方法”“党建有品牌”“单位有典型”。2019 年对 23 家试点医院进行实践应用，全部被评为省级先进党组织。“四有”工程是典型的质量工程、目标工程、激励工程和创新工程，是推动医院党建高质量发展的有效抓手。“四有”工程作为行业党建品牌，具有可复制、可操作、可评估、可传播等特点，可有效解决各行业缺少党建工作抓手的主要问题。

一、“四有”工程的内涵功能——党建高质量发展的有效抓手

（一）班子有作为。即核心工程，建设一个忠诚、团结、务实、干净、担当、创新的领导班子，激发领导班子加强和推进党的建设的政治自觉、政治热情和政治能力。明确建设标准，全面实行党委领导下的院长负责制，党委领导班子充分发挥“把方向、管大局、作决策、促改革、保落实”的领导作用。提升领导能力，不断加强自身的思想政治建设、作风建设和能力建设，更好发挥党在卫生健康事业发展中总揽全局、协调各方的领导核心作用。

（二）支部有方法。即基础工程，夯实党支部政治根基，规范并创造性推进支部工作，不断激发基层党建活力，做到运行规范、作用突出、成效显著。选好支部“头雁”，积极落实“头雁”工程，切实发挥党支部书记的带头示范作用，压实抓党建第一责任人责任。规范支部建设，坚持把支部建在科室上，按照“五好六有”标准不断推进支部建设机制规范化、阵地标准化、手段信息化。

▲2019 年 9 月 11 日召开的广东省提高医院党建质量推进“四有”工程建设试点工作座谈会

（三）党建有品牌。即质量工程，坚持党建统领、文化育人、培根铸魂，通过文化精品的形式集中展现医学领域的人道主义和人文精神。树立品牌形象，结合实际制定具体化、个性化文化品牌创建方案，着力创建独具特色、兼收并蓄的党建文化品牌。扩大品牌影响，结合模范机关创建活动、践行社会主义核心价值观等，持续挖掘、不断提升党建品牌的时代内涵和精神品质。

（四）单位有典型。即示范工程，进一步丰富“广东医生”主体形象，汇聚仁心仁术的价值引领、精神力量和道德风尚。培育潜在典型，对于发掘出的“亮点”和典型“雏形”，给予精心培育和正确引导。挖掘先锋典型，深入挖掘具有时代性、群众性、代表性、公信力的典型人物和先进事迹。

二、“四有”工程的实践运用——激发了全省医院党建争创“四有”工程示范单位的热潮

（一）党建引领作用突出，夯实为民服务初心。坚持党的全面领导，全面实行党委领导下的院长负责制。广东省第二人民医院以服务群众健康为聚焦点，致力于打造“应急先锋”党建品牌，在抗击新冠疫情中率先提出党管战疫，获得了2020 年“广东省先进基层党组织”称号。广东省高州市人民医院党委领导班子以

“党心聚力工程”引领医改进程，让患者大病不出县，被誉为“高州医改样本”，中央改革办发文点赞“改革取得成功”。深圳市龙城医院“先锋工程”品牌，力促业务发展，在创建三甲医院的基础上，2019年“七一”被深圳市委评为先进党组织，是深圳全市唯一获此殊荣的民营医院。

（二）典型示范作用突出，打造党建新品牌。“四有”工程示范单位充分发挥党员的先进模范作用、重大典型的示范引领作用，“广东医生”精神旗帜鲜明，树立党建新品牌。南方医院发挥时代楷模、道德楷模骆抗先的先进典型引领作用，提出了“典型引领”工作法，在2019年8月19日广东全省卫健系统组织庆祝医师节活动中，骆抗先先进事迹报告团进行了专场报告，引起强烈反响。广东省中医院着力打造“叶欣为范”党建品牌，充分发挥叶欣精神的示范和感召作用，激励广大医护人员立足岗位做贡献。佛山市第一人民医院“党建引领，医心为民”党建品牌，近年，医院荣获“全国文明单位”“中国最美医院”“佛山市精神文明建设突出贡献集体”“佛山市先进基层党组织”等荣誉，在2018年至2021年连续4年国家三级公立综合医院绩效考核中位列全国百强（A+等级）。

（三）支部工作作用突出，发挥堡垒战斗作用。“四有”工程示范单位注重将医院文化建设纳入党建质量工作之中，凸显医学人文关怀。廉江市人民医院创新打造“堡垒工程”，助推医院高质量发展，被评为市委党建示范单位。汕尾市第二人民医院创建“铸魂强基”党建工程，先后获得了广东省委“先进基层党组织”，广东省委、省政府“先进集体”等荣誉。广州复大肿瘤医院以红色靶向教育为党建品牌，在抗疫一线，积极发挥党支部战斗堡垒作用，展现民营医院的责任和担当，获评广东省先进基层党组织。

三、“四有”工程的持续深化——在“三步走”中实现从“火车头”作用到“高铁模式”的飞跃

（一）第一步，从认识上拓展“四有”工程的动能作用。为贯彻落实党的二十大精神，切实发挥基层党支部的战斗堡垒作用，守正创新、踔厉奋发、勇毅前行，根据中共中央办公厅印发《关于加强公立医院党的建设工作的意见》的通知、中共广东省委组织部《党支部部规范化建设指导标准》、广东省卫健系统《党建“四有”工程示范点创建标准》等文件精神，用高质量党建推动高质量发展，

推进党支部的高标准、高质量建设（简称为“双高”），这是对“四有”工程的又一深化应用，将是今后的一项重点工作。

（二）第二步，从行动上将“四有”工程下沉到党支部。“四有”工程的原有模式是由医院党委牵头组织实施，就像一个火车头拉着一节节车厢，火车的动力源于院领导，但车厢越多，车就跑得越慢。“双高”党支部考核评价体系的创建，相当于把“四有”工程下沉到党支部，将每一节车厢都变成动力源，这可看作“高铁模式”实现从“火车头”的单一动力源到“高铁模式”的多头能源推进。

（三）第三步，从实效上建立党支部高质量高标准考核评价指标。公立医院“双高”党支部考核评价体系衍生于“四有”工程，其中，“班子有作为”体现在“四个作用”明显，“头雁”作用明显、“堡垒”作用明显、“旗帜”作用明显、“阵地”作用明显；“支部有方法”包含四个要素，立足岗位、以小“博”大、形成机制、可以复制；党建有品牌，指有影响力的支部工作法；单位有典型，指的是党支部在发现、培育、推荐、宣传和使用典型上发挥特殊作用。将从实效上建立并推广应用党支部高质量高考核标准评价指标。

培塑“叶欣为范”党建品牌
以高质量党建引领医院发展

广东省中医院党委

广东省中医院党委始终坚持一手抓党建、一手抓发展，着力以高质量党建引领中医药事业传承创新发展，连续九年蝉联全国中医医院竞争力榜首。医院党委被列为广东省公立医院党建“四有”工程示范点，入选教育部第三批全国党建工作标杆院系培育创建单位，被中共中央、国务院、中央军委授予“全国抗击新冠疫情先进集体”称号，被中共中央授予“全国先进基层党组织”称号。

一、活动背景

在2003年抗击“非典”中，广东省中医院涌现出以急诊科护士长、全国优秀共产党员、最美奋斗者、感动中国人物叶欣烈士为代表的一批先进人物。叶欣烈士因抢救“非典”患者不幸染病壮烈牺牲，她的那句“这里危险，让我来！”一直激励着广东省中医院人立足岗位担当贡献，“叶欣精神”成为医院鲜明的文化符号。2018年，医院党委充分发挥典型的示范和感召作用，凝练出“叶欣为范”党建品牌，确立了以弘扬“患者至上、爱岗敬业、团结协作、牺牲奉献”为主的叶欣精神。

二、主要做法

（一）弘扬叶欣“患者至上”精神，引导党员坚持患者至上、力求感动服务。一是坚定“人民至上”的政治信仰。2022年10月16日，组织全院党员干部、教职员工、学生将近5000人收看党的二十大开幕会直播；联合嘉兴、井冈山、遵义、延安等地的医院，开设“四史”学习教育杏林云课堂；邀请来自中央党校、中国浦东干部学院等院校的专家在线授课8场；邀请省委党校专家作《习近平谈治国理政》第四卷专题辅导报告，引领广大党员从中汲取强大信仰力量，站稳人民立场。

二是培育“患者至上”的服务文化。立足“四德”建设，每季度举办“大德讲堂”，强调内外兼修；党团组织开展“雷锋天天在身边”“创优质服务”“青年文明号”等活动。如骨科党支部为残疾人士康复保健创编“轮椅上的八段锦”；二沙岛医院第四党支部的叶欣志愿服务队长期开展“急救技能培训进社区”活动。

三是培养“精益求精”的服务技能。引导广大党员争当为民服务、精进技能的业务标杆。每年开展“叶欣杯”岗位技能竞赛，开展精益管理，实施“满意工程”，近三年推进精益项目602项，开展服务培训42场，培训4000多人次。

（二）弘扬叶欣“爱岗敬业”精神，引导党员坚持爱岗敬业、全力争先创优。医院党委通过打造奉献精神、大医精诚、核心价值、刻苦成才、开拓创新的党员先锋旗帜，充分激发广大党员发挥推动学科建设、服务百姓健康的先锋模范作用。开展向国医大师禤国维、林毅以及全国名中医刘茂才、张忠德学习系列活动，弘扬和传承大师高尚的医德医风和精湛的医道医术。

（三）弘扬叶欣“团结协作”精神，引导党员坚持团结协作、做到求真务实。推动医院文化管理重心下移，全院开展科室文化建设，检验科的“绿叶文化”、手术室的“桥梁文化”、武汉雷神山医院C6病区“正气内存，邪不可干”等科室文化繁荣发展，形成了医院特有的“家文化”。医院党委倡导广大职能干部学习叶欣烈士务实的工作作风，强调“开会+不落实=0；好思路+不行动=0；布置工作+不督促检查=0；抓住不落实的事+追究不落实的人=落实”工作作风公式。

（四）弘扬叶欣“牺牲奉献”精神，引导党员坚守初心使命、甘于牺牲奉献。设立“叶欣纪念日”，每年举办纪念叶欣主题活动；每逢烈士纪念日，医院举行缅怀活动，致敬身先士卒的楷模英烈。提出干部文化决定医院文化，党员做榜样，领导干部做楷模，努力实现“病人—临床一线人员—中层干部—领导”的“倒三角形的组织结构”深入人心，形成头雁效应。

三、取得成效

（一）政治引领有为，党建引领初心使命，危难时刻扛起行业责任。在“叶欣精神”的感召下，医护骨干力量在全国抗击新冠疫情的战场上打出中西医协同救治组合拳，树起中医标杆，充分展现出面对大疫大考时看得见、立得住的中医药临床疗效。广大党员带头开展中医药抗疫科研攻关，将新冠病毒感染重症患者28天病死率从21%下降到5%，被国家中医药管理局作为重大抗疫成果进行发布，在全国较早提出重症和危重症的中西医预警指标，牵头实施全国唯一的治疗新冠中药创新药物Ⅲ期临床研究，开发扶正解毒颗粒治疗重症患者，获评广东省抗疫重大成果。

（二）开拓进取有为，党建引领事业发展，综合实力走在全国前列。“叶欣为范”党建品牌广泛凝聚人心，激发内生动力，凝聚发展合力，引领医院在高质量发展道路上行稳致远，医院连续六届获评“全国文明单位”，依托广州中医药大学建设全国中医领域首个重点实验室；牵头建设广东省唯一的中医药类联合实验

▲2022年9月30日，医院党委在广东省中医院大学城医院缅怀叶欣护士长

室——粤港澳中医药与免疫疾病研究联合实验室；医院被首批纳入“辅导类”的中医类国家医学中心创建单位。

（三）勇挑重担有为，党建引领担当作为，发挥优势开展医疗援助。“叶欣为范”党建品牌淬炼党性，引导广大党员尽职尽责为群众办实事、办好事。广大党员骨干深入革命老区、贫困地区，与200多家基层医院建立协作关系，推动优质医疗资源下沉；创新开展“党性教育＋健康扶贫”，获全省高校基层党组织党建工作案例一等奖，入选广东省高校党建示范案例；《扶贫回头看 走深走实帮扶路 助力乡村振兴》入选广东省教育系统党史学习教育“我为群众办实事”实践活动典型案例。

（四）培根铸魂有为，党建引领文化传承，弘扬大医精诚职业精神。“叶欣精神”成为永恒的精神坐标，医院党委把中华传统文化、党的优良传统和医院独有的“叶欣精神”有机结合起来，深化推进党史学习教育、院史学习教育，形成独具中医药特色的党建文化，培育了一支有灵魂的员工队伍，广大党员干部充分发挥党员先锋模范作用，在家国危难之际无所畏惧担当使命，在人民最需要的地方无私奉献践行初心。

培塑"名医名护"激发党建新活力

广西壮族自治区南宁市第二人民医院党委

近年来，广西壮族自治区南宁市第二人民医院党委坚持"塑人才 育先进"的发展战略，把先进典型的培树工作当成党建工作中的一项重要内容来抓，通过宣传先进典型、推广先进典型，充分发挥激励人、鼓舞人、教育人的作用，促使广大党员和干部职工向上向善，形成人人争当典型、人人学习典型、人人尊重典型的良好氛围。

一、基本情况

南宁市第二人民医院党委下设31个党支部，共有党员924人。其中，在职党支部26个，离退休党支部5个；在职党员768人，离退休党员156人。在开展典型培树过程中，院党委持续深入挖掘基层党建的内在动力，进一步提升基层党组织战斗堡垒作用。

通过打造"二院名医"工作品牌，培塑基层党组织先进典型。

目前，医院党委已成功培塑三大"二院名医"，张波、丁可、钟日胜；"二院名护"文鹤群，以先进教育人，以先进鼓舞人。促使广大党员和干部职工向上向善，形成人人争当典型、人人学习典型、人人尊重典型的良好氛围。

二、主要做法

（一）着眼身边，挖掘典型，树立党建工作新标杆。医院党委始终着眼于平凡的职工生活，从身边的普通共产党员入手，主动发现先进典型，培塑模范，突出坚持典型选树工作的特色性、多面性、经常性。

一是特色性。善于从日常与众不同、抓人眼球的事件发现闪光点，以突出典型案例选树的特别性。例如，从一封"逝去患儿父母写给医院的感谢信"入手，挖掘出了优秀年轻护士文鹤群。一般医院收到感谢信，都是治好了病或满意医院服务，但养育了多年的爱儿离世，家属仍强忍悲痛给医院写感谢信，可见医务人员的精心照料带给了家属无尽的感动。当时“爱儿离世家属仍感激医务人员”的新闻宣传一经报道，信中的主人翁——文鹤群的先进典型就成功树立起来。主动请缨参加援非医疗的“中国好医生”钟日胜的榜样打造，更是打开了医院先进典型选树的大局面。通过钟日胜援非“跨国谱大爱”事迹的深挖，一篇篇感染至深、打动人心的报道做大、做强了正面宣传，全方位展示了一名优秀共产党员的风采。

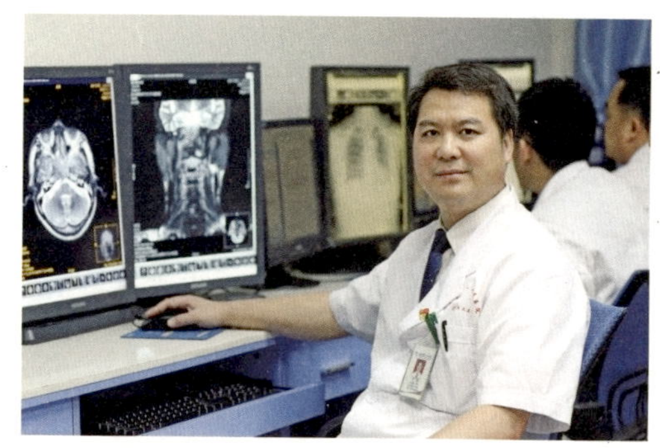

▲“全国五一劳动奖章”获得者、医院放射科主任丁可博士

二是多面性。医院培树的典型力求覆盖多学科、多方面，在各个领域都能培树起优秀人才。例如坚守断指断肢再植学科领域的创伤手外科张波主任，“全国五一劳动奖章”获得者放射科主任丁可博士，全国优秀院长李建民等医院各个岗位的先进模范，涵盖了外科、医技、管理等方面，让每个岗位职工都能找到贴近自己的工作影子和学习榜样。同时，将这些典型培养成党支部负责人，在他们的带动下，广大党员干部在学习和工作中增强了“学典型、补短板、争一流、创佳绩”意识，让基层党建工作活力迸发。

三是经常性。医院通过组织演讲比赛、征文比赛，让职工自发讲述身边的医者仁心好故事，挖掘二院人物新风尚。从征集来的作品中，院党委挑选出一个个具有报道价值的先进典型进行跟踪报道。例如，开展一年一度的“讲述身边的感动”活动，让医者们用温暖的笔触书写发生在身边的感人事迹，用一个个真实的、可敬可学的模范故事，大力弘扬医院发展主旋律，编辑成册出版的“您感动了吗”系列丛书在医患之间引起强烈反响。

（二）丰富手段，扩大宣传，激发党建工作新动力。“酒香也怕巷子深”，抓好先进典型的宣传工作，是培树典范的重要环节。南宁市第二人民医院培养树立的每一个典型，都能通过开展立体化、全方位的宣传，起到“点亮一盏灯，照亮一大片”的效果。

一是通过微视角展现大情怀，微视频讲述大担当。2016 年以钟日胜同志为原型拍摄的微电影《依米花》获得首届健康中国十佳微视频作品提名奖和十佳作品奖；2017 年新制作的张波主任先进事迹微视频《心手相连》获“第三届全国卫生健康微电影”纪录片铜奖；拍摄的《丁可的那些小事》微电影获广西医院协会医院文化建设专业委员会 2018 年优秀微电影二等奖……医院通过系列高质量微视频的制作与推广，感动和激励了许多人，这些典型的先进事迹转化成一股精神力量。

二是加强媒体宣传，扩大社会影响。在日常工作中，医院充分利用广播、电视、报纸、网站等媒体，加大了对各类典型的全面总结和深度挖掘，相继在市级、区级媒体开展了系列专题报道，提高典型的社会认可度，增强了典型的全面性、可学性、深刻性。在日常选树工作中，对有价值、有亮点的新闻事件及时对接采访，对先进事迹、典型做法、成功经验进行深入报道，形成“人人知典型”的浓厚氛围。

三是不断丰富宣传载体，创新形式开展宣传工作。“道德讲堂”“先进事迹分享会”“科室代言人形象墙”都是医院为宣传典型打造的有效活动载体。例如，医院开展的“科室形象代言人”评选活动，从 2000 多名一线员工中挑选各科室形象代言人，并制作 90 位科室代言人的照片形象墙，刻画出了医院“百花齐放”的新景象，在达到良好宣传效果的同时，也展示出“二院人”独特的精神风貌。

（三）以点带面，发挥成效，增强党建工作新优势。“一枝独秀不是春，百花齐放春满园”。培树先进典型的最终目标是利用先进典型的示范带动和聚集倍增作用，在基层党建工作中发挥典型的品牌效应，形成了“一个典型一面旗，一批典型带全局”的良好局面。

例如，“一月一讲”的道德讲堂以身边人讲身边事的形式，将钟日胜、丁可、张波等一个个具有“大医”“暖医”“名医”的特色名片推上舞台。在学模范、学道德的现场，这些先进典型与现场观众进行面对面的互动与交流，使党员和职工在潜移默化中达到春风化雨、润物无声的效果。

三、取得成效

据统计，医院道德讲堂迄今为止已经举办 100 多场，覆盖上万余人次。此外，通过召开先进事迹学习分享会，组织职工干部一起学榜样、话心声、表态度、论担当，运用先进典型来唤起人们的情感认同和价值认同，极具感召力，在道德讲堂的巡回宣讲中，树立了医院党组织和党员干部的良好形象，为加强基层党建工作增添了新优势。

让“母亲的路”更宽广

海南省妇女儿童医学中心党委

一、基本情况

海南省妇女儿童医学中心生殖与计划生育服务部党支部以“让母亲的路更加宽广——医心永向党”为主题，围绕“为百姓减负——推进基层义诊”“让患者暖心——促进医患关系和谐”“让医者同心——凝练科室文化”三大篇章开展了一系列科普教育义诊宣传活动，有力地促进中心各项工作开展。

二、主要做法及取得成效

（一）为百姓减负——推进基层义诊。近年来，由于不孕症发病率逐年攀升，为应对人口老龄化、改变生育现状，提高优生优育服务水平，规范开展不孕不育症诊疗服务仍是基层卫生健康工作的重中之重。

2020年以来，海南省妇女儿童医学中心生殖与计划生育党支部，积极响应海南妇联“家家幸福安康工程”“健康海南母亲行动”等项目的号召，组织专家，频繁奔波到各市县开展生殖健康义诊活动，旨在积极推进生殖健康联盟建设，建立不孕不育分级诊疗和双向转诊机制，同时在基层搭建生殖健康科普宣教平台，提升广大群众生殖健康教育素养，减少患者的舟车劳顿和经济负担，做到“小病不出城，大病不出岛”。

（二）让患者暖心——促进医患关系和谐。对每一对夫妇来讲，不育是难言之痛。面对患者的苦楚，医生们医病先医心，通过各种方式让患者敞开心扉，放下包袱，使得助孕更有希望。

为了及时给患者排忧解难，党支部带领医护团队建立了多个“好孕交流群”，患者看诊完离开医院后，有任何问题和疑虑，都可以在群里互动，群里有多名管理员轮流值班，及时为患者答疑解惑，并经常推送生育科普知识。

（三）让医者同心——凝练科室文化。慕名到中心求诊的患者众多，且常预约不到号，其中不乏高龄及卵巢功能减退患者，对她们来说，每一个卵子都弥足珍贵，晚一天看诊也许就错过了一辈子的幸福。为了“抢收”患者弥足珍贵的卵子，医生们无论白天黑夜、无论周末与否，都毫无怨言地加班加点为患者进行取卵手术。加号、加班及超长时间工作已成为生殖医生的日常。面对繁重的工作常态，唤起团队的职业自豪感、荣誉感、幸福感，增强团队的凝聚力，尽心尽力做好每一天的工作显得尤为重要。

1.增强职业自豪感和荣誉感。每一次患者抱着孩子回到生殖中心送锦旗时，党员陈晓燕都会抓拍父母和孩子幸福的笑脸，通过精心剪辑，制作成视频，推送到科室视频号发布。大家看到这些患者和孩子的笑脸、读到这些感人至深的文字，职业自豪感和荣誉感便油然而生并一次次得到强化，“帮助患者获得好孕是我的荣誉和幸福”成为根植在每一位党员脑海里的坚定信念。

▲2022年5月7日，海南省妇女儿童医学中心党委组织了世界地贫日儋州义诊活动

2. **加强幸福感和凝聚力。**在各种特殊节日来临之际，支部会组织大家动手制作各种美食并拍摄节日庆典视频或积极组织员工开展团建活动等，在活动中，也会鼓励员工带上家人一同参加，以此鼓励大家在业余时间能够高质量地陪伴家人，同时让所有人感受到大家庭的温暖和力量。

3. **通过艺术的洗礼，激发大家对党、对医疗职业的热爱。**2022年春节前夕，海南省妇女儿童医学中心举办了迎新春暨第四届文化艺术节文艺晚会，充分彰显了“百年新征程·妇儿幸福年”的宏大主题。生殖党支部在这次会演中，群策群力推出音乐剧《母亲的路》获得文艺会演一等奖。《母亲的路》让生殖中心全体员工从工作联系到家庭，从自己的小家联系到万万千千的大家，更意识到了平凡工作孕育出的伟大。

党建要“听党员说”

重庆市卫生健康思想政治工作促进会

重庆市卫生健康思想政治工作促进会的前身是2017年11月改选后的重庆市卫生计生思想政治工作促进会。2021年4月，经重庆市民政局批准更名为重庆市卫生健康思想政治工作促进会。2018年11月，中共重庆市卫生健康行业社会组织综合委员会批准成立中共重庆市卫生计生思想政治工作促进会支部委。

2018年，中国卫生健康思想政治工作促进会决定在重庆市举办党务干部专题培训。如何适时推出具有重庆地方特色的党建品牌，上级有期待，基层有期盼。受党建工作尊重党员主体地位思路影响，从“听支部书记说”扩展到“听党员说”理念初步形成。党建工作听党委书记、党支部书记讲党课、做培训是常态。但把普通党员所学、所思、所悟、所做表达出来，在更大范围分享，这就是“听党员说”的出发点和落脚点。有了思路就大胆尝试，2018年，促进会推出“不忘初心重庆秀”，其中《初心伴我前行》讲述者杨静娴,《廉政家书》讲述者余晓丹等都是普通党员。她们分享党员自己的事，自己身边人的事使听众感动、落泪。这项活动受到中国卫生健康思想政治工作促进会的肯定，被评为全国卫生健康系统党建品牌工程。接着，结合中国卫生健康思想政治工作促进会工作要求，2019年促进会组织开展“不忘初心大家谈”等活动，继续探索在“听党员说”这个大舞台上能有更多普通党员参与、更多内容呈现。

机会总是给有准备的人，系列活动引起重庆市卫生健康委党委的关注。

2021年，重庆市卫生健康委机关党委组织开展“学习‘七一’讲话 传承红色基因”主题党日活动，委托促进会承办。特别提出要安排“听党员说”环节，请党员谈学习感受和体会。根据委机关党委安排部署，促进会将组织开展“听党员说”的经验和做法植入主题党日活动中。机关党员争相上台“说”学习体会，分享内心感受。事后大家赞扬“听党员说”这种方式，“脱稿说，分享内心真感受；站着说，展示自我敬观众；试着说，边学边说边完善”，给我们普通党员提供了学习锻炼的舞台。

几年来，按照有名字、有愿景、有载体、有效果、有持续、有效应“六有”标准。特别是在全系统基层党支部书记、共产党员的参与、支持和配合下，取得了以下成效。

一是党建引领更有为。紧紧围绕上级党委中心工作，把“听党员说”这个品牌作为党员“亮身份、亮职责、亮承诺”的重要平台和抓手。在构建全方位全周期卫生健康服务中，发动和带领周边同事一起践行党的宗旨，强化服务意识，为群众做好事、办实事、解难事，增强与人民群众的血肉联系；在重大任务到来之际，展现共产党员担当作为，听党指挥、执行有力、攻坚克难的良好状态；在抗击新冠疫情中，做最美“逆行者”，强化使命担当，淬炼政治品格。

二是党建业务更融合。开展党建品牌创建，始终牢牢把握党建是做“人”的思想政治工作这个核心要义。围绕中心，实现党建与业务工作双提升。面对新时代、新形势和新要求，无论是党组织负责人，还是普通党员都要把党建工作融入业务工作、本职工作中去谋划、去思考，让党建为业务工作引领方向、激发动力、提供保障，使党建工作出凝聚力、出战斗力、出生产力，真正把党的组织资源转化为工作资源，把党的组织优势转化为推动事业发展的强劲动力。“听党员说”品牌栏目在筛选、成长过程中，评委、听众心中都有杆“秤”，谁“说”得真、接地气，谁“说”得是“空话”“套话”，一听就明白。

2021年，促进会党支部被重庆市卫生健康行业社会组织综合党委评定为示范党支部。

▲2020年第一届党课开讲竞赛活动展演现场

融合赋能　一课直通

四川大学华西医院党委

面对医院组织机构规模大、员工队伍庞大、业务工作繁重的情况，四川大学华西医院打破传统思想政治教育定式思维，在坚持常态化政治学习制度的同时，充分调动全院力量和资源，通过全院思想政治教育资源内容、形式与路径的“三个融合”，于 2017 年创新打造教职工思想政治教育品牌项目“思政直通车”。该品牌项目充分释放了思想政治学习的灵活性，充分发挥了思想政治工作枢纽作用，形成了院内上下遴选、支部内外联动、理论与实践贯通、内容与形式衔接的双向选择教育模式，不断提高思想政治工作培根铸魂的成效。

一、医院简介

四川大学华西医院始建于 1892 年，四川大学华西临床医学院和华西医院于 1993 年 12 月“院院合一”，实行“两块牌子、一套班子”领导管理体制，实现学院、医院体制机制充分融合。医（学）院现已成长为中国西部疑难危急重症诊疗的国家级中心、中国著名的高等医学学府、中国一流的医学科学研究和技术创新的国家级基地，综合实力处于国内一流、国际先进行列。

二、主要做法

（一）内容融合，整合高质量内容供给。通过融合全院思政教育资源，突出“严、特、广”，打造品牌项目高质量的内容供给。

1. **严格把关、严选精品。**“思政直通车”品牌项目严控课程质量。每年度课程均经过面向全院广泛征集、自主申报、支部推荐、宣传部初筛、专家评审等流程，通过讲者资质审查、原创性审核、理论性检视，以及所在支部、主管部门和思政理论正高级专家层层系统严格评选，把好内容质量关。

2. 特别聚焦，特点鲜明。“思政直通车”品牌项目课程在严格把控思想政治教育标准要求的同时，注重结合行业实际，打造具有行业和华西特色的思想政治教育课程体系。结合精业创新，开设了《外科医生艺术素养》《临床中的工匠精神》等课程；结合医德医风职业精神，开设了《医师职业精神的诠释与建设》《廉洁行医知多少》等课程；结合医学人文关怀，开设了《重塑医患共情文化》等课程；结合党史学习教育等党的主题教育，开设了红色卫生史、医改发展史等课程。

结合伟大抗疫精神，2020 年 2 月 24 日，全院同学开设了特殊的“开学第一课”，由华西援武汉医疗队四位教师在线讲述抗疫故事。2020 年 11 月，11 位华西抗疫教师代表参与主讲的战“疫”思政大讲堂在学习强国 App、全国高校思想政治工作网上线，分享援鄂事迹，讲述抗疫心路历程。

3. 广泛覆盖、广泛参与。内容广泛覆盖。五年来，“思政直通车”从 1.0 版本到 5.0 版本先后开设各类课程 300 多个，涵盖了理论学习、纪律与作风建设、思想道德、职业精神、医学人文等众多方面，有效地满足了教职工思想政治教育的各个方面，初步形成了具有华西特色的教职工思想政治教育课程体系。

讲者广泛参与。“思政直通车”进一步调动了教职工参与思政学习的积极性。课程主讲人覆盖实践经验丰富、理论水平较高的领导干部，行政后勤管理人员、专家学者和先进模范人物、优秀基层干部、普通职工等医院不同层级的人员，在全院形成干部、专家、普通党员共讲思想政治课的教育氛围，充分融合汇聚了全院力量、全院资源。

（二）形式融合，满足灵活思政学习需求。针对传统命题式集中学习，内容形式单调、群众参与度不高等问题，突出“选、活”打造丰富的思想政治学习形式。

1. “菜单式”选学，一站式预订。在内容征集遴选的基础上，面向全院发布“思政直通车”培训内容“菜单”，党支部或科室根据实际需求和时间安排，在“思政直通车”内自主选择，并向医院宣传部“下单”预订，医院宣传部负责按“订单”送课上门。

2. 灵活机动，需求与供给适应。着眼于临床实际和医务人员工作繁重的特点，“思政直通车”品牌项目通过需求者选学的方式，在学习时间、形式上与临床一线工作实际相适应，并采取灵活多样、适应医院工作模式的学习方式。灵活运

▲“思政直通车”课程在急诊科授课

用讲授式、研讨式、模拟式、互动式、观摩式、体验式等教学方法，增强教育培训的吸引力感染力。加强案例培训，选好用好全院各类型生动鲜活案例。开展典型教育，引导教职工学习全院先进典型和身边榜样。同时，运用新媒体新技术推动思想政治工作传统优势同信息技术高度融合，增强时代感和吸引力。

（三）路径融合，引领教职工终身成长。在持续推进原有课程的同时，“思政直通车”注重与全院职工“训、育”相结合，纳入教职工继续教育体系，实现思想政治教育与员工、学生成长相融合。

1. 与教职工继续教育体系相融合。“思政直通车”品牌项目中的精品课程计算教职工继续教育课程 A 类学分；常规课程计算教职工继续教育课程 B 类学分。授予学分须严格考核，每季度最后一周为学分登记时间。由人力资源部门根据员工参加院内继续教育活动情况载入学分登记系统，继续教育纳入年度考核、人员岗位聘用、专业技术职务晋升等评价指标。

2. 与院内各类重要培训相融合。“思政直通车”品牌项目课程常态化地融入教职工岗前培训、学员入学培训、管理人员培训、专业技术人员培训等定期重要培训中，对于全院人员思想政治建设，加强理想信念教育，深入开展社会主义核心价值观和社会主义法治理念教育起到了积极作用。

三、工作成效

“思政直通车”通过对教师思想政治教育内容、形式的整合创新，精准匹配教职工思想政治教育需求，将教职工思想政治工作与医院事业发展有机结合起来，打通教职工思想政治教育“最后一公里”，极大提升了思想政治育人效果。

五年来，项目年授课超百场，年均培训教职工超过七千人次。听取课程的受众不仅包括在职教职工，还包括研究生、规范化培训住院医师、工人等。课程互动良好，多轮宣讲后，不少受众转化为讲者，积极参与到“思政直通车”品牌项目课程建设中来。全院上下形成了自觉学、认真学、勤分享的氛围，学以增智、学以立德、学以广才，极大提升了思想政治工作效率。

“微”讲新时代　小为大担当

西安交通大学第二附属医院党委

一、基本情况

西安交通大学第二附属医院源于1912年中国第一所由国家教育部创办的从事现代高等西医教育的医学院校——国立北京医学专门学校及其附属诊察所，1937年抗战西迁，扎根西北85载，是国家卫生健康委员会、教育部直属的集医疗、教学、科研、预防保健为一体的现代化大型综合性三级甲等医院。院党委下设2个党总支、102个党支部，共2304名党员。

多年来，院党委聚焦发展抓党建，抓好党建促发展，充分彰显政治功能和组织功能，全院干部和党员在平常时候看得出来、关键时刻站得出来、危难关头豁得出来，充分发挥了党支部战斗堡垒作用和党员先锋模范作用。院党委多次荣获西安交通大学“先进分党委”，麻醉手术科党支部获评教育部首批“全国党建工作样板支部”，呼吸与危重症医学科党支部入选第三批全国党建工作样板支部培育创建单位。

二、主要做法

“5分钟微讲座”活动由西安交通大学第二附属医院党委发起，是在“十四五”开局之年站在学科前沿、谋划学科发展、探索助推学科高质量发展所搭建的重要平台。自2020年举办首期活动以来，已坚持开展2年，全院84个党支部共讲授300余场讲座。讲座内容涵盖党史、时事政治、岗位技能、学习体会、人生感悟等，短小精悍，以小见大，由浅及深、由表及里，取得了触及党员干部和教职员工思想深处且更加贴近实际的教育效果，真正做到扎实推进学科建设和支部建设双强发展，形成了二院党建与业务融合发展的特色品牌。

（一）小切口激发大引擎，小火苗汇聚大力量。“微讲座”能够迅速在全院范围内推广，主要原因是：

一是内容精。将“微讲座”作为落实课程思政、立德树人的有效载体，将“微讲座”打造成为党育人、为国育才的第二课堂。

二是时间短。压缩篇幅尽量把时间控制在 5 ~ 10 分钟，短小精悍，以小见大。

三是零距离。“微讲座”录制“门槛”低，用手机就能够完成拍摄，形式上兼具“短视频”的趣味性、时尚性，不仅年轻党员热情高，老党员也试着通过“微讲座”这种新形式和大家交流。

四是小切口。从平凡事平凡人切入，进而升华拔高，彰显医者初心、入党初心，脚带泥土，立意高远。

（二）授课主体多元化，知识结构体系化。从形式上来讲，医院临床工作时间紧、任务重，支部充分利用晨交班、病案讨论前后 5 分钟变科室成“微课堂”，确保早晚班职工全员参与，做到全覆盖，提高职工参与度，保证讲授效果。从课堂要素来说，“微讲座”讲授人员涵盖党支部书记、科室主任、党员代表、先进典型、优秀团员青年等，讲授主题从医疗、医技、护理、管理等多重角度出发，将党的理论知识与业务工作紧密融合，把掌握做好本职工作的知识和本领提高到保持党的先进性的高度来认识，充分彰显党组织的凝聚力、组织力，进而激发教职员工在专业钻研、学科发展、科室文化以及医患沟通等日常工作中体现党的先进性、组织的堡垒作用以及党员的先锋模范作用，坚持将干事创业的劲头传递下去。碎片化的“微讲座”学习有效避免了工学冲突，得到支部书记们的认可和推广，许多党支部已经实

▲2022 年 10 月 16 日，消毒供应科党支部举办“微讲座”

现人人都有“微讲座”、每名党员都讲过一次“微讲座”，真正将此项活动打造成为党建融入业务工作和党员融入组织生活的有效载体。

（三）线上线下相结合，院内院外双循环。在抗击新冠疫情期间，医院承担着大量的医疗救治工作，每一名医务工作者都自觉担起了抗疫的重任，“微讲座”的形式也发生了变化。为了避免聚集，利用线上线下相结合方式，党委书记带头讲，先进党支部书记跟着讲，其他党员学着讲，活动统一开展，立即引起大家的关注，推出了一批优秀“微讲座”在院内外进行推介宣传。

三、取得成效

（一）统一思想，凝聚人心共谋发展。“微讲座”把党的理论知识、党员先进典型、医院精神文化、医疗专业知识传播到各个角落。“微讲座”的开展，是医院党员不断在思想上看齐、行动上对标的过程，也是促进党建工作与业务工作深度融合，同向同行的有力抓手，有利于培养有仁心、有仁术的新时代仁医。进一步强化了社会主义核心价值观的培育和践行，在全院上下形成了履职尽责、创先争优的良好局面，凝聚了推进医院高质量发展不断前行的强大合力。

（二）拓宽载体，组织活力强力激发。“微讲座”充分利用新媒体、网络课堂、医院公众号等媒介，不断开拓新方法和新思路，较好地处理了传统与现代的关系，时间上快捷、效果上实在，打破了传统党员教育的时空局限，实现了党员教育与时代特点的有机结合，“教”与“学”角色的转换，提高了党员参与讲座的积极性，增强了提升能力素质的内在动力，提升了“三会一课”影响力和实效性，有助于推动学习型党组织建设。

（三）锻炼队伍，切实提升党员素质。定期开展“微讲座”，使党员教育成为常态，全体党员参与组织生活的积极性、主动性明显增强，基本实现“人人愿意讲，人人愿意听，人人有收获”。从备课到授课交流，人人参与其中、党员互帮互学，思想水平、理论素养、思辨能力、表达能力等方面得到了提升。同时，还增进了相互了解、协作和沟通，党员主体作用得到充分发挥，党员对支部的归属感和认同感进一步得到增强。

打造党建“三个引领”品牌 凝心聚力助推医院高质量发展

宁夏回族自治区人民医院党委

近年来，宁夏回族自治区人民医院党委坚持以习近平新时代中国特色社会主义思想为指导，探索打造政治引领、科技引领、文化引领“三个引领”的党建品牌，为保障人民群众身体健康，促进宁夏经济社会发展作出了积极贡献。

一、基本情况

宁夏回族自治区人民医院创建于1934年，是一所集医疗、教学、科研、预防、保健、康复、急救为一体的三级甲等综合医院。目前共有5个院区，分别为院本部、西夏分院、宁夏医疗急救中心、宁夏眼科医院和宁南医院，分布在银川市3个辖区的中心地带和海原县物流园区，医院编制床位数2630张，职工3588人，设党总支9个，党支部75个，党员1056人。

二、主要做法

近年来，医院党委坚持以“三个引领”为党建工作品牌，不断强化党对医院的全面领导，深入推进全面从严治党，探索党建与业务深度融合，以党建高质量推动医院高质量发展。

（一）政治引领。把政治建设摆在首位，落实新时代党的卫生与健康工作方针，突出基层党组织政治功能，压实管党治党政治责任，将党的领导融入医院工作全过程，引导干部职工深刻领会“两个确立”的决定性意义，坚决做到“两个维护”，为医院高质量发展夯实思想基础。

一是严执行。严格执行党委领导下的院长负责制和三级会议决策机制，确保党委始终统揽医院发展全局。

二是修制度。借助"制度管理年"活动，对全院所有制度进行梳理规范，修订完善党群序列相关工作制度及岗位职责 113 项。

三是建机制。压实党委《落实全面从严治党主体责任清单》"两个责任"和班子成员"一岗双责"制度，履行党建和党风廉政建设工作责任。

四是勤学习。把学习宣传贯彻习近平新时代中国特色社会主义理论作为党第一议题，抓好"关键少数"。通过主题党日、专题宣讲、交流研讨、技能大赛和各类技能培训等，全面提升党员干部能力素质。

五是助"宁南"。主动下沉优质医疗资源，投入人员、资金、设备为宁夏南部山区 280 余万各族群众提供医疗服务，缓解当地百姓看病难问题。

（二）科技引领。以医生和患者需求为导向，持续深化医院综合改革，持续改善医疗服务，加强医联体信息化建设内涵升级，将科技创新成果转化为提高患者就医感受的有效动力，为服务医院改革发展发挥积极作用。

一是提薪酬。构建符合医院特点的岗位薪酬制度，实行以岗定责、以岗定薪、责薪相适、考核兑现的动态调整薪酬制度，有效调动医务人员工作积极性。

二是改模式。以统一成本核算、物资监管、临床药学管理、电子病历质控、

▲2022 年 6 月，宁夏方舱医院工作人员合影

门诊自助及远程医疗服务平台建设为支撑，建成五个院区资源配置、学科整合、成本控制、医疗护理一体化管理机制，构建了多院区线上线下一体化治理体系和医疗服务模式。

三是建中心。建设宁夏“北”“南”区域医疗中心，推进“五大中心”建设。依托院本部、宁南医院资源建设“北”“南”两个区域医疗中心。实施胸痛、卒中、创伤、危重孕产妇救治、危重儿童和新生儿救治“五大中心”建设，构建快速、高效、广覆盖的急危重症医疗救治体系。

四是强支撑。推进智慧医院建设，借助电子病历、智慧服务、智慧管理“三位一体”的智慧医院建设，稳步拓展“互联网＋护理”“互联网＋孕产健康管理”等业务，优化生命全周期、健康全过程服务。

五是精医术。开展肾移植、角膜移植、人工关节 3D 打印、微创介入手术等特色技术，探索应用手术机器人、手术导航定位等先进医疗技术开展医疗服务。

六是严底线。深化“科技＋制度”反腐倡廉管理模式，完善干部、职工廉政电子档案，上线医德医风管理系统，运用信息技术手段严格监控管理。

（三）文化引领。坚持以人为本、与时俱进、突出特色，教育引导党员干部、医务工作者践行社会主义核心价值观和新时代卫生健康职业精神，唱响时代主旋律，树立“包容信任”价值理念，大力弘扬传承“厚德精术、医泽百姓”院训精神，在崇德修身、固本培元中增强干事创业的精气神、凝聚力和感召力，为“建设美丽新宁夏，共圆伟大中国梦”贡献力量。

一是筑忠魂。实施“文化铸魂”工程，开展道德讲堂、学雷锋月、护士节、医师节、教师节等活动，深入培育和践行社会主义核心价值观，倡导新时代卫生健康职业精神，助力银川市“全国文明城市”创建。

二是聚合力。发挥工青妇桥梁纽带作用，开展劳模创新工作室、志愿服务、演讲比赛、文艺会演、运动会等活动。关爱帮扶职工，慰问大病住院、抗疫一线职工、家属及离退休老同志。

三是育情怀。培育职工爱院如家情怀，开展院本部、宁南医院开诊和眼科医院重装开诊十周年庆祝活动，设立院史馆开放日，打造院史长廊。

四是廉医风。常态化开展党员干部职工廉洁教育，深入临床宣讲《廉洁从业九项准则》，开展卫生健康领域突出问题、违规收受红包礼金等专项治理活动，创新开展廉政风险大查房、学科主任话廉洁等自选动作。

三、取得成效

（一）党建工作质量全面提升。5年来，党总支由原来的5个调整为9个，党支部由原来的55个调整为75个，党员总数由726人增至1035人，荣获全国、宁夏回族自治区先进基层党组织。

（二）深化医改成效明显。坚持把党的政治优势、组织优势和密切联系群众的优势转化为医院高质量发展优，医、教、研一体化实现跨越式发展，学科建设不断加强，新建肿瘤楼、儿童医疗中心楼等5大工程，解决了百姓看病难、看病烦等问题。群众满意度达到95%以上，连续4年被评定为宁夏回族自治区公立医院绩效考核“优秀”等次。

（三）文化建设全面提升。建立了以“强化患者需求导向、建设特色鲜明医院文化、关心关爱医务人员”三大内容为主的文化建设体系，“敬佑生命、救死扶伤、甘于奉献、大爱无疆”的职业精神和“厚德精术，医泽百姓”院训理念深入人心，职工队伍整体素质、社会对医院认可度进一步提升。

五年来，医院荣获全国文明单位、全国抗击新冠疫情先进集体、中国医院科学抗疫先进保障团队、全国援外医疗工作先进集体、宁夏回族自治区“文明单位”“爱国拥军模范单位”。宁南医院被中共中央国务院、宁夏回族自治区党委政府分别授予“民族团结进步奖”“扶贫攻坚先进集体”荣誉称号。9位同志分别获得“全国先进工作者”“全国抗击新冠疫情先进个人”“全国五一劳动奖章”“全国三八红旗手”等荣誉称号。

民族团结手拉手　乡村振兴促共建

新疆维吾尔自治区巴音郭楞蒙古自治州人民医院党委

自2017年开展“民族团结一家亲”活动以来，新疆维吾尔自治区巴音郭楞蒙古自治州人民医院（以下简称巴州医院）914名党员、职工与4个县市的914名群众结对认亲，在此基础上，2021年，医院全体职工包联480户农户。多年来，按照“常态精准、交流深入、增进感情、排忧解难”的思路，积极助力乡村振兴，不断筑牢中华民族共同体意识。

一、领导重视，健全机制，落实责任

巴州医院党委高度重视民族团结教育和乡村振兴工作，把其作为边疆少数民族地区医务人员思想政治工作的重要内容列入重要议事日程，专题研究，安排部署。制定活动实施方案，形成“党政负责，各有关科室齐抓共管，全院共同参与”的长效机制，确保各项工作扎实推进。

二、强化学习，履职尽责，率先垂范

医院领导班子率先垂范，利用党委中心组理论学习、周五政治理论学习日制度及“学习强国”“巴州党员网上活动室”“法宣在线”“新疆干部网络学院”等学习平台，认真学习习近平总书记关于民族工作的重要论述、中央民族工作会议和乡村振兴会议精神以及自治区、自治州党委关于民族工作的决策部署等。通过学习，让每一名班子成员、每一名党员和职工充分认识到做好民族团结工作的重要性和必要性，切实增强开展“民族团结一家亲”活动的责任感和紧迫感，在思想上、行动上同党中央、自治区、自治州保持高度一致，努力为民办实事、办好事，及时妥善处理民族关系中出现的各种问题，为民族团结工作打下了坚实的基础。

三、统一思想，提高认识，深入宣传

结亲干部通过“民族团结一家亲”和民族团结联谊、助力乡村振兴活动，下基层面对面宣传中央及自治区、自治州党委加强民族团结、维护社会稳定、促进经济社会发展的重大决策部署，党的民族理论、民族政策、法律法规、社会主义核心价值观、《新疆的若干历史问题》白皮书以及自治区、自治州党委贯彻落实的具体措施准确翻译成“大白话”，让各族群众听得懂、能领会、可落实，切实让习近平新时代中国特色社会主义思想“走进”千家万户，“根植”于各族干部群众心中。截至目前，开展宣传教育500余场次，参与干部、职工3000余人次，覆盖群众4600余人。

四、共同学习，健康宣教，爱国爱家

认真开展“同学习”活动，铸牢中华民族共同体意识。一是结合党史学习教育，结亲干部充分利用“学习强国”平台与亲戚一起学习习近平新时代中国特色社会主义思想、第三次中央新疆工作座谈会精神、新中国发展史、改革开放史、社会主义发展史及疫情防控知识，引导各族群众树立正确的国家观、历史观、民族观、文化观、宗教观，引导他们爱党、爱国、爱家乡。二是充分发挥医疗行业优势，进行健康宣教。真正做到将自己的专业能力运用到结对认亲活动中，帮助群众在一个轻松愉悦且便利的环境中获取更多的与自身健康息息相关的知识。三是结亲干部利用下沉走访与亲戚、亲戚的孩子共同学习国家通用语言文字，帮助亲戚的孩子辅导功课、购买书籍等。

五、开展结对帮扶活动，助力乡村振兴

优化活动方案，常态化开展“民族团结一家亲”和民族团结联谊活动。一是医院党委结合工作实际，不断优化“民族团结一家亲”和民族团结联谊活动实施方案，结合疫情防控需要，将线上活动与线下活动相结合，扎实开展“民族团结一家亲”和民族团结联谊活动。干部职工通过走访入户，全面深入了解结对家庭基本情况、经济收入、就业技能等情况，采取“一对一、点对点”的方式进行沟通交流。二是扎实开展民族团结教育月活动，民族团结教育月期间，医院900余

名干部职工，通过入户走访宣讲、召开家庭会议宣讲、走进田间地头宣讲、线上宣讲等多种方式，向结对亲戚宣讲习近平总书记关于民族工作的重要论述、进一步铸牢各党组织中华民族共同体意识。三是“我和亲戚游家乡・共叙成就感党恩”活动取得实效。为进一步推动“民族团结一家亲”活动深入开展，增进巴州人民医院各族干部、职工与结亲户之间的感情，巴州人民医院结亲干部们利用公休日、国庆节假期与亲戚一起，开展形式多样、内容丰富的“我和亲戚游家乡”系列主题活动。

▲健康义诊活动现场

六、线上线下相得益彰，促进民族团结

新冠疫情常态化防控以来，医院党委在严格常态化落实新冠疫情防控前提下，把“实地访”与“打电话”“聊微信”“看视频”等结合起来，进一步加深各民族间的感情交流交往交融，增进团结和谐，为夯实社会稳定和长治久安总目标奠定坚实基础，营造各民族共同团结友爱，共同学习进步、共促就医环境和谐的良好氛围。通过开展活动，医院干部职工与结对亲戚之间增进了感情，加深友谊，形成你中有我、我中有你、相互帮助、相互交融的民族团结氛围。

七、扎实开展实践活动，解决急难愁盼

聚焦“急难愁盼”，扎实开展“我为群众办实事”实践活动。按照常态精准的要求，医院干部、职工全面加强对结对亲戚的思想教育和政策宣传，解决好生产生活、就业和子女学习辅导等实际困难。目前医院累计捐款 11 万余元，捐物 4200

余件，捐赠药品价值22000余元，排查并帮助解决就医问题80余件、生产生活问题70余件。同时，发挥医疗行业优势，结合“我为群众办实事”实践活动，深入结亲点，扎实开展健康义诊活动。义诊28场次，惠及群众4000余人。为了减轻结亲群众负担，丰富“民族团结一家亲”活动载体，巩固民族团结联谊活动成效，医院914名干部职工坚持每年为914户结亲对象购买保险，金额为182800元。

通过扎实开展民族团结一家亲和助力乡村振兴“我为群众办实事”实践活动，聚焦结对亲戚急难愁盼之事，提升了干部职工和基层群众的获得感、幸福感和满意度，赢得广大干部职工和基层群众的一致好评，各族群众共同交流交往交融，进一步铸牢中华民族共同体意识。

优秀案例（100 个）

书香传承　青春向党

北京医院团委

北京医院团委在医院党委的领导、指导和关心下，为深入贯彻落实习近平总书记关于青年工作的重要思想，进一步将学习宣传贯彻习近平新时代中国特色社会主义思想、习近平同志系列重要讲话精神，践行新时代医疗卫生职业精神与医院青年本职工作相融合，开展并建立了“读讲一本书”系列品牌活动。多年来，该活动逐步完善“读书－思考－分享－交流”的长效机制，持续营造“蓬勃向上、追求卓越、勇于创新、知行合一”医院青年文化的浓厚氛围，受到了医院领导和广大青年的一致好评。

一、积极开展，鼓励青年好读书、读好书

“读讲一本书”活动作为北京医院团委的品牌活动，已根植于医院青年的内心，在医院党委的指导下，院团委发挥好核心团干部模范带头作用，建立“每月一讲”的长效机制，阅读范围提倡学贯中西、博古通今，鼓励兼容并包、广泛涉猎，倡导广大青年在读书、实践中深刻领会中国共产党人的精神谱系，大力弘扬伟大建党精神、伟大抗疫精神和崇高职业精神。通过汲取精神力量，砥砺政治品格，提升工作思考，激发奋斗动力，奋力投身社会主义现代化国家的建设中去。

“读讲一本书”活动以一月一讲的形式开展，院团委建立读书平台，由全院各总支、支部顺序推荐读讲人。由院团委统筹，以团委委员、团总支书记、团支部书记、团支部委员、优秀团员为范围征选当期读讲人，在保证青年本职工作的同时组织起一支强有力的读书分享队伍，也为活动的顺利开展打下坚实基础。活动开展至今，已结下 50 期的丰硕成果，参加人次近千人，分享书目 50 余本。

二、紧跟时代，理论与实践相结合

在“读讲一本书”系列活动中，院团委注重将活动与理论相结合。与青年理论学习小组深入结合，与政治时事相结合，与健康中国建设相结合，与医院发展相结合，拓展学习思路，丰富学习内容，真正做到了团干部带头学、紧跟时事学、结合理论学。

通过逐步扩大“读讲一本书”活动参加人员的范围，读书学习理论，理论结合实际的活动得以用新颖的形式深入开展并且成效显著：团委书记带头讲青年党课，专题活动期间的第一期读书活动由原团委书记孔竞为青年读讲《习近平新时代中国特色社会主义思想学习纲要》，通过学习纲要，深化青年对道路选择、中国特色社会主义事业以及医疗卫生事业和自身的认识，从而坚定“四个自信”；北楼团总支林涵同志读讲《重返五四现场：1919，一个国家的青春记忆》，通过时间轴线刻画出 1919 年到 1949 年的历史脉络，再现出百年前的五四精神的诞生，激励医院青年迎难而上、不断进取，传承和发扬属于新时代青年的五四精神；现任团委副书记、眼科副主任黄剑锋与大家分享读《红星照耀中国》的心得体会，他生动

▲“读讲一本书”活动现场

描绘了斯诺客观评价下的中国共产党，同时深刻探究了“红色中国”产生、发展的原因。

近年来，北京医院团委以团干部接力读书的形式，将“读讲一本书”与青年理论学习深度结合，进行集中宣讲，形成了北京医院特色的青年学党史活动。

三、创新机制，丰富活动载体

为了进一步深入开展“读讲一本书”专题活动，检视阶段性学习成果，院团委大胆创新活动机制，设立专题月分享活动，号召团总支、团支部独立开展读书活动，以读结合讲，以讲带动学，根据不同专题，与会青年干部围绕国家政策、医院工作、青年成长等主题，在线上和线下积极开展活动。在活动中交流学习情况、畅谈学习体会，并结合实际对今后个人成长和青年工作提出了思路和意见。与会团干部和团员青年纷纷表示深入学习习近平新时代中国特色社会主义思想是一个需要长期坚持的过程，要投入时间、投入精力，深刻领会习近平总书记系列重要讲话精神、党的二十大精神、“两个确立”、“两个维护”、“四个自信”、“四个意识”等核心内容的精神实质和丰富内涵，切实把读好书、好读书、读原文、学理论的学习成效体现在立足岗位矢志奋斗上，体现在不断提升患者就医的获得感和满意度上，体现在为建设一流国家老年医学中心不懈努力的行动上。

四、以品牌为动力，坚持可持续发展

截至 2022 年 10 月，50 次活动已有 50 位主讲人分享了 50 本书目，涉及全院 8 个团总支，23 个团支部。该活动已成为北京医院团委的特色品牌活动，深受青年们的喜爱。其中，从读讲一本书活动中脱颖而出的 12 位优秀读讲人被医院推荐到国家卫生健康委直属机关团委“读讲一本书”青年演讲比赛活动，并获得优异成绩：特等奖 1 人，一等奖 3 人，二等奖 3 人，三等奖 2 人，优秀奖 3 人。

50 期的实践证明，北京医院“读讲一本书”系列活动既是北京医院的青年们成人、成才的生动平台，也是厚植医院青年文化的有力举措，更是深入贯彻“青年政治理论学习”专题活动的生动实践。

连续二十年开展基层党组织主题实践活动

中日友好医院党委

自2003年起，中日友好医院党委连续20年组织开展基层党组织主题实践活动，成了医院党建工作的一张“名片”。

一、工作背景

作为国家卫生健康委的直属医院，中日友好医院于1984年10月23日开院，是一家年轻且快速发展的医院，年门急诊量近300万人次、出院人次约8万人次。特别是近年来医院走上高质量发展的快车道，成为国家呼吸医学中心和国家中西医结合医学中心，是国家高质量发展试点医院、国家高水平医院临床研究和成果转化能力的试点单位，以呼吸医学、中西医结合医学、人体器官移植、肿瘤综合治疗为主线，形成了高质量发展的良好局面。

自党的十八大以来，医院党委全面贯彻落实全面从严治党要求，落实党委领导下的院长负责制，切实加强医院党的建设，把党的建设融入医院治理。医院不断完善党组织主题实践活动管理办法，紧密结合医院和科室发展遇到的难点问题，持续提升活动质量，进一步增强党组织的号召力、凝聚力、战斗力和创造力。

二、总体思路

（一）坚持政治性。突出政治教育，突出党性锻炼，做到有主题、有收获、有总结，杜绝表面化、形式化、娱乐化、庸俗化，使之成为党员党性锻炼的熔炉。

（二）坚持以上率下。院领导落实双重组织生活制度，以普通党员身份带头

▲中日友好医院辛育龄小分队开展社区义诊活动

参加所在党支部活动，也带队组织开展活动，充分发挥领导干部的示范带头作用。

（三）坚持分类指导。针对不同类型党组织和党员的实际状况，实行分类指导，体现具体化、精准化、差异化，充分调动基层党组织的积极性、主动性、创造性。

（四）坚持典型引领。选择树立效果好、影响大、成效显的主题实践活动，发挥好榜样的引领和激励作用。通过现场交流、表彰奖励、蹲点帮扶等形式，提升全院党组织的活动水平和质量。

三、主要做法

（一）发布主题。每年年初，院党委结合党委工作要点和医院重点工作确定医院基层党组织主题实践活动主题，要求各党支部每年至少开展一次主题实践活动。

（二）活动开展。

1. 活动申报。建立主题实践活动申报制度，要求各基层党组织开展活动前，认真填写活动申请表，说明活动时间地点、活动类型、参与人数、活动主题、活动议程、经费使用等情况等内容。活动经支部、总支及党委审批同意方可实施。未经审批同意，不得组织开展。

2. 加强指导。院党委领导每年都亲自带队参加部分党组织开展的主题实践活动，对活动开展提出意见建议，也用实际行动给予支持。党总支书记、党委办公室负责人和工作人员列席参加部分活动，进一步加强了工作指导督导。

3. **加强宣传。**医院党委通过“支部工作”App、官方网站、官方微信等平台，进一步加强对活动的报道，营造浓厚氛围，确保活动有声、有影、有形，提高活动的影响力。

（三）总结和评优。年终，按照活动主题、内容、参与人数、宣传情况、取得效果等评选标准，经过自主申报、初步初选、总支互评、院外专家评选等评选环节，对全院所有主题实践活动组织评优。其结果将纳入总支、支部工作考评，同时通过多种形式开展经验交流活动，树立宣传先进典型。

四、主要成效

据不完全统计，自 2003 年开始，我院各党支部共开展活动 1700 余项次，参与党员人数共 3 万余人次，具有全部覆盖、贴近实际、效果突出等特点，得到上级部门的认可和好评。

（一）实现“全部覆盖”，开展主题实践活动成为常规工作。主题实践活动是围绕中心工作发挥党支部和党员作用的重要载体。医院党支部本着党建品牌带动科室全面发展的思路，充分发挥党员、入党积极分子的自身优势，开展各种特色活动，实现了医院党建品牌横向覆盖、纵深发展，保持党建品牌的生命力。

（二）活动“贴近实际”，突出中心工作丰富活动形式。各党支部围绕中心、服务大局，立足服务患者、促进发展，积极开展活动，充分阐释“一个支部一面旗 一个党员一盏灯”的理念。

（三）工作“效果突出”，有助于党建工作质量提升。医院 2021 年获得国家卫生健康委直属机关先进基层党组织，19 个党支部荣获中央和国家机关“四强”党支部荣誉称号，都是在主题实践活动中表现突出的党支部。这充分体现了主题实践活动对于基层党组织建设的重要推动作用。

在国家卫生健康委直属机关党委的指导下，得益于各级党组织和广大党员的共同努力，医院被评为直属机关先进基层党组织、全国文明单位、全国抗击新冠疫情先进集体、中国青年五四奖章集体、首都文明单位标兵等荣誉称号，医院党建有关做法被人民日报、旗帜杂志、健康报报道。

“五亮点”强化青年理论学习小组建设

健康报社

健康报社新闻媒体“四力”青年理论学习小组组建以来，以学习贯彻习近平新时代中国特色社会主义思想为首要任务，把习近平总书记关于卫生健康和新闻宣传重要讲话精神作为重点，结合报社工作实际，坚持全面系统学、围绕主题学、结合职责学、创新形式学，全面提升青年思想政治理论水平和哲学思辨能力，教育引导广大青年干部投身于报社转型融合发展之中，立足本职做贡献。

一、基本情况

2019 年 10 月，健康报社成立新闻媒体“四力”青年理论学习小组，通过青年理论学习来指导采编人员提高“政治三力”，提升业务本领，不断增强新闻采编人员的“脚力、眼力、脑力、笔力”，展现新时代健康报社青年的自信与活力。目前报社员工 186 人，40 岁以下青年 112 人。2021 年 7 月，为进一步加强青年干部思想理论武装工作，报社对理论学习小组的基本定位、目标要求、工作机制、学习内容、学习形式、学习成果等方面进行了修订，为报社扎实开展青年理论学习提供了具体的操作规则。

二、学习亮点

（一）党建引领筑堡垒。2021 年 6 月 29 日，健康报社开展“学党史 · 读好书”青年读书学习活动，8 位来自多个支部的青年党员作了读书分享。有的讲述了中国共产党百年奋斗史的艰苦卓绝、如磐信念，重温了前辈们在长征途中坚持在马背上刻钢板的壮举，让人感悟“一代人有一代人的长征”，奋力走好新的长征路；有的以为人民群众服务为切入点，讲述了在新冠疫情阻击战中，那些始终把人民生命安全、身体健康放在第一位的战士们；有的以“无奋斗，不青春”为题，鼓励报社青年党员把自己的理想同祖国的前途、把自己的人生同民族的命运、把自己的职责同报社的发展紧密联系在一起，书写青春灿烂的人生华章。

2022 年 10 月 27 日下午，健康报社举办学习宣传贯彻党的二十大精神系列活动——清廉家风故事分享会。分享会上，来自 8 个党支部的分享者，有的讲述革命先辈、楷模人物的红色家风故事，展示了教子严、律己严、持家严的精神风貌，坚守真理、为国舍家、廉洁齐家、勤俭持家以及革命后代赓续红色血脉、传承红色家风的品格和精神，让每一位聆听者从优良传统中汲取道德养分；有的分享者围绕自身家庭的家风家训，用生动、朴实的语言分享了自己的家庭故事，以自身实例证明了树立良好家风可以促进家庭教育发展，让每一位聆听者都感受到了家风美德的力量与美好。

（二）创新形式出真招。在武汉抗击新冠疫情期间，报社青年理论学习小组在委直属机关党委、宣传司的指导下，推出“我的战疫青春故事”医务青年快手系列直播栏目，共进行了 8 场直播，总观看人数 1223.6 万，总点赞量 217.4 万，平均每场观看量近 200 万人次，引起热烈反响。“我的战疫青春故事”医务青年系列直播栏目，相继在健康报、健康中国、共青团中央的快手、微博等平台上直播，巧妙及时地结合“总书记回信”“世界卫生日”“疾控国家队凯旋”“国际护士节”“五四青年节”等热点。该活动也获得钟南山院士、仝小林院士和张定宇院长等抗疫英雄的参与和支持。

（三）青年风采搭平台。健康报社积极参加委直属机关“读讲一本书”活动，每年推荐优秀青年参加比赛。2020 年健康报社作为委直属机关“读讲一本书”活动协办单位，通过线上形式，在健康报官微、学习强国号、报社青年理论学习平台上共展播 81 件作品，获得优秀组织单位荣誉，报社 3 名青年荣获优秀个人。2021 年报社获得优秀组织单位荣誉，2 名青年分别荣获第二名，第三名。2022 年报社获得优秀组织单位荣誉，1 名青年获得特等奖，1 名青年获得二等奖。

（四）点面结合促担当。新冠疫情暴发以来，报社常态化派出青年记者前往疫情前线进行新闻采写，“80 后”和“90 后”青年记者居多，体现了青年人的使命与担当。为进一步增强青年干部的凝聚力，报社青年理论学习小组以“战疫青春，有你有我”为主题，定期组织召开抗击疫情新闻报道工作交流分享会。前线的记者们通过回忆与逆行者同行的点滴，向大家讲述抗疫斗争中无数个富有温度的细节和饱含人性的光芒瞬间，引导报社青年忠于职业操守，锻造勇往直前的过硬作风。

▲2022年10月27日，健康报社举办学习宣传贯彻党的二十大精神系列活动——清廉家风故事分享会

（五）实践导向转成果。 健康报社从青年业务骨干中选派1名“80后”干部到永和县索驼村担任第一书记，充实村党支部一线力量，推动新型城镇化和基层治理等工作，为乡村振兴提供坚强的组织和人才保障。2022年9月，健康报社赴山西永和坡头乡索驼村开展党建帮扶系列活动。9月16日上午联合山西省卫生健康委、山西白求恩医院开展健康义诊活动，为村民在家门口看病创造条件，改善村民看病就医体验，为村民提供更加优质高效的健康服务。9月16日下午，走进坡头乡中心小学举办了“圆梦微心愿，关爱青少年”捐助活动，为坡头乡19名留守儿童送去了关爱礼包。9月26日上午，报社党委书记、社长邓海华出席永和“健康小屋”试点启动工作，“健康小屋”主体建筑是由“健康报公益基金”出资筹建，资金约25万元。2022年9月正式投入使用后，显著改善了索驼村老年人娱乐健身及村委会办公环境。

三、取得成效

健康报社新闻媒体“四力”青年理论学习小组始终把工作的着力点放到新闻宣传主责、主业上来，努力打造一批行得通、叫得响、干得好的精品项目活动。不断加强自身建设，认真思考“要做什么”和“怎样做好”的问题，打造品牌工程和持续扩大青年团队的影响力。

在中央和国家机关工委关于开展“关键小事”活动中，积极开展调研攻关课题，健康报社与国家卫生健康委宣传司青年小组、中国健康教育中心、中国医师协会健康传播工作委组成联合课题小组，最终以优异成绩荣获中央和国家机关青年理论学习小组“关键小事”调研攻关活动优秀成果二等奖。

同学百年党史 共促环境健康

中国疾病预防控制中心环境与健康相关产品安全所党委

一、单位情况

中国共产党中国疾病预防控制中心环境与健康相关产品安全所委员会（以下简称环境所党委）下设 7 个在职党支部和 2 个退休党支部。截至 2022 年 10 月底，有党员 246 人，其中在职党员 133 人，退休党员 94 人，学生党员 19 人。

环境所党委在上级党委的领导下，充分发挥党委政治引领，推动党建与环境健康业务工作深度融合，创新党史学习教育的形式和方法，开展了全体党员与业务融合的“同学百年党史，共促环境健康”专题活动，探索加强专业技术单位党员队伍建设的新方法，打造环境健康党建特色品牌，有效激发党员干部为环境健康事业干事创业的拼搏动力与活力，为进一步加强国家级科研单位专业技术党员干部的人才队伍建设取得了较好效果。

二、主要做法

（一）全员参与，突出重点，结合党史学习，谈环境健康事业发展的体会。

1. 创新学习方式。2021 年，环境所党委开展“同学百年党史，共促环境健康”为主题的专题党史学习教育活动，通过学习百年党史重大事件与卫生事业、环境健康发展相结合，促进党员干部在学史知史悟史中发扬和传承精神力量。具体学习方法主要是按各在职支部党员数，将党的百年历史年份分给 7 个党支部，各在职党支部召开专题会组织研讨，由全体党员、入党积极分子结对组成党史学习小组，自主报名认领一个重点学习的党史年份，根据当年我党的重要事件、故事，结合卫生健康或环境卫生等方面工作的进展，讲故事，看图片，谈想法，写体会。

2. **压实学习责任。**环境所党委召开专题党委会，组建由党委成员、党支部书记组成的专题活动工作组，并根据支部党员人数、年份等制定可操作性强的活动方案。先后召开支部书记扩大会、工作组专题会，对活动进行全面部署和动员。各在职党支部接到活动方案后积极响应，召开支部专题会议，带领党员认真学习领会方案，确定学习主题、撰写学习提纲、审核把关内容，定期跟踪学习进度、定期开展学习研讨、定期总结学习成果。

3. **理论联系实际。**环境所所有在职党员广泛查阅资料、收集整理当年有关卫生健康、环境健康的党史故事，结合党史谈环境健康发展体会，将党的理论学习与实际工作相结合，以党的先进思想指导实践。在专题学习过程中，党员同志积极建言献策，逐步构建形成“自下而上、齐心协力”共同学习的格局。并提出采用图文并茂的形式展现心得体会，以便能更生动、更直观地体现党的百年巨变。

（二）深入学习，感悟思想，确保党史学习质量。环境所党委要求各党支部发挥支部凝聚力，充分利用多种形式，提升学习效果，特别是业务支部采取出差和会议期间结合当地红色故事、典型人物进行交流，或者采取视频会议形式进行研讨等方式，确实通过学党史、悟思想，提高党史学习质量。

1. **广学习，深交流。**按照活动方案，广大党员重点学习本人负责年份的党史后，要结合卫生健康或环境健康等方面的工作，撰写1000字左右的心得体会，并提供2～4张相关的图片。各党支部召开专题学习研讨会，组织党员们对党史故事选材、体会撰写、图片内容等方面，彼此之间进行深度交流与学习，相互启发、取长补短，不断完善学习心得体会。

2. **逐级把关审核。**各党支部将每位党员针对每个年份的学习心得稿件汇总后，先从意识形态、结构框架、文字质量等方面审核把关；工作组将各支部的稿件收齐后再逐篇对稿件的内容、形式等各方面进行审核，并提出修改意见，反馈给各党支部，组织党员进行修改完善。同时还通过支部内部自审，对照意见查漏补缺，支部间加强交叉互审，相互借鉴取长补短。

3. **全体党员畅谈体会。**对各支部初步修改后的党员学心得体会，工作组将1921—2021年共101年的初稿印刷汇编成册（第一稿），在环境所迎接中国共产党建党一百周年党员大会上，发放给全体党员进行交流学习。广大党员认真讨论

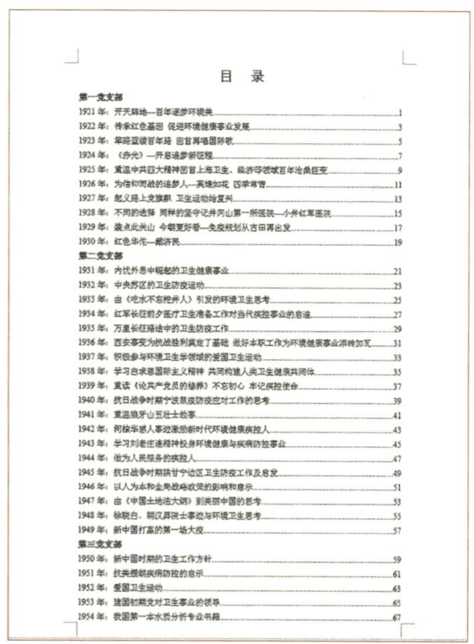

目 录

▲“同学百年党史 共促环境健康”资料汇编

交流汇编成册的学习心得，针对每一个年份的心得体会和图片资料，积极踊跃提出修订意见，畅谈从党史学习引领促进业务工作各层面的体会感悟，达到了认真学习百年党史的目的，提出的体会和感想也为下一步的“办实事、开新局”做好准备。

4. 专家点评表彰。专题活动工作组就支部自审和交叉互审后的稿件进行梳理汇总，将 1921—2021 年共 101 年的稿件印刷汇编成册（专家审阅稿），邀请来自清华大学、中国卫生健康思想政治工作促进会、中国疾控中心直属单位等不同单位的 8 位专家，对 101 篇学习体会逐篇从政治高度、文字表述、主题立意等方面进行专业点评，最后评选出优秀作品进行表彰。

三、主要成效

（一）创新理论学习方法，探索党建业务融合新模式。结合党史学习谈环境健康事业发展的感悟，使党员们深刻感受党的一百年历程中卫生与环境健康工作的发展与变迁，从党的百年伟大历程中汲取继续前进的智慧和力量。并在推动党员干部群众在学史增信的同时，为“带好队伍”提供坚强思想政治保证，推动新时代下环境健康事业不断创新发展。

（二）结合业务工作学党史，加强了专业技术单位党员队伍建设。此次活动，环境所党委改变原有单纯接受式学习模式，挖掘和创新党史学习教育形式，结合环境健康工作一起学，使党史学习更有深度，覆盖人群更有广度。党员与入党积极分子、党员与群众、党员与学生互相结为学习小组，还通过采访离退休老党员谈体会，形成党员带动群众学，在职员工带动学生学，老党员带动青年党员学。

（三）学习有重点，体会有针对，有利于进一步开创环境健康工作新局面。环境所党员学习党史一百年历程，年年有稿件，人人谈体会，支部内部、支部之间充分研讨交流，营造了广泛参与、积极学习的良好学习氛围，把学习党史同总结经验、对照现实、推动工作结合起来，把学习成效转化为工作动力和成效，防止学习和工作脱节。

英模精神激励教育 锻造高素质党员干部队伍

北京市卫生健康委员会党校

一、基本情况

2021年根据习近平总书记“大力传承红色基因，赓续共产党人精神血脉”要求，北京市卫生健康委党校开发了情景式教学《提升党性修养 锤炼担当精神》《传承英模精魂 赓续红色血脉》主题课程。从“非典”到“新冠”，带领学员一起在学习感悟英模事迹的同时，探讨作为新时代的党员干部，要如何传承英模精魂、赓续红色血脉，进一步提升党性修养、锤炼忠诚干净担当的品格。通过“英模精神激励教育”，锻造堪当民族复兴重任的高素质党员干部队伍，为实现中华民族伟大复兴的中国梦积蓄磅礴力量。

二、主要做法

“英模精神激励教育”品牌，充分遵照党员教育培训规律，紧密结合本教学点特色，分为“现场讲解、缅怀英烈、重温入党誓词、影视教学、专题党课、研讨交流”等几个环节。同时，配以系列延伸阅读教材。

（一）现场聆听讲解、缅怀英烈，重温医护人员的感人事迹。一方面，不断完善现场讲解内容，从追溯“非典”疫情的始末，到阐释“救死扶伤”纪念坛的设计理念，再到回顾因公殉职的9名医护工作者的感人事迹，循序渐进地引领党员干部感情的不断深入；另一方面，不断引进优秀人员加入讲解队伍，定期进行统一的专业培训，不断提高讲解员队伍的政治素质和业务水平，保证完成好每一次讲解任务。通过组织党员干部现场聆听讲解、书写缎带、敬献花篮、缅怀

▲2022 年 9 月 26 日北京市第 83 期公务员初任培训班学员在“救死扶伤”纪念坛开展党性教育

英烈等活动，使学员从 9 名医务工作者的先进事迹中，切实感受英模的忠诚担当精神。

（二）重温入党誓词，强化党员的党性观念，不忘初心使命。把“重温入党誓词”作为现场教学的一个环节，目的就是让党员重温入党宣誓时的庄严承诺和坚定决心，在党旗下接受心灵的净化和洗礼。以此再次唤醒大家的“党员意识”，不断强化党员的党性观念，牢记共产党员的政治责任和历史使命。以更加饱满的热情投身各自工作，切实发挥共产党员的先锋模范作用，永葆共产党员的政治本色。

（三）组织观看党性专题教育教学片，拓展教育主题。通过组织学员观看学校组织拍摄的专题教育片《生命的担当》，利用多媒体技术将数字化的动态教学内容在课堂上展示，能够给学员带来视觉、听觉等多方面的感官冲击，有利于提升教育效果。通过生动、鲜活的事件、人物和场景，进一步增强了思想政治教育与党性教育的吸引力和感染力，进一步弘扬首都医务工作者特别能吃苦、特别能战斗、特别能奉献的忠诚担当精神。

（四）开发专题党课，通过课堂讲授和互动研讨，促进境界提升。学校开发了《提升党性修养 锤炼担当精神》《传承英模精魂 赓续红色血脉》专题党课，课程坚持正确的政治方向，思想政治观点同以习近平同志为核心的党中央保持高度一致。按照党员干部培训中目标导向、问题导向原则，设计课程内容和思考题目，紧贴当前党员干部党性教育的热点问题。

三、取得成效

（一）创新了思想政治教育和党性教育的方式方法。“英模精神激励教育”品牌，以市级爱国主义教育基地“救死扶伤”纪念坛为主抓手，配合院士墙、英模墙、圣手墙和文化长廊，通过大力弘扬广大医务工作者的英模事迹，通过“现场讲解、缅怀英烈、重温入党誓词、影视教学、专题党课、研讨交流”等环节，进一步提升了教育的吸引力、感染力和实效性。实现了党员教育方式由过去更多的局限于课堂教学向现场教学、影视教学、研讨教学、情景教学的转变，由简单灌输性向生动活泼的主动探究式学习的转变。通过多种教学方式相结合，更能感悟英模精神对于过去、现在和未来的价值和意义。

（二）搭建了思想政治教育和党性教育的常态化平台。以该品牌项目为抓手开展教育活动，为加强思想政治教育和党性教育搭建起了更加正规化、常态化的教学平台、提供了更加坚实的阵地，能够保证教育活动的场所和平台，进而保证教育经常性、系统性和针对性。使广大党员干部从仪式性教育中汲取精神养分、获取精神力量，从专题讲授答疑解惑中不断坚定理想信念、提升宗旨意识。

（三）增强了党员的党性观念，锤炼了干部的担当品格，取得了高质量的教育效果。通过“英模精神激励教育”，使教育活动更加具有直观性、实效性和感染力，使思想政治教育、职业道德教育和党性教育与爱国主义教育都能够真正触及内心、撞击灵魂。广大党员干部、职工群众、学生，通过缅怀先烈、对照自身、思想感悟，能够在历史和现实的碰撞中，更加深刻地审视自己，从而更好地坚定理想信念，增强党性观念，激发学习和工作热情，实现自我革新、自我完善、自我净化、自我提升。

（四）拓展了社会服务功能，提升了群众的思想水平。在强化党性教育、思想与职业道德教育同时，进一步发挥其爱国主义教育和思想政治教育职能。一是作为大、中、小学等社会各界人士爱国主义教育的重要平台；二是作为全社会了解“医学人”的窗口和思想教育平台；三是作为重大节庆日、纪念日开展教育活动的重要场所。

自 2006 年 6 月 24 日“救死扶伤”纪念坛落成揭幕至今，先后为党校各班次学员和首都卫生健康系统及社会各界人员 2.5 万余人进行教学宣讲，取得了良好的社会反响。

四、重要启示

“英模精神激励教育”品牌，以真人、实物、实景、实例、实事为载体，承载了一件件历史事件、一段段历史记忆、一个个英模人物，折射出特殊时期特定人物身上所固有的精神品质。将静止平面的历史转化为立体鲜活的形象，更容易引发党员干部和广大职工群众的共情，给人的震撼更为生动而强烈，而通过这些具体的人物、事件，再加上老师的理论阐释，让大家反观自己、找到差距、明确不足，最终引领自己坚定信念、升华人格、砥砺品质、重塑形象。这启示我们，在基层的思想政治教育和党性教育活动中，可以以“英模精神激励教育”为抓手，通过创新教育方式方法，这样能进一步提高教育活动的吸引力、感染力和实效性。

加强思想政治工作
助力“稀有血液爱心之家”高质量发展

北京市红十字血液中心血源管理科党支部

健康是幸福生活最重要的指标，也是现代化最为显著的特征之一。为了做好北京 RhD 阴性血液保障工作，2001 年在北京市红十字血液中心党委的高度重视下，北京市红十字血液中心血源管理科党支部经过深入调研，整合优势资源，正式成立“稀有血型爱心之家”（以下简称爱心之家）。

一、注重价值理念塑造，凸显核心内涵

爱心之家的成员都是 Rh 阴性血型献血者，又被称为“熊猫大侠”。他们来自社会各行各业，如何将这些稀有的献血者组织起来、凝聚在一起，在临床病患有血液需求的时候，可以做到“召之即来，来之能献”，是摆在采供血机构工作人员面前一道非常重要的课题。“人心齐，泰山移”，只有凝聚在一起的组织成员拥有共同的目标和愿景，才会不断推动组织前进和发展。爱心之家在成立之初，就把“关爱生命、献血救人、友爱互助、奉献社会”作为组织宗旨，20 年间，爱心之家队伍不断壮大，由最初的 41 人发展到现在的 3400 余人，成员们始终秉承这种精神，齐心协力在捐血救人的道路上携手前行。

二、丰富献血实践活动，提升凝聚力量

爱心之家每年都会定期为新加入的成员开展培训，介绍爱心之家的章程和宗旨，树立成员“生命至上”的理念和无私奉献的大爱精神。通过组织线上直播和线下参观、运动会、健步走等活动，增加成员之间的交流与互动，形成积极向上的团队氛围。

▲2020年12月20日，爱心之家举办“热血助力冬奥”献血活动

2022年北京冬奥会如约而至，充满魅力的冰雪运动速度与激情并存，但背后却是高达14%的受伤率。为满足冬奥赛事和城市日常用血，在血液中心党委的领导下，2017年底RhD阴性血液保障工作逐步展开，根据历届冬奥会输血量、血液保存时限等情况，制定了冷冻血液、新鲜血液和应急献血志愿者队伍三种保障模式。向着这个目标任务，从2018年开始，血源管理科党支部就有序地组织爱心之家成员开展“热血助力冬奥 倒计时400天”“热血助力冬奥 为党百岁华诞献礼”等系列献血活动，不断充实冷冻血液库存。2020年冬奥测试赛陆续开始，爱心之家始终处于待命状态，只要一条信息，“熊猫大侠”们就立即行动起来，从四面八方赶到血液中心慷慨“捋袖”，每次都超额完成任务。2022年1月20日，为冬奥献血活动正式拉开帷幕，覆盖冬奥全部赛程。爱心之家一方面要按照预约时间准时献血保障新鲜血液库存，同时还要随时准备应对突发紧急大量用血情况，正是这些能在紧急关头随时为生命集结而出的“熊猫大侠”，让冬奥比赛充满“安全感”。

在全力保障2022年冬奥会和冬残奥会稀有血液供应的同时，爱心之家还承担着首都临床稀有血型血液供应的艰巨任务。2018年至2022年，爱心之家共完成了

450 多次的应急献血救助任务，500 余人次参加应急献血，累计捐献全血 312 单位，血小板 309.5 单位，应急献血完成率 100%。因为血小板的保质期很短，从献血者的身体里捐献出来后有效期只有 5 天，为了避免血液浪费，没有 Rh 阴性的血小板库存，临床所需的血小板全部来自爱心之家成员们的应急捐献。

三、打造特色品牌组织，荣获社会盛誉

2008 年 9 月，爱心之家在 2008 年奥运会和残奥会血液保障工作中的优异表现，北京市红十字血液中心血源管理科作为爱心之家的管理团队，被北京市委、北京市政府和北京奥组委评选为北京奥运会残奥会先进集体。2008 年 12 月，爱心之家荣获 2006—2007 年度全国无偿献血促进奖，是全国唯一一家荣获此殊荣的稀有血型公益组织。2016 年 2 月，在新京报第九届“感动社区人物”评选中荣获“十大感动社区人物”称号。

爱心之家骨干成员韩冰荣获 2014 年度十大“北京榜样”，今年 43 岁的他，已经先后 70 次参加无偿献血，累计捐献全血 3600 毫升、机采血小板 94 个单位，捐血救人已经成了他生活中不可或缺的一部分；骨干成员钟青林荣获 2013 年“感动石景山年度人物”，同时他也是百姓宣讲团中的一员，他用生动的语言和真挚的感情把爱心之家献血救人的感人事迹广为传播，让更多的人关注无偿献血并加入这支充满爱心的队伍中来。骨干成员徐淑荣年满 60 岁，不能参与无偿献血，但是她却用另一种方式为无偿献血事业贡献自己的力量；不论严寒还是酷暑，只要有时间她总是服务在街头采血的第一线，每年累计志愿服务 700 余小时。徐淑荣热情周到的服务获得了国内外献血者的一致好评，荣获全国无偿献血五星级志愿者称号。爱心之家诞生了许多明星献血者，他们献血救人的感人事迹被中央电视台《焦点访谈》、北京电视台新闻频道、中国新闻社《医学的温度》栏目、健康报、新京报、北京日报、都市晚高峰各大媒体报道传颂，同时也把献血的公益理念广为传播。

“1+1”让党员教育“活起来”

首都医科大学宣武医院机关第一党支部

一、基本情况

首都医科大学宣武医院机关第一党支部是由党群部门组成的联合党支部，是教育部首批“全国党建工作样板支部”，共有党员 24 人，群众 1 人，党员比例达 96%。支部结合行业特点和自身实际，积极整合教育资源、创新方式方法、拓展内容载体，采取“1+1”模式高起点培养、高质量管理党员，推动党内教育入脑入心、常态长效，使党员教育真正“活起来”。

二、主要做法

（一）一本支部刊物 + 一个学习软件，党员学起来。加强理论学习是提升党性修养的必经之路。为强化理论武装，支部自主创办月刊杂志《支音》，引导党员在“学”上下功夫。不仅刊登党建知识、党纪党规、习近平总书记重要讲话等最新理论知识，而且生动记录支部每月重点工作、活动风采及党员群众的心得感悟等。“学习时光”“聆听红色故事”“礼赞七十年”“以案说纪”“清风莲韵”等专题专栏把党风廉政和行风建设正反两面教育融入日常，在潜移默化中引导党员自觉“对标对表”，深受好评。党员写、党员学、党员悟，《支音》已经成为党员学习成长的“红色加油站”。

从书本到指尖，支部充分利用“学习强国”平台，让学习成为常态、变为自觉。平台启动以来，党员纷纷利用碎片化时间学习知识、分享体会，使其成为强化理论武装的“掌上课堂”。为巩固学习成果，支部举办“学习铭初心 · 强国担使命”主题知识对抗赛，采取小组评比、互动抢答、场外求助等方式全员挑战答题，角逐学习标兵和示范小组。举办学习交流会，分享学习经验。每年年底评选表彰学习之星。多彩活动激励全员热情参与，使学习成了乐趣，支部上下形成你追我赶的浓厚氛围。

（二）一次活动策划 + 一个展示平台，党课讲起来。支部充分发挥党员主体作用，激发队伍活力，为普通党员搭建成长、成才的平台，让党员们从党课的“参与者”转变为“组织者”，从台下“观众”转变成台上“主角”。支部党员热情高涨、积极参与，从策划、选题、备课，到联系场地、沟通协调，再到现场讲演、总结感悟，主讲人全程负责，支部全程指导。先后策划组织了“支委共讲一堂课”“青年共讲一堂课”“手术台就是阵地”等精品党课和“对话最美逆行者”“全民健康托起全面小康”等精品访谈、宣讲活动，以创新形式变党课“一人讲”为“多人讲”，以抗击疫情的鲜活事例和身边有形的正能量激励广大党员群众携手同心、爱国力行。

鉴于党课收到的良好反响，支部进一步扩大展示平台，进而让普通党员们参与到支部活动的策划、组织、主持、实施中。党员从台下走到台上，从“我参与”变成“我策划”，综合能力得到极大提升。不仅增加了对支部工作的感知，也使支部成了培养人、锻炼人的舞台，培养了一批能做党的工作的接班人。

支音
雷锋精神战疫绽放新
·支委共讲一堂课·
支音
第25期
2020年4月29日
共克时艰
战疫有我
支音
第27期
2019年6月2日
青年共讲一堂课
全民战“疫”砥砺中国精神

▲首都医科大学宣武医院机关第一党支部月刊《支音》

（三）一次主题党日＋一个移动课堂，党味浓起来。支部注重把爱国主义教育贯穿党员教育管理全程，充分利用首都红色资源和优势，依托每个月的主题党日开设集培训、体验、活动、实践、感悟于一体的移动课堂，为党员教育注入新活力。

支部组织党员、积极分子先后走进国家博物馆、北大红楼、新华社历史陈列馆等爱国主义教育基地开展移动课堂，运用“实地参观＋沉浸式体验”的模式，通过“走、看、听、唱、谈”等方式增强教育效果。在参观学习常规内容基础之上，每堂移动党课都有生动丰富的特色环节，或深情朗诵，或共唱红色歌曲，或对党旗宣誓，或交流座谈，或现场微党课，大大增强了学习效果。活动结束后，支部都会引导党员及时交流讨论，畅谈体会、撰写心得，引领党员追问初心、汲取前行力量。

三、成效启示

在首批“全国党建工作样板党支部”创建过程中，支部不断总结经验、摸索规律。《主题教育让党员唱“主角”》《“1+1”让党员教育“活起来”》《从“精品”意识到“精品”党建》《抓重点 树亮点 攻难点 以党建带动业务发展》《以提升组织力为重点创建“全国党建工作样板党支部”实践与探索》等13篇典型经验被光明网、人民网、新华社客户端、北京组工网等媒体刊登报道。支部“加减乘除工作法”荣获“首届全国公立医院党建创新案例”“致敬榜样——全国卫生健康系统庆祝建党100周年专题活动先进基层党组织典型案例”。支部荣获校、院两级“先进基层组织”“优秀主题党日活动”“优秀主题系列工作”“党课比赛一等奖”等各类优秀评选，“优秀党务干部”“优秀管理干部”“师德先锋”等先进个人典型不断涌现。

基于“三维一核”联动模式下的医院文化建设

首都医科大学附属北京地坛医院党委

一、基本情况

首都医科大学附属北京地坛医院始建于1946年，是一家以传染病学为重点和特色的三级甲等医院，为国家传染病医学中心主体医院。医院党委下设36个党支部，目前共有党员701人。

多年来，医院党委高度重视医院文化建设，不断探索创新医院文化建设的载体、平台和途径。经过对多年的文化建设成果进行整合、提炼，院党委提出采取“三维一核”联动模式创新医院文化建设，“三维”是指以思想培育为主导的一维中心动力，以平台搭建为主导的二维内驱动力，以公益实践为主导的三维外延动力，“一核”即核心价值观。通过“三维”联动、共同作用对“一核”形成助推力，内化于心、外化于行，最终实现医院文化建设对于医院发展的促进，对于医疗质量的提升，对于服务水平的改善，对于人心的凝聚，开创了医院文化建设的良好局面。

二、主要做法

（一）以思想培育为主导的一维中心动力。主要通过打造“核心讲堂”“情景课堂”“专家讲堂”“家庭学堂”“空中课堂”五大思想教育品牌，并逐步形成系统完善、效果明显、符合受众需求的360°分层教育培训体系，以政治自觉引领思想自觉，将核心价值观根植广大医务人员心中。

1. **“核心讲堂”注重顶层教育引领医院发展。**通过每两周一次组织班子成员集体学、集体论、集体测等方式，实现对领导干部在理论武装、思想建设、管理能力等方面的全方位提升，并将学习成果转化为推动医院发展、进行医院顶层设计的原动力。

2.“情景课堂”侧重实践教学激发教育活力。医院连续多年组织职工代表走进井冈山、走进展览馆等各类实践教育基地，将党性教育、廉政教育、纪律教育、道德教育、职业教育等融入实地现场教学，进一步提升广大医务人员的政治意识、责任意识、担当意识、团队意识。

3.“专家讲堂”注重发挥名家学者的影响力和带动力。医院先后邀请央视评论员、文艺界专家等多次走进地坛讲台，为党员干部献上了质量高、教育深、影响大的精彩课程，这些课程内容与当前社会实际、发展趋势实现了有效融合，更让枯燥的理论知识活起来、动起来，达到深入人心的目的。

4.“家庭学堂”将学习教育化整为零确保广覆盖。采取弹性制、分散制的方式开展院级领导班子成员讲党课，党/团支部书记讲“微党课”“微团课”以及开展形式多样的主题党/团日活动等方式，实现了小规模教学、大规模覆盖的目标。

5.“空中课堂”发挥新媒体作用，建立网格化宣教平台。医院基于“互联网+”思维探索以“两微一端”（微博、微信、移动客户端）、“党建云平台”等为载体，实现线下线上的有效融合，将医院热点焦点、健康科普知识等内容进行传播宣传。

（二）以平台搭建为主导的二维内驱动力。主要通过搭建“引领平台”“互动平台”“激励平台”“聚力平台”“宣传平台”五大宣展激聚平台，通过多层次、多形式的平台搭建，以思想自觉促进行动自觉，引导广大干部职工树立正确的核心价值观。

1.“引领平台”以专业优势展示地坛实力。医院是北京地区投入新冠病毒感染患者救治时间最早、收治患者最多、持续时间最长的定点医疗机构，以专业水准彰显了地坛人在关键时刻站得出来的大无畏品质。

2.“互动平台”注重传承医院精神，助力健康中国。通过开展丰富多彩的文化活动，实现了职工间、医患间的有效互动，更让地坛精神在互动平台中得到传承与发扬。

3.“激励平台”坚持典型引路，打造培养宣传路径。多年来，医院探索形成了“典型发掘－典型宣传－典型引路”的激励路径。一方面持续强化市级以上先进典型的宣传力度，另一方面在院内通过开展评优选先活动树立身边典型，让职工从不同层面感受先进典型的力量和温度。

4.“聚力平台”关注幸福指数，提升医务人员的获得感。以问题为导向强化调研和分析，同时加强对调研成果的转化与运用，如将休假率纳入科室绩效，充分发挥出党、工、团组织在凝心聚力方面的重要作用。

5.“宣传平台”注重梳理文化成果，丰富文化宣传平台。医院不断完善医院视觉识别系统，出版了“我们一起走过”系列文集和《医院文化手册》，完善了院史馆、文化墙。通过制作系列文化宣传品，拍摄反映地坛精神、地坛人、地坛事的专题片和微视频等方式加大对医院的宣传力度。

（三）以公益实践为主导的三维外延动力。主要通过建立“示范基地”“关怀基地”“孵化基地”“交流基地”“传承基地”五位一体的“守护天使”志愿服务基地，充分发挥志愿者在改善医疗服务、促进医患和谐、提高患者满意度、实现医改目标中的推动作用，引导各类志愿者在工作中践行社会主义核心价值观。

1.“示范基地”搭建医院党员、团员参与志愿服务的平台。为充分发挥党员、团员的示范引领作用，医院党委设立了“党团员志愿服务岗”，组织党团员志愿者分时、分段在医院门诊大厅进行政策解读、导医咨询或预检分诊等志愿服务。同时组织医疗志愿者发挥自身医疗专业优势，定期走进社区、农村、高校、企事业单位等进行健康咨询、科普宣讲等服务。

2.“关怀基地”创造艾滋病患者感受温暖无歧视的关爱之家。以“王克荣创新工作室”为依托，在医院“党委－团委－红丝带之家”三位一体的志愿服务管理模式下，借助京津冀孵化器培训项目、大手拉小手 / 爱心汤赠送 / 贫困救助关爱项目等为艾滋病患者提供全过程的综合支持和人文关怀，提升了防艾志愿者以及患者的专业知识和技能，让更多艾滋病患者感受到了医院的关怀，更为营造无歧视的社会氛围发挥了重要作用。

3.“孵化基地”提供大中专院校学生进行社会实践的机会。医院先后与 50 余所高校对接，并与 30 所高校长期合作实施“志愿服务在医院”、“2+1”红丝带高校行、“透”露心声等志愿服务项目。为学生志愿者早日接触社会、拓宽视野、提前感受社会人角色搭建了孵化平台。

4.“交流基地”畅通职工间、医患间加强交流的沟通渠道。以“相约守护”为平台，通过组织院内岗位互换体验、今天我是一名患者——角色体验、职工院

▲为进一步增强团员青年的团队凝聚感、组织观念和纪律意识，院团委举办了“我是地坛男子汉”团学课堂

外病患体验以及社会人士来院进行病患体验四个层面的主题实践活动，让职工之间、医患之间通过角色互换更加尊重关爱彼此，并为构建和谐医患关系、提升医院管理水平发挥正向促进作用。

5.“传承基地”建立退休职工发挥余热、助力医院发展的载体。医院通过成立“老党员志愿服务先锋队”重新整合提升离退休志愿者力量，定期组织离退休志愿者继续发挥余热，参与医院门诊导医咨询志愿服务和义诊咨询志愿服务。

三、取得成效

（一）职工的思想观念在不断转变。通过系统化、深入化、持续性的思想教育，引导广大干部职工树立了正确的核心价值观，职工素质得到全方位提升，精神面貌得到有效改善，职工的自信心、荣誉感、归属感持续增强。

（二）地坛品牌形成社会影响力。持续的医院文化建设中，形成了地坛感染病领域专家品牌、典型人物品牌、公益志愿品牌。每当全国各地出现传染病疫情，地坛专家的身影都会现身一线，已经成为我国公共卫生体系中的一支“国家级的战略应急部队”。完善的管理体系、制度体系和文化体系促进了十大志愿服务品牌项目的深入发展，获得国家级、市级荣誉近十项。

（三）医院的社会影响力明显提升。医院文化建设促进了医院发展硬实力的提升，医院获评全国先进党组织、全国抗击新冠疫情先进单位、全国青年文明号、北京市工人先锋号、北京市青年突击队、首都志愿服务项目大赛金奖等荣誉称号，连续多年被评为全国文明单位。

党建引领志愿服务
书写新时代文明实践的“和医”样本

北京市和平里医院党委

北京市和平里医院始建于1957年，为区域内三级甲等中西医结合医院。近年来，北京市和平里医院立足医疗行业特色和优势，始终以人民健康为中心，以健康需求为导向，统筹疫情常态化防控和医院高质量发展，医院在学与思考中积极探索公立医院党建的新路，实现党建与业务的融合发展，形成合力，将新时代文明实践活动与医院党员教育、志愿服务有机结合，融为一体，统筹建设、统一管理，打造思想引领、人文建设等多功能于一体的基层文明实践活动，创新推进新时代文明实践活动，产生了“1+1 > 2”的聚合效果，打通服务群众工作“最后一公里”，积极探索出符合公立医院新时代文明实践活动的“和医”样本。

一、发挥基层党建示范站引领作用，凸显卫生健康行业特色

2018年以来，医院党委探索智慧党建新思路，申请并获批建设北京市东城区基层党建工作示范站，示范站以“五个一”为建设目标，创新“321”党员教育模式，持续开展杏林先锋新时代文明实践活动，医院以“党建引领＋志愿服务”为主要模式，以大爱奉献的医学人文理念为指导，在志愿服务中加强党员教育引领，积极统筹策划，并组织党员、群众多举措开展新时代文明实践志愿服务活动，实现医院党建与志愿服务相结合。

杏林先锋党建工作站聚焦为民办实事的重点领域，院党支部有效对接28户困难群众，以点对点的精准帮扶形式，促使医患关系更加和谐，医患情感更加巩固；医院为提高青少年健康知识普及水平，每年持续开展“六一”大型义诊，进行免

▲杏林先锋育绿林活动

费健康体检，量身高、测视力、称体重、查骨骼等，给孩子们送去玩具、学习用具等；医院青年志愿者关心关爱特殊儿童，开展“天使在帮扶”活动，为残障青少年送去一份关爱之心；志愿者每年捐款数万元，将优质医疗资源延伸至新疆、西藏、内蒙古、宁夏等地区，利用杏林先锋党建信息系统，实现远程志愿服务互联互通，转输血变“造血”，造福当地百姓；深入实施健康中国战略，倡导低碳绿色的出行方式和生活方式，赴张家口、怀柔等地植树护绿，认养树木千余棵，积极传播“绿水青山就是金山银山”的生态理念；医院服务队勇挑社会责任，积极参与保障国家重大事件和活动，在建党百年、建国70周年、冬奥会等重大事件和活动中彰显团队力量。

二、发挥区域化党建联动作用，扩大志愿服务的辐射范围

杏林先锋党建工作站聚焦服务群众这一根本点，找准志愿服务的落脚点，构建以党组织为核心、文明实践为纽带、党员干部为骨干的志愿服务架构，突出“贴近患者、贴近基层、贴近群众”的原则，精准对接群众需求，打通“供需路径”，前移服务阵地，拓宽服务范围，吸引各类社会组织协作建设“志愿服务区域化”阵地。

医院与中国能源集团等21家企事业单位党建共建，资源共享，活动联办，并借助此平台将医院志愿者活动与全区（东城区）志愿者活动相连接，形成跨区域、

跨部门、跨单位的志愿合作网络，形成了有点有面、点面结合、点在面上的精准式服务格局。在志愿者人员的配备上，该平台注重发挥党员先锋模范作用，采用老、中、青互配合作，创新建立 6 支党支部书记健康团队协同推进。有效利用杏林先锋党建示范站内智慧党建志愿服务平台作用，每年开展活动 200 余场。服务队吸纳 200 余名社会志愿者，包括人大代表、专家学者、社会爱心人士等，服务时长 50 余万小时，受益群众百万人次。近年来，获得国家省市区级奖项 25 项，有全国及市区级优秀志愿者 50 余名。

三、发挥疫情防控“三强模式”作用，强化党员干部职工责任使命

新冠疫情期间，党委第一时间组成了一支数量足、专业涵盖广、能力水平强的院内抗击新冠疫情志愿者队伍，承担了院内、院外的疫情防控工作。2022 年 4 月，杏林志愿服务队在医院党委领导下，聚焦当前疫情防控严峻复杂形势，启动“同心抗疫在行动　杏林先锋显担当”志愿服务项目，最大范围动员社会力量支援疫情防控工作，构建全动员、多维度、立体化的疫情防控工作格局，有效提高疫情防控科学性、精准性和针对性，维护广大人民群众健康平安。

党建引领　暖心服务

北京市海淀医院党委

一、基本情况

北京市海淀医院（北京大学第三医院海淀院区）始建于 1948 年，是集医疗、科研、教学、预防保健于一体的三级综合性医院。医院现有党员 490 余名，下设 38 个党支部。医院党委全面落实新时代党的建设总要求，以党建为引领，创新工作理念和工作机制，积极开拓、探索将医疗优势与服务百姓相融合的途径及载体，积极践行公立医院的社会公益性，打造特色鲜明、群众认可的党建服务品牌项目，并以此团结、教育、引导党员干部，进一步强化全心全意为人民服务的宗旨，发挥先锋模范作用，不断增强党组织的创造力、凝聚力、战斗力，把党的政治优势、组织优势和密切联系群众的优势转化为提升服务质量、提升百姓看病就医获得感的实际行动，守护辖区百姓健康。

二、主要做法

（一）整合门诊各岗位人员，启动暖心服务行动。围绕打造有温度的医院，2020 年 7 月，海淀医院党委在门诊率先启动了“党建引领 暖心服务”行动。医院整合门诊导医、导诊、测温等各岗位工作人员，全部身着“红马甲”，以提升服务水平、为患者提供满意服务为目标，围绕“一主题”——暖心行动，“二展示”——展示自我形象和医院形象，“三到位”——服务到位、宣传到位、解释到位，“四满意”——患者满意、医院满意、社会满意、个人满意，及时为患者提供导医导诊、疫情防控知识解答、流行病调查等服务。

（二）建立“海医连心号”微信群，搭建迅速反应机制。为准确、权威、高效发布各类信息，方便沟通交流，医院党委尝试扁平化管理，建立“海医连心号”微信群，由门诊办公室主要负责，吸纳140余名门诊服务人员加入其中。微信群成立以来，充分发挥扁平化的管理优势，在及时发布工作通知、疫情防控信息的同时，调动全体门诊服务人员帮助患者解决各类问题，做到信息互通、互用、互享，确保全面、及时、快速。

（三）强化导医礼仪培训，提升门诊服务形象。为更好展示自我形象和医院形象，让大家的服务仪态、语言、手势更加得体准确，医院党委特邀形象礼仪专家对门诊服务岗位工作人员进行礼仪规范指导。通过理论讲解、动作示范、情景模拟等方式，向大家展示指引、指示、待人接物和沟通交流的正确方式，并为门诊服务人员量身打造礼仪操，便于大家掌握，并运用到日常工作中。

（四）交流门诊服务技巧，提升门诊服务质量。为更好总结经验、交流心得，医院党委先后开展四次“提升门诊服务”交流活动。来自门诊服务各岗位的职工代表通过案例分析，分享提高患者就医体验、与患者沟通等服务技巧，畅谈自己在服务工作中的经验、心得体会，并复盘投诉案例，探索问题根源。

（五）定期开展急救操作培训及演练。结合门诊患者流动性和突发急症的不可预测性等特点，门诊部对门诊急救设备、流程和培训进行系统梳理完善，并规范相应预案和流程；门诊各区域固定诊室都配备急救箱、抢救车、除颤仪、转运床等常用急救设施，方便在发生意外紧急情况时，医护人员及时应对。门诊部定期组织培训，通过成人心肺复苏技能操作、电除颤急救设备使用等实践操作和演练，形成了一套完整的急救体系，提升门诊医护人员对突发事件的应急能力。

（六）开展党员职工“志愿服务八小时”活动。针对就诊高峰期门诊服务人员人数有限等情况，医院党委发挥党员、团员的模范带头作用，组织开展“志愿服务八小时”活动，号召职能科室、临床科室的下夜班及调休党员、团员、入党积极分子及有意愿参加志愿服务活动的职工，积极报名“志愿服务八小时”活动，身着“红马甲”，前往门诊各楼层站点参加服务，为患者进行挂号、缴费指导、导医导诊服务及疫情防控咨询，极大缓解门诊导医导诊不足现象，提升患者的就医服务体验。

（七）推动社会志愿服务常态化。医院党委、团委多途径推进志愿服务工作，团委将志愿服务项目纳入“党建引领 暖心服务”项目内容，积极招募吸纳社会志

▲医院召开“党建引领 暖心服务”门诊启动会

愿者，在原有志愿服务团队的基础上，主动与高校志愿服务管理组织对接，与北大医学部、人民大学、清华大学、语言大学等6所高校达成志愿服务意向，利用各自优势，在医院门诊楼各层服务站点进行外语服务、楼层指引、服务辅助工作。

三、取得成效

（一）党建引领聚合力，塑造服务新形象。提升服务品质，既是对西柏坡红色精神的传承，也是海淀医院“家”文化的体现。“党建引领 暖心服务”项目是海淀医院文化建设的重要组成部分，项目旨在通过发挥党建引领作用，增强党组织的凝聚力和向心力、提高党员政治站位，发挥党支部的战斗堡垒作用和党员模范带头作用，引领、带动全院职工转变服务角度，以患者为中心，提高服务意识、提升服务理念，从而提高整体服务质量。

（二）患者体验得改善，医患关系更和谐。

1. 发生突发问题，快速响应解决。在“海医连心号”微信群，时常看到服务中心老师的呼叫或交流服务经验，门诊服务人员热心、迅速的服务多次受到患者好评。

2. **利用专业优势，指导患者就诊。**海淀医院的“红马甲”都有着医疗或护理背景，大部分有在临床一线工作的经验，对就诊流程、挂号缴费等问题有着丰富的经验，在需要医学专业知识的时候，都可以利用自身专业优势，指导患者正确就医。

3. **迅速参与抢救，挽救患者生命。**遇到门诊患者突发状况的时候，身着“红马甲”的门诊服务人员，利用自身医疗优势，立即反应，行动迅速，成功参与多次门诊患者急救工作。

（三）服务意识显提升，服务温度辐射广。医务人员服务意识明显增强、服务能力显著提升、服务渠道全面通畅、服务举措更加务实，并将服务理念传递给门诊区域以外的医务工作者，更好地激励激发全院广大干部职工为患者服务的热情和动力；医务人员服务形象明显提升，服务用语明显规范，服务效能明显提质，患者的美誉度和满意度大幅提升，医院呈现出健康和谐发展的良好势头。

由于服务得到患者肯定，医院党委荣获健康报卫生健康系统基层党建案例“创新案例奖”，医院团委荣获全国第五届中国青年志愿服务项目大赛铜奖。

以廉洁文化镜鉴初心　踔厉前行

天津市中心妇产科医院党委

天津市中心妇产科医院党委、纪委把贯彻落实好《关于加强新时代廉洁文化建设的意见》作为重点任务，持续推进廉洁文化建设，深入挖掘院内各类优秀文化资源，不断丰富廉洁文化优质产品，用精品力作、特色活动打造出一系列可观、可感、可参与、可分享的廉洁文化项目。

一、以廉洁文化涵养风清气正的政治生态

为进一步深化清廉医院建设，不断夯实坚忍执着、矢志不渝的思想根基，持续培育克己奉公、扶正祛邪的文化土壤，以廉洁文化涵养风清气正的政治生态，更好地服务人民群众，医院2021年底在全院组织开展“廉政心语”警句格言征集活动，各党支部积极参与，征集警句格言74条，努力将医院廉政文化建设融入工作、融入生活、融入日常，促进筑牢“不想腐”的思想防线。

医院组织召开“清风诵廉，韵润心田”廉洁文化分享活动，由各党总支推选出演讲人讲述清廉故事、颂扬清廉事迹，从不同层面、不同角度深刻阐释开展清廉文化建设的重要意义，从身边正面典型的先进事迹诠释清廉内涵，引导党员干部职工从中汲取力量，赓续精神血脉。

二、以党史清廉故事砥砺高尚的政治品格

为深化党史学习教育与党风廉政建设相融互促，让“以清为美、以廉为荣”的价值观在医院落地生根，医院组织党员代表观看《党史中的清廉故事》廉政教育专题片，汲取清廉力量，强化使命担当。跟随着专题片画面的不断延展，党员干部们深切感悟到革命先辈在任何时候任何情况下，都不改其心、不移其志、不

毁其节的清廉之心；感悟到在第一个百年里，我们党始终以强烈的历史主动推进廉洁奉公和自我革命，领导中国人民劈波斩浪，扭转了中华民族的历史命运；感悟到反对腐败是党一贯坚持的鲜明政治立场，是党必须常抓不懈的重大政治任务，勇于自我革命，是我们党最鲜明的品格，也是我们党最大的优势。

三、以红色经典镜鉴医者为民的拳拳初心

为深入学习贯彻习近平总书记在十九届中央纪委六次全会上的重要讲话精神，坚固廉洁根基，弘扬清风正气，持续推进医疗领域“红包回扣”等行风问题专项整治工作，医院党委、纪委组织开展“加强廉洁文化建设，推动行风持续向好，助力医院高质量发展专题教育”专题活动，进行廉洁宣讲，齐诵红色经典。

医院深入开展廉洁教育，在白求恩精神的指引下，以《医疗机构工作人员廉洁从业九项准则》和《中国共产党廉洁自律准则》镜鉴初心，砥砺奋进。在齐诵红色经典环节里，大家仿佛看到了白求恩不远万里来到中国，将自己毕生的医术、才华以至生命，全部奉献给那些在晋察冀和冀中抗战中受伤的战士们，仿佛看到了白求恩同志如何从一位信仰选择者成为真正的信仰践行者，进而达到“毫不利

▲天津市中心妇产科医院清风诵廉演讲报告会

己，专门利人”的精神境界……

医院党委、纪委始终不断探索廉洁教育的新途径、新方法，用大家喜闻乐见的方式增强廉洁文化辐射力、影响力、感染力，引导全院党员干部从百年党史中感悟信仰的力量，把思想淬炼作为终身课题，以理论武装滋养初心，把学习成果内化为提升党性修养的思想源泉，坚持用伟大建党精神筑牢信仰之基、补足“精神之钙”、把稳“思想之舵”，勇于排毒杀菌、去腐生肌、自我净化，使之成为党员干部的思想共识和价值追求。在廉洁文化助推高质量发展的宗旨下，医院先后获得全国三级公立医院绩效考核妇产专科医院第四名、“全国巾帼建功先进集体”、全国三八妇女节大型公益活动“公益一等奖”“2018—2020 年度天津市文明单位”“全国城市困难职工解困脱困重要贡献集体”等荣誉。党员干部将继续踔厉奋发，勇毅前行，用“党风清正、院风清朗、医风清新”的优异成绩为全面推进健康中国建设贡献力量。

强基固本聚合力　守正创新建品牌

河北省人民医院党委

一、基本情况

河北省人民医院党委下设9个党总支，94个在职党支部。院党委聚焦新时代党的建设总要求，坚持“一支部一品牌、一单位一特色”的创先争优理念，以创建“精品党支部”为抓手，精心培树具有鲜明特色的支部党建品牌，通过党建引领、品牌带动、活动赋能，使党建品牌内化于心、外化于行，不断点燃党建品牌“驱动器”，激活示范引领“新动能”，努力推动基层党组织思想政治工作全面进步、全面过硬，持续增强广大人民群众的就医获得感，为新时期医院高质量发展提供坚强组织保障。

二、主要做法

（一）创建“精品党支部”。坚持“一支部一特色”的工作理念，制定《河北省人民医院“精品党支部”创建工作方案》，并在全院范围内培树了20个“精品党支部”，在完成“建立一套标准化支部党建工作流程”“选树一名服务患者的先进典型”“改善一批服务患者的流程”等“八个一”目标任务的同时，凝练出“五抓五促”“一线三点”“七步领航”等20套党支部工作法，将这些工作法录制成视频并在全院范围内进行宣传和推广，为党支部开展思想政治和业务工作提供了路径和抓手。各“精品党支部”在思想引领和业务发展方面实现了“双优”，促进了思想政治工作与业务深度融合。

（二）培树支部特色党建品牌。培树了20个支部党建品牌，将品牌建设优势转化为推动支部工作的强大动力。神经内三科党支部紧紧围绕“品牌引领、健康总揽、质量先行、凸显特色、服务优质”的工作思路，打造了以“争分夺秒，护脑益智，敬业奉献，勇当先锋”为主要内容的“护脑先锋”党建品牌。通过“三三三”工作法（三心三转三提升），坚守向党之心、爱院之心、护患之心，围绕党员教育转、临床工作转、群众需求转，不断提升支部工作的活力、医疗服务实力和健康保障能力，做到卒中绿色通道“零延误”，构筑急危重症患者坚强后盾。内分泌科党支部结合日常工作实践中 70%~80% 的患者为糖尿病患者的群体背景，找准思想政治工作与业务工作结合点，打造“控糖暖心”品牌，以“三有四同”工作法为指引，秉持“同心、同力、同责、同梦”的理念，做到工作开展有计划、工作方式有层次、工作成果有实绩。在品牌引领下，科室专技水平不断提升，医患关系更加和谐，科研产出逐渐丰厚，学科影响力持续增强，推动河北省的“控糖”事业不断进步。药学部党支部以“党组织放心、人民群众满意”为奋斗目标，打造“三心”品牌，注重在业务工作中坚守初心、弘扬匠心、保持恒心，以“一线三点”工作法为指引，抓业务、抓队伍、抓服务，助推精细化管理提质增效，着力把思想政治工作优势转化为发展优势，把思想政治工作成果转化为发展成果，用高水平思想政治工作促进业务工作高质量发展。

（三）开展“党建品牌示范月”活动。开展了以展示“精品党支部”党建与

▲河北省人民医院党委为“精品党支部”授牌

业务融合亮点为主要内容的“党建铸魂、活力总支”党建品牌示范月活动，充分发挥品牌的凝聚力、影响力和引导力作用，将党员干部思想统一到在本职岗位上履职奉献和为患者提供优质服务上。

（四）积极探索支部“党建 +”品牌。各“精品党支部”积极在“党建 +”上做文章，深入推进“党建 + 业务 + 服务”，靶向激发支部党建活力，实现党建与业务深度融合。

（五）打造支部“联学共建”品牌。与河北省直属机关第一门诊部、河北省生殖健康医院等 5 家单位签订党建“联学共建”机制协议书，努力实现“资源同享、优势互补、互相促进、共同提高”的党建工作格局。与华北军区烈士陵园开展“喜迎二十大、传承红色基因，做新时代奋斗医者”联学联做活动，强化了广大党员的身份意识、宗旨意识和责任意识。与廊坊市人民医院、承德医学院附属医院、围场县医院开展“喜迎二十大、永远跟党走、奋进新征程”主题教育活动，不断提高党员干部政治判断力、政治领悟力、政治执行力，进一步强化责任担当。

三、取得成效

（一）创先争优意识显著增强，破解了重点难点问题。各党支部紧密结合工作实际，找准重点、突出特点、展现亮点，因地制宜开展品牌创建工作，支部建设有了“特色导向”，党员服务有了“品牌意识”，初心使命有了“责任担当”，支部创先争优意识不断提升。

（二）支部建设水平显著提高，筑牢了医院战斗堡垒。各党支部树牢“围绕中心抓党建，抓好党建促发展”的理念，坚持“党建 + 业务”思维，把创新精神贯穿于支部建设全过程，以先进支部为榜样，形成“创建一批、收获一批、带动一批”的良好局面，支部党建与业务工作实现互动双赢，助力了医院高质量发展。

（三）为民服务质量显著提升，塑造了党员良好形象。党建品牌明确了党员的责任范围和工作标准，广大党员着正装、戴党徽、亮身份、树形象，通过党员的示范作用，实现了以点带面，医疗服务质量和水平持续提升，患者满意度不断提高，“人人是形象、个个是窗口”的良好风尚正在逐步形成，以优质服务为医院高质量发展添彩助力。

高标打造“红专+”助力医院高质量发展

河北北方学院附属第一医院党委

一、基本情况

中共河北北方学院附属第一医院委员会是河北北方学院党委的二级党委，现有党务科室10个，专职工作人员50余名。医院党委下设党总支7个，共有党支部59个，党员886人。

2022年医院党委高标定位，打造标杆示范党建品牌“红专+”，遵循建设总体思路为以习近平新时代中国特色社会主义思想为指导，全面深入贯彻党的二十大精神，全面加强党的领导，以高质量发展为主题，以加强制度建设为主线，聚力抓重点、补短板、强弱项，立足新发展阶段，贯彻新发展理念，构建新发展格局，积极推动医院改革，强化医院内涵建设。通过创建党建品牌，发挥党建品牌示范带动效应，将党建品牌理念融入医院核心工作之中，不断发挥党建引领效应。

二、主要做法

（一）坚定目标，以高质量党建引领医院高质量发展。医院党委在校党委的带领下，继续贯彻“八一·四化”党建工作理念，即“一思路、一班子、一围绕、一揽子、一品牌、一创新、一手册、一督导”。打造党建引领下的品牌体系，深入推进“一支部一品牌”理念并强化推广运用效果。通过高起点塑造特色鲜明传播度强的党建品牌，弘扬品牌理念，塑造一附院特色党建品牌“红专+”。

（二）完善工作方法，助推品牌落地。围绕“红专+”党建品牌，将党的建设与医院中心工作深度融合，以“0313”党建工作法为抓手，进一步激发基层党

▲2020年7月3日，院领导带领20余人前往医院对口帮扶的康保县邓油坊镇沙沟坊村、李照梁村开展入户走访、慰问老党员和困难党员及党员义诊等系列活动

建工作新活力，实现红色能量与医院发展的同频共振。院党委坚决执行"支部建在连上"的战略部署，按照"结构决定功能"原则，坚持应建尽建。将党支部下沉在科室、设置在学科，积极推行"一支部一品牌"建设，实现党支部从"有形"向"有效"转变。

（三）建设红色基地，强化党性教育。从文化展示和功能使用两个维度入手建设党建文化教育基地，结合医院实际工作，通过科学规划与展示，将党的百年征程以及一附院党委领导下的红色基因及党建引领医院发展的主要做法及成果呈现出来，构建特色鲜明、功能齐全的党员教育、交流学习、联建共建的融合性党建平台。

（四）依托专家优势，展现党员风采。通过党组织活动，深入服务百姓健康，把义诊活动作为服务工作的重要内容来抓。组建"红专＋"义诊医疗队，奔赴周边贫困乡村进行义诊活动。新冠疫情防控期间，医院作为"黄码医院"统一分区、分级监管，科学区分患者人群，全面排查感染隐患，并进行新冠病毒感染、鼠疫、猴痘、小儿不明原因重症肝炎等传染病防治培训。坚决保障好疫情期间群众的正常就医需求，举全院之力为山城人民筑起坚不可摧的安全防线。冬奥赛事期间，医院作为定点保障医院，专家们更是担当在前，圆满完成张家口赛区的云顶场馆、颁奖广场、非场馆点位的医疗保障任务和医院国际医疗部的救治任务。

三、主要成效

医院坚持以党建引领各项工作高质量发展，以凝聚精气神、弘扬正能量、激发原动力为目标，持续加大党建品牌宣传推广力度，展现品牌效应、提升党建水平，切实发挥党建品牌的示范带动作用。在医院党委的正确领导下，医院获批省级区域医疗中心，与北京大学人民医院、上海交通大学附属瑞金医院等医院建立医联体合作关系，成为中国创伤救治中心建设单位，成为国家乳腺癌规范诊疗质控中心试点医院；顺利通过等级医院复审及大型医院巡查现场评估工作。2022 年，医院通过国家医疗器械临床试验机构备案审查，成为国家区域医疗中心神经疾病专科联盟单位，获批国家第八批社会管理和公共服务综合标准化试点项目，被评为河北省药品不良反应监测哨点医疗机构定点单位，顺利通过河北省危重孕产妇救治中心和危重新生儿救治中心认证，正式获批互联网医院，医院党委还连续多年荣获河北北方学院先进基层党组织称号，社会知名度和影响力大大提高。

实施“风向标”工程 推动思想政治工作走深走实

河北大学附属医院党委

河北大学附属医院持续把抓好思想政治建设工作作为医院党建的重要任务，用党的创新理论武装头脑，以理论清醒补足“精神之钙”，助力医院高质量发展。

一、医院基本概况

河北大学附属医院始建于1909年，是一所集医疗、教学、科研、预防保健、康复功能为一体的三级综合医院。先后获得全国卫生健康系统先进集体、全国百姓放心示范医院、全国改善医疗服务先进典型医院、河北省医药卫生系统先进集体、河北省政府质量奖等称号。

二、品牌活动主要做法

医院党委高度重视思想政治建设工作，作为党建重要任务，2017年以来实施“风向标”思想政治工作品牌建设工程，增强用党的创新理论武装头脑的政治自觉，守正创新思想政治工作内容、方法和载体，不断提升思想政治工作水平。

（一）发挥党建引领作用，构建有力组织体系。医院严格落实党委主体责任、党委书记第一责任、分管领导直接责任和班子成员“一岗双责”，确保思想政治工作“一级抓一级、层层抓落实”。

院党委于2022年进行基层党组织换届，根据党员人数，按照便于开展活动、发挥作用和有利于医、教、研事业发展的原则科学设置和调整党支部，选拔了一批年纪轻、学历高、素质强、干劲足的优秀党务干部，推动基层思想政治工作质量不断提升。

（二）坚决扛牢政治责任，凝聚思想政治育人合力。院党委用党的科学理论和先进思想教育武装职工，在实践中突出思想政治引领这条主线，紧扣凝聚人心这个根本，帮助职工树立正确的人生观、价值观、利益观。

1. 用党的科学理论和先进思想武装头脑。院党委组织深入学习贯彻习近平新时代中国特色社会主义思想，确保学习全覆盖，形成了由院领导、党总支书记、党支部书记带头学习的好风气。召开党委理论学习中心组会议，及时学习党和国家的大政方针、卫生政策，提升班子政治素养和理论水平。院领导、党总支书记和党支部书记带头讲授党课，邀请河北省委党校、河北大学教授围绕党史国史授课，发挥思政课立德树人作用。

2. 以战"疫"为主题，大力弘扬伟大抗疫精神。院党委倡议"我是党员我带头，防控疫情当先锋"，号召党员干部亮党徽、明身份、当先锋，让党徽在抗击新冠疫情一线闪光，让基层思想政治工作贯穿抗疫全过程，医院取得"医疗零事故、医患零纠纷、抗疫零舆情、防控零失误"的阶段性成效。医院积极承担市级"黄码医院"职责，服务保定市抗疫工作，并派出上百名专家和医护人员支援其他省区，用实际行动践行伟大抗疫精神。

3. 以冬奥为主题，大力弘扬北京冬奥精神。医院派出 59 名队员开展了为期 53 天的北京 2022 年冬奥会和冬残奥会医疗保障工作，成立临时党支部，提高思想政治学习效率，增强党员归属感、荣誉感、责任感。充分发挥党支部的战斗堡垒作用和党员先锋模范作用，接诊近 40 个国家和地区 957 人次，圆满完成医疗保障工作，被授予"北京冬奥会、冬残奥会河北省先进集体"。

4. 以公益性为主题，大力弘扬伟大建党精神。一是创建"保定责任"公益健康平台。截至目前，"保定责任"进行公益文化健康讲座、义诊 488 场，130 余万人次直接受益，项目荣获国家"公立医院成就奖""全国改善医疗服务先进典型医院奖"等荣誉。二是推进精准扶贫乡村振兴。连续派出 16 名职工驻村，多措并施，全面帮扶，与张家口里口村、外口村共谋发展，助其实现全面脱贫，巩固脱贫攻坚成果，有效助力乡村振兴。三是开展医疗帮扶。2014 年起，先后派出 9 名专家援外，14 名专家援疆，用精湛医术和良好医德为国家、医院赢得赞誉；先后帮扶 9 家县医院、6 家中心卫生院，获得国家"医疗扶贫贡献奖"；推进医疗惠民、先心病救助、白内障复明工程等爱心工程，彰显医院公益性。

（三）创新教育有效载体，丰富思想政治教育途径。

1. **打造微阵地。**通过“学习强国”学习平台、微信公众号、科室微信群等新媒体，打造“指尖上的微阵地”。

2. **打造文化魅力阵地。**组织院庆、“三八”优秀女职工表彰大会、中华文化大讲堂等文化活动；上线“职工电子书屋”，深化职工自学效能。完善院史馆等文化要素，在锤炼医院精神中贯穿思想政治工作。

3. **打造红色教育阵地。**2017 年以来开展系列红色教育和爱国主义教育活动，组织党总支书记、校级优秀党员等赴延安、井冈山等革命教育基地开展专题培训。激发党务干部工作热情，从“一个红”到“一片红”，为群众提供高水平卫生服务。

4. **打造廉政警示阵地。**探索新形势下党风廉政教育新方法，举办廉政廉洁图片展和书画展、发放廉政书籍、在病区安装警示教育专栏、云参观警示教育基地等线上线下警示教育活动，组织中层管理人员任前廉政考试，增强了党风廉政教育的感召力和渗透力，初步形成了反腐倡廉“大宣教”格局。

5. **打造融媒体阵地。**以融媒体建设为载体，创新互联网 + 卫生健康宣传思想工作，及时转载发布党中央、省市相关思政内容，策划产生一系列具有影响力的

▲2019 年组织“中华文化大讲堂”系列文化讲座

稿件，把思想政治工作融入主题宣传、形势宣传、典型宣传中，发挥医院在服务国家重大战略、服务区域发展中的引领带动作用。

三、品牌活动取得成效

近年来，在“风向标”思想政治工作品牌建设工程的推动下，医院形成了以理论学习入脑入心、革命传统教育感知初心、警示教育对照反思、专题辅导共同提升、党建宣传凝聚力量的教育模式，成为实现医院发展目标的思想保障，推动医院精神文明建设、行业作风建设再上新台阶，获得2018—2020年省、市级文明单位荣誉称号。患者满意度逐年提升，经国家医管中心第三方满意度调查，门诊满意度由2018年的78.22%提高到2020年的81.85%，住院满意度由2018年的88.84%提高到2020年的91.77%。

讲好榜样故事　传递时代正能量

华北理工大学附属医院党委

一、基本情况

华北理工大学附属医院是一所集医疗、教学、科研、预防、保健和康复为一体的综合性三级甲等医院，是河北省唐山地区唯一的省直医院。医院2017年度荣获“全国卫生计生系统先进集体”称号，同年，被评为国家级住院医师规范化培训基地，2021年12月顺利通过河北省卫生健康委三级甲等医院的复审。

医院党委始终坚持以习近平新时代中国特色社会主义思想为指导，以党建为引领，以为人民服务为中心，落实党委领导下的院长负责制，充分发挥党委把方向、管大局、做决策、促改革、保落实的作用，厚植“厚德、精益、创新、图强”的医院文化，打造医院独特文化品牌。

二、主要做法

（一）聚焦临床一线，突出身边故事的“温度”。在挖掘身边典型，发挥榜样引领作用的过程中，医院党委始终聚焦临床一线，围绕身边人、身边事、身边的感动，突出普通人物的“温度”。组织开展“美丽附院人”评选活动，以优化医疗服务环境、提高医疗服务水平为目标，以“最美医护”宣讲等为载体，用平凡故事讲述深刻道理，用先进典型模范事迹诠释基层医务工作者的崇高理想，传递可敬可亲可信可学的真实力量，激励全院广大党员干部职工以身作则、率先垂范，树立了基层党组织和共产党员的良好形象。

（二）关注社会热点，突出典型引领的“高度”。新冠疫情发生以来，医院广大职工通过热忱和顽强忘我的工作，展示了“附院”白衣战士甘于奉献、恪尽职守的医者担当，涌现出许多可歌可泣的感人事迹。

医院党委第一时间成立了宣传报道队，深入基层、深挖典型，撰写了一系列“最美逆行者”和战地日记纪实报道，先后在人民日报新媒体、中国教育新闻网、河北日报、今日头条等媒体和平台推送，燕赵都市报、唐山电视台、唐山劳动日报、唐山晚报等媒体来院进行了专访。

（三）利用网络媒体，突出社会关注的“广度”。一是发挥院内宣传阵地优势，拓展受众。多年来，医院充分发挥报纸、网络、电视台、微信及各短视频平台联动优势，多平台、多终端齐发力，积极巩固和壮大主流舆论阵地，提升传播影响力。二是积极策划引导，职工广泛参与。组建医院宣传报道员队伍，让职工成为“典型”的挖掘者和传播者。通过护士节“指尖上的故事——护士的手摄影展”、医师节“医生医事——微视频活动”等，激发职工用发生在自己身边的故事，记录下平凡中的伟大，收获了感动，传递了温暖。三是弘扬主旋律，与社会主流媒体深度合作。2020 年“三八”妇女节前夕，医院 6 名身在疫情前线的医护人员荣获唐山市公安机关最美战“疫”警嫂荣誉称号，得知这一消息，医院与市公安局紧密合作，通过 6 对“医警家庭”视频连线，真实展现“警医家庭”为了国家和人民的安康，用忠诚与担当践行誓言的感人事迹，得到社会各界的高度关注。

（四）强化后续提升，突出示范带动的“深度”。医院多举措宣讲典型故事，让职工广泛参与，不断提升先进人物的典型意义。一是榜样“讲故事”。医院先后推出“战疫思政课”、模范人物事迹分享会，邀请医院曾经奋战在抗疫一线的医务工作者担当主讲人，采取“线上 + 线下”的方式，深情讲述身边的感人故事。二是职工“谈故事”。医院党委积极组织职工围绕身边的典型谈体会、谈认识，各党支部依托“微课堂”、微信公众号、官网专栏等线上资源和党员活动日、先进人物报告会等线下资源，采取集中观看、专题研讨、撰写心得体会等多种形式，围绕先进人物典型事迹展开全方位讨论。三是专家评委“评故事”。医院举行各类典型评选活动，邀请各级领导专家对典型给予评选点评，并对各类典型进行表彰，从而进一步提高广大职工对先进典型时代精神的认可度。

▲"美丽附院人"表彰大会，号召全院职工学习榜样人物的先进事迹

三、取得成效

（一）党组织凝聚力、向心力、战斗力显著增强。医院党委不断创新学习形式、丰富拓展学习内容，将"学习身边典型，弘扬正能量"列为医院各党支部和职工政治学习的重要内容之一，进一步加深了广大党员对榜样精神的理解，鼓励大家无论身在哪个岗位，只要有崇高的信仰、坚定的信念和持之以恒的毅力，只要有心系群众、服务群众和为民谋利的情怀，都可以有一番作为，激发广大党员主动对标先进典型，讲党性、做表率，积极发挥共产党员的先锋模范作用，进一步增强了各党支部的凝聚力、向心力和战斗力。

（二）社会影响力、传播力进一步提高。医院党委积极组织参加各级各类先进典型评选活动，推动院内模范人物走出医院、走进社会，到更广大的人民群众中接受检验，扩大先进人物典型事迹的影响力。目前，已有多位同志和集体事迹得到社会各界的高度肯定。医院职工喻昌利荣获全国抗击新冠疫情先进个人，范亚霞荣获全省优秀共产党员，范亚霞、邵东风荣获河北省抗击新冠疫情先进个人，内科系统第二党支部被授予全省先进基层党组织称号，边哲、费云瀚被评为唐山市首批“最美抗疫人”，支援定点救治医院临时党支部荣获唐山市第三批最美抗疫集体，孟宗霞、陈晨、张国志、喻昌利、李群喜等被获得河北省和唐山市“最美护士”“最美医生”“美丽医护”等称号。

（三）营造崇尚先进、学习先进的浓厚氛围。用身边人的故事讲述深刻道理，用平凡生活中的点滴传递可敬可亲的真实力量，让广大职工深刻认识到人人可学先进、人人可成先进，进一步激发了广大党员干部职工的工作热情，将社会主义核心价值观的精神内涵内化于心、外化于行，将榜样力量真正转化为提升自身医疗技术水平和服务能力的实际行动，在全院营造起崇尚先进、学习先进的浓厚氛围，增强了广大职工使命感和自豪感，激发了创造性和积极性，为加快医院高质量发展提振了精气神，传递了时代正能量。

“人文关怀”贯穿医学诊疗全过程

河北省石家庄市第二医院

自2021年起，河北省石家庄市第二医院糖尿病保肢中心成立以患者为中心的人文关怀小组，该组由医院职工李娟、何亚非、王巍、李雪岩和秦璇等组成，将人文关怀活动贯穿于患者入院后医疗救治的全过程。

一、基本情况

医院紧密结合医院工作实际和科室医生思想实际，加强党对科室思想政治教育工作的领导，在科室思想政治教育、社会义诊、党员发展工作、文化建设、心理健康教育的建设等各个方面，通过开各类会议，学习文件等方式做出重要努力，探索医生思想政治教育的有效方法和途径，增加医疗服务效率，提高患者就诊满意度。

二、案例介绍

2019年，医院成立了糖尿病保肢中心，本中心包括血管外科、骨科、内分泌科三个学科，发展至今，多学科联合治疗糖尿病足病的优势逐渐体现出来，使得患者不用辗转科室就能得到全面的精准的治疗。随着糖尿病足病患者的增多，在诊疗过程中，医生们发现该病的病程长、花费高、病情复杂等特点给患者带来的不仅是肉体的痛苦，更是精神上的折磨与恐慌。患者陈某于2022年9月来中心就诊，以糖尿病足病收治入院，入院体格检查发现，患者右下肢小腿多处破溃，合并急性感染，破溃处脓性液体不断流出，在与患者及家属沟通病情的过程中了解到，陈某已经辗转多家医院就诊，效果并不理想，且患肢疼痛非常厉害，寝食难安，毫无生活质量，更重要的是对于病情发展的未知的心理上的恐惧，甚至不愿

▲以患者为中心的人文关怀小组

意与家人和医生沟通，心理已经处于极度崩溃的边缘。

三、解决过程

医护人员多次与患者及家属沟通病情，告知治疗方案、进行心理疏导，增强了患者治疗的信心，并给予他坚持下去的勇气。经过多层次、全方位的治疗，陈某的病情终于有了好转，下肢创面也呈现生长的趋势，身体情况和精神状态较入院时有了很大的提升。接下来，科室各专业医师再次进行讨论，继续维持目前治疗效果的同时，将治疗中心转移到创面愈合阶段，评估创面性质，更有针对性予以换药处理，最后，陈某在他生日的当天顺利出院。

四、案例分析

一直以来，在医疗领域里，精益求精，钻研医术，是医生的高度责任感和不断进取的精神体现，对于加速医学科学现代化和提高为人民服务的水平具有重要意义。随着医学模式由传统的生物医学模式，发展为“生物—心理—社会”医学模式，要求医生把人作为一个整体来看待，高度重视心理和社会诊治。因此，也对医生提出了更高要求，要不断更新知识，善于拓宽知识面，学习有关的人文科学知识，如心理学、社会学、伦理学、美学、行为学等，并有机地运用到临床实践中，以更好地为防病治病、促进患者身心健康服务。

五、成效评价

类似上述陈某的病例并不是特殊案例，在 3 年的诊疗当中，这是个普遍现象，而且不单单存在于糖尿病足病的诊疗过程中，这充分体现了医学人文精神的重要性。

六、启发思考

通过实际案例、学习文件、参加医院组织的活动、临床诊疗的经历等，对于后期诊疗工作，有以下几点思考：

首先，贯彻党和国家的工作部署，形成医院的医疗特色。积极参加院内组织的红色活动，活动后做出深刻总结；认真学习医疗改革与发展相关文件，结合临床诊疗细节，更充分地发挥改革给患者带来的福利，同时也记录诊疗过程中难以实施的困难点，进行讨论上报；作为医生个人，要全方面了解患者信息，包括精神层面的需求。

其次，树立人文的行医理念。随着社会进步和经济的发展，人们的生存观念向更高、更好的方向发展，同时以患者为中心的服务理念也对医务人员提出了新的更高要求。行医治病，不仅仅是针对患者的诉求进行诊疗，更要关注其隐藏的、潜在的心理及精神层面的变化。

最后，钻研医术，精益求精。医疗水平高低、医疗质量的优劣，医生的医疗水平占核心地位，尤其是血管外科领域，面临着医学器械突飞猛进发展，新理论、新技术不断涌现，迫切要求医生要紧跟时代发展，及时了解医学发展的动态，把握吸收新理论、新技术，尽可能多地掌握与医学有关的新学科知识，做到博学多才，创造性地应用于医疗卫生实践，更好地为人民服务。

“嵌入式”党建　助力医院健康发展

河北省石家庄市第八医院党委

河北省石家庄市第八医院党委近年来围绕“嵌入式”大党建课题进行理论与实践探索，积极为打造新时代中国特色社会主义公立医院贡献智慧和力量。

一、构建新时代“嵌入式大党建”格局

一是突出政治引领，把发展与责任嵌入党建中。院党委委员强化统筹管理与党建兼顾服务大局的政治责任意识，教育引导广大医务工作者提高政治站位，强化政治担当，使医院管理发展始终围绕并服务党建全局，注重在发挥自身功能过程中提升政治鉴别力和政治敏锐性。医院内设机构党支部更突出政治功能，加强对党员的直接教育、引导、管理、监督，切实做好动员、凝聚、服务群众的工作。

二是突出政治担当，把解决群众看病难的烦心事嵌入党建中。院党委不折不扣落实国家医改政策、惠民措施，把党建与业务工作同部署、同检查、同考核，让党旗在服务中飘扬。教育党员干部在重大考验中践行初心使命、诠释对党忠诚，在工作中，要戴党徽、亮身份，公开服务承诺，接收群众监督。让党员的先锋模范作用在岗位上彰显，在服务中生辉。

三是突出人民立场，把服务理念嵌入党建中。寓服务于医院管理和党建工作，将医院管理与基层党建工作统一于以患者为中心的发展理念，统一于全心全意为人民身心健康服务的宗旨意识上，强化公立医院“姓公为民”的理念，注重日常发现培树典型，开展专项评选活动，利用重大节日组织演讲报告会和表彰典型，教育广大干部职工“医”心向党，始终把患者满意植根心中，落实在行动上。

二、积极营造“二清医院”的政治生态

建设廉洁政治，坚决反对腐败，是加强和规范党内政治生活的主要任务，是全面从严治党落实新时代党的建设总要求的应有之义。医院积极营造“二清医院”的政治生态，要求“医务人员清正、医院干部清廉”。这“二清”是对全体医务人员提出的硬性要求。

一是传导政治规矩严肃性，做到医生清正。医院始终把思想政治工作常抓不懈，定期开展正风肃纪警示教育，院领导率先垂范带头做政治上的明白人，密切与人民群众的联系，真正做到急患者之所急，忧患者之所忧。要求党员干部要以党章为根本遵循，严肃党内政治生活，把住思想这个总开关。广大医务人员要严肃职业纪律，严格遵守职业规范。

二是加大惩治“微腐败”力度，做到干部清廉。广大党员和领导干部绷紧廉洁自律的弦，强化“莫伸手，伸手必被捉”意识，决不碰高压线。

▲2022 年 10 月 22 日，医院志愿者到裕新社区开展志愿服务活动

三是建机制，净化医院政治生态。近年来，医院严格落实"微腐败"评价约谈机制，有效净化了医院的政治生态。医院与供货商签订《产品廉洁购销合同》，建立廉政档案，切实履行招标监督职责。每月对药品使用量和药品采购金额实行双排名，对于连续两个月排名靠前的药品供应商进行约谈，暂停采购。定期对"四个合理"进行督导检查，对违反"四个合理"行为人进行约谈提醒。

三、突出社会担当，把志愿服务嵌入党建中

院党委发挥党员的模范带头作用，成立志愿服务队，发挥专业优势，找到社会的难点，群众看病的痛点，谋划志愿服务项目，开展公益活动。在志愿服务中彰显党建引领的公立医院的公益性。近年来，由98名党员组建了绿丝带志愿服务队，目前已有609名志愿者。

一是讲党性，把好政策、真科普送入千家万户。志愿者讲党性，坚持以人民健康为中心，分片包干，深入22个县（市）区，走进乡村，发放宣传材料12万份，让政府医疗惠民政策及时送进千家万户。志愿者们发挥党员先锋带头作用，组建业务骨干开设"绿丝带·心灵课堂"讲座260余场，科普心理健康知识。

二是讲责任，造福一方百姓。对家庭贫困的严重精神障碍患者展开精准帮扶救治，积极联系医院，让他们享受入院治疗零负担政策。

三是讲担当，积极加入抗疫阻击战。新冠疫情也影响着人们的心理健康、精神状态，为此，绿丝带的志愿者们积极加入抗疫阻击战中。他们连夜奋战出版了《新型冠状病毒感染的肺炎心理防护指南》，仅一周时间新华社客户端的阅读量超过37万人次；录制《我们在一起》等22期节目，为人们戴上疫情防控的"心灵口罩"；开通24小时心理援助热线；相继为136名援鄂人员提供了一对一心理援助，为1659名一线医务人员进行免费心理评估，赴机场为境内外人员开展心理干预2400余人次。

目前，医院志愿服务已成为医院的党建品牌。志愿服务项目先后获首届全国卫生健康行业青年志愿服务项目全国决赛银奖，团中央第四届青年志愿服务项目大赛银奖、河北省志愿服务创新项目、石家庄市志愿服务创新项目和石家庄市"感动省城"十大人物（群体）等多种荣誉。

文化铸魂　鄂医焕彩

内蒙古自治区鄂尔多斯市中心医院党委

一、医院概况

内蒙古自治区鄂尔多斯市中心医院始建于1940年，是鄂尔多斯市唯一一家三级甲等综合医院、内蒙古自治区最早的盟市级三甲医院之一，是鄂尔多斯市医疗中心，内蒙古医科大学临床医学院、国家临床药师培训基地和国家住院医师规范化培训基地。

医院设置康巴什部和东胜部两部，总建筑面积26万平方米，开放床位1701张。院党委下设党支部17个，其中在职党支部14个，离退休党支部3个，现有在职党员430人，离退休党员133人。

医院已通过国家五级电子病历评审，是国家级现代医院管理制度试点及城市医疗集团试点。先后获评“全国卫生计生系统先进集体”“全国百姓放心百佳示范医院”“自治区平安医院示范单位”等荣誉称号。2019年、2020年连续两年获得“中国医院百强医院”荣誉称号。

二、主要做法

医院文化建设对医院形象的塑造、软实力的提升、核心竞争力的增强有着重要作用，是医院高质量发展不可或缺的战略举措。

鄂尔多斯市中心医院通过访谈、调研、问卷等形式，经过梳理建院70多年的历史，多次讨论、反复酝酿，提炼形成鄂尔多斯市中心医院文化——“鄂医医道”。将几代人艰苦创业、锐意进取的初心使命、红色基因和精神追求进行系统深入挖掘提炼，固化成全院上下每名医务工作者的共同认知和精神力量，提炼医院各项

▲ 医院导医台服务广大患者

理念，归纳出医院文化的核心内容，形成医院文化手册“鄂医医道”和视觉应用手册，用文化凝聚医院高质量发展的共识。同时对照医院的核心价值理念在制度文化方面存在的不足进行梳理、优化或补充再造。对照视觉应用系统改造医院标识等外在文化建设；筹建院史馆，充分展现医院70多年来的发展历程和辉煌成就，使之成为医院文化建设的重要载体，激发全院干部职工的信心和力量，更好地投身医院建设和发展。

（一）筑牢机制，夯实责任，奠定医院文化建设工作基础。医院成立领导小组、健全工作制度、明确工作目标、落实工作责任，让文化建设工作形成了有场所、有制度、有人员、有计划、有目标，责任明确、分工细致、人员固定、机制成熟的创建局面。制订医院文化建设中长期工作计划和年度创建方案，将任务要求与文明单位创建等有机结合，形成了长效创建机制。定期召开文化工作推进会，由领导牵头逐项落实，为创建工作的顺利推进并取得实效奠定了基础。

（二）注重教育，强化引导，提高医护人员文明素养。医院坚持把提高职工的文明素养作为医院一项基础性工作来抓，从医护人员的思想实际出发，以社会主义核心价值观为引领，倡导文明新风，大力开展社会公德、职业道德、家庭美德、个人品德等一系列道德教育活动。

（三）紧抓薄弱，补齐短板，提升医院文化建设水平。医院把医院文化建设工作和医疗业务工作紧密结合，以群众反映的热点问题为重点，创新工作方式，加强整改，不断提升创建工作质量和效果。结合改善医疗服务行动工作要求优化医院门急诊环境和流程，整合急诊功能区，提升院前急救能力。东胜部急诊科挂号缴费窗口24小时开放，康巴什部优化急诊科功能区，统筹安排五官、儿科、妇产急救功能，全部放在急诊科。改造门前路面，重新规划行人通道和车辆出入通道，方便高龄、行动不便等特殊患者就诊时少走路，打通服务群众的“最后50米”。

（四）凝聚合力，搭建载体，浓厚医院文化氛围。文化建设对医院的发展有着重要作用，鄂尔多斯市中心医院经常利用一些形式灵活、载体多样、寓教于乐的文化活动来陶冶职工情操，减轻工作压力，提升工作合力和凝聚力、向心力。

确定医院的使命、愿景、核心价值观、院训、服务理念等，凝练形成医院文化手册，制作了医院的院徽和医院宣传片，将医院核心价值根植于每一名医护人员心中，处处体现在工作上；建立医院的院史馆，将建院72年的历史展现其中，激发和提升职工的集体荣誉感和上进心；做强医院公众号，及时传播医院的各项动态，扩大医院影响力；举办一系列的学术、文体活动来浓厚医院文化氛围，提振职工精神面貌。

三、主要成效

作为鄂尔多斯全市收治危重症患者最多的医院，医院以笃行实干响应伟大号召，积极整合医疗资源，优化急危重症患者多学科救治团队，保障人民群众的生命健康通道畅通。全院评选28个多学科综合治疗工作团队，2022年8—11月开展基于疑难重症和肿瘤疾病诊治的多学科会诊15次；能够独立开展心脏永久起搏器植入术、完全离断前臂再植术、显微镜下前颅脑窝底巨大肿瘤切除术等疑难手术和危急重症患者的救治工作。

探索新冠疫情防控常态化形式下药学服务模式，实施慢性病患者长期处方用药管理，门诊药房设立药师咨询窗口，为患者提供用药咨询，提高药学服务质量。

勇挑社会责任，外派医护人员支援周边地区疫情防控。累计外派13批医疗队、147人次医护人员奔赴呼和浩特市、杭锦旗、东胜区定点医疗机构、方舱医院、集中隔离点、核酸采样点、检测实验室等一线支援，助力当地疫情防控和新冠病毒感染确诊人员救治工作。

党建引领高质量发展
医学课程与思想政治理论课同向同行

吉林大学第二医院党委

吉林大学第二医院在“博学慎思，精诚致远”院训的指引下，高度重视教学工作，始终坚持医学课程与思想政治理论课同向同行，始终把立德树人作为根本任务，把伟大的抗疫精神融入课堂，加强课程思政体系建设，深入推动思政育人，积极探索教学改革，加强教师队伍建设，在教学事业上踏实进取，潜心钻研。

一、学党史：在办实事中强化思想

医院党委在党史学习教育活动启动后，开展了一系列内容丰富、形式多样的党员学习教育活动，加强党性教育，弘扬革命精神，讴歌党的光辉历程，取得了良好成效。

在“我为群众办实事”活动中，院领导班子成员下基层开展走访调研、征求意见活动，建立“学党史、助发展、开新局”工作台账。各部门结合各自实际工作，制订了有针对性、操作性强的工作目标，从“为群众、为师生、为职工”三个方面入手，全力推进临床科研平台建设、科研诚信教育等方面工作。

二、勤育人：在引领下培养队伍

为深入学习宣传贯彻习近平新时代中国特色社会主义思想和党的十九届六中全会精神，贯彻落实习近平总书记关于青年工作的重要思想，学院书记院长重视班主任队伍建设工作，主持召开班主任培训会、学年班主任述职考评会，通过学院党委会审议通过《白求恩第二临床医学院本科生班主任管理办法》《白求恩第二临床医学院优秀班主任评选办法》，充分调动班主任积极性，在学院迎新工作、专题党课、学风建设、成长发展指导等方面发挥重要作用。鼓励各位班主任老师依托专业优势开展多维度思政教育课程，辅导员、班主任与本科生导师、授课教师构成横纵互动的育人体系。

同时，通过举办课程思政专题培训会议以及首届教师教学能力大讲堂系列培训活动，全面加强学院教师对课程思政内涵的理解。先后多次邀请石瑛等马克思主义学院培训专家进行研讨，并特聘白求恩医科大学北京校友会会长尤红教授为医院首批“课程思政建设指导专家”，探索临床医学课程思政建设路径，并组建了一支“医学课程思政建设”项目攻关团队，高效、高质地持续推进课程思政建设工作。与此同时，积极组织开展微格教学、教案互评、临床实习检查等基础性教学工作，全员、全过程、全方位推动课程思政建设。

三、战疫情：在挑重任下培根铸魂

为了让学生深刻体会医者救死扶伤、面对疫情冲锋在前的职责与担当，帮助学生解决学习、生活中的问题和疑惑，白求恩第二临床医学院坚持立德树人，坚守教育初心，将价值观引导寓于知识传授和能力培养之中，学院教学部、研究生与培训教育部、学生工作办公室于新冠疫情流行期间共同策划组织了“疫”点访谈、育人育心、共克时艰、守望相助——吉林大学第二医院育人思政系列活动。活动对象面向本科生和研究生，逐批与学院抗击新冠疫情的各医疗队进行深入的访谈。同学们表现出了浓厚的兴趣，纷纷踊跃参与，并表达了希望成为一名和老师们一样有温度、有担当的医务工作者的愿望。

▲2021 年 5 月 8 日，医院党委和南丁格尔志愿者联合开展义诊活动

四、做活动：在竞技场上携手共进

充分激发广大学生爱党、爱国之情，广泛凝聚学子团结奋斗的强大精神力量，营造共享伟大荣光、共筑复兴伟业的浓厚氛围，医院创新开展思政主题趣味运动会。同学们在体育赛场中收获了友谊，锻炼了身体，同时以崭新的方式深入学习党史、革命史等红色知识，领会到了五四精神的深刻内涵，在前辈精神的指引下走在新时代的道路上，充分展示了新时代青年的精神风貌。

五、搭平台：在新载体中获得共鸣

医院抓住网络育人关键形式，创建学办微信视频号，推出白求恩精神主题教育思政课、“重走白求恩路”社会实践锦集、优秀班主任、优秀班级、优秀大学生等系列宣传视频 15 期，总观看量达十万余次，得到校内外师生的认可。

同时，选派志愿医生、班主任、本科生、研究生组建实践团队，赴河北省涞源县开展重走白求恩路暑期社会实践，在白求恩战地手术纪念馆新建校级、院级社会实践基地。支教授课 30 学时，累计义诊 180 余人次，捐赠药品 3 万余元。

六、守初心：在精准坚持中生动诠释

为深入贯彻习近平总书记提出的“广大离退休干部是党和国家的宝贵财富，对于已经离休的老同志，基本的政治待遇、正常的组织生活、略为从优的生活照顾，必须落实兑现”讲话精神，2019 年 7 月起，吉林大学离退休工作处联合吉大二院南丁格尔志愿护理服务队共同开展以“祖国不会忘记您，吉大永远惦念您”为主题的离休老干部健康促进志愿服务活动。本项目的长期有效开展也获得了各级部门的肯定与赞誉：先后荣获吉林大学“最佳志愿组织服务项目”；中国红十字会 6 万元“养老志愿服务资金支持项目”；中国南丁格尔志愿护理服务总队“精准志愿帮扶活动策划三等奖”；共青团吉林省委、吉林省青年志愿者协会“2020 年中国青年志愿服务项目大赛吉林省赛区金奖”；中共团中央“2020 年中国青年志愿服务项目大赛铜奖”。

“四位一体”党建矩阵引领思想政治工作创新提升

黑龙江省卫生健康委员会机关第十二党支部

近年来，黑龙江省卫生健康委机关第十二党支部坚持彰显“新时代思想政治工作价值”为目标牵引，秉承科学实践理念，积极探索“四位一体”党建矩阵工作法，以党建工作的高质量促进思想政治工作高质量，以思想政治工作成效的高质量展示党建工作引领的高质量，使二者在双向融合中相互促进、相得益彰，实现党建与思想政治工作“双提升”，构建了共同推进思想政治工作的大格局。

一、抓好党建+阵地建设，厚植思想政治工作新发展

第十二党支部为积极推动新时代思想政治工作守正创新发展，坚持以加强基层党组织标准化建设为切入点，夯实党建阵地基础建设，创建党员责任区目标责任书，建立“为群众办实事”工作机制，出台《组织生活制度标准化建设规范》《党支部工作程序图》，优化工作机制，规范工作流程，严格执行党的组织生活制度，经常分析党员思想状况，提高“三会一课”质量，落实谈心谈话、民主评议党员和主题党日等制度，实现党支部组织工作运行的规范化、标准化、程序化。

支部运用智慧党建平台新媒体阵地推动高质量思想政治工作，开展思想政治宣传、专题教育、微党课、党员论坛等活动，从而更好地对党员干部、群众进行教育、管理和监督，切实提升了基层思想政治工作质量和水平，推动新时代思想政治工作守正创新发展。

二、抓好党建+活动方式，焕发思想政治工作新活力

新冠疫情防控期间，支部将信息化手段作为开展思想政治工作的创新载体，

▲向榜样学习活动

充分利用支部“党建矩阵”网络平台积极开展线上思想政治活动，党员可以根据兴趣爱好点播内容，组织全体党员参观“香山纪念馆”“麻团八路军总部旧址”等6部云端纪念馆，推送《国史讲堂》等百部精品课、优质课、特色课，打造在线离线、线上线下“24小时学习教育圈”，推广“指尖上的学习”，实现由“看菜吃饭”到“点菜吃饭”的转变，让党员干部疫情期间组织生活“不断电”、群众疫情期间思想政治教育“不掉线”，为党员干部、群众学习教育活动开展方式注入了新活力。不断丰富党员政治生日内容，开展线上平台自动推送党员入党纪念日，邀请其他党员送上祝福语；线下举办党员集体过“政治生日+”活动。创新党日“1+3”模式和“三个一”等多种形式、内容新颖的主题党日活动，先后联合机关各党支部开展主题党日联建、党课联上、图书联写活动。

三、抓好党建+护卫健康，释放思想政治工作新效能

支部坚持以党建武装头脑，推动思想政治建设成果转化，深化作风建设，践行群众路线为抓手，不断创新监督执法方式、配备监督执法装备、多举措加大监督执法力度、全方位强化监督执法效果。围绕落实“四方责任”、压实哨点岗位，

重点场所、关键环节等措施落实情况，2022 年 1 月至 7 月，为黑龙江全省疫情防控督导检查共出动人员 35.64 万人次，监督检查重点防控区域 16.8 万户次。围绕营商环境建设，优化监管方式，持续做好“双随机、一公开”抽查工作，探索跨部门联合抽查，强化结果运用、推进协同监管；围绕“诚信龙江”建设，从健全领导机构、完善制度建设、开展政务承诺活动、推行行政审批信用承诺制、实施科研失信惩戒、探索信用分级分类监管等方面，大力推进卫生健康领域社会信用体系建设，提升卫生健康信用工作水平。

围绕群众的急难愁盼，持续开展“蓝盾护航”系列行动，联合公安、市场监管等多部门，重拳打击无证行医、非法医疗美容、非法应用人类辅助生殖技术、消毒产品违法添加禁用物质、涉旅住宿场所卫生安全隐患等违法行为，有效保障人民群众的看病就医安全，塑造了“医心向党 + 蓝盾护航行动”品牌。近 5 年来，黑龙江全省共监督检查 36.36 万户次，查处违法违规案件 9900 件，罚款 2769.88 万元。

四、抓好党建 + 儿童成长，拓展思想政治工作发展新领域

支部坚持“党建 +”的工作思路，以习近平总书记关于关心关爱少年儿童成长的重要论述和《“健康龙江 2030”规划》为牵引，拓展支部和黑龙江省直机关第二幼儿园党支部“医心向党 + 童心颂党”联合党建活动成果，进一步丰富党建工作内涵，凝聚起“新时代加强和改建思想政治工作 + 新服务”的强大力量，全面整合卫生健康医疗资源，建立黑龙江省妇幼保健院、黑龙江省眼科医院、黑龙江省口腔防治院、哈尔滨医科大学儿童发育行为研究中心等卫生健康系统相关单位多方联动。

支部打造强有力“儿童健康成长”医疗技术“硬支撑”和思想政治工作“软实力”，提供 6 大体系和 15 项儿童健康成长服务活动，实现单位之间“优势互补、资源共享、共创共建、双向服务、双赢共进”的工作格局，自觉承担起举旗帜、聚民心、育新人、兴文化、展形象的职责使命，全面促进实施健康儿童计划和全面素质发展，筑牢儿童“感党恩、听党话、跟党走”，争做担当民族复兴大任的时代新人。

用东北抗联精神赋能疾控事业新发展

黑龙江省疾病预防控制中心党委

黑龙江省疾病预防控制中心现有在职职工462人，党员290名，设党支部20个。中心党委坚持用东北抗联精神教育广大党员、干部，把许党报国、履职尽责作为人生目标，把对马克思主义的信仰、对中国特色社会主义的信念作为毕生追求，把顽强拼搏、敢于牺牲精神作为血脉传承。抗联精神穿越历史时空，始终成为疾控事业发展的强大精神力量，全体党员干部用实际行动，为保护3100余万龙江人民健康、保障公共卫生安全、维护经济社会稳定作出重要贡献。

2020年9月，中心荣获全国抗击新冠疫情先进集体，一人荣获全国抗击新冠疫情先进个人；2021年6月，中心党委再获党中央表彰，荣获全国先进基层党组织荣誉称号。

一、培养坚定信仰信念，让抗联精神薪火相传

东北抗联精神是无产阶级革命精神在东北抗日战争时期的集中体现，是东北抗日军民留给我们的无可比拟的财富，具有强大的凝聚力、生命力和战斗力，对于加强党员干部修养、提振干事创业的精气神、提升抗腐拒变能力具有重要意义。中心党委有效运用“纪念、宣传、教育”三种形式，继承弘扬抗联精神，将抗联精神转化为促进疾控事业高质量发展的理想信念支撑。

（一）纪念 · 坚定伟大信仰。坐落于哈尔滨市南岗区一曼街的东北抗联博物馆，展示了抗日民族英雄朝着共产主义理想坚毅前行的英勇气概，定格了无数仁人志士用生命践行入党誓言、为了理想信念不屈奋斗的历史瞬间。中心党委分批次、全覆盖，组织党员干部参观红色展馆、重温入党誓词，瞻仰体悟党团结带领人民在百年奋斗中开辟的伟大道路、建立的伟大功业、铸就的伟大精神、积累的

宝贵经验。

（二）宣传·激励革命精神。结合全社会开展的“四史”宣传教育，各党支部结合重大节庆纪念日开展“三会一课”、主题党日，精心设计具有庄重感、仪式感、参与感的主题活动，重温东北抗联艰难而光辉的历史，使党员干部深刻认识到红色政权来之不易、新中国来之不易、中国特色社会主义来之不易。

（三）教育·培育高尚情感。扎实开展“不忘初心、牢记使命”主题教育、党史学习教育，通过党课、专题辅导等形式讲好党的故事、革命的故事、英雄的故事，促进党员干部从党的百年奋斗史中传承红色基因，赓续红色血脉，更加紧密地团结在以习近平同志为核心的党中央周围，满怀信心地奋进新征程、建功新时代。

二、凝聚高尚爱国情操，促疾控事业高质发展

（一）担当·守卫人民健康。中心党委紧紧围绕“公共卫生安全稳定”和“深化改革创新发展”两条工作主线，聚焦基层党组织制度建设、聚焦党员队伍先进性建设、聚焦提高服务群众能力建设，全面提升应对突发重大公共卫生事件能力，建设了缜密完善的疾病监测、准确快速的实验室检测、迅速响应的物资保障三大体系。迅速有效应对非典、甲流、新冠病毒感染等突发重大公共卫生事件。

（二）团结·疆藏手足相亲。自中央开启对口支援工作开展以来，中心一批又一批专家驻守新疆、西藏，和当地手足同胞一道，克服困难、共担风雨，谱写了高原边塞疾控事业高质量发展的奋斗篇章，让援藏、援疆精神在巍巍珠峰、雄伟天山下闪耀出新时代的熠熠光辉。援助队员在实践中思考、在实战中总结，不断加大人员队伍的帮带、先进理念的传授、防控机制的完善，播撒现代公共卫生学的“种子”，全面提升当地疾控的业务能力和水平。

（三）奉献·决战脱贫攻坚。中心多名驻村干部响应党中央号召，奔赴齐齐哈尔市龙江县发达村，发挥岗位优势组织义诊、壮大村集体经济增加收入、积极投身美丽乡村环境建设、迅速有效开展新冠疫情防控，在推动落实脱贫攻坚政策、激发贫困群众内生动力等方面发挥重要作用。脱贫攻坚取得胜利后，中心党委再次选拔致力于扎根乡村、奉献基层的年轻干部接续推进发达村各项工作，为确保坚决守住脱贫攻坚成果、推进乡村全面振兴、助力全面建成社会主义现代化国家

▲中心党委举行援助人员归来欢迎仪式

贡献力量。

三、继承伟大牺牲精神，取得疫情防控决定性胜利

（一）堡垒·构筑坚固防线。中心党委始终坚持加强党支部标准化规范化建设、推动优质资源力量向基层倾斜，不断提高基层党组织的政治功能和组织能力，确保党的领导“一根钢钎插到底”。在新冠疫情防控斗争中，中心党委 20 个党支部及各临时党支部犹如一个个红色坐标，在全省出现病例地区凝聚力量、号召群众，克服物资匮乏、环境艰苦、天气寒冷等困难，扎扎实实做好疫情防控各项工作，共产党员“敢啃硬骨头”的战斗精神和攻坚克难的前进力量在此刻充分凸显，为控制传染源、切断传播途径、保护易感人群作出重要贡献。

（二）红旗·指明战斗方向。战“疫”打到哪里，党旗就飘扬到哪里，共产党员就跟进到哪里。在艰难斗争中，中心广大共产党员不忘初心、牢记使命，充分发挥先锋模范作用，召之即来，来之能战，战之能胜，以对人民的赤诚和对生

命的敬佑，承受着身体和心理的极限压力，争分夺秒，昼夜不停地开展流行病学调查、核酸检测、防控指导，集中体现了敢于压倒一切困难而不被任何困难所压倒的顽强意志。

（三）奖章 · 榜样凝聚力量。三年抗疫鏖战中，全体党员干部职工听党指挥、不怕牺牲，不断向着疫情地图的深红处前进、前进、再前进。1 人参加援俄罗斯医疗专家组支援莫斯科；8 名业务骨干支援湖北；5 名流行病学专家支援西藏日喀则；6 人赴吉林省开展防控指导，先后派出 4400 余人次奔赴省内外各疫情发生地开展溯源流调工作，迅速投身保卫人民的严峻斗争中，取得了一场场生命守卫战的光荣胜利。中心党委多次举行援助人员归来欢迎仪式迎接援助人员凯旋，通过召开总结大会、表彰大会等形式宣传典型事迹，多角度、多层次表扬先进个人，迅速形成“学英雄、赞英雄、做英雄”的良好风气。

打造党建品牌　凝聚党建合力

黑龙江省大庆市龙南医院教学管理中心党支部

一、基本情况

黑龙江省大庆市龙南医院与多所医学院校保持着多年的教学合作关系。承担着医学院本科临床医学、医学检验、护理等专业的理论教学和学生实习任务。教学管理中心党支部有职工 10 人，党员 5 人。管理学生 500 余人，学生党员 31 人，积极分子 57 人。多年来，医院以落实立德树人为根本任务，践行“三全育人”工作机制，树立“大教学观”，坚持医教研同发展，秉承拼搏、创新、发展、关爱的“龙医精神”，研究学生学习规律、成长规律、把握教育教学规律，不断开创工作新局面，在创建党建品牌的活动中也取得了一些成效。

二、主要做法

信息网络时代，“5G+VR”探视及“互联网 +”远程会诊已在医院投入使用。教学管理中心党支部以此为启发，使用“5G+”的工作理念，打造支部品牌建设。

（一）“5G+ 党建 + 教育教学”相融合工程。围绕党建工作，把党组织工作融入教育教学各项工作之中，充分发挥党支部在教育教学工作中的战斗堡垒作用，推行党员和行政干部双向任职，共同促进教育教学工作。

（二）“5G+ 党建 + 师资队伍”相融合工程。实施党员名师引领工程，开展党员“上示范课，当带头人，争服务星”系列活动。实施党员和骨干教师“双向培养”工程，把党员培养成骨干教师，把骨干教师培养成党员。做到在促进教师专业发展的同时，促进党员教师的党性修养的提升。

（三）“5G+ 党建 + 立德树人”相融合工程。把抓好德育和思想政治工作作为党支部重要任务，融入党员和师生的工作、学习和生活当中，有效发挥党组织的政治核心作用。将支部党建与落实“立德树人”根本任务相融合。引领医学生学党史、知党情、感党恩，做德智体美全面发展的医学人才。

（四）“5G+ 党建 + 创新课程”相融合工程。即把专业课程文化建设作为党建工作的主抓手，将课程思政有效融入各专业课中，充分发挥党组织在特色课程文化中统筹引领作用，加强医学人文知识传授，使医学教育方向正确、内容健康、积极向上。

（五）“5G+ 党建 + 自主管理”相融合工程。以学生党员、优秀学生为榜样，开展“乐学、助学、勤学”活动，坚持以学生为主体，通过思想教育和正面引导为切入点，完善学风建设长效机制，组建学习互助小组，实现优势互补，互相促进，整体提高，以此不断增强学生“好学”意识，培养“乐学”学风。

三、取得成效

（一）机制完善建品牌，进一步规范支部党建工作。从创建党建品牌的载体和制度入手，进一步规范党建工作，促进了各项工作的顺利开展。在党建品牌的引领下，支部党员坚持深入临床教学，坚持走访、党务公开、联系学生、服务承诺等党内生活制度和工作制度得到进一步完善和有效落实。

（二）主题明确创品牌，实现以“职业情感”为导向的人文素质教育。以新内涵强化医学生培养，培养医德高尚、医术精湛的五术型医学人才，即救死扶伤的道术、心中有爱的仁术、知识扎实的学术、本领过硬的技术、方法科学的艺术。

一是“爱”字在心，亲情式关怀，增加学生归属感。学生生病老师用自己的钱为学生买药，为毕业生患癌症的母亲筹款，帮家庭困难的山里学生卖苹果，毕业生称自己为“龙医之子”，每年都回来看望老师。学生们有幸福感、归属感，知冷暖、懂感恩。

二是“严”字当头，标准化管理，增强学生自律性。坚持唱校歌、穿白服、寝室规格化，早晚自习、早间播报、徒步、早操。严格请销假管理，有事必请假，假到必归队。请假做到“四方知晓”。一旦出现问题做到“三个第一”。

三是“责”字为先，多渠道开源，增加学生就业率。老师亲自带领学生参加就业招聘会，现场推优，提高签约率。发扬大庆精神、铁人精神，纵使有再大的困难，也为考研学生提供软、硬件支持，让学生实习、考研两不误。医院最高一届考研率达27.27%。

（三）措施到位塑品牌，实现以“社会适应”为导向的身心素质养成。强化素质，培养“珍爱生命，大医精诚”的救死扶伤精神。通过立体的党建、团建、思政等工作，培养全素质有温度的医学人才。让他们不忘初心、牢记使命，让他们的青春时光绚烂多彩。

一是党团工作同心同力，为学生搭建平台。先后建立五个社团，在文娱活动中屡获一等奖。

二是安全管理做细做实，使学生警钟长鸣。寝室楼内外安装监控系统，门禁刷卡系统，联合安全科定期检查，不定期进行安全讲座、疏散演练，坚持安全“三提醒”，提高网络风险意识。

三是思政教育入情入理，让学生树立正确的“三观”。建立“杏林驿站活动室”“心理减压工作室”，及时发现心理问题，疏导学生压力。开展各种主题活动，入科前进行医学誓言宣誓，有温度的教育植入学生心中，转化为敬佑生命、救死扶伤、甘于奉献、大爱无疆的实际行动。学生们在高铁上抢救高血压突发昏迷的患者，在列车上抢救窒息新生儿……这一幕幕都是两院教育教学成果的有机载体和有效传承。

▲2021年学生考研率和就业率实现双丰收

汇聚“阳光”能量

上海市计划生育协会

“阳光大课堂”系列公益项目是上海市计划生育协会（以下简称上海市计生协）品牌宣传项目。自 2014 年实施至今，“阳光大课堂”聚焦生育支持与家庭健康发展，不断拓展项目内涵与服务范围，探索实践项目活动形式，推出市区联动、涵盖线上线下的宣传服务活动，先后获得“上海市培育和践行社会主义核心价值观优秀案例”最佳案例奖、“新时代健康上海建设优秀案例”等荣誉，获得良好的社会效应。

一、基本情况

上海市计生协成立于 1985 年，是以倡导人民群众计划生育和生殖健康为目标的非营利性群众团体。近年来，上海市计生协认真贯彻落实《中共中央、国务院关于优化生育政策促进人口长期均衡发展的决定》，积极顺应上海市基层治理创新和卫生健康事业发展要求，坚持以人民健康为中心、改革创新为动力，以党史学习教育和“我为群众办实事”活动等为抓手，大力推进中央赋予的“宣传教育、生殖健康咨询服务、优生优育指导、计划生育家庭帮扶、权益维护和流动人口服务”等重点任务，为促进人口长期均衡发展与家庭和谐幸福作出自己的贡献。

二、主要做法

（一）注重政治引领，发挥群团作用。上海市计生协坚持党建带群建，在项目中加强思想政治引领，通过“面对面”“屏对屏”等群众喜闻乐见的方式，团结引导广大会员和育龄群众、计生家庭听党话、感党恩、跟党走。上海市计生协作为上海市卫生健康领域最大的群众团体，发挥协会工作“生命力在于活动，凝聚力在于服务”两个关键，主动加强与其他群团社团组织、企事业单位和新闻媒体的跨部门合作，引入优质资源和专业支持，提升引领效应与服务能力。

（二）发挥理事作用，促进资源融合。上海市计生协有 101 位理事，他们以爱和专业汇聚在一起，抚慰广大计生特殊家庭。上海市故事家协会副会长、上海市计生协常务理事葛明铭是最受欢迎的“阳光大课堂”主讲人之一，他用亲切的“上海闲话”，把一个个故事像阳光一样照进计生特殊家庭的心灵。君悦律师事务所高级合伙人、上海市计生协常务理事万文志是“阳光大课堂——送法到身边”系列讲座的常驻法律专家，他带动律界精英聚焦养老监护、财产继承、婚姻家庭等家事类法律问题，为上千名群众提供“一对一”免费咨询和个性化法律服务方案，帮助计生工作者梳理社区工作的法律界限，理解帮扶工作的法理与情理。“达医晓护”医学智库创始人、上海市计生协理事王韬教授带领团队以健康科普讲座、专家义诊服务等形式为阳光大课堂健康类公益活动提供硬核支持，向社会传递爱与关怀的力量。

（三）拓展服务范围，扩大活动外延。从 2020 年起，上海市计生协扩大“阳光大课堂”服务覆盖和活动外延，“阳光大课堂——蓝领健康系列科普讲座”孕

▲2019 年 2 月，计生特殊家庭给阳光大课堂学员送上锦旗

育而生。项目深入工地、园区和企业，抓住社会热点和新市民的关切，举办“幸‘盔’有你”道路交通安全主题讲座暨电动自行车安全头盔佩戴宣传启动仪式，开展由资深教授与网红科普达人联袂主讲的食品话题“‘食’刻保卫，舌尖上的安全和健康”活动，组织江浙皖省会城市等举办世界人口日主题活动等近 20 场，把优质的健康科普知识送给城市建设者。

（四）强化社会宣传，提高倡导影响。进一步发挥品牌社会效应，上海市计生协策划制作了“阳光大课堂”系列公益广告。充分考虑宣传到达率，在人民广场等党政机关、静安寺等人流密集地，以及周边高校林立的地铁站分门别类刊登灯箱广告，加大项目倡导力度、展示服务态度。发挥新媒体扩散效应，在上海新闻综合频道、微信朋友圈、微信视频号及相关行业媒体发布视频广告，优化项目影响力与互动性。用好主流媒体的公信力，在新华社、央广网、中新社以及文汇报、解放日报、新民晚报、香港商报等主流媒体刊发专稿，对项目活动进行报道，形成项目二次传播，为“阳光大课堂”提供强有力的背书。

（五）上下动员联动，形成同频共振。上海市计生协积极倡导各区、街镇计生协，统一标识、统一冠名，以大课堂、子课堂等形式进行市区联动，共同打造公益品牌，形成品牌集中宣传效应。

三、主要成效

（一）内容定位从“聚焦”到“多元”，品牌内涵不断丰富。“阳光大课堂”发展伊始，旨在为计生特殊家庭带去阳光和温暖。因此在内容策划上聚焦精神慰藉，帮助学员慢慢走出阴霾，首先做到“自助”，渐渐发挥自己的能量，在群体内进行“互助”，最后走出群体，在各项活动中凝聚和传递正能量，“助人”为乐。近年来，根据习近平总书记对计生协提出的“六项重点任务”要求，“阳光大课堂”在定位上加大创新力度，力求内容多元化、主题系列化、科普大众化、关怀日常化，陆续开拓了“青春健康开课了”“送法到身边”“舌尖上的健康”等涉及健康、法律、科普等各个领域的子项目，品牌内涵不断升级，服务范围进一步拓展。

（二）受众定位从“个体”到“群体”，服务半径不断扩展。最初，“阳光大课堂”是计生特殊家庭自己的舞台，有华泾镇“暖情”项目互助小组、广中路街道“惠心苑合唱团”、高境镇“午后阳光合唱团”、浦东新区“暖心合唱团”等。

近些年，上海市计生协又瞄准了新的服务人群，并且精准细分对接群众的需求，除给予计生特殊家庭心理慰藉外，又送上法律援助大餐；同时，“阳光大课堂”还给予青少年及其家长“防护性侵”和“沟通之道”，给予新市民“食品安全”等，将优质专家资源下沉到社区、学校，把为群众办实事落地落实。

（三）呈现方式从“线下”到“线上”，传播时效不断提升。在新冠疫情常态化防控情况下迅速调整传播方式，与线上传播平台建立固化合作，努力将“阳光大课堂”转化为可收藏、可学习的“云上课堂”，拓展了传播影响力，收获了意想不到的影响力。近3年来，有近千万人次参加或观看了“阳光大课堂”活动。复旦大学公共卫生学院博士生导师、著名的营养与食品卫生专家厉曙光教授在活动后得知直播数据时兴奋不已，“没想到有这么多人在线看，这些问题都是大家特别关心的，这个线上大课堂办得好！”

“阳光大课堂”还在持续进行中，从计生特殊家庭到社区居民，从课堂到舞台，从场内到场外，从线下到线上，从社区到家庭，上海市计生协始终坚持以精神慰藉为重心的人文关怀，发挥计生协立足社区的优势，帮助群众树立健康理念、掌握健康知识、拥有健康心理。

科普创新引领公立医院新文化建设

上海交通大学医学院附属仁济医院党委

长期以来，上海交通大学医学院附属仁济医院坚持以人民为中心的发展思路，以思想政治工作为引领，做好健康科普顶层设计，从“以治病为中心”转为“以人民健康为中心”，把健康理念融入医院转型升级和高质量发展策略，坚持科普为民，以群众需求、群众利益为出发点，在健康科普方面做出了诸多探索性、创造性的工作。立足院内，打造健康科普“仁济”品牌，与此同时，走向社会，扩大健康科普“仁济”效应，形成了以“科普文化”为导向的医院新文化建设思路。仁济医院通过挖掘历史、创新形式、搭建平台、培养人才等途径，打造了4张具有仁济特色的科普名片。以科普创新引领医院新文化建设，以新文化建设推动医院高质量发展。

一、具体做法

（一）挖掘科普历史，传承科普文化。从编译《医书五种》，在中国播下西医学萌芽的种子；到推广牛痘接种，开创中国防疫卫生之先河；再到大力宣传推广外科消毒法，阻断传染病传播途径……纵观仁济医院的百年历史，仁济先辈在治病救人的同时，也积极投身健康教育，在“西医东渐”的进程中发挥了重要作用，为推动中国医学事业发展、守护民众健康付出了艰辛努力，也由此孕育了医院健康科普的雏形。仁济医院深挖百年院史，秉承仁济精神，传承科普文化，以仁济先贤普及科学健康知识的感人故事及科普经验，激励鼓舞医院全体医务工作者，吸引无数“仁济人”投身到科普工作中来。

（二）创新科普形式，传播健康知识。为了做好高质量科普，仁济医院始终坚持守正创新，将晦涩难懂的医学健康知识讲得更“接地气”。一方面，链接多方资源，开展线下科普宣教活动。医院与社区、企事业单位进行共建合作，开展各

▲上海地铁四号线塘桥站开设仁济健康角

类线下健康科普活动。另一方面，创新表达方式，打造科普IP。医院于2020年启动“科普嘉年华”活动，由专家遴选出优秀的作品，以脱口秀、情景剧、小品等形式在舞台上集中展示，让专业的医学知识更接地气。

（三）搭建科普平台，传递科学理念。在健康观念迅速更新、传播手段更加多元的新时期，仁济医院与时俱进，打造全方位、立体化的科普宣传平台。

一是发挥资源优势，全方位立体化传播科普知识，增强群众的获得感。医院立足仁济医院报、官网、微信公众号、视频号等自媒体平台，全院超过50%的临床科室开通微信公众号或视频号，形成了强大的健康科普融媒体矩阵。此外，与电视、广播等媒体开展深入合作，借助外部资源进一步放大科普成效。

二是紧跟社会热点，因时因势开展专题科普宣传，引导树立科学态度。医院从受众需求出发，及时捕捉热点话题，“接地气”地普及医学知识。2022年3月以来，结合全民关注的新冠疫情的发生和发展，先后推出两档科普短视频精品栏目《班主任来了》《秦主任方舱小课堂》为民众进行医学知识科普。

（四）培育科普人才，打造专业团队。仁济医院通过创新培养机制、搭建展示平台，将科普意识渗透到医务人员的日常工作中，鼓励医务人员更多地参与到健康科普工作中来，使健康科普成为医务人员的自觉自愿行为。

一是营造全员科普氛围，打造健康科普志愿者队伍。医院组建了一支由大牌专家领衔、名医专家坐镇、青年医护参与的实力强大的健康科普志愿者队伍，向全社会传递健康科普知识。

二是厚植人才培育土壤，构筑健康科普人才蓄水池。医院建立集培训、实践、展示为一体的全方位科普能力提升体系，大力培养和建立了一支年轻而专业的健康科普队伍。开创性的举办“科普创造营”活动，激发青年人的活力，力争培养一批有情怀、高素质的健康科普“生力军”。

二、工作成效

（一）形成深厚历史文化名片。仁济医院的第二任院长合信编译并引入中国的五本西医理论著作［分别为《博物新编》（1849）、《全体新论》（1851）、《西医略论》（1857）、《妇婴新说》（1857）、《内科新说》（1858）］，史称“医书五种”，不仅标志着西方医学理论正式输入中国，更是中国最早、最系统的医学教材。

1845 年起，仁济医院为上海市民尤其是儿童进行免费种痘服务，成为上海开埠后“最早的牛痘接种机构”。

1876 年，仁济医院所有较大的外科手术均在无菌情况下进行，开创外科消毒法在中国的最先应用。

（二）形成特色品牌项目名片。“塘桥－仁济健康讲坛”，每月一次为社区居民宣传健康知识，已在社区居民中形成“有内容、有口碑”的仁济品牌；“健康音乐下午茶”，以“科普＋音乐”的方式传播健康知识，已举办 31 场，参与人数节节攀升；四号线塘桥站开设仁济健康角，参与科普的青年医生人数以及咨询问诊人数逐年增多。

（三）形成精准全域传播名片。《仁济医院报》自 1997 年创刊以来，至今已累计刊登 3000 余篇原创科普文章；在微信订阅号和服务号上开设“仁济科普”专栏，惠及 250 余万粉丝。医院、科室和亚专业联动，全院超过 50% 的临床科室开通微信公众号或视频号，形成了强大的健康科普融媒体矩阵。

（四）形成高端专业队伍名片。已形成一支由大牌专家领衔、名医专家坐镇、青年医护参与的实力强大的健康科普志愿者队伍，向全社会传递健康科普正能量。狄文、陆劲松、牟姗、骆艳丽、麻静、俞卫锋等医院的知名专家开通微信号发布专业科普知识；一大批中青年科普达人开设视频号，通过短视频方式传播健康知识。其中，妇产科的狄文教授作为上海市政协委员在 2022 年“上海两会”上建言，呼吁“粉碎‘谣言’打击伪科学，关键靠高质量科普”，被文汇报专版特别报道。

多方面培养　多岗位实践 多维度锻炼

复旦大学附属中山医院党委

复旦大学附属中山医院是国家卫生健康委员会直属事业单位，是复旦大学附属综合性教学医院。医院党委以党的十九大精神为引领，深入学习贯彻习近平新时代中国特色社会主义思想，《关于新时代加强和改进思想政治工作的意见》等中央文件，以促进公立医院开启改革发展新征程为目标，全面抓好党委主体责任，切实发挥党委把方向、管大局、作决策、保落实、促发展的领导作用，以一流的党建促进一流的医院发展。

一、背景

做好青年干部工作，充分发挥青年干部的作用，是每一个单位和组织不可忽视的一项重要工作。新形势下的青年干部工作要突出针对性，尤其是面对“90后”“00后”的年青一代，更是要在充分信任和理解的基础上，给予积极的鼓励和引导，创造良好的氛围和平台，帮助他们更好更快地成长。

二、主要做法

中山医院党政领导一直以来高度重视青年管理干部的培养工作，早在2007年就创新性地出台了《青年行政培养方案》。根据方案，每位青年行政人员在入院后并不马上定科，而是进入3年轮转培养，每年轮转一个部门（2016年改为每半年，3年共轮转6个部门），以便尽快适应和全面熟悉医院的管理工作。

（一）安排导师。在轮转期间，配备科室导师“一对一”培养，应予青年人在成长道路上鼓励和指点，在工作、生活、思想上都起到指引灯塔的作用。医院高度重视优秀指导老师的选拔，在落实培养师资方面有良好的保障。导、学双方的良好配合才能使培训质量得到进一步提高。

（二）每月培训。开展“每月一堂”培训课程，安排专家讲课或者青年行政相互分享，围绕党性教育、法律法规、职能职责、历史人文等内容多元化培训，推动青年行政掌握必备工作技能，提高年轻人解决实际问题的能力。例如，为了培养青年行政的医事法律素质，对于重点内容培训授课做好合理的规划，探索规范化系统性的多路径连续教学：

1. 将医事法律素质教育与医学专业教育相结合，将法制教育融入医学专业教育过程中，针对医学专业特征进行专门法律教育，在教育过程中体现针对性。

2. 对于道德品质的引导教育，青年行政的医事法律素质不仅仅是法律素质的培养，还不可缺少道德，特别是医学职业道德的教化。

3. 在对青年行政人员进行基本法律知识教育的同时，在有限的课时里精选典型教学内容，针对医疗实践内容进行深入的专题探讨，有针对性地进行医事法律教育，使青年行政人员能够将法律知识与医事实践紧密结合起来，并能真正用到医疗相关活动中去。

4. 除开设专门的医事法学课程之外，继续开设法律基础课，以更有效地普法，

▲2019 年 9 月举行的青年行政每月一堂培训现场

培养法律素养全面的青年行政人员。

（三）临床结对。基于青年行政人员有部分非临床背景专业，对临床工作的了解有所欠缺，院党委安排他们与临床医务人员结对，增加与临床科室更为直观的接触和了解的机会，另一方面也能从新的角度为医院发现临床诊疗中可能存在的问题与改进的方向。

（四）定期考核。每半年开展一次书面考核，由导师及青年行政人员所在科室的各位同人打分，打分项目包括职业道德、劳动纪律、工作态度、写作能力、沟通表达能力、学习能力、团队协作和工作成绩；同时组织现场汇报，随机分组，以团队形式汇报半年工作感悟。

（五）成长档案。每位参培人员都有一本《青年行政人员轮转、培养记录手册》，记录、跟踪、了解每位青年行政人员的表现，为他们建立成长档案。

三、取得成效

自 2007 年《青年行政培养方案》出台以来，院党委进行过专项调研两次，开展轮转青年行政人员座谈会数次，听取多方意见。从调研结果中也可发现，被调查者普遍对轮转培养方案的认可度高，90% 的被调查者认为设立青年行政人员轮转项目存在必要性；有 50%“未参加过青年行政轮转项目”的调研对象，表达如有机会，愿意参加此项目。

同时，通过调研座谈，院党委也对培养方案进行动态调整。根据综合反馈，先后五次修订培养方案，从轮转总时长、各科室时长、培养要求、考核指标均有完善修订。

青年行政人员轮转培养有利于刚踏入工作岗位的青年人快速熟悉医院，了解不同职能部门的工作职责、岗位特点，提高他们的综合能力；建立和多部门的人脉关系，为日后部门间的协作打下基础；同时，在不同岗位的锻炼，能帮助他们更好地认识自己的优缺点。15 年来，共有 75 位青年行政人员参与了轮转培养，其中 58 位青年已完成培养计划进入定岗岗位工作。其中 1 名优秀年轻干部已被提拔到副处级岗位、1 名干部提拔到正科级岗位，另有 9 位提任至副科级岗位。

红色赋能　医路争锋
思政工作“走新”更“走心”

上海市宝山区卫生健康工作党委

上海市宝山区卫生健康工作党委坚持以习近平新时代中国特色社会主义思想为指导，始终将思想政治工作作为重大政治任务，“一以贯之”落实到党的建设各项工作中，抓在日常、严在日常。

一、基本做法

（一）抓实红色教育，把握“悟思想”这个关键，在强化理论武装上做表率、下功夫。

1. **坚持系统观念，以身作则。**把深入学习习近平总书记系列重要讲话精神、重要指示批示和党中央重大决策部署，列为党委会、书记会、中心组理论学习、专题学习研讨、“三会一课”、组织生活会等党组织会议的重要议题。理论中心组学习中，党委班子成员带头进行学习体会交流，并深入定点联系基层单位讲授《从百年党史非凡历程中感悟真理和前行力量》专题党课，积极发挥了党组“头雁”的作用。

2. **坚持上下贯通，一体推进。**建立了“我为群众办实事”意见建议征求机制、党建创新案例报送机制，先后印发了《“红色赋能 医路争锋”党建品牌创建活动方案》《党员积分制管理办法》《“星级党支部”创建评选活动方案》等操作性文件，对各项重点任务的目标要求、责任主体进行了细化明确。各基层单位党组织在党委的示范带动下，制订了具体工作安排，形成了以上率下、整体联动的良好局面，思想政治工作在两级党组贯通推进、衔接有序。

▲2021年5月28日，医务人员“红色赋能 医路争锋”精品微党课上展演

3. 坚持创新形式，丰富载体。利用党员微信群、“宝山卫生健康”公众号及基层单位自媒体等宣传平台，定期推送“党史故事一百讲”“百年党史百日读”等专题内容及学习动态。组织开展了优秀微党课展演、劳模先进事迹宣讲会和“我身边的医者先锋”主题演讲等活动，让学习教育更加丰富鲜活。

4. 坚持赛学结合，突出特色。推送8期“党史知识大家学”专题辅导，举办了2期线上党史知识竞赛，全系统8000余人次参与，营造了浓厚的党史学习氛围。开展了两轮“学习强国”党史知识竞答，参赛率和正确率均位于全区前列。开展“微党课”展示评选活动，通过舞台剧、TED演讲等喜闻乐见的形式，将党史学习的“大课题”变成了人人参与的“小载体”。

（二）做强红色品牌，突出守正创新这个导向，在践行党的宗旨上见真章、求实效。

1. 注重创新，打造精品品牌。宝山区卫生健康工作党委在全系统持续创建“红色赋能 医路争锋”党建品牌，开展了“抗疫先锋”“服务先锋”“管理先锋”“创新先锋”“文化先锋”“志愿先锋”六大类品牌创建活动。通过两轮打造，各基层党组形成了一批可推广、可复制的党建品牌。

2. 注重“培育”和“融合”。“红色品牌”创建活动更注重“培育”和“融合”，其中，上海市第二康复医院通过医护、患者、家属三方的积极配合互动，帮助患者更快地回归家庭和社会；仁济医院宝山分院的“医网情肾”服务团队，从优化流程到服务细节，让接受肾病治疗的患者和家属感受到别样的舒适和舒心。这些实实在在的“红色品牌”，将思想政治研讨成果转化为推动实践的具体措施、载体，也为卫生健康专业力量助力“科创宝山”建设提供了新的动能和助力。

（三）筑牢红色阵地，坚持探索新发展这个模式，在推动高质量发展上寓新意、谱新篇。

1. 筑牢高质量发展新根基。在2021年推行党员积分制管理和星级党支部评选的基础上，2022年推出了“五星级支部”创建专项活动，支部引领学科发展、人才培养等作用发挥更加明显。

2. 厚植高质量发展新优势。各基层单位强化“双培养”机制，注重把医疗专家、学科带头人、优秀青年医务人员培养成党员，将党员培养成医疗业务骨干，努力建成一支既懂行政管理、又懂党建管理的复合型党员干部队伍。

3. 营造干事创业新常态。委工作党委注重创新工作模式，在前期区域化党建卫生专委会5个党建联合体的基础上，借助宝山区8个医疗联合体的资源优势，主动与中山医院、仁济医院、曙光医院、华山北院等市三级医院党委沟通协商，成立了宝山区医疗联合体党建联盟，组织开展了党建交流、大型义诊、健康讲座等活动，努力打通人民群众医疗服务需求“最后一公里”。

（四）用活红色文化，聚焦重点工作这个中心，让党旗在疫情防控一线高高飘扬。

1. 共筑意识形态“红墙”。不同的时间面临着不同的风险挑战，不同的风险挑战又对做好新时代思想政治工作提出了更高的要求。2022年3月以来，上海市新冠疫情防控面临着复杂严峻的形势，宝山区卫生健康工作党委以“红色文化”汇聚抗疫一线的“红色力量”，通过开设“红色宣传月”专栏、发出倡议书、重温入党誓词等多种形式，将组织生活会开在“战疫”现场，把党的思想政治优势转化为强大战斗力。

2. 落实关心关爱举措。保护、关爱医务人员是打赢新冠疫情防控阻击战的重要保障，党委有针对性地制定出台《关于进一步建立健全关心爱护医务人员长效机制的通知》，全方位关心关爱医务人员，通过扎实稳妥的关爱措施、可靠稳定的物资保障、及时有效的思想工作，让每一位战“疫”的勇士都能够解除后顾之忧，为坚决打赢新冠疫情防控阻击战提供坚强的组织保证。

3. **重点工作提质增效。**找准思想政治工作与中心业务工作的结合点，在疫情防控、疫苗接种以及服务人民群众的过程中，建立701个党员示范岗，组建265个党团员突击队，划定243个党员责任区，让党员的身份亮出来，把先锋形象树起来。

二、成效启示

宝山区卫生健康工作党委坚持和加强党的全面领导，把思想政治工作贯穿党建工作和卫生健康事业发展的各方面各环节，立足卫生行业实际，遵循思想政治工作同党建工作的辩证关系，探寻推动事业发展的契合点，通过思想政治工作守正推新，引导广大党员干部、医务职工深刻领悟“两个确立”的决定性意义，增强“四个意识”，坚定“四个自信”，做到“两个维护”，取得了实实在在的成效。

下一步，宝山区卫生健康工作党委将持续深化“红色赋能 医路争锋”品牌建设，聚焦“四个红色”，带领卫生健康系统把思想和行动统一到党的二十大统一部署上来，坚定不移把“小齿轮”挂上“大齿轮”，责无旁贷地肩负起时代赋予医务工作者的光荣使命，着眼全局、踔厉奋发、笃行不息，为打造科创中心主阵地和书写“北转型”新篇章贡献卫生健康专业力量。

“道德讲堂”讲道德故事　受道德洗礼

上海市金山区众仁老年护理医院

上海市金山区众仁老年护理医院牢固树立终身教育理念，深入推进新时代思想政治建设工作，不断推进学习平台多元化，以“道德讲堂”为宣讲阵地，以“我听、我看、我讲、我议、我行”为主要形式，以厚重浓郁的医院文化，滋养医务人员的心灵，培育形成了“众仁特色”的文化学习品牌。

一、以“三定”机制，创新推进学习平台多元化

为进一步弘扬“大医精诚、平等仁爱、敬畏生命、追求卓越”的上海卫生行业职业精神，深刻诠释医院的文化精髓，以培育和践行社会主义核心价值观引领医院的文化建设，医院始终将职工的思想道德建设放在首位。2013 年 4 月，医院开设了“道德讲堂”，此举为上海市金山区医疗机构的“首创”。

以“三定”机制，推进“道德讲堂”顺利开展。一是定场所，固定场所，设置与道德有关的格言经典标语、横幅、易拉宝、背景等，营造浓厚的宣传氛围。二是定时间，每两月一次定期开讲。三是定内容，每年党总支根据年度思想教育重点确定“道德讲堂”具体内容，制订“道德讲堂”安排表，同时组建宣讲组、资料组和宣传组，并确定联络员，确保“道德讲堂”开讲落地落实，深入推进医院精神文明建设健康发展。

二、内化于心，以“五形”结合，赋能员工道德素养全覆盖

医院始终坚持以“四德”固思想之元，以“五形”扬医德之风。紧紧围绕“社会公德、职业道德、家庭美德、个人品德”，以“礼仪”“诚心”“和睦”“友善”等为核心开展道德宣讲。始终通过“身边人讲身边事，身边人讲自己的事，

身边事教身边人”的方式，以“我听、我看、我讲、我议、我行”五种形式将医院精神、医院院训内化于心，外化于行，在潜移默化中引导职工积极投身道德实践中。

宣教对象全覆盖。“道德讲堂”自开设以来，始终坚持教育为先，注重典型示范，以思想道德和职业精神引领全院职工爱岗敬业，宣讲宣教对象从最初的医护人员，逐渐覆盖了后勤人员及护理员，做到宣传教育全覆盖。

严格环节与流程。每次“道德讲堂”开讲严格按照“唱歌曲、学模范、诵经典、发善心、送吉祥”五个环节，推行“唱一首歌曲，学一位模范，诵一段经典，谈一次感悟，送一份吉祥”的“五个一”流程。

丰富宣讲五形式。“道德讲堂”主要以“我听、我看、我讲、我议、我行”为宣讲形式，充分发挥全院职工的积极性和主动性，设计多样化参与方式。

主要让身边的优秀人物和先进典型走上讲台，让他们用朴实的语言述说各自的工作，各自的故事，述说点点滴滴累积的无数感动。以熟悉人、熟悉事分享在日常工作中的每一个感人的瞬间，感受身边的优秀人物如何在平凡的岗位上用一个个平凡的故事累积出来的不平凡的心路历程，激发了全体职工向身边优秀人物学习的激情，不断将医德医风内化于心，以细节服务外化于行。

▲“百年家风家训，传承红色初心”活动现场

开设特色化专场。医院每年针对不同的群体，开设不同的“道德讲堂”专场。如“学雷锋，做志愿，行善举，获快乐——学雷锋专场”“今天我该如何与患者沟通——护士节专场”“学环保知识，做环保达人——后勤专场”“爱岗敬业，认真履职——护理员专场”“感恩孝亲——志愿者专场”“院训院风带动医德医风主题系列活动之——医护人员医德医风道德讲堂专场”等。同时还走进社区，选送宣讲员走出院门，与枫泾镇文明办联合开展学雷锋专场，传承道德文化，弘扬社会正能量。在一次次“道德讲堂”的分享与践行中不断提升职工的道德修养，取得了良好的成效。

三、久久为功，以“四个”战略，打造众仁特色文化金品牌

金山区众仁老年护理医院始终贯彻“科学治院、科教兴院、人才立院、文化强院”的“四个”战略方针，为广大医务工作者搭建了广阔的学习交流平台，在注重提高医疗护理技术、夯实基础质量，培育医疗护理特色品牌，打造老年医疗护理新高地的同时，更注重筑就众仁人精神新高地，不断凝练医院文化品牌。其中，“道德讲堂”就是众仁“金”字文化品牌之一。

为了让干部职工在实际的工作过程中也能够具有敏锐的洞察力，在思考问题时能够与政治形势相结合，思考得更加全面，9 年来，金山众仁老年护理医院始终坚持以“道德讲堂”为宣讲阵地，将职业道德教育“有形化”于每个细节中，久久为功引导职工积极投身到道德实践当中，沐浴道德洗礼，品悟道德力量，增强思想底色，强化行为自觉，补精神之“钙”，守从医之本，筑和谐之基，无论是在思想上还是政治上都严格跟党走，坚持党和人民的利益高于一切，树立了新时代医疗卫生行业新风尚，营造了浓郁的积极向上的文化氛围，培育并擦亮了众仁老年护理医院特色文化“金”品牌。

悦生活，让生活因阅而悦

上海市杨浦区妇幼保健院（所）

为继续深入推进院（所）思想政治工作建设，精神文明建设，营造“书香单位”良好阅读氛围，引导由“要我读书”到“我要读书”阅读风尚，上海市杨浦区妇幼保健院（所）从 2012 年 7 月启动“悦生活——让生活因阅而悦”读书文化节活动，并开展至今。

一、基本情况

杨浦区妇幼保健院（所）属政府全额拨款的事业单位，以管理全区妇幼保健工作为主要职能。近年来，杨浦区妇幼保健院（所）围绕“全生命周期”健康理念，推动儿童早期发展基地建设、骨健康妈妈联盟、妇幼心理关爱等妇幼健康促进项目的开展，形成了以项目为抓手，协同创新，探索妇幼全生命整链式服务与管理的新模式。

二、主要做法

（一）充分调研、制订方案。要做好任何一件事情，都要预先有准备，有了准备，则可以获得成功。为了保证每一次活动成效，在读书节活动开展前，党支部都会带领工会充分调研，了解读书节给职工带来的感受、收获和期待，在不断总结的基础上提升活动内涵。活动方案不仅要结合医院党政年度工作，又要力争使形式更新颖，内容更丰富，气氛更活泼，提升活动的广度和深度。

（二）结合时事、确定内容。读书节开展以来，每年的活动内容充分与时事相结合，以医患关系为焦点，开展“我想对你说 · 听见你的声音”为主题的读书节活动，以角色互换的方式聆听患者和医生的心声，打破彼此沟通的壁垒；以杨浦区“双创”工作为焦点，开展“品读百书·传承文明”为主题的文化品读活动，并通过“亲享阅时光”亲子伴读打卡活动，带动更多人投身文明创建之中；以推动《上海市生活垃圾分类管理条例》实施为焦点，开展“小废物大用处·亲子悦享读”活动，让职工亲子互动废物再利用，从小树立垃圾分类理念；以建国70周年为焦点，开展“印记70载·礼颂新时代”读书节活动，通过“悦享阅读、礼诵新时代、老物件新声音”，让职工在阅读中尽享美好时代、在老物件的聆听中，带领职工走进时光之旅。

以史鉴今、资政育人，为号召全所职工扎实践行“人民至上、生命至上”重要理念，第九届读书节以“历‘九’弥新、‘史’向未来”为主题，以“文字—文化—文明”为主线，以“寻史—学史—颂史”为方式，带领职工从历史这本教科书中汲取奋进力量；为了更好地让“四史”学习教育走进职工、走进家庭，读书节以“四史”主题教育学习为契机，活动通过“童心向党”红色记忆寻访、“手工涂爱、向党表白”涂鸦的方式，以及通过“印记初心”职工“唱史、诵史、演史、讲史”等方式对经典诗词、历史故事进行演绎，让“四史”教育深入人心；结合建党100周年与悦生活读书节10周年，读书节以“十年书香漫妇幼、百年征程耀华夏”为主题，通过观看红色电影《1921》、红歌献礼歌曲串烧、红色故事演绎等活动，让全体职工在对祖国传统文化和文明的探寻中，印记入职、入党初心，将爱国爱党的种子在每个职工心中播撒。

（三）拓展思路、丰富形式。每一届读书节的活动形式都随着当下的流行元素进行着更替。以流行的“诗书中华”栏目为参考，开展“诗书中华·雅香妇幼”文化品鉴活动，通过线下诗词鉴赏和线上诗词接龙活动，带领职工感受“诗文传家远，书香满中华”；借鉴当下比较热门的科教节目《朗读者》，开展“阅音飞扬——听见你的声音”和“我想对你说”，将职工演绎的声音进行录制，并通过微信公众平台予以展示，让他们精彩优美的阅音在更广泛区域内传播飞扬；借鉴读书漂流活动的形式，组织开展“让知识活起来”的漂流活动，通过和身边人共同分享传阅，建立职工阅读档案，记录职工阅读心得，并推动了杨浦区妇幼保健院（所）职工书屋的构建和杨浦区三星职工书屋的成功创建；结合“上海书展”的开展，读书节通过“e起阅读、邀您看展”开展线上送票活动，并尝试组织开展了妇幼所“书香妇幼－悦在身边”小型书展活动。

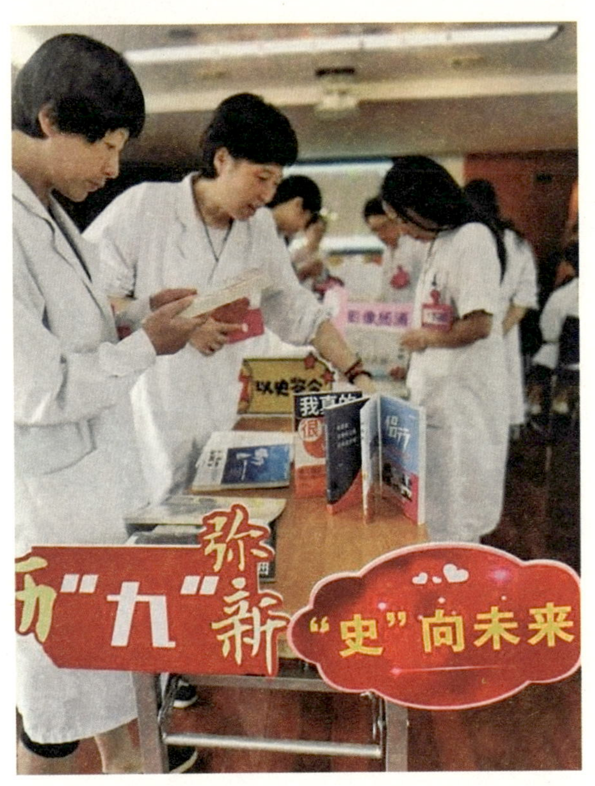

▲书香妇幼书展现场

三、活动成效

（一）推动医院文化的建设。截至目前，读书节活动已经连续开展了11届，活动的开展注重与职工素养提升相结合，注重和单位的精神文明创建活动相结合，通过历届活动的开展，已经形成单位的一张文化品牌，进一步提高了职工队伍的整体素质，对培养医务人员的人文精神、构建和谐的医患关系起到了促进作用，通过文化建设对内引导、凝聚和激励员工，对外展示单位形象，提高美誉度，推动了文明单位的创建工作。

（二）推动了职工书屋的创建。在一届届读书节的开展过程中，职工阅读习惯在养成、兴趣在培育、平台在拓展、文化在传承。对于营造读书的氛围，促进大家的交流和才艺的展示起到了一定的促进作用，同时为了更好地促进读书节活动的开展，贴合职工阅读需求，单位组织筹建了职工书屋，并成功创建了杨浦区三星职工书屋。让更多职工能真正因“阅”而“悦”，在图书的海洋里收获精神的愉悦，去发现和遇见更好的自己。

“周五讲堂”党建品牌创建的探索与实践

江苏省血吸虫病防治研究所党委

江苏省血吸虫病防治研究所积极探索学习型党组织建设，重点以“党建 + 业务”的“周五讲堂”为依托，大力加强学习和创新，为全体党员干部充电赋能，切实提高了党员干部的综合素质、业务能力和整体战斗力。

一、基本情况

江苏省血吸虫病防治研究所主要承担全省血吸虫病、寄生虫病防治及突发事件的应急处理、医学基础和应用技术研究、科技情报信息服务、技术培训与科学普及等职能。现有在职职工 123 人，其中党员 74 人。

二、主要做法

（一）“领学”，增强学习的示范力。领导干部带头组织示范学习，通过领学，让学习的影响范围“宽”起来。除了日常的理论中心组学习、党课外，为加强党员干部政治理论学习，所党委开办“党建论坛”，党委书记“带头开讲”，向广大党员干部普及党建基本知识，内容丰富，做到立足党建促发展。同时，开设中层干部管理讲坛，所长“领头主讲”，并采取“轮讲制”的办法，每月开讲一次，推动所领导、中层干部在搞好自身学习的基础上走上讲坛，以带头学促进带头讲，以带头讲促带头实践。从而为中层干部加强学习搭建一个有效管用的学习、交流、展示平台。

通过这样的领学方式，领导干部做到了学得更多一些、更深一些，带头学更能带头调查研究、带头分析检查。通过充分准备的“学”和认真的“讲”，以身作

▲2021 年 9 月，党员读书自学交流现场

则将学习活动的主动性和自觉性落到实处，当好了学习楷模，带动了全员参与学习，积极促进了学习型党支部、学习型科室（团队）、学习型个人创建工作。

（二）“助学”，增强学习的传导力。 通过助学，充分发挥个人、团队学习作用，让学习的氛围“浓”起来。一是利用职工政校、业余党校、职工之家等阵地，设计丰富多彩的活动载体，为职工学习创造条件，吸引职工群众广泛参加。二是借助各种形式和载体，科学规划，做好党员教育和岗位培训工作，大力开展技术创新、岗位练兵、技术比武、技能竞赛活动。三是继续深入开展党员读书自学活动，向中层干部和党员干部推荐书目，并采办一些图书充实职工阅览室。四是加强学习交流，加强学习型科室（团队）建设。开设“周五讲堂”，每逢单周周五下午 3 点后，由各部门组织业务学习交流；每逢双周周五下午 3 点后由所里举办，高级职称、博士、优秀人才、出国进修人员、团队及课题组负责人成为主讲者；同时“请进来”，即邀请国内外知名专家来所进行学术讲座和交流。各科室还相继成立了“疟疾科研兴趣小组”“血防图书角”“新技术交流会”和“青年科技论坛”等学习形式，定期开展多种形式的业务活动。

（三）“督学”，增强学习的持久力。 通过规范学习，让学习制度“硬”起来，将“软要求”变成了“硬任务”。用制度加强管理促进学习，做到有计划指导，有责任督导，有制度与考评引导，有激励传导。一是完善学习机制，做到规范学。

坚持做到中层干部管理讲坛一月一讲（结合所务会）、周五讲堂两周一讲、青年科技论坛一季一讲、党建论坛一季一讲、党课两月一讲、党小组会一月两次、支委会一季一次、党支部大会一季一次、科室学习一月两次（一次政治学习，一次业务学习，或者每次政治理论 + 业务知识）。二是健全考评机制，做到经常学。制定学习型党组织考评细则，将工作开展的成效作为"创优评先"的重要依据；推行党员干部学分积分制度，促进学习习惯的养成，逐渐培养"真学、真懂、真用"的学习自觉；结合年度考核述职开展述学活动，年终评选出学习型科室（团队）、学习型个人等，激发学习动力。

（四）"用学"，增强学习的发展力。通过以学促用、以用促学，让学习的激情"燃"起来。一是以学促用，提升发展力。领导班子成员通过党委理论中心组学习和领学机制，决策前充分学习政策依据，提高认识，统一思想，并充分调研；决策中充分讨论，各抒己见，集思广益；决策后分工负责，落实措施，强化执行，保证了决策的正确和执行的有效，促进了科学发展。二是以用促学，提升凝聚力。学习的目的在于应用，在于解决实际问题。青年带着问题学习，通过学习提高，相继取得了相应课题、奖项等，譬如，研究所实现过全国寄生虫病防治技术竞赛团体一等奖三连冠；疟疾团队不仅取得消除疟疾的成绩，还通过科研获得国家重点研发计划等的资助，同时将中国江苏经验"走出去"，到刚果（金）为中资企业制订防治疟疾方案，取得实效。学习交流的过程是提高业务能力和佳绩的过程，促进了学习的浓厚氛围，更提高了团队的向心力和凝聚力。

三、取得成效

通过品牌创建，研究所逐渐形成了"全员学习、终身学习"的良好氛围，切实提高了党员干部的综合素质、业务能力和整体战斗力。

（一）变单一学习模式为多层次、立体的学习模式。构建了所、科室两级的学习和培训制度，通过多项学习形式，对特定人员，采取有特色的学习方式，重点覆盖了所领导、中层干部、党支部书记、防治科研人员等，通过多层次、立体的学习模式，明确了创建思路，明确了方向和内容。

（二）变"软要求"为"硬任务"。先后制定了《学习型组织实施方案》《学习型组织考核细则》《深化所中层干部管理论坛的通知》《关于开设"周五讲堂"，进一步深化学习型组织建设实施意见》《党员干部学分积分管理规定》等相关规定，做到各项活动定时定点。通过制度管理促进学习，做到有计划指导，有责任督导，有制度与考评引导，有激励传导。

（三）变“要我学”为“我要学”。辅以制度引导与约束，党员干部在尝到甜头后，变被动为主动学，以积极的热情投入学习中去，真正实现了变“要我学”为“我要学”的转变。

近五年来，研究所新增课题 58 项，包括国家重点研发计划项目 1 项、国家自然科学基金 7 项、商务部国际合作项目 1 项、比尔·盖茨基金会项目 1 项、江苏省国际科技合作项目 1 项、江苏省科技厅项目 3 项、省中央引导地方科技发展专项 1 项、中国博士后项目 2 项、其他课题 34 项、横向项目 7 项。发表论文 228 篇，其中 SCI 收录论文 82 篇。获国家专利 54 项，其中：发明专利 18 项，实用新型专利 21 项，软件著作权 15 项。牵头制定行业标准 1 项，形成专家共识和指南 4 项，主编专著 8 部。以第一单位获各类科技奖项 14 项。

构建“六个一”体系 助力师生心理健康

江苏省卫生健康职业学院

一、基本情况

江苏省卫生健康职业学院药学院学工党支部根据大学生的心理特点，成立了“心钥”心理工作站，进行全方位、多渠道、多形式的大学生心理健康教育工作。

多年来，“心钥”工作站成员在学生工作岗位上勤耕不辍，2 人获得江苏省辅导员年度人物入围奖，2 人获得省级优秀辅导员，2 人获得省级优秀共产党员，多人多次获得校级优秀指导老师、优秀党员、优秀辅导员，并在辅导员技能竞赛中获奖。

二、主要做法

（一）一个心理工作站逐具规模。为更好地打造品牌效应，专门设计了“心钥”心理工作站的专属 Logo，以麦穗为外框，筑起抵御外来伤害的屏障；整体笑脸造型，传递的是微笑面对生活的理念，希望每位同学尽展欢颜；用手护住的爱心，寓意着关怀与呵护；用爱与真诚作为钥匙，打开桎梏心灵的枷锁，帮助同学们驱散烦恼与忧愁，“钥”与“药”的同音，彰显学院特色。

（二）一支心理帮扶团队日趋成熟。除了开展常规的心理咨询及心理活动以外，每周四下午安排心理教师在心理工作站坐班，为有需要的同学提供心理帮扶；针对班主任、任课老师等开展心理讲座，提升他们发现及应对心理问题学生的能力；定期召开心理部成员、心理委员以及心理气象员例会，如“‘疫’路同行，心灵绽放”的心理委员分享会、“与心相约，携手共行”心理气象员培训等，指引他们如何更好地发现、反馈同学中存在的心理问题，发挥服务帮助同学的作用；定期开设不同主题的家长课堂，如家长沟通的“一二三四”心理课堂、“慧”教育，共成长家长课堂等，指引家长更好地开展家庭教育，传授心理健康知识，促进家长、学校、学生的有效沟通协作；加强与医院的交流合作，对于心理问题严重的学生，及时转介，确保学生得到更专业的帮扶和治疗。

（三）一个线上平台逐步完善。自 2016 年 6 月起，药学院在“药苑天地”微信公众号上开辟“心理窗”专栏，以新媒体为阵地，打造育人途径多样化，每月推送 2 篇心理科普类文章，持续为学生科普心理健康知识。

（四）一系列主题活动广受欢迎。结合学生不同时间段的身心发展特点及诉求，在不同月份开展感恩教育、情绪管理、生命教育、职业规划、自我认知、人际交往、自信培养、时间管理等丰富的主题活动，通过绘画、摄影、视频、征文、黑板报、书签、手账、团体辅导等形式，以活动为媒介，引导学生快乐生活、提升技能、健康成长。

（五）一份动态档案情系学生。对于排查出来存在心理问题的学生，结合心理中心、学院评估等，为这类学生每人建立一份动态心理档案并不断更新，做好过程性留痕。持续关心学生，通过家长、学生干部、舍友等渠道，不断了解更新学生的最新动态，制订推动干预方案的实施与完善，帮助学生走出心理困境。

▲2022 年 5 月开展的“5.25 向阳携行，共创未来”校园情景心理剧视频征集活动的作品之一《为她撑伞》

（六）一份活动手册展现特色。为了更好地打造品牌效应，做好青年团队成员传帮带，“心钥”心理工作站将每学年开展的心理相关活动制作成册，体现学生的动态成长的同时也促使工作站不断创新。

三、取得成效

（一）建立健全五级心理网络的构建。打造心理健康教育团队，发挥教师、学生、家长的合力，及时发现有心理困扰的学生，给予积极有效的心理咨询与辅导，帮助学生有效舒缓心理问题，关注重点学生，建立学生动态心理档案，帮助学生走出心理困境。所在学院没有发生过一起因为心理问题而导致的恶性事件。

（二）开辟“心理窗”微信公众号专栏。持续普及心理健康知识，在自我认知、人际交往、情绪管理、自信培养等多个方面给以指引，让更多学生及家长关注了解心理健康，提升心理健康水平。

（三）开展不同主题心理活动。帮助学生更好地处理环境适应、自我管理、学习成材、人际交往、情绪调节等方面的困惑，树立心理健康意识，优化心理品质，增强心理调适的能力，预防和缓解心理问题，提高学生心理健康水平，促进其全面发展。

（四）实现了心理资源优化配置。“心钥”心理工作站的建设，有效实现了心理资源优化配置，二级学院层面解决基础心理问题，疑难问题交由心理中心，实现资源有效利用。同时构建了团队导师模式，实现良好传帮带教，壮大心理健康建设队伍。

"市立医心"推动新时代文明实践项目走深走实

江苏省苏州市立医院党委

一、总体要求

江苏省苏州市立医院至今已有70年历史，是全国文明单位，为南京医科大学附属苏州医院，也是苏州市属唯一的三级甲等综合医院。

作为苏州市卫生健康行业医疗卫生文明实践示范点，医院围绕新时代医疗卫生职业精神，全面整合资源，建设体现新时代、新使命、新思想、新征程的医疗卫生新时代文明实践点，打造整合型、枢纽型的市立医院新时代文明志愿服务项目，通过菜单式的服务、多种模式融合，惠及更多百姓，增强人民群众的获得感。

二、主要目标

医院通过"市立医心"新时代文明实践项目大力弘扬"敬佑生命、救死扶伤、甘于奉献、大爱无疆"职业精神。围绕"一切以病人为中心"，创新服务理念、健全服务规范、细化服务标准，不断强化干部职工服务意识和职业素养，凝聚合力切实做到医疗救治与服务文明、优质、高效，不断提升患者的就医体验感和满意度。

三、项目内容

（一）"立小新"播送健康。依托"医百堂"新时代文明实践志愿讲师团，聚焦市民关注的健康热点问题，通过建立"医院－媒体－社区融合"的大健康科普宣传模式，将健康教育和医疗卫生服务有机结合，组织百场公益讲座宣讲，利用新媒体持续发布"医声 60 秒"科普视频等，受到市民广泛关注，曾入选苏州市百个重点志愿服务项目。

▲ 2022 年 10 月，"市立医心"新时代志愿服务项目的志愿者在为市民答疑解惑

（二）"立小时"生命快充。体验急救技能实践打卡。苏州市立医院拥有教学医院功能以及医学模拟教育中心，常年开展 BLS（成人基础生命支持）、HS（公众急救）课程培训，获得苏州市首家 AHA 认证高级生命支持课程培训资质。医院提供高仿真式的医学实践体验，设置"生命健康充电宝"打卡点，定期组织开展实践活动，让市民沉浸式体验心肺复苏、抢救、外伤包扎等急救培训，提升了市民的基础急救能力。

（三）"立小代"博爱 360°。立足医疗行业特色，全方位关爱市民医疗健康，"孕妈咪 360° 呵护行动"为孕产妇提供全方位科学指导，该项目曾荣获 2021 年度苏州市"四个十佳"志愿服务先进典型；"粉红丝带公益沙龙"立足肿瘤诊疗中心，关注女性肿瘤患者，捍卫女性健康；"药学服务进万家"，免费指导科学用药咨询；"老年看病导航"提供优先挂号服务、共享轮椅、院区班车等"便老慰老"服务。

（四）"立小文"暖心向阳。主打"暖心暖意"关爱行动，以"节日文化、医院文化、主题文化"为重点，定期开展形式多样的新时代文明实践活动，在院内，深入病区关怀患者，为医护人员增能减压；在院外，链接志愿者团队、慈善组织等，打造医院"暖"文化。

（五）"立小明"点亮四方。立足对口支援、文明共建。医院派多批医疗队员，奔赴桑给巴尔、圭亚那、西藏、贵州、陕西、新疆等地开展医疗援助工作，克服困难，开展医疗新技术、免费疾病筛查等服务，为当地留下了一支"带不走的医疗队"。医院还与江苏省泗洪县魏营镇涧东居开展"医心扶贫 文明共建"对口帮扶，切实发挥文明单位优势，服务人民、奉献社会，为经济薄弱村办实事。

四、保障措施

（一）强化组织领导。医院高度重视新时代文明实践中心的建设，加强组织领导，强化总体规划，健全工作机制，成功挂牌卫生健康行业新时代文明实践点，把文明实践点建设与党建工作、志愿服务工作结合起来，按照总体目标和建设要求，统筹推进新时代文明实践工作。通过现有阵地投入、整合项目投入以及上级单位等途径，为中心提供保障。

（二）完善工作队伍。以党员干部为核心，以基层群众为主体，广泛发动各方面人员参与、融入志愿服务队伍，为推进新时代文明实践提供源源不断的志愿服务力量。统一志愿服务标识，明确志愿者参与流程和活动开展流程，定期开展培训考核，依托平台，充分用好志愿服务登记管理系统，做好志愿服务信息集中管理，实现志愿服务全流程动态管理。医院拥有“2+1 模式”的新时代文明实践中心“护航员”队伍，“2”是指一支百人医院通讯员队伍和一支中心讲解员队伍，“1”是指一支行政管理队伍。

（三）营造良好氛围。综合运用各类宣传载体和文化阵地，加强对新时代文明实践中心建设的宣传报道，努力营造社会重视、各界支持、群众参与的良好氛围。及时总结推广开展实践活动的有效做法和鲜活经验，生动反映实践活动带来的新气象新成效，引导新时代文明实践工作深入开展。

五、品牌效应

“市立医心”新时代文明实践项目自开展以来，得到了广大职工与市民的一致认可。结合工作实际和群众需求，积极开展富有特色、针对性强、重点突出、形式多样的活动。例如卫生日、“医百堂”宣讲团、道德讲堂、健康科普、创文创卫、常态化开展疫情防控宣传、义诊活动和医疗急救专业授课培训等方面的志愿服务活动，以实际行动解决群众“急难愁盼”问题，专业化、多维度做好文明实践活动，真正做到“群众在哪里，文明实践就要延伸到哪里”。

“党建+”助推医院高质量发展

江苏省苏州市中医医院党委

新冠疫情发生以来，江苏省苏州市中医医院以“红藤”党建品牌为抓手，引导党员坚定理想信念、严守党规党纪，释放潜能和动能，通过党旗引领、党员担当，克服困难、直面挑战、迎接考验，在疫情防控和医院高质量发展中取得了可喜成效。

一、现代医院管理制度保证医院长久活力

苏州市中医医院党委下设12个支部，其中10个在职党员支部，党员384名。医院现有职工1419人，在职党员占27.06%。

按照苏州市“海棠花红”阵地创建标准，以苏州市卫生健康委员会“医路先锋”党建品牌为引领，苏州市中医医院打造符合医院特色的“红藤”党建品牌，并启动青年医务骨干思政导师制暨“红藤种子计划”，加强青年人才培养，不断提高医院党组织的创造力、凝聚力和战斗力，在全院党员干部中培养与确立以人民为中心的情怀。

医院与苏州大学马克思主义学院开展党建合作，通过加强人员交流培养、强化党建平台建设、扩展党建成果等形式，探索高质量党建引领医院发展、创新推动高校人才培养的新路径。通过共建合作医院党建研究生工作站、思政教学研究实践基地，以高校优质理论研究为基础，指导医院党建工作实践。通过强化党的组织建设，推动党的工作不断迈向新层次。

二、实践经验

（一）加强党的领导，发挥思想引领力。新冠疫情发生以来，医院党委深入发动部署，多次召开专题会议对疫情防控工作进行再研究、再细化，建立健全疫

情防控工作组织体系，为做好疫情监测、排查、预警、防控等提供有力保障。党委领导班子带队下一线，走进各病区、门急诊和防疫一线开展疫情防控督查。

坚持党建工作与业务工作同频共振，党建工作与安全生产紧密融合，务实推进重点发展项目，为医院高质量发展夯实根基。医院党委牵头制定《苏州市中医医院流行性感冒及其肺炎中医药防治方案（第二版）》，推出了吴医银翘防疫方、吴医辟瘟香囊、吴医防疫酒方等防疫组套产品，为抗疫贡献中医力量。

（二）增强凝聚力，调动职工积极性。医院党委第一时间向全体党员干部、共青团员发出“发扬吴医精神，坚守疫情防线”倡议书，号召全体党员干部、共青团员提高政治站位、充分发挥党员先锋作用，积极服务群众，助力医院有序开展各项防控工作。全院 247 名党员加入党委疫情防控“红藤先锋队”，汇聚成一股红色力量，积极参与疫情防控工作，充分发挥党建的重要引领作用和党组织的战斗堡垒作用。近 3 年，开展健康义诊讲座 294 场，受惠群众万余人次，发放宣教手册 5000 余份。

（三）落实关爱工程，激发干事创业积极性。医院工会在党委的带领下为冲锋在前的医务人员落实关爱措施：设立一个“关爱库”，建好一个“后援团”，送上一份“暖心包”。对援助医疗队员家庭及时走访慰问，为他们送去日用品、净菜等，并积极协助解决各支部与每户家庭结对，了解每户家庭生活需求，协调解决困难。对坚守在外的医护人员进行多批次慰问，送去生活物资和慰问金；为发热门诊、预检分诊、急诊科、呼吸科、检验科、放射科等送去慰问品。

▲“医路先锋”健康服务月暨千医下乡走万村行动

同时关心关爱全院职工，“六一”儿童节为适龄职工子女发放读书卡，为职工发放生日蛋糕卡，春节、端午节、中秋节为职工发放福利物资等。改善职工就餐需求，提升食堂信息化管理水平。组织开展重阳节敬老活动，为离退休党员送上暖心的重阳糕，把对职工的关爱体现在日常点滴中，让离退休老职工、老党员充分感受到医院的关心、关爱，为医院高质量发展献言献策，发光发热。

三、对后疫情时代公立医院以“融合党建”推动高质量发展的启示

疫情防控进入常态化阶段后，要慎终如始压实抗击疫情责任，不断提高常态化疫情防控执行能力，健全党建引领常态化疫情防控格局。

（一）要坚持党对疫情防控工作的集中统一领导。此次疫情防控工作中，公立医院党委领导下的院长负责制优势更加凸显，党建引领是疫情防控工作取得胜利的关键。医院党委充分发挥党建引领和凝聚人心的作用，坚决落实上级的统一部署，发挥能动性增强工作主动性和前瞻性，找准党建和业务的融合点，凝聚起打赢疫情防控阻击战的巨大合力，专业高效做好常态化疫情防控工作，实现党建和业务双促进。

（二）进一步加强干部队伍建设。继续开展党史学习教育，围绕“抗疫精神”积极开展特色主题党日活动，推进党建与业务双融双促。建立在一线中发展党员、考察干部的机制，持续完善党员先锋队建设。吸纳优秀抗疫典型加入党组织，不断优化党组织结构，强化党组织责任担当，发挥党员先锋模范作用，让广大党员干部成为抗疫战场上的硬核力量。

（三）着力思想工作，加强舆论宣传。为凝聚疫情防控强大合力，积极做好思想宣传工作，加强党的政治领导作用，使广大群众对疫情防控政策内化于心、外化于行。确保从上级到下级将党的政策方针逐项落实落地，从基层群众到党委也要保障信息传递畅通。通过打造以党建阵地为依托、以党员发挥作用为主体、以党委为核心导向的先进党宣传建阵地，不断在媒体、网络广泛宣传感人抗疫事迹，凝聚强大舆论合力，对全院上下同心战“疫”起到强大鼓舞士气的作用。

遂园匠

苏州大学附属儿童医院第五党总支

为了更好地发挥党组织的引领作用和党员的先锋模范作用，苏州大学附属儿童医院第五党总支积极开展党建品牌的创建工作。通过集思广益，将近年来开展的党建工作进行凝练，选定“遂园匠”作为本总支党建品牌。释义为：在医院有一处历史久远充满人文气息的建筑叫“遂园”，医院就是在这幢小楼诞生的，经过几代人的努力，医院从一幢小楼发展成为现代化的一体两院的大格局，历经60余年风雨的遂园，已成了医院的代名词。“匠”，是匠人之意，如果把医生比作大师的话，那医院医技人员就是匠人，大师与匠人合作，共同服务于患者。

“遂园匠”这一品牌表达了第五党总支将党建工作和业务工作深度融合的建设思路，坚持围绕中心抓党建、抓好党建促业务，坚持党建工作和业务工作目标同向、部署同步、工作同力，以高质量党建引领高质量发展，使二者在融合发展中相互促进。

▲2020年，苏州大学附属儿童医院第五党总支创建“遂园匠”

第五党总支由4个支部7个医技科室组成。现有党员118人，其中35岁以下的党员为63人，硕博士63人，具有海外进修背景12人，是一支充满活力而又富有战斗力的团队。党总支开展了“333”党建工作方法，即通过3个引领提升组织力，3个阵地锤炼党员战斗力，最终实现锤炼党性、解决问题、创造成绩3个目标。

一、三个引领提升组织力

（一）思想政治引领。为加强党员干部的政治理论学习，苏州大学和医院党委多次组织党务培训班、党务例会等，重点开展常态化的党史学习，通过院领导讲党课、支部书记领学、党员同志互学等形式有序推进党史学习，在建党一百周年之际，组织党员参观江苏省党史纪念展、“恩来”纪念馆等红色教育基地。通过学习，使全体党员做到“学史明理、学史增信、学史崇德、学史力行”；通过学习，进一步明确：“高质量和优服务”是医院发展的鲜明主题；通过学习，不断提高党员干部的政治判断力、政治领悟力、政治执行力。

党总支也积极开展党风廉政建设教育，严格用党章党规党纪规范党员行为。针对医技科室重点岗位较多，组织大家参加全院警示教育大会、学习《违法违纪案例选编》、开展廉政风险点排查等，时刻提醒广大党员用自律构筑廉洁底线，不能触碰法律的红线。

严格履行“三会一课”制度，定期开展组织生活会，进行批评与自我批评，查摆问题并明确整改方向。定期开展座谈会，与党员谈心谈话，及时掌握了解党员的思想动态，防止各类错误思想和文化侵蚀。聚焦党员关心的问题，组织专题讲座，如反金融欺诈、个人养老金等内容。

（二）先进示范引领。“伟大时代呼唤伟大精神，崇高事业需要榜样引领”，医院开展了“前辈话初心、青年述使命”专题教育活动，让广大党员了解了儿童医院在不同的发展时期，一代又一代人是如何克服困难，初心不改，推动医院不断向前发展的。党总支开展了“榜样就在身边”，学习身边的先进典型，如王晓东院长和吕海涛副院长，他们不仅有先进的管理理念，更是专业领域的领军人物，做出了示范引领。儿科临床研究院的潘健主任，专心于科研，一年中有 40 多个双休日在实验室度过，获得多项国家自然科学基金，也是医院首个江苏省杰出青年获得者。影像科的郭万亮支部书记，是苏州市的医德医风标兵，同时也发表医学学术论文 40 余篇，其中 SCI 文章 29 篇，总影响因子达 80 余分。超声科的年轻党员冯婷，克服高原反应，两次援藏援陕，将先进的医疗技术带给边疆人民，体现了“甘于奉献、大爱无疆”的精神。还有许许多多奋战在平凡岗位上的党员同志，在“我是党员我先上”的活动中，“红马甲”志愿者、“党员先锋示范岗”，用精湛的技术和热情的服务，在高峰时段缩短患者就诊时间，提升患者满意度。

（三）专业技术引领。医院现有江苏省重点专科 2 个，苏州市重点专科 1 个。医学检验科实验室通过 ISO15189 质量管理体系认证，特色开展白血病 MICM 诊断 + 白血病微小残留病变（MRD）监测、儿童先天性疾病及肿瘤的细胞遗传学分析及研究——G 和 R 显带分析技术平台。医学影像科开展影像脑血管动脉瘤栓塞，肺支气管动脉肺动脉瘘栓塞等多项新技术。药剂科取得国家临床药师培训基地、临床合理用药示范基地，开展的药物临床试验项目排在全省儿科前列。多位专家参与专著、指南和专家共识的编写，各个专科在各自领域都发挥了专业技术引领的作用。

二、三个阵地锤炼党员战斗力

（一）攻坚克难阵地。儿科临床研究院与临床科室紧密合作，开展了以临床需求为导向的科学研究。先后获得江苏省卫生厅转化医学基地、江苏省儿童恶性肿瘤诊疗技术工程研究中心两大省级平台，同时，建设有儿科转化医学重点实验室、儿童心脏及血管疾病重点实验室等八个市级平台，开展儿童重大疑难疾病诊治的研究工作。

（二）本领历练阵地。鼓励年轻人参与各级各类比赛，使他们在历练中成长，如药剂科的“青年药师辩论赛”“品管圈比赛”“临床药师案例服务大赛”“儿童过敏 MDT 全国精英演说家”等。检验科开展“慧眼杯形态学大赛”“萌娃进科、趣味体验”等活动。儿科研究院开展“科研门诊”，帮助医务人员提升科研能力。

（三）社会公益阵地。以支部为载体，开展主题党日活动，走进社区、学校及企业，开展“药师进万家，服务你我他”科普宣教活动，每年开展活动十余次，受众几千人。党员药师还积极参与“千名医生走基层”活动，利用网络公众号和视频号线上开展科普教育，打造“青椒计划”品牌，提升公众安全用药意识，努力践行“我为群众办实事”，多次获得表扬信、锦旗等荣誉。

三、三个创先争优目标

通过开展持之以恒的党建活动，广大党员锤炼了党性，一些急难愁盼的问题也得到了部分解决。在开拓进取、勇于创新的过程中，党总支也取得了一些荣誉：三年累计获得各类课题87项，其中国家自然基金23项。获得江苏省杰青、江苏省“333工程”培养对象第二层次1人，双创博士2人，姑苏卫生领军人才1人，“全国导师制”培养对象2人。同时，多人获评苏州大学和儿童医院优秀党务工作者、优秀党员、优秀讲师、优秀共青团员和团干部、苏州市卫生健康系统医德医风标兵、苏州市卫健委十佳志愿者和苏州大学志愿服务先进个人等荣誉称号，第五党总支也多次被评为苏州大学的先进基层党组织。

“天使白”+“志愿红” 助力健康中国

苏州卫生职业技术学院党委

一、基本情况

苏州卫生职业技术学院党委共有42个基层党组织，681名党员。苏州卫生职业技术学院作为一所具有百年历史的江苏省省属全日制公办专科层次普通高校，是江苏省首家卫生类示范性高等职业院校，深耕医学教育领域已有一百余年之久，一直秉承“敬人敬业、至精至诚”的学院精神，主动适应党和国家对于卫生事业和高等教育发展改革的要求，助力于健康中国建设。

二、主要做法

学院党委开展“‘天使白’+‘志愿红’，助力健康中国”党建项目，分别由护理学院党总支、药学院党总支、口腔系（口腔医院）党总支、眼视光系（眼视光医院）党总支等结合各自专业，由“天使白”的党员同志们化身“志愿红”，走进学校、走进社区、走进家庭，有计划地开展健康宣讲、健康服务、健康体验等志愿活动。

（一）开展健康宣讲，传播专业“新知识”。药学院党总支依托中药科普馆（苏州地区高校唯一的大型中药科普馆、省科普教育基地、省爱国卫生教育基地），为苏州多所小学学生和家长开展科普教育活动。此外，药学院党总支还为苏州多个社区、村等开展志愿服务。

（二）组织健康体验，感受职业“初体验”。各党总支依托实训中心等开展小小急救员、小小牙医、小小育婴师、小小中医师、小小眼科医生五个职业体验观摩项目，为多所小学和幼儿园小朋友开展“职业启蒙”。

活动过程中，在“急救实训室”，学生们听取专业老师授课，学习了解现实生活中紧急状况的应急处理和心肺复苏技术，分组在老师们的细心指导下，饶有兴致地进行 CPR（心肺复苏术）练习；在口腔诊室里，孩子们换上白大褂，变身“小牙医”，在医生的指导下，他们拿起口镜，为躺在诊疗椅上的爸爸妈妈检查口腔状况。小朋友们通过对口腔专业知识的学习和牙医角色的体验，学会更好地保护牙齿，做一名护牙小达人；老师们还带领小朋友们一起学做中医传统运动“八段锦”，体验中医精粹，感受中医魅力。在寓教于乐的体验活动中，了解医学常识，国学文化，增强小朋友动手能力，培养小朋友的民族自豪感。

（三）提供健康服务，获得健康“加能量”。发挥专业优势，关注“一老一小”。眼视光系（眼视光医院）党总支近 5 年内完成 77 所中小学近 10 万名学生的视功能检查工作。深入 294 个社区、197 家幼儿园开展义诊活动，服务 4.5 万余人次，用实际行动践行为民办实事，把专业的眼科服务带到居民身边。口腔系（口腔医院）党总支以“全国爱牙日”为契机，建立服务长效机制，近 5 年来开展系列口腔健康科普宣传、咨询义诊、护牙指导活动，受惠近 10 万余人，促进全民养

▲组织健康体验，感受职业“初体验”

成爱牙好习惯，形成全社会关注口腔健康的社会氛围；为苏州市适龄儿童“六龄牙”窝沟封闭进行复查，指导完成了200多所学校，筛查了5万余人，扎实抓好窝沟封闭工程中各项关键性工作；为130余家幼儿园的1.5万余名3~4岁儿童免费涂氟活动，进行提前干预，降低儿童龋齿患病率，保护儿童口腔健康，取得良好成效。

三、取得成效

（一）发挥学科专业优势，打造党建服务“新模式”。充分利用学院特色学科优势，以党员志愿服务活动为抓手，发挥党员先锋模范作用，达到了组织满意、群众满意的工作效果。将党建工作纳入学科建设之中，使党建工作成为学科建设的内在动力和方向指引，学科建设创造的科研成果，为党建品牌特色化建设增加核心竞争力。做到学科建设与党建品牌培育协同发展，两者互动互促，互通互融，形成党建－学科共建模式。

（二）传播基本的医学常识，普及实用的卫生健康“新知识”。通过学院内不同的载体和平台，党员老师们通过理论教育和实践操作的方式，传播了中药知识、日常口腔保护知识；了解了急救员、育婴师、护士的基本工作范畴；学会了现场急救方法、婴幼儿日常生活照护技巧；学会了七步洗手法、生命体征测量、老年人照料等护理技术的操作要点等，成功传播基本的医学常识。

（三）凸显苏卫的社会服务功能，展示卫生职业教育“新风采”。为学生提供多元学习和互动平台，充分凸显了高职院的社会服务功能，也向社会很好地展示学院的卫生职教风采，护理学院“健康卫士职业体验中心”在2019年获评“江苏省中小学生职业体验中心”和“苏州市首批中小学生职业体验中心”，将继续为讲好职教故事中的医学护理篇章发光发热。

“5S体系”理论助推医院思政教育

江苏省常州市第一人民医院党委

江苏省常州市第一人民医院是一家三级甲等综合性医院，曾获全国文明单位、全国卫生系统先进集体、全国精神文明建设工作先进单位等荣誉。医院党政领导高度重视职工的思想政治教育工作，深入挖掘先进典型，通过全方位、多维度的宣传方式，激励全院职工“学先进、赶先进、当先进”，为医院思想政治教育建设和高质量发展贡献力量。

一、多措并举，打造思政教育“5S体系”

（一）对标：顶层设计，科学谋划实施。选树先进典型是项系统工程，医院需做好顶层设计，并形成长效机制，将人才队伍的“关键变量”转化为医院高质量发展的“最大增量”。医院对标精神标准，围绕新时代医疗卫生职业精神，选树赴非洲开展医疗援助、获当地居民感谢和政府表彰的第25期援桑给巴尔医疗队，入选“中国好人榜”等；对标技术标准，围绕创新医疗、护理等技术，提高服务质量，选树主持制定我国首部《核素心肌显像临床应用指南》、2019年江苏省科学技术奖二等奖获得者、核医学科主任王跃涛，入选“第四届国之名医”榜单；对标道德标准，先进典型应在关键时刻挺身而出，勇于担当，选树在新冠疫情中逆行出征的常州市援黄石医疗队队长刘峰，获“江苏省医德之星”称号。

（二）叙事：讲真求实，挖掘典型事迹。先进典型来自职工身边，选树培育过程一定要“真”。近年来，医院选树了大批优秀医务工作者，包括市级和院级优秀党务工作者、优秀共产党员、优秀团干部等党团优秀典型，十佳科技新锐、十大杰出科技人才等优秀科技工作者。医院还开辟常州日报、常州广电报“一院专家”“青年医师成长记”等板块，以及常州市卫健委、医院官微“名医专访”“一院好青年”“真儒记忆”等专栏，全方面展示先进典型风采。

▲2020年，结合疫情防控要求，医院邀请江苏省“五一劳动奖章”获得者、常州市援鄂医疗队队长周曙俊等开展“云道德讲堂”活动，讲述先进典型事迹

（三）分享：内外结合，拓宽宣传维度。医院结合新时代传播特点，采用内外分享相结合的方式，起到内聚人心、外塑形象的效果。内部分享和宣传是基础，常州一院通过组织不同时期医院或部门负责人为新职工作分享、先进典型走进各级道德讲堂、与“感动医院人物”代表开展对话等活动，让典型事迹走进职工身边。在立足内部分享基础上，医院重视对外宣传，使先进典型在更为广阔的载体和平台上发光发热，形成更大规模的宣传效应。

（四）聚力：长效培育，打造“三高”队伍。塑造先进典型不是终点，而是另一个起点。医院建立长效培育机制，为先进典型创造成长环境，聚力打造高学历、高技能、高素质的“三高”人才队伍。聚榜样之力，以优秀楷模为榜样，为先进典型制定全面的职业发展规划，在学术深造、科研教学、爱岗敬业等方面聚力，让先进典型形象更饱满，带动更多职工见贤思齐，择善而从；聚团队之力，由点及面，弘扬先进典型开拓创新、孜孜以求等精神，带动团队争先创优，推动医院高质量发展；聚宣传之力，充分发挥两屏（医院电子屏、病区智慧化电视屏）、两报（报纸、院报）、两网（新闻网站、医院网站）、两台（电视台、广播电台）、两微（微信、微博）等媒体，为先进典型的培树营造良好的舆论环境，搭建更高的舞台，帮助他们汲取更多的精神力量。

（五）塑魂：凝心聚力，初心融入灵魂。思想政治教育工作要发挥作用，推动医院文化建设，需要进一步开展固根塑魂工作。医院组织老中青三代先进典型拍摄建党百年宣传片，展现医院百年传承；组织党支部书记和委员、优秀共产党员等先进典型前往井冈山、古田等红色教育基地，感悟革命初心，磨炼坚强意志；组织青年干部、护理精英开展培训和拓展，通过全媒体沟通教学、能力训练等活动形式，聚力塑魂，打造政治过硬、技术精湛的先进典型队伍。塑魂活动叩击心灵、触及灵魂，将个人成长和医院文化建设紧密结合，进一步激励先进典型以榜样的力量自我鞭策，激发干事创业的主动性和积极性。

二、提质增效，思政教育谱新篇

（一）精心培养，优化人才成长环境。为进一步做好思政教育工作，帮助先进典型成长，医院采取"请进来，走出去"，一方面与美国、法国、英国等国家建立科研协作和学术交流途径，聘请诺贝尔奖得主理查德·约翰·罗伯茨教授为荣誉首席学术顾问，聘任 10 名"苏州大学兼职教授"，提升医教研能力。另一方面，选派优秀人才赴美国布朗大学附属罗德岛医院等知名医院进修培训，取长补短提升业务、科研能力，同时举办国际医学论坛、承办 2022 国际卫生合作大会等平台，为优秀人才搭建平台，提供交流和展示个人成果的机会。

（二）见贤思齐，年轻典型不断涌现。通过逐级选树，医院涌现出全国劳模王瑶珠、何小舟、王永清，第 35 届南丁格尔奖获得者孙静霞，江苏省"医师终身荣誉奖"朱翔凤、沈国健、徐树人，江苏省"护理终身荣誉奖"华英，全国卫生先进工作者严东方、严伟洪，"国之名医"王跃涛等国家、省市级先进典型，他们在职工思想政治教育中起到示范引领作用，在院内形成崇德向善的良好氛围。在先进典型的示范带动下，"好医生、好护士"不断涌现，大家将学习先进典型的精神品格转化为行动，为打造医院文化提供强有力的思想道德支撑。

（三）硕果累累，文化建设成绩斐然。医院守正创新，通过微视频、路演、出版书籍等形式展示典型风采，在医院思想政治教育领域硕果累累。在全国道德模范与身边好人"中国好医生、中国好护士"评选活动中，脊柱外科专家严伟洪获"中国好医生"称号，在 2020 年全国医院人文管理路演大赛中，以血管外科优秀医护人员李丹丹、张茹和病患间互赠"鞋子"故事改编的作品《医患和谐（鞋）》获得全国二等奖，案例还在多个场合被国家卫健委相关领导点赞和推广。

三、总结分享

思想政治教育是医院实现高质量发展的重要因素，常州一院多措并举搭建平台，通过打造思政教育"5S 体系"，将职工思想政治教育与医院文化建设有效结合，积极探索先进典型促进职工思想政治教育的新模式，在全院营造了"崇尚先进、争当典型，比学赶超"的思政教育氛围，打造常州一院的文化名片。

健康“益”起来

江苏省张家港市卫生健康委员会

一、基本情况

江苏省张家港市卫生健康委贯彻落实习近平新时代中国特色社会主义思想，始终以“办人民满意的卫生健康事业”为总目标，统筹推进常态化疫情防控和卫生健康事业高质量发展，大力实施疫情防控能力提升、融入长三角一体化提速、综合医改提质、医疗卫生服务提优、党建引领提新“五项工程”，创建健康“益”起来党员志愿服务项目为全市人民群众提供全方位、全生命周期的健康服务。

二、主要做法

（一）联动共建聚合力。

一是健全组织结构。健康“益”起来党员志愿服务项目依托“红领 YI 家”党建共同体和卫生健康志愿服务联盟，深入挖掘优秀的党员医务工作者，吸纳基层社区党员志愿者，组建卫生健康志愿服务支队，将传播政治思想、服务群众作为使命和责任，常态化交流讨论卫生健康思想政治工作情况。

二是顺畅运行机制。每年年初，卫生健康志愿服务联盟各成员单位主动申报活动计划，张家港市卫生健康委牵头抓总，根据重要时间节点和工作要点，筛选排定全年活动计划，明确每场活动的牵头单位和活动主题，将活动内容发布至张家港市新时代文明实践中心智慧云平台，以项目化方式提供区镇和社区点单服务。牵头单位负责对接点单区镇和社区，落实落细活动安排，做好宣传发动；其他单位积极参与，提供有特色的医疗卫生服务，切实加强人文关怀和心理疏导，扩大活动影响。

▲2021 年 6 月 6 日开展的健康“益”起来——妇幼献礼添光彩志愿服务集市活动

三是优化考核激励。张家港市卫生健康委负责统筹协调和监督考核，将活动报名、开展情况纳入各单位党的建设任务清单，作为评先评优重要依据；同时积极选树志愿服务典型，激发党员志愿者荣誉感和使命感。

（二）供需对接出实效。

一是面向群众用心宣传。坚持将理想信念教育、社会主义核心价值观作为基础，融入群众关心的健康政策、健康常识，组织党员志愿者深入社区、企业、学校，开展“健康大讲堂”巡讲，推动党的各类理论、卫生健康理念深入群众、扎根基层。

二是面向群众用行服务。结合睡眠健康、全民控烟、职业健康、关爱青少年等主题，定期组织志愿服务集市活动，广泛提供义诊咨询、互动体验、技能培训、健康指导等群众喜闻乐见的健康服务，在与群众面对面服务过程中，展示卫生健康崇高职业精神。

三是面向群众用情关心。突出关怀重点人群，根据大病困难群众、计生特殊家庭、空巢老人等不同人群需求，上门开展常规检查、疾病诊治、技能培训和用药指导等“健康关爱行动”；针对“新就业新业态”家庭困难职工，积极推出直播宣教、线下培训、健康体检、专场义诊等“健康直通车服务”。

（三）多元宣传促发展。

一是走进群众“当面讲”。每场活动之前，各方积极沟通协商，排摸百姓需求，吸纳区镇、社区基层党员志愿者加入活动的氛围布置、百姓发动、推广宣传等工作，打好活动的群众基础。

二是用活网络“云上讲”。在开展线下活动的基础上，线上同步开展问卷调查、知识竞赛、转发集赞等配套网络活动，充分调动群众参与积极性，不断拓展活动覆盖面和影响力。

三是媒体融合“全程讲”。充分利用张家港融媒体、“健康张家港”及各医疗卫生单位微信公众号、抖音等新媒体资源，搜集优秀服务案例，挖掘活动暖新闻，加强活动前期预热及后期宣传，营造全民参与健康生活的良好氛围。

三、取得成效

（一）巩固舆论阵地，展示职业精神。充分发挥“党建＋医疗”合力，驱动各医疗卫生单位共推项目、共办活动、共建平台，展现各单位医疗服务特色亮点，在服务中提升医疗服务能力，推动卫生健康事业高质量发展。有效拓展思政宣传的载体，促进线上线下融通互动，探索构建网络宣传、理论学习、实践锻炼的思想政治生态链。党员志愿者优秀典型不断涌现，展现了卫生健康医务工作者爱岗敬业、甘于奉献的崇高医德和良好风采。

（二）服务紧贴需求，工作开展有效。始终坚持“以人民健康为中心”，掌握群众个性化健康需求，精心推出健康服务“订制套餐”，努力把思想政治工作转化为惠民利民实效。紧紧抓牢思想政治工作主动权，持续改善医疗卫生服务，帮助困难群众、“一老一小”“两新人群”等各类重点人群，免费、便捷获得高质量的医疗卫生服务，切实提升群众健康获得感、幸福感，推动思想政治工作扎实有效开展。

（三）品牌效应显著，社会评价积极。健康“益”起来党员服务项目自 2020 年 12 月启动至今，累计开展思想政治理论、健康知识及政策宣讲 300 余场，组织健康集市 27 场，服务群众达 4.2 万人次，群众反响较好，社会效益显著。2021 年，获评张家港“我为群众办实事”市级重点项目。

强化党建引领　激发党建活力

江苏省盐城市妇幼保健院党委

一、基本情况

江苏省盐城市妇幼保健院创建于1986年，经过30多年的建设和发展，已成为盐阜地区为广大妇女儿童提供医疗、保健、教学、科研服务的三级甲等妇幼保健医院。1993年，被国家卫生部、联合国儿童基金会和世界卫生组织授予首批“爱婴医院”。

保健院深入贯彻落实《关于加强公立医院党的建设工作的意见》精神，不断推进基层党建工作规范化、制度化和常态化，发挥“支部建在学科上”的促进作用，持续激发医院党建工作活力。2022年，为充分发挥党建引领作用，院党委积极探索党建内涵提升新模式，创新出台党务查房制度，并印发了《中共盐城市妇幼保健院委员会关于开展党务查房的通知》，将党务查房作为创新党建工作的一项长效机制。

二、工作举措

党务查房，是结合医院特点，在以往的业务查房、教学查房、行政查房等管理模式的基础上，创新开展起来的一项党建督导新形式。每个月，由院领导班子成员，支部书记、副书记及支部委员、党员代表，支部辖区科室的主任、护士长，相关职能科室主任参加。以发现问题、解决问题为导向，“听、访、查、评、改”五步走，对参与查房的1～2个党支部的党建工作进行全方位的检查，了解支部党员、科室职工的思想动态，听取他们对医院党建工作、党建与业务相融合工作的意见和建议。同时，确保党的路线方针政策和决策部署在医院贯彻实施，着力强化基层党组织的政治功能、服务功能、发展功能。

查房以“听、访、查、评、改”形式开展：

（一）“听”——听取党支部书记对落实党委决策部署，对支部政治建设、思想建设、组织建设、作风建设、纪律建设、党风廉政建设、意识形态责任制落实情况及党建与业务相结合等方面情况汇报；听取科室主任对科室运行情况、学科建设、新技术新业务开展和人才队伍建设以及党建促进业务发展等情况进行汇报。

（二）“访”——随机访谈职工和走访服务对象，面对面沟通交流，了解党员、群众的学习和思想动态。征求对医院党建工作、业务发展等方面的意见及建议，以及询问服务对象的就医获得感、满意度。

（三）“查”——查看支部记录手册、科室会议记录本、党员学习笔记，了解“三会一课”、党员活动日、党员发展、党费收缴等情况，并对“学习强国”App 学习任务积分情况开展检查；查看对党委会、院周会等会议精神、文件精神传达落实情况，了解干部职工对《党章》《廉洁从业九项准则》等相关规章制度的掌握情况。

（四）“评”——在实地查看、深入调研后，现场点评支部党建工作、业务工作的总体情况，是否以党建引领助推科室业务发展，指出存在的不足，对如何完

▲2022 年 3 月，对儿科、儿童保健支部进行党务查房现场

善给予针对性的意见和建议。

（五）“改”——查房后，相关职能科室将查房中发现的亮点和问题报党办汇总，及时反馈被督查支部和涉及整改的科室。针对该支部的亮点、特色，进一步提炼形成标准化做法，在全院支部进行交流、推广。针对查房中发现的问题，能立即整改的，责成相关职能科室或支部限期整改；不能立即整改的，指导支部进行阶段性整改，定期将整改情况反馈至党办。定期召开党务工作例会，通报党务查房情况，并集中对党务查房情况“回头看”，确保整改措施落实到位。

三、主要成效

如果说“党务查房”是一个创新，那么，其本质是党的实事求是路线在医院的具体贯彻，更是院党委一贯倡导的深入一线的工作做法。党务查房制度为医院党委班子与广大党员群众搭建了一个沟通交流的桥梁和纽带，不仅给干部、党员、职工、患者提供了一个反映问题和沟通思想的渠道，同时也为党委决策提供了第一手资料，使党组织的政治核心作用得到充分的发挥：

（一）“一张清单”淬炼“刚性指标”。党务查房记录表对党支部的主要任务、工作职责、基本工作制度等方面细化考核，对“三会一课”执行情况、组织生活会开展情况、党员先锋岗开展情况，及相应临床科室的业务情况等方面量化指标，形成了高效的考核评比机制。将支部对党员的管理和评价转化为看得见、摸得着、评得出、量得准的具体指标，形成了高效的考评比对机制。

（二）“一次会诊”压实党建责任。每次“党务查房”都是对支部工作的一次摸底及“会诊”，针对支部建设、党员管理、党员教育的难点热点问题进行探讨，以问题为导向，通过“听、访、查、评、改”五步走，使院党委的“指导”力量和党支部的“执行”力量融为一体，扣住了党建工作关键，压实了党建工作责任，形成了以查促改、以查促建、查建结合的良性工作机制。

（三）“一剂良方”营造“互促”氛围。查房人员对每位党员进行面对面考核，直接开出“问题清单”，党员直面问题的所在。在后期开展的支部交流会议、支部书记工作会议中，结合各支部实际进行对比和学习，取长补短，实现在交流中有提高，在工作中有借鉴，在思路上有拓展，在服务上有合力，营造共建共融、优势互补、互通有无、共促和谐的良好氛围。

“速力飞”红色骑行寻初心

江苏省徐州市肿瘤医院

历史文化名城江苏省徐州市区有一支经常进社区和到企业的骑行车队，名字叫作“速力飞”红色骑行队，在徐州市卫生系统小有名气，受到同行和群众的一致好评。该骑行队由徐州市肿瘤医院门诊第一党支部的药师党员们组成，他们喜欢户外骑行运动，思想积极向上，秉承“扎根临床一线，服务方圆百姓”理念，以组织骑行活动为契机走进社区、企业，开展安全用药科普宣传活动，用药学知识保护百姓的用药安全。

2021 年 4 月，该支部结合党史学习教育，创立了“红色骑行寻初心”党建品牌，利用休息时间定期组织骑行打卡红色教育基地，踏寻先烈足迹悟初心，把学史力行落到实处，充分发挥专业特长，用心践行“我为群众办实事”，逆风前行，冲锋在新冠疫情防控一线。

一、红色骑行踏寻革命足迹，让党史学习教育活起来

徐州地处苏、鲁、豫、皖交界处，红色资源丰富。徐州市肿瘤医院门诊第一党支部骑行队党员们充分用好红色资源这一党史学习教育的生动教材，每月开展红色骑行活动，让党史学习教育“活”起来。他们先后重走了习近平总书记视察徐州路线，领悟新思想践行新理念；参观了淮海战役纪念塔和王杰事迹纪念馆；吹响红色号角，传承红色基因，走进渡江战役总前委；追寻英雄足迹，弘扬英雄精神，参观小萝卜头纪念馆；革命火种星火燎原，走进徐州马克思学说研究旧址；回溯初心之路践行使命担当，参观运河支队抗日纪念馆。骑行队还参观了周边的周恩来纪念馆、铁道游击队纪念馆、皖北烈士纪念馆和孟良崮纪念馆等。

近两年来，骑行队党员们寻访了红色教育基地 20 余处，他们走进红色教育基

地，重温红色记忆，赓继革命精神，推动了支部的党史学习教育活动走在前列。

二、用心践行“我为群众办实事”，深入基层服务百姓

在“从群众中来，到群众中去”的路线方针指导下，徐州市肿瘤医院门诊第一党支部红色骑行队的药师党员们，利用周末积极参与总支部开展的“我为群众办实事”实践活动，充分发挥专业特长，他们谨记自己不是药品“搬运工”，致力用药学知识保护着患者的用药安全，用临床实践，推动着药物治疗的最优化。他们每两月骑行进医院附近一个社区，进行一次药物咨询活动，解答群众用药咨询，走进家庭帮助患者整理家庭药箱。近两年来，他们先后走进清水湾社区、彭校社区、白云社区和牌楼社区等 6 个社区，举办用药咨询活动 8 次，服务居民 2000 余人次，志愿参加采集核酸 30000 余人次。贴近群众，增强患者用药依从性，为老百姓健康保驾护航。

红色骑行队党员们还经常利用周末与徐州地铁公司党支部开展共建工作，以共建促党建，实现党组织互优互补，增强基层党组织的凝聚力、战斗力和创造力。深入企业开展“心肺复苏”急救和急救药品用法的相关知识培训等共建活动 10 余

▲红色骑行寻初心

场次，参培人员近1000多人；开展急救用药宣传走进30多个地铁站点。两支部通过共建活动，推动了各自支部的党建工作开展，互帮互助，资源共享，难题共解，既改进了组织生活，又丰富了活动内容，实现了跨行业、跨部门和跨区域的支部共同成长的目的。

三、党员受洗礼、有提升，群众受教育、得实惠

活动开展以来，队员们在对党的历史学习与总结后，深刻意识到：学习党史既是继承与发扬党的成功经验和优良传统，也是领悟党的方针、坚定党的信念。党史记载着我党光辉而又艰辛的革命历程，革命先辈抛头颅洒热血，在民族存亡之际，前赴后继挽大厦之将倾。党史学习，是革命先辈遗志的延续，是我辈对革命精神的继承。通过学习党史，队员们增强了对有中国特色社会主义理论的理解，坚定走中国特色社会主义道路。通过学习党史，有利于队员们保持党的优秀传统作风和严格遵守党的路线方针，从而树立正确的思想观念。学习党史，有利于强化队员的党性，做到以身作则，奉献在前，发挥党员模范先锋作用，全心全意为人民服务。

便民实践活动，是把党史学习教育成效转化为工作动力和成效的过程，也是在真抓实干中提升支部组织力的契机。在实践活动中，学习党史，有利于强化了队员们的公仆意识和为民情怀，同时也能发挥大家的主体作用和能动性，注意“党员所长”和“群众所需”的对接。通过便民活动，把队员们学习的成果转化为工作实践，同时通过为群众服务的实践活动也巩固了队员们的学习成果。实现党员受洗礼、有提升，群众受教育、得实惠。

红色骑行队党员们的辛勤付出得到医院和社会各界的认可。他们中多人在徐州市组织的党史知识竞赛和党史宣讲活动获得优异成绩，多次获得徐州市卫生健康委优秀共产党员、徐州市十佳药师、优秀党支部和院优秀党员等荣誉称号，支部书记个人先进事迹被徐州日报报道宣传。

善用融媒体中心　传递健康好声音

南通大学附属医院党委

2021 年 10 月 10 日，南通大学附属医院（以下简称通大附院）融媒体中心建成并举行启用仪式。这是国内比较领先并具有行业标杆意义的医院独立新型融媒体平台，也是中国医师协会健康传播工作委员会蝴蝶学院的总实训基地。融媒体中心启用后，成了医院品牌的“扩音器”，对医院的亮点特色多形态、广角度、深层次、持续性开展宣传，充分发挥了通大附院品牌的引领辐射作用。

一、“云端阵地战”，医疗服务空投到家

2022 年 4 月，面对奥密克戎引发的新一轮新冠疫情，地处濠河边的南通大学附属医院，作为江海健康的守护者和抗击疫情的主力军，全院上下同时投身“院区保卫战”“院内常规战”“院外驰援战”“社区游击战”“云端阵地战”五大战场，而其中的“云端阵地战”战斗地点就在融媒体中心。

2022 年 5 月 9 日上午，在通大附院融媒体中心，通大附院党委书记高建林做客该院第三季“云端战疫”特别直播周，向全网介绍医院疫情防控、医疗服务的最新情况，仅医院视频号就有 2 万多网友在线观看。此前，已有包括医院领导、临床首席专家、科室主任在内的近 30 名专家做客“云端战疫”特别直播周。

由于南通市的疫情防控形势严峻复杂，大多数人处于居家状态，为了切实帮助居家群众解决健康问题，通大附院紧急组建专家团特别推出“云端战疫”特别直播周。从 2022 年 4 月 6 日起连续 21 天每天 1 场的直播活动，集结了包括医院领导在内的内科、外科、妇产科、儿科等专家，在线为市民解答疫情防控期间医院如何保障患者就医以及居家期间相关专科常见疾病的预防和处理。专家们的讲解通俗易懂、深入人心，在为网友们切实解答就医疑惑的同时，献上了一场健康知

识的科普盛宴。据统计，直播活动通过南通发布及医院新媒体平台同步直播，观看总人数超过100万。

二、“红心向党 初心为民”，党员专家直播周

2022年10月，为迎接党的二十大胜利召开，以新担当新作为提升医疗服务的品质与品位，10月10日至15日，通大附院在融媒体中心举办“红心向党 初心为民”党员专家直播周活动，以6场高质量的线上直播献礼党的二十大。直播周活动也是医院“红心向党”主题系列活动之一。

活动通过医院微信视频号全程直播，吸引了近10万人次在线观看，直播内容还可通过医院视频号进行回放。

三、互联网品牌医生特训营，面向全国孵化新媒体人才

互联网的高速发展、新媒体的强势崛起、智慧医疗的全面覆盖，不仅深度影响了患者的就医习惯，也对医务工作者的职业行为产生深远影响。培养一批紧跟潮流的新型互联网品牌医生，已成为各大医疗机构以及医务人员个人亟须的需求。

▲2022年10月举办的“红心向党 初心为民”直播周现场

为提升互联网环境下新媒体医生的品牌意识，打造一批与智慧医疗相适应的新型互联网品牌医生，2022 年 9 月 23 日，“互联网品牌医生的形象塑造与价值提升暨互联网品牌医生”特训营在通大附院融媒体中心成功举办。

该项目系国内首个、目前唯一的基于互联网品牌医生的国家级继续医学教育项目，特邀北京协和医科大学出版社原社长袁钟、通大附院党委书记高建林、中华医学会骨科分会副主委刘璠、健康类自媒体“达人”刘加勇等众多国内知名的传播专家、品牌专家、网络大咖传道授业，通过举办此次特训营培训医生品牌塑造的新技能、新方法，期待形成全社会健康传播合力。

特训营的举办得到了中国医师协会健康传播工作委员会的指导，为期 3 天，采用“以赛代培，以培代赛”的模式进行，“小班式”教学将理论学习与实战特训相结合，特邀观察员全程督导，特设的“关键词演讲 PK”“模拟直播”“短视频作品 PK”3 个环节，让共性课程与个性塑造相结合，让医院品牌、专科品牌和个人品牌形成鲜明特色。经过三天封闭式特训和现场考核，学员被纳入“健康类新媒体人才孵化计划”，将获得持续赋能。

南通大学附属医院融媒体中心在健康传播工作中的先进模式和突出表现受到各级领导的肯定和赞誉，也吸引了江苏省内外同行前来参观学习。大家认为，通大附院作为中国医师协会健康传播工作委员会发起地和秘书处常设地、全国特色医院文化医院、全省医院文化建设示范点，在健康传播方面做了大量卓有成效的工作，是健康江苏、健康中国建设的一张名片，其系统经验和品牌效应具有可复制性，值得推广。

弘扬工匠精神　凝聚创新活力 打造行业标杆

江苏省无锡市第二人民医院党委

江苏省无锡市第二人民医院始建于1908年，现为三级甲等综合医院。医院是国家级胸痛中心、国家高级卒中中心、无锡市危重症孕产妇救治中心，设有中国神经内镜培训基地（首批）、国家级博士后科研工作站、5个省市级院士工作站，是上海复旦大学附属中山医院－无锡二院医疗技术协作中心，成功创建江苏省示范性劳模创新工作室1个，无锡市示范性劳模创新工作室1个。

一、对标管理，劳模创新与党建工作相结合

为了将劳模创新工作室“双创双提升”工程做细做实做到位，工作室建立健全了管理制度，从学习、科研、管理等各方面提出明确要求。工作室还提出了“四结合”的创建思路，即把党支部标准化建设与劳模创新工作室组织建设结合起来、把创建党员先锋岗与劳模创新工作室技术创新结合起来、把提升政治素质与劳模创新工作室培育新党员结合起来、把劳模创新工作室科技创新与提升职工技能和实现成果转化结合起来。劳模创新工作室非常重视党建工作，采取党建工作与业务工作相结合，党员日常管理教育与搞好攻关创新活动相结合，加强党的领导，提高工作室成员的政治素质和理论水平，每月组织1～2次集中学习培训，日常以“学习强国”“无锡先锋”等为学习平台，加强政治理论学习，强化廉政教育。劳模积极参加党建活动，以讲党课、座谈会、教学查房等形式，将劳模示范作用与党员先锋模范作用有机结合。

二、师资帮扶，劳模创新与教学育人相结合

劳模们既是管理者也是医务工作者，他们坚持两手抓，两手都要硬，一方面业务不放松，坚持专家门诊、重大手术亲自上，疑难病例带头看，注重对年轻医务工作者的培养，常态化赴省内外进行技术指导工作，学生学习及科研工作亲自带，学术论文亲自写，等等。解答临床工作中的疑惑，使年轻医务工作者开拓了思路，提高了诊疗技术，改善了服务态度。同时利用行政资源致力于学科建设、技术应用、人才培养和学术交流等各方面，为科室发展做出了巨大贡献。作为一名医学教育工作者，劳模传授的不仅是医学知识、技能操作，更是把 30 多年的工作经验贯穿教育教学全过程，实现全员、全过程、全方位育人。在劳模的影响下，工作室成员利用业余时间，与青年医务人员交流分享医学前沿动态与相关科研成果，实现了传、帮、带的有机统一。

三、专业引领，劳模创新与技术改革创新相结合

在实际工作中，劳模创新工作室坚持集思广益、积极探索、勇于创新的工作理念，实现了产、学、研的相互融合。在团队协作的支持下，一种 microRNA 的快速检测方法获国家发明专利；一种经导管置入高弹性外支架可降解的生物瓣膜系统及制备和应用、一种检测前列腺癌易感性的方法及试剂盒、制作石蜡切片用的展片毛刷、含遗传基因物质提取一体机工作方法、一种可添加含药吸附片的支具等六项发明先后荣获国家技术专利，其中由杨承健教授主研的临床科技专项课题——新型标记物 microRNA 系列在急性心肌梗死早期诊断及转化应用获得江苏省医学新技术引进奖一等奖。近五年获江苏省新技术

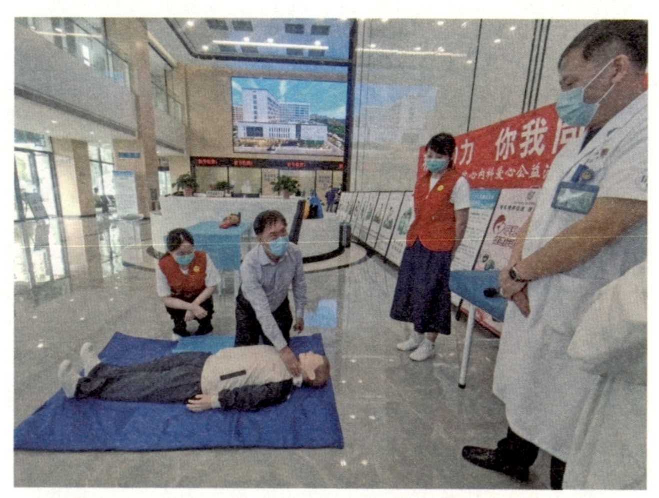

▲2022 年 9 月 16 日，医院“杨承健劳模创新工作室”负责人杨承健教授前往梅村医院，为基层医护人员培训急救技巧

引进奖一等奖 4 项。主持和参与国家“十一五”科技支撑计划项目 1 项、主持国家自然基金面上项目 1 项、参与 3 项、省（部）级课题 10 项和 4 项市级重大课题的研究。带领工作室先后获得国家级、省级重大临床医学攻关专项，省级科研立项等资金支持。团队成员共参与课题和项目研究 38 项，其中省级以上 16 项，市级 22 项，总计获得经费支持将近 2000 万元。由劳模主研的临床科技专项课题——《神经内镜微创手术关键技术的创新与推广应用》获江苏省科技进步奖一等奖，填补了无锡市的空白。

四、近年来工作室活动成效

（一）科研立项和转化取得显著成效。2020 年劳模创新工作室与江南大学计算机系合作研发软件，心脏病患者只需在 App 输入相关内容及上传检查报告，足不出户便能得到心脏病专家的诊治。近十余年来共获国家省市级以上的医学大奖 30 余项，亚洲管理卓越奖、恩德思奖、王忠诚神经外科青年医师奖等国际及国家级奖项 4 项。

（二）获得社会各界的认可和称赞。无锡市胸痛中心全市模式在 2018 世界物联网博览会上作为物联网“智慧医疗”的典型范例，荣获 2018 世界物联网博览会新技术新产品新应用金奖并被人民日报重点报道。无锡市胸痛专科联盟被国家胸痛中心授予“优秀地市级胸痛中心联盟”荣誉。2021 年先后创建国家心血管病中心高血压专病医联体无锡市分中心、国家心力衰竭医联体成员单位、江苏省心衰中心建设联盟单位、心血管病医学创新团队（省市共建），并荣获 2015—2017 年精神文明建设先进集体等多项集体荣誉。在众多竞争中捧回了含金量十足的“中国医师协会神经内镜医师培训基地”招牌，成为全国仅有的 7 家培训基地之一。近年来举办了 18 届神经内镜培训班，为全国各地输送了神经内镜相关的医护人员 1000 多名。

（三）人才培养结出累累硕果。劳模工作室人才济济，先后选树产生“全国巾帼建功标兵”“组织建设工作先进个人”及“参政议政工作先进个人”各 1 人，全国卫生健康系统新冠疫情防控工作先进个人 2 人，全国抗击新冠疫情三八红旗手 2 人，全省抗击新冠疫情先进个人 1 人，江苏省新冠疫情防控记大功 1 人，江苏省三八红旗手 1 人，“2017—2019 年度全市社会服务工作先进个人”1 人，无锡市劳模 1 人，无锡市“五一劳动奖章”2 人，无锡市“百名医德之星”2 人，无锡市卫生健康委“优秀党务工作者”1 人。

"1234 法则"
巩固壮大卫生健康主流思想舆论阵地

江苏省无锡市妇幼保健院

一、基本情况

江苏省无锡市妇幼保健院创建于 1950 年，为三级甲等妇幼保健院，是江南大学附属妇产医院、国家级爱婴医院、江苏省母婴友好医院、无锡市妇幼保健院互联网医院，挂牌无锡市妇幼保健计划生育服务中心。医院开放床位 610 张，在职员工 1212 人。

医院设有一级科室 27 个，其中妇科、产科为江苏省临床重点专科；拥有省妇幼健康重点学科 6 个、建设单位 1 个；省级新生儿保健特色专科建设单位 1 个；市级临床重点专科 9 个；市医学重点学科 1 个、医学发展学科 1 个、医学创新团队 2 个。为卫生健康委妇科内镜与微创医学培训基地、中国医师协会妇科内分泌培训基地、中国出生缺陷干预救助基地、国家临床药师培训基地、国家级博士后科研工作站、全国 PAC 长效避孕培训基地、中国妇幼保健协会专科助产士临床培训基地、国家母亲健康快车"她健康"科普基地。

医院综合实力居江苏全省前列，获 2020 年度首次全国妇幼保健机构绩效考核 A 等次。在 2021 年中国医院影响力百强榜中，妇产科列全国第 19 位、妇科第 12 位、产科第 27 位。

二、主要做法

医院宣传思想工作是医院党建工作的重要组成部分，也是打造医院品牌、弘扬主旋律、凝聚职工思想的必要手段；是提高医院核心竞争力、向全社会传播正确健康理念、助力健康中国战略的有效载体。

医院通过“1234 法则”即明确一个主题、提出两步走战略、通过三种举措、取得四种成效，逐步建立起一支目标明确、纪律规范、覆盖面广、反应迅速、手段多样的通讯员队伍，为医院宣传思想工作打下了牢固的群众基础。

（一）明确一个主题。立足专科医院实际，提出“为女性提供全生命周期呵护的服务”口号，为宣传工作指明了方向。宣传科主动适应，明确“对外塑造妇女儿童贴心人形象，对内展示妇幼职工娘家人形象”的宣传主题，开辟宣传工作新局面，助力宣传工作华丽升级。

（二）提出两步走战略。医院通讯员均来自临床一线，是医院发展最直接的参与者与见证者，为打造一支宣传素质过硬，新闻嗅觉灵敏的宣传队伍，医院提出“先出政策，后优队伍”的两步走发展战略。

1. **加强通讯员管理机制建设。**组织制定《通讯员管理办法》，明确通讯员的产生方式、人员条件、工作职责、组织管理、考核奖惩等。规定医院通讯员实行分片负责、归口管理，定期考核、滚动管理，分级审核、责任管理，定期培训、质量管理等管理方式。

▲院内摄影培训

2. 调整组建医院通讯员队伍。明确通讯员推荐条件，采用个人自荐、组织推荐、医院审定相结合的方式，逐级推荐产生了一支 65 人的覆盖全院的通讯员队伍，确保每个科室各有 1 ~ 2 名通讯员，每个病区有 1 名通讯员。各党支部宣传委员、分工会主席、团支部书记为通讯员当然人选，在所在党支部书记领导下，负责本辖区通讯员队伍管理工作。

（三）推出三种举措。医院通过三种举措，切实提高通讯队伍整体素质，使之更好适应医院的宣传工作。

1. 出组合拳、重培训。医院以理论先行、重实操训练为原则，通过主题沙龙，名师专训，外出采风，岗位轮训，专题分享等多种形式，对通讯员进行规范化专业化培训。医院每季根据工作实际确定沙龙主题，组织通讯员利用新媒体形式展开前期主题宣传。沙龙主题以专家讲评、优秀案例分享、有奖竞赛的方式进行通讯员沙龙派对，使每次沙龙培训有针对性，又有深度及可实践性，形成了医院文化潮流。医院针对社会热点问题，邀请资深媒体记者、知名网络编辑、摄影专家来院专题授课，开阔通讯员视野，增强培训理论高度，深受通讯员欢迎。

2. 推行积分制、重激励。医院建立了一套完善的积分奖惩机制，将通讯工作与各科年度绩效考核挂钩，真正达到奖勤惩懒的效果，督促各科重视宣传，积极配合通讯员完成宣传任务。积分制考核办法将通讯任务明晰化，考核目标定量化，优秀评价公平化，切实加强通讯员的日常管理。在积分考核的基础上，医院实行考评双结合：年初有目标，季度有考核，年底有考评。对积分小于 30 分的通讯员直接列为不合格通讯员，剥夺其通讯员资格，并扣除其科室绩效考核分。积分为 30 ~ 60 分的通讯员，采取个人提醒、科室约谈等手段，督促其完成考核任务；对积分高于 60 分的，以分数排名为基础，进行年度优秀通讯员奖励，并对其科室绩效进行加分。该方式使考核更具操作性、更有约束力、公信力，使通讯员心里有底，干劲更足。

3. 行通联制，重沟通。医院通讯员分散在各个科室，缺乏沟通交流的机会与平台，必须建立完善的通联平台与机制，使其发挥"1+1>2"的作用。医院建立通讯员个人档案，掌握其基本情况、工作情况以及宣传任务完成情况。利用党支部工作平台，及时了解情况，主动关心思想、生活状态，使通讯员找到情感归宿。医院开通 OA（办公自动化）稿件报送审核平台，每个科室掌握密码，稿件经科主任审核后，第一时间通过平台上传宣传科，经由宣传科及分管领导统一审稿发布，实现了稿件上传－专人审稿－稿件发布的全流程电子化，提高通讯员的工作效率。

（四）取得四种成效。

1. **合理的人才结构。**通过制度建设，医院建立起了一支科室全覆盖、岗位全覆盖、职称全覆盖的“三覆盖”通讯员队伍，其中护理人员占 43%、医生占 15%、医技占 21%、机关后勤占 21%；高级职称人员占 13%、中级职称人员占 30%、初级职称人员占 57%。合理的人才结构为医院宣传工作的推进奠定坚定基础。

2. **丰富的宣传内容。**运行一年来，医院通讯员热情高涨，参与度大幅提高。除传统的新闻稿外，还运用美篇、拼图卷等现代化的技术手段，开展即时、动态宣传。一年来新闻稿件投稿率增长 138%，新媒体宣传投稿呈几何倍数增长，达 90 余次。

3. **浓厚的文化氛围。**医院以通讯员培训班、通讯员沙龙为契机，开展医院摄影展、读书报告会、先进人物事迹宣讲、“我与妇幼共成长”征文等活动，提高了通讯员摄影、写作等专业水平，也丰富了医院文化生活，加强了人文医院建设。

4. **顺畅的舆情预警机制。**通过多轮次、多角度的培训、考核，通讯员明确医院新闻发布流程与立场，增强了通讯员宣传主体责任意识与新闻敏感性；通讯员们与医院宣传部建立起的互相信任、亲密合作的良好关系，使医院宣传科能够第一时间掌握各类新闻点，迅速制订完善的新闻宣传方案，使医院占据舆论主动权。

“大爱无疆”展思政教育新形象

浙江大学医学院团委

浙江大学医学院团委扣牢医学人文主线，协同医学专业教育，多措并举打造校内外贯通、“碑、廊、馆、村”一体的“大爱无疆”思政教育实践基地。基地精心打造“浸润式”文化阵地，广泛开展“点单式”精准宣教，坚持特色驱动、品牌引领，传递“敬佑生命、救死扶伤、甘于奉献、大爱无疆”的医者精神，在浙江省和全国取得了广泛知名度和影响力，为推进健康中国建设贡献浙大医学的思政力量。

一、依托校内外医学人文资源，打造“浸润式”文化阵地

浙江大学医学院“大爱无疆”思政教育平台依托的校内外实践基地，打造“浸润式”文化阵地，该阵地总占地面积万余平方米。校内基地集“三碑二廊一馆”于一体，于2012年启动建设，位于浙江大学紫金港校区医学院内。“三碑”指曹仲兰烈士纪念像、“无语良师”纪念碑、医学生誓言碑，“二廊”指“记疫”——浙江大学抗击新冠疫情主题教育长廊、浙江大学医学院生命教育长廊，“一馆”指浙江大学医学人体博物馆。“三碑二廊一馆”硬件设施分布在医学院广场、庭院、走廊等学院师生学习生活场景中，包含图文展示、实物展示、视频呈现等模块，成为重要的“浸润式”文化教育景观。其中，医学人体博物馆、“记疫”——浙江大学抗击新冠疫情主题教育长廊入选中国科协2021—2025年第一批全国科普教育基地、全省党员教育培训基地、浙江大学党建与思政教育基地。2021年4月2日，紫金港校区“无语良师”人文思政教育广场全新启用后，成为全国医学院校最大的“无语良师”纪念基地。

校外基地“一馆”位于浙江大学医学院附属第一医院抗击新冠疫情展馆，通

▲“无语良师”缅怀活动

过音画视频与实景实物展览、临床教学病房体验，生动地展示了“生命至上、举国同心、舍生忘死、尊重科学、命运与共”的伟大抗疫精神，入选教育部首批“大思政课”实践教学基地。

校外基地“一村”位于浙江省湖州市德清县上柏镇麻风村。2019年，学院与浙江省皮肤病防治研究所共建“大爱无疆”上柏生命教育基地，主要包括广济会堂、省级麻风村馆、麻风荣誉馆、麻风防治馆、马海德纪念馆、体验馆、麻防实物馆等宣教站点，弘扬和传播扎根麻风村的医疗工作者的感人事迹，招募、培训师生宣讲队伍，推进理想信念和医学人文教育。入选浙江大学第二批学生党建与思政现场教学基地、浙江大学2022年度学生思政品牌重点项目。

二、按需“定制”精准“上菜”，开展“点单式”精准宣教

平台围绕爱国主义教育、理想信念教育、医学人文教育、抗疫精神教育主题，统筹安排校内外宣讲站点，设计规划四条学习线路，按需“定制”精准“上菜”，广泛开展“点单式”精准宣教。平台主题宣教活动已纳入《解剖学》课程思

政教学、新生始业教育、分党校培训等的必修科目，同时面向党团班社日常活动、思政理论课现场教学、校外来宾接待等预约讲解，实现在校师生、社会人员参观学习全覆盖。通过顶层设计，将“大爱无疆”的生命教育理念融入大学生人才培养全过程，结合本科生思政教育培养方案设计，有机联动第一、二、三、四课堂，与技能培训、公益服务、海外交流等实践活动相结合。使学生得到全过程、浸润式的价值引导。

经过多年建设运营，基地拥有成熟完善的培训、接待、讲解体系，建立了“银铃宣讲团”、“述疫”宣讲队、“求是医声”宣讲队、“大爱无疆”生命教育基地宣讲队等涵盖老中青三代，学院党政领导、专业教师、本研学生共同参与的宣讲团队，能够同时接待百人及以上的团队预约。

三、特色品牌驱动引领，推动医学思政教育展形象扩影响

平台每年定期组织师生开展“无语良师”缅怀活动、曹仲兰烈士纪念活动、医学生誓言碑宣誓仪式、《系统解剖学》“课程思政”课堂等一系列思政教育活动。党建引领带动班团互动，将价值塑造、知识传授和能力培养三者融为一体，进一步为广大学子塑造了正确的世界观、人生观、价值观，在本地区形成了广泛、持久的社会影响力。

平台构建了专业课程融合“无语良师”人文思政教育的育人模式，获评首批国家级本科一流课程、首批国家级课程思政示范课程、浙江省互联网+优秀案例一等奖等奖项。相关事迹曾获新华社、人民网、中国青年报、浙江日报、杭州日报、钱江晚报等国家级省级主流媒体的多次报道，为国内外医学专业课程思政建设和“三全”育人提供了重要借鉴和引领示范，已成为国内医学院校的人文思政教育品牌。

建立健全党支部参与科室重大决策机制推动医院高质量发展

浙江大学医学院附属第一医院党委

一、基本情况

2018 年 12 月，浙江大学医学院附属第一医院（简称浙大一院）率先实行党委领导下的院长负责制，院党委坚持走在时代前列，坚持问题导向，紧紧围绕加强党的领导和党的建设、落实全面从严治党，从党委、党支部、党员等多个层面不断创新举措，加强党对医院事业发展的领导。近四年来，院党委建立了一系列激励和约束举措，从严管理，落实党建责任，真正使党组织活起来、硬起来、强起来，为建设高质量国家医学中心奠定了坚实基础。

2021 年党支部换届以来，医院党支部书记均由医院副科级以上干部担任，实现党建、学术“双带头人”全覆盖。通过建立完善党支部参与科室决策制度，持续开展“强支部，精业务，促发展”系列工作，形成“抓好党建带业务、抓好业务促党建”的良性循环。

二、主要做法

（一）探索完善党支部参与科室事务管理和重大问题决策机制。制定《党支部参与科室重要事项决策制度》，规范党支部参与科室重大问题决策，发挥党支部在职工入职、考核、评优、晋升等方面的政治把关作用。明确党支部在科室建设中，领导科室的党风廉政与行风建设并承担主体责任，在科室重要事项上有参与决策权和监督权。突出强化医院基层党组织的政治功能，推进科室工作的民主化、科学化和规范化，努力把党支部建设成为坚强战斗堡垒，保证党的路线方针政策和决策部署在基层得到有效贯彻落实，推动学科高质量发展。

（二）深化支部品牌建设，党建和业务工作同谋划、同部署、同落实。结合学科特色，深化“一支部一品牌”建设，党建业务互融互促，党建引领科室人才培养、科学研究、学科建设、队伍建设、社会服务等业务工作高质量发展。

肝胆胰外科第三支部树立并践行“青年强则学科强”的口号，推进支部“科研之友”“事业之友”结对帮扶活动，建设成为以“唯日孜孜，争创一流”为品牌的优秀创新型党支部。血液科第一党支部连续11年开展“碧血丹心，助力健康”基层医院义诊活动，提升基层医院血液专科诊疗水平和服务能力，为地区广大血液病患者提供优质医疗；急诊科第二党支部“全为生命，‘救’在身边——心肺复苏培训”志愿服务项目，已开展心肺复苏急救技能培训300余场；儿科党支部连续多年开展“关爱儿童、护佑成长”“六一”儿童节义诊活动，坚持每两周推出一次系列线上讲座，为儿童青少年的生长发育提供更加有温度、更加有深度的医学指导。检验科第二党支部持续打造“精准检验、优质服务”的支部品牌，党员骨干冲锋在前，全体党员广泛参与，将门诊抽血窗口服务纳入PDCA循环管理项目，持续改进，取得显著成效。

（三）创新“党建+”协同联动机制，积极承担社会责任。坚持公立医院公益性，创新“党建+”协同联动机制，依托“双下沉，两提升”“山海”工程等项目，与基层医院单位党组织开展多层次全方位常态化的互联共建活动，积极承担社会责任。

肝胆胰外科第三党支部联手茉莉公益开展“小黄人”健康精准扶贫宣传活动，为术后贫困患儿开展生活、学习、医疗等方面救助帮扶，着力解决广大终末期肝病儿童家庭因病致贫、因病返贫的社会问题。心脏大血管外科党支部创新实施“五个一”工作法，与临安清凉峰镇、萧山临江街道党支部建立长期合作协议，提升基层医院的医疗服务水平与能力。搭建“党建+产学研”合作平台，临床药学党支部与浙大创新院党支部合作开展党建共创活动，通过医药创新与科技成果转化拓展学科发展路径。实现“党建+教学”互促互动，研究生第一党支部在贵州湄潭建立“青年工作站”，将党建与立德树人教育教学相融合。

三、取得成效

在2022年发布的2021年度三级公立医院绩效考核国家监测考核结果中，浙大一院以全国排名第五的成绩进入最高等级 A++ 序列，再创新高，比上一年度前进 2 位，连续四年进入全国前 1%，高质量发展呈现强劲势头。《在 2021 年度中国医院科技量值（STEM）》医院综合排名中，浙大一院居于全国第 5，7 大专科进入全国前 10 名，5 年总科技量值排名全国前 5，传染病学、消化病学均名列全国第 1 位，形成“高峰突起”的优势局面。在 2021 年发布的 2020 年度复旦版“中国医院排行榜”中，浙大一院综合排名首次进入全国前 10 名，与 2017 年的排名相比，前进 5 名，自此，连续 12 年保持浙江省第 1 名，其中 8 大专科进入全国排名前 10 位。2019 年，浙大一院成为首批浙江省委共建国家医学中心、综合类别国家区域医疗中心牵头单位；2021 年，浙大一院获批国家传染病医学中心、国家公立医院高质量发展试点建设单位、首批国家医学中心创建单位等，稳居全国公立医院第一梯队。

2019 年 6 月，院党委成为浙江大学首批“党建工作标杆院级党组织”培育创建单位；2021 年 7 月，医院研究生第一党支部获第二批全国高校“百个研究生样板党支部”；2021 年 12 月，院党委入选全省高校“标杆院系”培育创建单位。2020 年 9 月，院党委获“全国先进基层党组织”“全国抗击新冠肺炎疫情先进集体”称号。同年 9 月，李兰娟院士获得“全国优秀共产党员”称号；同年 11 月，党委书记梁廷波获“浙江省担当作为好干部”称号。2021 年 6 月，梁廷波获“全国优秀党务工作者”称号，并作为全国“两优一先”代表赴北京参加庆祝中国共产党成立 100 周年大会，现场聆听习近平总书记的重要讲话。

▲2020 年 9 月，院党委获“全国先进基层党组织”“全国抗击新冠肺炎疫情先进集体”称号

公益大讲堂　传递更有温度的健康好声音

浙江省杭州市妇女儿童健康服务中心

一、基本情况

浙江省杭州市妇女儿童健康服务中心是杭州市卫生健康委员会所属公益一类事业单位。前身是1984年成立的杭州市计划生育宣传技术指导站，于2020年5月经杭州市编委办批准更名为杭州市妇女儿童健康服务中心，2020年7月正式挂牌成立。

二、主要做法

（一）紧跟政策，当好理念引导员。党的十八大以来，以习近平同志为核心的党中央坚持把人民健康放在优先发展的战略位置。随着生育政策的调整完善、健康中国行动的深入实施，中心根据统一部署，以新发展理念为方向，以职能转型为目标，发挥党建引领作用，深化打造“公益大讲堂”党建品牌，动员党员、职工和社会力量，下基层、进社区、入电台、进学校，扎实开展公益科普宣教活动，持续传递卫生健康好声音。先后围绕单独两孩、全面两孩和三孩生育政策开展政策宣传，围绕国家免费孕前优生健康检查项目、免费提供基本避孕服务项目、增补叶酸预防出生缺陷项目等基本公共卫生项目进行宣传指导，围绕婴幼儿照护、妇幼保健、生殖健康等内容开展健康讲座和志愿服务，不断将新理念新政策新知识送入千家万户。

2020年5月，杭州市3岁以下婴幼儿照护服务管理中心在中心挂牌成立，这项工作成为中心转型发展中的重要职能之一，连续多年被列为浙江省和杭州市的民生实事项目。

（二）对接需求，宣传形式多元化。

一是以基层群众需求为导向，举办“生殖健康大讲堂”和“青春期课堂”。根据基层需求，每年组织讲师团走进基层、学校开展生殖健康、优孕优生优育、青春期健康等讲座40余场，帮助解决基层缺少健康知识培训指导的难题。

二是制作专题系列广播节目，推出“电台大讲堂”。邀请各大医院专家、各类师资对早期教育、青春健康教育、育儿知识等内容进行答疑解惑，每周推出电台节目，先后录制《宝宝你好》《青春期课堂》《家有宝贝》等节目，给家长和青春期孩子普及知识，提升家庭教育的质量，创造和谐健康温暖的家庭环境。

三是以拓宽宣传渠道为努力方向，开辟线上讲堂。中心因时因势开辟幸福爱之家“云课堂”，每月进行线上授课答疑，开展“9·26世界避孕日”、园长培训等课程直播。在微信公众号开辟“掌上健康”“托育服务”“免费药具”专栏，将电台大讲堂、科普视频转变为线上课堂，便于群众进行收听回放。

（三）以民为本，健康服务零距离。

一是开展“青春健康进校园——认识青春 健康启航”活动。先后在建德、

▲举办社区婴幼儿成长驿站育儿课堂

余杭等地和杭州高校开展主题为《认识青春》《青春色彩》《远离艾滋》等课程，采用PLA（参与式学习与行动）培训方式，引导青少年更加全面认识青春期生理和心理的变化。

二是推广“一老一小”健康管理新模式。为响应国务院关于加快社区健康服务业发展的要求，在杭州市科学技术协会的指导下，中心联合杭州市健康促进协会、杭州市健康社区服务中心共同推出社区“一老一小”健康管理科技服务站项目，针对不同人群开展义诊服务、健康管理、科普宣传和专业培训。

三是持续开展“亲青”服务咨询热线健康指导。“亲青”服务咨询热线作为杭州市共青团12355青少年服务热线分线，由青春健康志愿者专线解答，为青少年提供生理、心理相关知识的咨询服务，指导帮助家长与孩子更好地交流沟通。

（四）资源共享，传播健康好声音。为进一步推进宣传教育工作，中心加强对外联系，引入社会师资，不断充实团队力量，持续发挥传递健康的桥梁纽带作用。在三八妇女节、“5·19”国际家庭日、六一儿童节、“9·26”世界避孕日、“12·1”世界艾滋病日等重要节点，邀请各大高校、医院的师资专家举办健康讲座。与杭州市计生协开展合作，举办“生育关怀大讲堂”“青春健康沟通之道家长培训项目”等系列讲座，共同组建杭州市“育儿帮帮团”，招募全市育儿师资，成功打造一支具有基础婴幼儿照护服务技能和优生优育知识储备的志愿者队伍，走进社区婴幼儿成长驿站进行育儿指导，为杭城宝爸宝妈出谋划策。

（五）思想引路，团队建设常态化。

一是加强团队思想政治建设。组织党史学习教育，在回顾百年奋斗史中坚定信念。加强医德医风、廉政教育、法律法规等学习和新政策、新理念、新形势等专题培训，提升业务能力和职业认同，切实履行好新时代卫生健康工作职责。

二是加强团队文化建设。举办职工团建、心理讲座、法律讲座等活动，增强团队意识和集体荣誉感。加强人力、物力和经费等组织保障，实施关爱帮扶、心理疏导、谈心谈话等关怀举措，为团队发展提供温暖有力的支撑。

三、取得成效

（一）宣传服务有力推进。多年来，举办科普讲座500余场、主题日宣传活动30余场，普及健康知识，提供政策指导，其中群众对于国家免费孕前优生健康检查项目、增补叶酸预防出生缺陷项目的知晓率均已达到90%以上。青春健康志愿服务队累计接听热线8000余人，并在新冠疫情之下进行助企助学服务，共为14909家企业提供健康指导服务，发现问题2979个，现场帮助解决问题2851个，2018年荣获"杭州市青少年维权岗"，2021年荣获"杭州市最美志愿服务组织"。

（二）宣传效应有效凸显。近3年，在市级及以上媒体发表稿件240余篇，其中在新华网、健康报等全国性平台发布稿件10余篇。《宝宝你好》专题广播节目获得第四届全国卫生计生系统优秀广播影视作品一等奖。2017年，与浙江大学红十字会联合拍摄防艾情景剧《飘动的红丝带与你同在》获得第十五届中国人口文化奖戏剧类优秀奖。《青春期课堂》专题广播节目荣获2018年度杭州生活品质健康生活点评"普惠大众，健康生活"最佳现象。

党建引领　医共体探索健康共富路

浙江省杭州市余杭区第三人民医院党委

近年来，浙江省杭州市余杭区第三人民医院（简称余杭三院）在上级党委的正确领导下，充分利用省委省政府关于医疗资源“双下沉、两提升”的政策红利，医院将党建工作与双体建设（即医共体、医联体建设）紧密结合，以医院为枢纽，紧密连接良渚街道、仁和街道、瓶窑镇、径山镇、黄湖镇、鸬鸟镇、百丈镇七家社区卫生服务中心，形成市区联动、区镇一体的“1+1+7”的医疗命运共同体。不断创新党建管理机制，提升医院医疗服务质量，满足余杭人民群众的医疗服务需求。

一、党建引领，“全科 + 专科”融合服务“需求侧”

（一）党员带头，设立全专联合门诊。根据各分院的医疗需求，在党员先锋的带领下，有针对性地下派专家及骨干医生深入中心、站点坐诊，在帮扶分院学科建设的同时，不断促进分院专科、专病业务水平的提升。目前已开设“全科 + 专科”联合门诊 16 个和名医工作室 7 个，每月派出专家 47 人次，覆盖所有分院。

（二）党建融合，打造“全专”融合型签约服务团队。通过党建融合，医共体总院专科力量给予家庭医生签约服务团队帮助，常态化开展技术指导、业务培训、学术讲座、健康宣教、义诊咨询等工作，深度参与家庭医生团队服务。目前，余杭三院专科医生参与分院家庭医生签约服务团队 89 组，占签约服务团队总数 84.76%。累计派出专科专家 4500 余人次，诊疗服务超 5.4 万人次。

（三）党心为民，开展“互联网 + 医疗”服务。2022 年 5 月，余杭三院医共体启动县域医共体“互联网 + 医疗”服务二级联动模式，由余杭三院统一管理互联网平台，联合医共体各分院共同提供“线上申请、线下服务”的居家护理服务和互联网门诊服务，充分利用移动互联网与健康管理信息平台，促进优质资源下沉。启动至今，服务患者超 150 人次，破解行动不便、出行不利的慢性病患者的就医难问题。

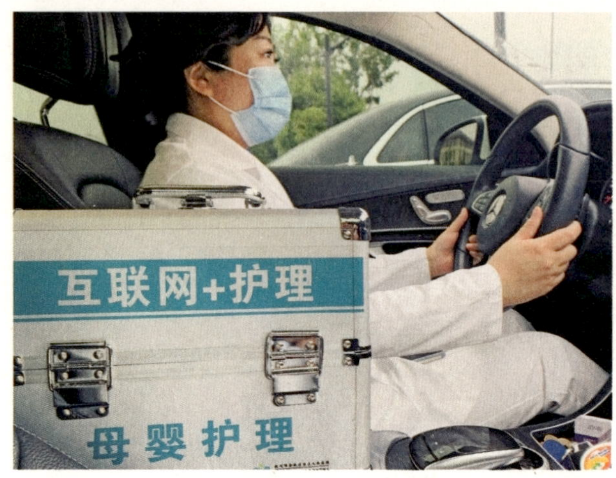

▲2022 年 5 月 10 日，中共党员诸来琴接受“互联网 + 医疗”平台派单前往患者家中进行护理

二、党建引领，技术支撑赋能“服务侧”

为解决分院慢病筛查专科技术空白、薄弱、不足的问题，余杭三院党委通过带教帮扶、团队下沉、远程会诊等方式提供全面支持。例如，为提升分院慢性阻塞性肺疾病的筛查能力，余杭三院党支部开展医共体慢性呼吸系统疾病规范化防治体系与能力建设项目培训，通过每月专家培训会、基层呼吸首席医师跟诊培养、慢阻肺患者档案管理随访培训等形式，提升分院的慢性病“筛、检、管”能力。同时，党支部定期组织开展呼吸系统慢性病患者健康教育会，以提高确诊患者的自我管理能力。此外，在党委的带领下，余杭三院在余杭区内率先启动了医共体分院基层胸痛救治单元建设，进一步提升了基层心脑血管病急救能力。

三、党建引领，闭环诊疗完善“供给侧”

按照基层首诊、双向转诊、急慢分治、上下联动的分级诊疗工作要求，为慢性病患者提供安全、连续、便捷的服务闭环，余杭三院党委结合线上、线下联动的工作机制，制定灵活机动、方便畅通的双向转诊通道。线下，设立医共体转诊接待中心，专人负责现场接待转诊对象，针对老年患者推出一对一陪同服务，无缝衔接分院上转患者的总院诊疗服务。线上，设立双向转诊预约群、专科交流群、一站式预约电话及预约信息平台等多个在线渠道，方便分院医生及时和总院专科医生交流患者信息，协助患者预约具体医疗服务项目。2021 年，开通了杭州市首条医共体定制免费公交“健康服务专线”，为患者检查治疗提供便捷高效又人文关爱的通道。截至目前，分院上转总院患者累计超 3.7 万人次，其中上转住院患者 2200 余人次。

四、党建引领，因地制宜建好“场景侧”

“两慢病改革任务”下达后，余杭三院党委进行统筹指导，医共体内各单位统一思想、齐心协力、同步推进“一体化门诊”健康场景建设。各个分院结合自身实际，对照建设标准，在环境改造、流程优化、内涵提升等方面，做到因地制宜、顶层设计、科学规划，紧扣“慢性病一体化门诊”建设载体，大力提升高血压和糖尿病的诊疗、管理服务能力，为群众提供更高品质的健康服务。

在余杭三院党委的坚实领导下，径山、仁和、百丈分院已全面完成建设任务，实现诊前、诊中、诊后信息化全打通、服务流程全闭环、健康管理全智能，群众就医感受度得到极大提升。黄湖、良渚分院已完成施工招标，争取年底前完成建设任务。鸬鸟分院已完成设计方案，瓶窑分院结合整体迁建计划，在现有慢病签约门诊暂时过渡一站式服务。径山分院作为全省孵化点，在引领“慢病一体化门诊”规范化建设试点后，正在探索将两慢病精细化管理服务触角延伸到村级，通过“共富班车”项目，定期组织慢病筛查团队下站点、入村，让“慢病一体化门诊”辐射范围外的两慢病群体，享受到中心同质同标的精细化管理服务，进一步织密服务网底，有效拓展了慢病精细化管理的覆盖面，实现卫生健康领域的“共富”。

打造“疾先锋”特色党建品牌 助推公共卫生事业高质量发展

浙江省宁波市疾病预防控制中心党委

一、基本情况

近年来，浙江省宁波市疾控中心党委积极探索新形势下基层党组织的新形式新方法，坚持以人民健康为中心，从护航群众健康层面打造具有疾控特色的“疾先锋”党建品牌，努力将共同健康融入共同富裕建设中。

通过实施“365 全天候”、多重创新载体、多维立体化平台搭建等，形成了“党建引领 + 疾病预防”双融合的“党建 +”格局，有效提升了基层党建科学化水平，为推进现代化“双一流”疾控中心建设，护航人民生命安全和身体健康、稳定社会经济发展提供了强有力的政治保证。

二、主要做法

（一）先锋领航，塑品牌促党建。坚持党建引领，抓牢思想政治建设，建立政治理论学习日，持续以新思想、新理论武装头脑。每年开展“三个一”专题活动，即：每年开展一项切合单位实际的主题教育，每年 4 月召开一次读书报告会，每年 11 月召开一次下一年工作思路汇报会，坚持在思想碰撞中锤炼忠诚干净担当的政治品格、找准制约前进发展的瓶颈问题、谋划推进破立并举的制度机制。进一步发挥党委定向把舵作用，实施党建工作“365 全天候”模式，从党委把航领舵、支部筑强堡垒、党员争当先锋 3 个层面，强化政治立场、尽责担当、组织纪律、先锋表率、活动创新、共建互帮 6 个方面，建立匠心筑梦、示范引领、堡垒攻坚、雁阵齐飞、共建联盟 5 大工程，形成以上率下、融合发展、共同促进的鲜明导向。

（二）夯基固本，融业务抓党建。以“疾先锋”党建品牌为龙头，扎实开展“一单位一品牌，一支部一特色”党建品牌创建活动，6个支部围绕自身特色，打造“疾风劲旅”“健康卫士”等个性化品牌，形成“头雁领航，六大雁阵齐飞”的“1+6”党建工作格局。推进模范党支部创建，探索实施党建项目化管理模式，以市县两级党组织结对共建为载体，围绕业务联动、活动联办、队伍联带、文化联谊等主题，各结对党组织以项目管理形式签约，克服了以往单打单作、重复交叉等现象，较好地实现了党建工作共同谋划、共同设计、共同落实，构建了区域基层党建共同体格局。

（三）强根铸魂，以党建领发展。持续拓展“疾先锋”党建品牌的内涵和外延，坚持把思想政治优势转化为发展优势与核心竞争优势。强化党员主体责任机制，以主题教育、实践活动、党史学习等为载体，实施“我是党员、向我看齐”行动，全面推行党员亮身份、亮标准、亮承诺、亮服务、争先锋的“四亮一争”活动和“锋领指数”积分管理，深化党员先锋岗和党员示范岗创建。实施素养提升工程，通过开展“三大人才”“青年素养”“岗位能手”“四医教育”以及“职工

▲2022年7月赴宁波市委党校开展全市疾控系统党务干部培训之分组团队建设，巩固市县两级党组织结对共建成效

人文素养系列讲座”等，锻造胸怀全局讲政治、精诚团结聚合力的过硬队伍。建立重点任务党员领衔制，以“三服务”“最多跑一次服务”“志愿者服务”等为载体，开展党员进社区、进企业、进学校等系列活动。

三、取得成效

（一）持续加强党建引领，党组织的生命力进一步体现。“疾先锋”党建品牌在提出之初，就注重党建引领，挖掘资源，探索把加强党的领导渗透至中心发展全过程。通过实施党建工作“365 全天候”模式，用好指挥棒，打出组合拳，进一步凸显了党建在行业、区域、人才、制度等方面的优势，中心党委先后荣获省、市先进基层党组织，中心第二、第五党支部先后成功创建市级模范党支部。

（二）党建业务融合发展，党组织的凝聚力进一步提升。“疾先锋”党建品牌在发展过程中，注重找准党建业务融合发展的切入点，市县两级党组织结对共建模式经过近十年的探索，双方发挥优势、形成共同合力，基本实现了“党建工作上台阶、事业发展见成效”的目标，逐渐形成了可复制、可推广的经验，曾获评全市组织部门特色党建工作案例。在此基础上，近年来探索的项目化管理模式成为加强区域疾控党建整体发展的又一有效载体，在统筹疾控系统发展和服务区域人口健康、解决群众卫生健康民生问题上发挥了积极作用。中心党建和业务水平持续提升，在全省疾控业务工作评估中连续多年获得综合优秀，在市卫健委年度考核中取得三连冠佳绩。

（三）提高站位锤炼本领，党组织的战斗力进一步提升。“疾先锋”党建品牌在发展过程中，注重内涵和外延拓展。通过强化党员主体责任和身份意识，党员先锋模范作用发挥明显，特别是新冠疫情以来，累计 708 批次 2003 人次参加各类疫情防控、业务指导及志愿服务活动等，出色完成了驰援武汉、上海等外省市中高风险地区支援任务以及中东欧博览会、广交会、亚洲海洋旅游发展大会等疫情防控保障任务 50 余项，忠诚履行了疫情防控先锋职责。

医路跟党　医心为民

浙江省宁波市第一医院党委

思想建党，文化建院。近年来，浙江省宁波市第一医院坚持以习近平新时代中国特色社会主义思想为指导，深入创新实施“医路跟党”品牌赋能工程，以培育新时代高素质专业化干部队伍为重点，构建了党委带头、层层示范的思想政治工作模式，形成了符合公立医院工作发展实际的“医路跟党”思想政治工作特色品牌。

一、基本情况

宁波市第一医院现有在职党支部 41 个，中共党员 1123 人。作为服务人民群众健康的主要力量，公立医院行业特点突出、专业性强，工作要求高、节奏快、强度大，干部、职业压力比较大，若无法得到及时有效缓解，不仅影响职工身心健康，还可能进而影响工作。

为此，早在 2017 年，医院党委率先提出党建“三融入”（融入医疗、融入一线、融入人心）理念，以打造“医路跟党”微信宣传平台为抓手，着力推进全院职工的思想政治工作，为推进医院新时期高质量发展夯实思想之基、激发行动之力。

二、主要做法

（一）坚持“三个融入”，唱响“医路跟党”主旋律。将舆论触角前移，组建一支“医路跟党”临床医护小编团队，围绕“三个融入”讲故事，生动立体地展现医院党建工作的内涵、党员队伍的风貌，尤其在“党建融入人心”上，努力做到共鸣、共情，从而实现引领。五年来，“医路跟党”微信平台关注度、影响力不断增加，微信公众号阅读量超过 300 万人次。在此基础上“医路跟党”持续拓展宣传阵地，与“甬派”客户端合作，上线“医路跟党·勇立潮头”专栏，推出《一院青年说》《小支部大能量》《青年医师》等特辑，阅读量超过500万。“医路跟党、医心为民”不仅引起院内职工的共情、共鸣，还为区域内百姓所熟知。

（二）弘扬“四知精神”，打造“医路跟党”铁军队伍。聚焦临床专家思想政治学习不够等问题，医院党委结合宁波“四知”城市精神，成立“四知”干部学院，着力培育党建、业务、管理“三强”党务干部，让临床专家成为“复合型”人才，以讲政治的高度扛起民生健康保障“最后一公里”重任。两年来，以“四知干部”学院为载体，先后邀请医院管理专家、党校教授、知名律师等不同领域专家学者20余名，现场授课10余场，累计培训5000余人次，医院干部队伍管理综合能力，履职水平不仅得到大幅度提升，而且对弘扬践行“四知精神”，“医路跟党、医心为民”“永远跟党走”的价值认同也更加深入人心。

（三）推动组织启新，构建“医路跟党”标识体系。围绕“三融入”积极改革，建立内网“数字党建”平台，将原创的“四维度”支部考核体系、党员“360度”评价体系、党员积分制管理体系、基层党建质控体系全过程“可视化”，推动规范化建设基础上的党建业务融合。开展书记挂帅打擂、支委履职评比、支部亮绩赛马等，激发党务干部带队伍、促业务的热情。创新实施党支部“项目式工作法”，解决支部在参与学科管理中的“身份”路径问题，引导支部围绕党委目标、学科所需、患者所求来发挥引领学科、保障发展、服务群众的作用。仅1年时间，“项目式工作法”就为一线学科解决68项系统性难题。推进“一支部一品牌”，从技术提升、科研创新、服务改善、队伍提升等多度开展品牌建设，将支部工作进一步引导至保障医疗与发展上。

（四）推动文化启新，弘扬“医路跟党、医心为民”职业文化。组织“医路跟党”读书会、“‘医路跟党’名医志愿者服务大队”，设计“医路跟党”主题墙、臂章、笔记本、明信片、纪念背包等文创产品。开展建党百年“‘医路跟党’基层服务年”大型惠民义诊活动，2019年至今已组织大型义诊30余场，参与专家500多人次，获益群众超过2.5万名。

三、取得成效

（一）理论成果丰硕。两年来，在“医路跟党”思想政治品牌的引领下，医

▲2020年“医路跟党”晴隆分队下乡义诊

院先后28次在全国行业大会上做党建工作经验介绍，吸引近20个来自省内外的卫生健康行政管理部门、公立医院、大型民营医院等考察参访团来院做党建学习交流。2020年“医路跟党”被评为宁波市卫生健康系统十大党建品牌，品牌模式在国家卫生健康委公立医院党委书记培训班、省卫生健康委建立健全现代医院管理制度培训班上作为经验推广，并受邀在福建省晋江市卫健系统干部培训班上做经验介绍。医院党委被评为浙江省先进基层党组织、浙江省抗击新冠疫情先进集体，党委书记被国家卫生健康委人才交流服务中心聘为中国现代医院管理智库“党的建设与医院文化”专家委员会委员。

（二）实践成效显著。2021年，医院保持了人均工作总量全市系统第一的纪录，创下时间指数、费用指数、平均住院日等全市最低纪录，科研创新转化成果总量全市系统最高。2020年医院成为浙江的4个省级区域医疗中心之一，2021年成为宁波首个国家临床重点专科（神经外科）建设单位，2022年第一季度医院综合医改得分位列市属综合性医院第一。

医路先锋　医心为民
探索新时代党建引领医疗公益之路

浙江省嵊州市人民医院党委

一、单位介绍

浙江省嵊州市人民医院（浙江大学附属第一医院嵊州分院）是一所集医疗、教学、预防、康复于一体的三级乙等综合医院，素有亚洲“最美医院”之称。先后荣获国家级爱婴医院、浙江省计量物价信得过单位、浙江省文明医院、浙江省巾帼建功先进集体、各级先进基层党组织和全国改善医疗服务优秀医院等荣誉称号。

二、主要做法

近年来，医院党委积极履行大型公立医院社会责任，整合党政工团志愿服务力量，以培育“医路先锋”新时代党建 + 医疗公益品牌为理念，引导全院医护工作者争做公益服务的先行者和倡导者，不断拓展公益服务平台，提升医疗公益层次，传播公益正能量。

（一）理顺体系，确立党建 + 医疗公益品牌定位。以党建引领、志愿共建的思路，整合医院原有的党员、青年、巾帼等公益力量，注册成立嵊州市医路先锋志愿服务协会，取得社会团体独立法人资格，构筑专业化、规范化、多样化的志愿服务体系。协会经过 2 年多的建设，目前共有注册会员约 500 人，其中红十字救护师、心理咨询师、健康管理师、社会工作师等会员 80 多人。以党支部或科室认领组建的 10 支志愿服务分队，专业特色明显，逐步形成了“医路阳光”“医路童行”“医路书香”等子品牌。在城市社区和农村设立 3 个“医路先锋健康公益服务基地”，结合党支部主题党日活动，巾帼文明岗、青年文明号等群团创优活动的开展，带动了更多的职工群众参与到医疗公益服务中来，积极探索发挥专业优势为城乡居民提供多样化健康服务的经验。

（二）建章立制，规范党建 + 医疗公益运营体系。在民政部门指导下，按照社会团体的章程召开会员代表大会，选举出党建办主任兼任协会理事长，明确了全院公益志愿服务工作的统一管理架构。制定并审议通过《嵊州市医路先锋志愿服务协会章程》《嵊州市医路先锋志愿服务协会工作制度》等，对志愿者管理、志愿活动管理、内部财务物资管理等实行“三统一三同步”。志愿服务活动信息通过“爱嵊州”“志愿浙江”App 公开发布，参与活动的志愿者打卡计时。每月统计并录入医德考评系统，按规定为志愿者加分，与职称评聘、评先评优直接挂钩。活动宣传统一由协会“医路先锋”微信公众号和视频号发布，开设“医路先锋”健康课堂，将“防跌训练”“急救技能”等专业知识录制成真人演绎的视频，免费提供给社区老年活动中心、学员营员、社会群众下载观看。

（三）公益创投，发挥党建 + 医疗公益优势效能。协会积极响应各级政府鼓励社会组织参与社会治理创新，深入调查研判群众需求，推出优质公益项目，全面提升社会服务能力。城乡居民“急救零距离”、社区“健康充电站”建设、居家老人“防跌训练营”建设等项目分别与绍兴、嵊州两级民政局签约，获得项目资助款 20 余万元。通过项目化建设，志愿者充分发挥专业特长，深入基层一线，为老百姓提供健康指导、健康讲座、急救技能培训、家庭访视、结对帮扶等医疗及延伸服务，受益群众 10500 人次。项目共计向社会发放家庭急救包、助行器、训练毛巾、小药盒等健康宣教用品及康复器具 10000 余件，切实提高了群众的健康获得感，广泛传播了“医路先锋 医心为民”的特色志愿服务文化，提升了医院的社会形象和美誉度。

（四）投身抗疫，发挥党建 + 医疗公益独特优势。新冠疫情发生后，在院党委的统一指挥下，针对社会志工因疫情防控要求无法进入院区服务的现状，医路先锋志愿服务协会先后推出“助力战疫”“夏日志愿行”和“温情守望”3 个公益服务项目。项目承担了疫情防控最吃紧时医院门诊、急诊入口的体温检测和流行病学调查等任务，接过了社会志工的“公益接力棒”，为门诊患者解释就医流程、指引就诊路线等，起早摸黑、风里雨里为守住医院疫情防控第一道防线贡献志愿者力量。

三、品牌成效

（一）党建＋医疗公益，统筹了公益服务力量，形成了"党建引领、各方参与、组织保障"的良好公益格局。依托党建的组织优势、资源优势、平台优势，以党务专职工作者兼任社会团体理事长的形式，建立了党委领导、部门协作、职责分明的公益志愿服务体系，把公益力量汇聚到党旗下，把党建引领渗透到公益服务的各个环节，引导到群众最需要、最迫切、最有感受的地方，在创建全国卫生城市、全国文明城市等重大中心工作中，网格化开展禁烟控烟、文明交通、卫生清扫、入户宣传等。在公益行动中，各方力量更加紧密团结在党组织的周围，实践了我党"团结群众、凝聚群众、服务群众"的宗旨。

（二）党建＋医疗公益，丰富了群团工作内涵和活力，形成了"党建引领、群团共建、百家争鸣"的争先创优氛围。院团委、院妇委会结合各级巾帼文明岗、青年文明号创建工作，引导"号岗"在医路先锋公益平台上"八仙过海、各显神通"。青年志愿服务队常年坚持开展院内志愿活动，服务累计超过 60 万人次，

▲ 医路先锋志愿者点亮山区留守儿童"微心愿"

荣获全国“4 个 100”最佳志愿服务团队、“全省学雷锋志愿活动先进集体”等荣誉。“肾爱之家”志愿服务队行程 1 万多公里，访视腹透患者 500 多人次，成功创建“浙江省青年文明号”。

（三）党建 + 医疗公益，提升了基层党组织的组织力和行动力，是党的群众路线在新时代的积极探索。各基层党组织和广大志愿者齐心协力将“医路先锋”品牌做深做细，逐步形成“一支部一特色”的党建 + 医疗公益特色品牌。妇儿党支部“医路童行”分队，结对特殊儿童，点亮山村儿童“微心愿”；胸痛中心党支部牵手 CPR 培训师分队，服务政府重点工程，助力标准版“胸痛中心”成功创建；门急诊党支部“守护糖网”分队一手抓青少年近视防控，一手抓老年人白内障筛查等，社会影响力与日俱增。协会结合院庆 100 周年等医院中心工作，累计开展“健康快车”“百年院庆巡回义诊”“三服务送健康”“医共体互联共建”“新时代文明实践送医下乡”等医疗公益活动 200 多场次，以“上善若水、润物无声”的高尚善举凝聚群众，形成新时代党建引领医疗公益的品牌力量。

奉献友爱 “医”路相伴

浙江省衢州市人民医院党委

为弘扬“奉献、友爱、互助、进步”的志愿者精神，深入推进新时代医疗志愿服务工作，切实提升医院的服务水平，浙江省衢州市人民医院致力开展“37℃爱心志愿服务”活动。医院党委依托志愿服务中心建设，打造规范化、专业化、品质化的志愿服务品牌，持续向社会提供“最有温度”的健康志愿服务。

一、一支队伍，多线出征

衢州市人民医院“爱心服务中心”成立于2015年5月，是由医院职工、高校学生、社会爱心人士组成的全市第一家有组织、有管理的志愿者服务队伍。中心依托“37℃最有温度的医院”党建品牌建设，设有专职管理办公室，制定印发相关工作规定，开展有效规范的志愿服务管理。中心开展“院内＋院外”规范化、常态化、品牌化的志愿服务，在院内为群众提供力所能及的诊疗、保健、健康咨询服务；在院外深入乡镇、社区、企业开展高血压日、爱眼日等健康教育、义诊主题活动。

在推进志愿服务的过程中，医院23个在职党支部积极发挥战斗堡垒作用，依托主题党日活动充分开展志愿服务，由党支部书记带头组织参加，形成“一人带动、众人参与”的浓厚服务氛围。根据各支部所含科室的专业特色，组建相应专业方向的志愿服务人员队伍，开展专业化的医疗服务，确保每一名党员积极参与、尽其所学，领悟志愿精神不掉队，走出一条特色鲜明、服务优质的志愿服务道路。

二、规范管理，关爱提升

医院党支部将志愿服务活动纳入党支部年度工作规划，充分调动全体党员积

▲志愿者服务队伍

极性和服务热情。临床医技党员充分发挥医学专业特长，将志愿服务内容与自身专业技能提升的目标有机结合起来，实现“教学相长”，既满足志愿服务对象需求，又体现志愿者个性化价值。志愿服务中心以现场报名、电话网络报名等形式做好社会广泛招募工作，通过制定志愿者管理办法及服务守则、规范注册流程、激励和表彰等，完善服务制度建设。根据志愿者的个性安排服务的内容，并通过“志愿汇”网络平台规范管理志愿服务时间。

医院为全院志愿者制订专门的工作培训课程，针对寒暑假大学生及社会志愿者等不同群体，依托“一对一”、老带新等志愿者培训模式，每年举办两次及以上大型培训，并定期开展礼仪、院内感染预防（洗手、戴口罩）、门诊布局及医院各科室的具体位置、心肺复苏操作技能、自助机正确使用方法、营养相关知识等专业培训。此外，开展志愿者关爱行动，包括定期召开座谈会及年终举办手拉手联谊会，根据个人工作特征和需求合理排班，安排志愿者及家属享受优先就诊权等。

三、温暖行动，潜心服务

（一）常态化推进“院内迎诊”服务。

1.“迎候式”服务。在门诊大厅专门设立党员志愿者服务岗，对进入大厅的患者主动询问、热情相迎，根据患者实际需要提供相应帮助。

2.“全程式”导诊。每日安排30名以上“红马甲”人员在门诊大厅引导患者自助挂号、预约、充值缴费、打印各种报告单，问询患者、疏导患者，帮助行动不便的患者就诊，护送危重患者出入院、测量血压、发放健康手册，指导患者使用共享轮椅和共享充电宝等便民设施。开展优先为老幼残孕患者服务，在患者需要的情况下进行全程导诊，充分发挥志愿者在医患沟通中的桥梁和纽带作用。

3.“呵护式”候诊。在各诊室外维持候诊秩序，实施“一人一诊”，严格保护患者隐私。在各收费窗口、取药窗口、重点交通路段、电梯口等地方维持秩序，营造文明排队就医、礼让有序的良好氛围。

（二）积极开展“院外送医”服务。

1. 送医到家。医院党支部充分发挥临床医技专业能力，积极组织下乡、进社区送医上门活动。利用医联体模式满足不同人群的服务需求，服务群体从患者向社区居民和社区医务工作者扩大，实现志愿服务资源的“上联下沉”，为患者及社区居民进行疾病相关知识、疾病自我管理技能、康复护理知识与技能、医联体相关信息、分级诊疗制度内容、医保政策等的介绍，提升老百姓的医疗和卫生保健基础知识。同时，为社区医务工作者提供专业技能培训，推动公共卫生服务的全面发展。

2. 心理疏导。组织医院心理咨询师进社区普及心理学知识，服务社会、传播快乐。每周开展“爱生爱、美生美”心理沙龙活动，给有需要的社会人士及本院职工提供心理疏导。

3. 健康指导。每月为慢性病患者提供“慢病大讲堂”，向患者深度阐述慢性病的危害、病种分类、如何管理慢性病、慢病拿药流程和医院的优惠措施等知识，提高大家的防病保健意识。

（三）全力支持全国文明城市创建工作。全国文明城市创建期间，由党政办牵头组织，志愿服务中心统一安排岗位、签到、签退，全院党员排班实行全天化志愿服务。分别在患者就诊高峰窗口如急诊大门口、门诊一楼、二楼设立专门党员服务岗，承担患者各种咨询、导诊、帮助行动不便的患者解决各种就诊难题的主要职责。

四、患者满意，载誉而行

（一）满意度提升。随着院内各项志愿活动的有效开展，志愿者队伍不断扩大，志愿服务范围也从院内扩大到院外，有效缓解了就诊高峰期间及各类突发应急事件的诊疗压力，缩短了患者的等候时间，促进了医患之间的和谐。自志愿者服务项目开展以来，门诊就诊满意度逐年提升，表扬信数量飞快增长，2022 年表扬信相较 2021 年增长 111 件。

（二）获得多项荣誉。志愿服务中心团队曾获得中共衢州市委宣传部评选的“第五届最美衢州人”提名奖；衢州市卫计委颁发的“衢州市第五届最美计生人”特别奖；2018 年获衢州市委宣传部评选的“优秀志愿者服务站”称号；获衢州市文明创建办“最美志愿者服务队”、衢州市志愿者服务“优秀集体”；连续两年获衢州市人民医院表彰大会院长“特别奖”；2019 年度抗疫期间“最美志愿者服务队”等荣誉。

倡导"妇幼清风" 完善清廉教育体系

浙江省湖州市长兴县妇幼保健院党总支

一、基本概况

浙江省湖州市长兴县妇幼保健院是浙江省湖州市长兴县内一家集医疗、保健、预防、教学、培训为一体的非营利性三级乙等妇幼专科医院，担负着长兴县全县妇幼卫生防治、生殖健康、计划生育指导、健康教育等工作。

近年来，医院秉承"严谨、求精、勤奋、奉献"的医院精神，先后获国家级爱婴医院、省级文明单位、省妇幼保健先进集体、省级平安医院、省级绿色医院、省级卫生先进单位、"全国女职工建功立业标兵岗"等荣誉称号。

二、主要做法

（一）强化责任落实体系，以责定"廉"。

一是坚持"四责协同"。明确党总支主体责任，纪检监督责任，党总支书记第一责任人，班子成员"一岗双责"，坚持"四责协同"，强化责任担当。要求班子成员及中层对于职责范围内的党风廉政建设工作进行研究，分析隐患，强化防控，构建横向到边、纵向到底的责任落实体系。

二是逐级压实责任。党政主要领导、分管领导、科主任层层签订《党风廉政建设和行风建设责任书》，科主任和科内人员全面签订《廉洁行医责任书》，进一步提高全院职工尤其是中层以上干部党风廉政主体责任意识，督促履行"一岗双责"。

（二）构建清廉教育体系，以文育"廉"。医院坚持把清廉文化建设融入医院发展战略，实施"四位一体"立体式的廉洁教育体系，积极为医院健康持续发展营造风清气正的良好氛围。

一是教育送“廉”。开办清廉讲堂，走进警示教育基地，组织观看警示片《医者之鉴：折翼的白衣天使》等，引导员工知法守廉。2018 年以来，共组织全院党员干部接受廉政思想、案例警示教育 15 批次，持续强化廉洁自律意识。

二是党课讲“廉”。结合“三会一课”“不忘初心、牢记使命”学习教育、“主题党日活动”等，做到逢会必讲廉、逢节必提廉。开展“一把手”、支部书记讲廉政党课活动，引导全体党员干部不忘初心，保持廉洁本色。

三是谈话警“廉”。常态化开展廉政谈话活动，要求层层开展廉政谈话，与业务工作有机融合，做到对新任中层干部、重点岗位负责人、新入党人员必谈，强化廉洁教育，筑牢思想防线。

四是比赛促“廉”。开展廉洁书画、廉洁行医演讲比赛等形式多样的活动，将清廉医院建设具体化、形象化，将清廉文化融入员工的工作生活中。

（三）深化防治腐败制度体系，以制固“廉”。持续加强对权力的制约和监督，织密“制度之网”，医院把“不敢腐、不能腐、不想腐”的笼子越扎越牢。

一是坚持制度为先。严格执行党总支领导下的院长负责制、“三重一大”集体

▲2019 年 5 月 23 日，医院开展“清廉医院”建设书画比赛

决策制、主要负责同志“五个不直接分管”和“末位表态”制度、重点岗位负责人轮转制等有关制度，完善廉政风险报告制度、廉政风险预警提示制度等 17 项廉政管理制度，切实规范权力运行。

二是厘清“小微权力”权力清单。组织全院力量梳理领导班子和中层干部权力清单，规范“小微权力”管理制度 72 项，制定权力运行流程 75 条，让权力行使做到有章可循，确保医院各岗位权力运行更加科学、规范和透明。

（四）完善权力运行监督体系，以管促“廉”。为全面落实纪检监督责任，充分发挥群众监督作用，医院于 2019 年建立党总支－纪检组－网格员三级网格化管理模式，加强风险防控，严格执纪监督，“三个管理到位”进一步加强权力运行监督。

一是网格化监督管理到位。聘请特邀监察专员 1 名，特邀监察员 12 名，建立全覆盖的纪检监察网格化监督体系，定格、定人、定责，定期召开特邀监察员网格化管理会议，每月上报廉情信息，常规开展廉政教育，实现无死角、全方位、常态化监督。

二是风险防范管理到位。职能部门及重点岗位严格执行廉政风险排查月报制度、廉政风险预警提示制度。2020 年，针对领导班子分管范围内较高等级的廉政风险开展风险排查，建立“职责清单”，梳理“问题清单”11 项，制定“措施清单”15 项，由分管领导“签字背书”。

三是执纪问责管理到位。保持对违纪违规行为高压态势和“零容忍”态度，针对违纪苗头性、倾向性问题，运用监督执纪“第一种形态”，做到早发现、早提醒、早预防，两年中共开展提醒谈话 5 次，涉及 26 人；诫勉谈话 1 次；通报批评 1 次。通过严格执纪，警示大家要时刻遵规守纪，做到心有所畏、言有所戒、行有所止。

（五）加强医德医风建设体系，以德养“廉”。医院专门成立了行风委员会，强化监督、约束、激励机制，以具体细化医德医风考评指标为基础，以常态化开展廉政查房为抓手，深入推进医德医风建设。

一是完善医务人员医德考评体系。对于医德医风考评体系进行信息化管理，结合实际修订考评指标，使考评指标设置更细化更具体。实行“医德医风一票否决制”，将医德考评结果与医务人员的晋职晋级、岗位聘用、评先评优、薪酬待遇、定期考核等个人切身利益直接挂钩。

二是常态化开展廉政查房。由纪检组长带队，相应分管领导参加，联合相关职能科室人员、特邀监察员组成网格化廉政查房小组。重点围绕科室廉政建设、“一岗双责”履职情况、三合理治理、患者满意度、工作纪律等方面开展督导。督导结果与“清廉科室”“清廉个人”等“清廉细胞”创评结果紧密结合，发挥廉政查房的监督职能和激励作用。

三是完善廉政档案管理。建立领导干部及中层廉政档案电子库，及时发现干部的廉政风险点并提醒。全面落实述责述廉述德述法述学、领导干部个人有关事项报告制度，进一步提高党员干部廉洁自律意识。

四是完善监督约束激励机制。在醒目位置设立行风举报箱，开通行风举报电话，畅通举报投诉渠道。聘请行风监督员，更好的接受社会监督。每季度将表扬信、锦旗、退缴红包以及各类荣誉等情况制作成清廉荣誉榜，在院周会上公布，正面引导和激励职工以“廉”为荣，以“清”为美。

三、取得成效

医院不断加强五大清廉体系建设，使医院和职工的面貌焕然一新，树立了良好的医院形象，不收红包收锦旗已成为全院医务人员行医新风尚，群众满意度不断提升，在清廉医风建设上取得实效。

2021 年度在浙江全省清廉指数评价考核中，获得湖州市三县两区 15 家医院清廉指数排名第一名；“强化监督考评，树牢廉洁医风”的做法被浙江省纪委网站报道；“开出清廉处方，助推清廉医院”的做法被湖州市当地媒体报道。

党建“1+N” 为医院高质量发展注入“源头活水”

浙江省台州市第一人民医院党委

一直以来，浙江省台州市第一人民医院党委高度重视并全面贯彻落实新时代党的建设各项要求，对标新时代公立医院党建定位和“走在前、做表率”的时代内涵，紧紧围绕中心工作这个“1”，积极探索支部“党建+”新路径，为医院高质量发展注入新动能。

一、基本情况

台州市第一人民医院始建于1940年，是一所集医、教、研、康复为一体的浙江省三级甲等综合性医院，国家级住院医师规范化培训基地，国家药物临床试验机构，温州医科大学、台州学院医学院非直管附属医院，台州市院前急救培训基地。医院成立于抗战时期，新中国成立后经政府组织部门批准同意，于1955年成立党支部，1973年升格为党总支，1995年设立基层党委。医院现有员工2100余名，党员507名，其中高知党员占比47%。2019年底，基于“支部建在科室上”的工作思路，党支部由13个扩编为24个（含2个离退休党支部）。

二、主要做法

（一）坚持铸魂立心，提升政治维护力。坚持“学”字当先，思想上对标对表。深入开展“两学一做”，扎实推进党史学习等主题教育。坚持“干”字为要，行动上紧跟紧随。重点落实“第一议题”制度，建好用好党支部月度工作责任清单，引导党员干部在思想上行动上同党中央保持高度一致。坚持“实”字托底，执行上坚定坚决。立足新发展阶段，贯彻新发展理念，构建新发展格局，坚持把党建要求融入所有决策，严格落实医院重大事项议事决策"三张清单"，充分发挥党委领导作用，彰显公立医院政治责任、社会责任及发展责任。

（二）坚持固本强基，夯实支部组织力。以党支部换届为契机，把支部规范化标准化建设摆在基层党建首位。强化支部班子建设，落实"双培养"制度，配优配齐支部班子。建立健全机制，以五星级党支部评定、党支部书记月度工作例会、年终述职为抓手，推进支部同质化管理，推动支部全面进步、全面过硬。提升党员队伍素质，加大高知群体、优秀青年骨干吸收入党力度，保持党员队伍的先进性和纯洁性。

（三）坚持党建引领，激活发展驱动力。医院牢固树立一切工作到支部的鲜明导向，发挥"大熔炉"作用，激活"神经末梢"，畅通"毛细血管"。院党委开展"党建+医联体"模式，22个在职党支部采取"2+1"模式结对11家医联体成员党支部，建立医联体"红色方阵"，实现党建与业务充分融合与效益叠加，实现医联体工作迭代升级。后勤二支部推进数字赋能，以"凤凰"信息系统、DRGs智慧医保、互联网医院等，助力"最多跑一次"及医院精细化智控。检验党支部以"党建+高素质团队"创新服务助力疫情防控，为医院打赢疫情防控阻击战、攻坚战当好"侦察兵"。

（四）坚持品牌聚焦，提升社会影响力。党委重视党务与业务融合，推动支部结合专业特点进行院内外"结对共建聚合力，优势互补促发展"系列品牌建设。急诊党支部结对台州市北洋镇政府共建"党建医管家"；神经外科支部联合手术麻醉科支部结对黄岩交警大队共建"脑外伤黄金救治圈"开启交通事故救治生命通道；神经内科支部结对台州日报社助力健康帮扶……

三、建设成效

（一）基层党支部组织力得以夯实。

一是党支部参与科室重要事项决策制度落实落地。科务会制度使党支部在员工职称晋升、评优评先、年度考核等科室重要决策中影响力明显增强。

二是支部凝聚力、向心力得到加强。入党申请人数逐年增加，大批高知、优秀青年骨干入党积极性明显提升，高级知识分子申请入党占比50%以上。

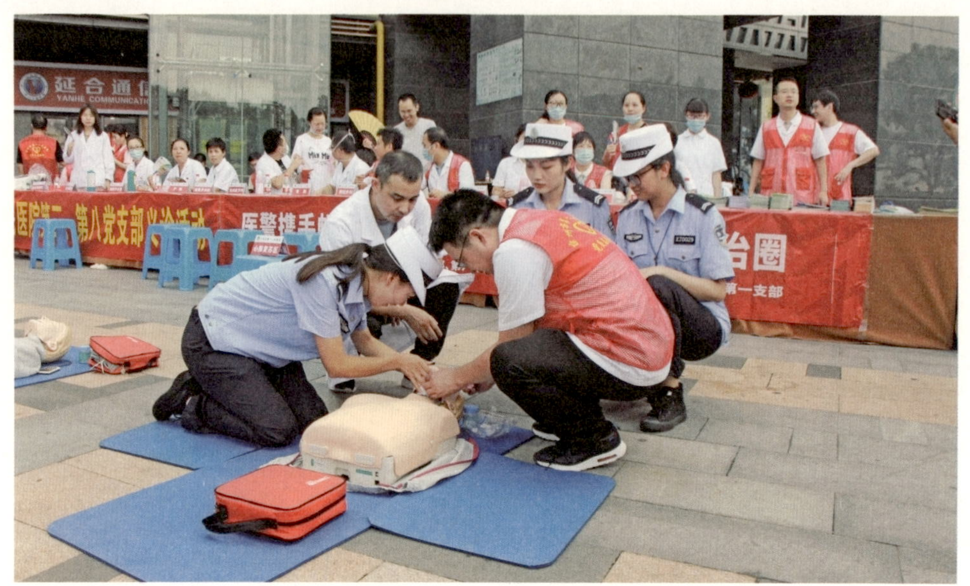

▲2020 年 8 月 8 日开展的“医警携手畅通生命通道”主题党日活动现场

三是党建品牌社会知名度扩大。以品牌建设为支点，支部党员深入群众、深入基层，着力解决人民群众急难愁盼问题。急诊党支部“党建医管家”25 名党员当上全镇 22 个村（居）225 户低收入农户健康管家，在支部影响下整个急诊科合力开展黄岩区“云急救”项目，心肺复苏技能培训普及足迹遍布黄岩区各乡镇、学校甚至是全市消防、公安系统。医警共建的“车祸伤者黄金救治圈”使车祸伤死亡率三年持续下降，公众满意度明显提升。

（二）医院服务力明显提升。

一是学科及人才队伍建设有成效。急诊党支部所在的急诊科是台州市重点学科，承担着台州市院前急救培训重任，是台州市院前急救培训基地。检验党支部书记领衔的名医工作室为学科人才队伍建设搭建更大平台。

二是危急重症急救能力明显提升。以普外、儿科、妇产科、神经内外科、心内科党支部牵头的创伤、危急重症儿童救治、孕产妇救治、卒中、胸痛五大中心建设成效显著。医院卒中中心被评为国家高级卒中中心；胸痛中心、急性上消化道出血救治基地 5 星评估、VTE 国家评审均顺利通过。

三是中医药传承发展成果卓著。中医党支部不仅有全国名老中医药专家传承工作室 1 个，浙江省名老中医药专家传承工作室 2 个，还有全国名老中医药专家学术经验指导老师 1 名，浙江省级名中医 4 人，台州市级名中医 2 人，中医医生硕士学位占 50% 以上。

四是推动“三个转变三个提高”落实落地。医院三四级手术量和占比逐年提升，疑难病例 RW（权重 / 分组）≥ 2 例数全省占比排名靠前，CMI 值（病例组合指数）稳步提高。

（三）医院公益性质更加突出。

一是在抗击新冠疫情防控上主动作为、勇于担当。进入新冠疫情常态化防控以来，以党员为主体的医务人员负责黄岩区的疫苗接种及黄岩区核酸检测重任。在援鄂、援疆、援沪等疫情援助任务中，支部党员始终冲锋在前、为实现抗击新冠疫情“三个零”作出贡献。

二是“三为”实践活动善作善成、唯实惟先。党委以党史学习教育为契机，深化“三服务”实践，扎实办实事开新局。医院扎实推进医联体建设受到浙江省卫健委的肯定，为浙江省医联体建设提供了台州样本经验。

三是助力脱贫攻坚精准帮扶、输血造血。积极响应国家号召，相继开展援贵、援青、援疆、援川工作，帮扶贵州省侗族自治县玉屏人民医院、贵州印江人民医院及妇幼保健院顺利升级，援助青海省海西州芒崖人民医院、新疆阿拉尔市医院及四川省新龙县人民医院，医院先后派出 20 余批 50 余人次，为被援助单位培养专业技术人员数十人。

（四）医院品牌建设见成效。院党委坚持文化育人，近三年来，医院相继被台州市、黄岩区评为抗击新冠疫情先进集体，相继被浙江省卫健委、台州市卫健委选树为“院科两优 德医双强”名单，2 个党支部获得台州市先进基层党组织称号，新冠病毒隔离病房荣获台州市委记功嘉奖 1 次，5 个党支部被评为市先锋党支部。2 名医务人员获得国家级荣誉，32 人获得省级荣誉，55 人获得市级荣誉。2022 年，在全面贯彻浙江省“红色根脉强基工程”工作中，医院党建工作受到上级部门的肯定，《新时代公立医院基层党员教育示范基地》被台州市委组织部批准为市第一批“三百计划”项目。

初心讲堂

浙江省温岭市中医院党委

在浙江省温岭市委、市政府及市卫生健康局党委正确领导下，浙江省温岭市中医院党委坚持全面从严治党，以习近平新时代中国特色社会主义思想为指导，成功创建“党建+中医”党建示范点，实施“三才齐抓、五行联动、治未病”工作方针，带领广大党员和干部职工认真履职、守正创新、勠力前行，不断提高凝聚力和战斗力，为医院高质量发展提供坚实的政治保障。

一、基本情况

温岭市中医院创建于1953年，是一所集医疗、教学、科研、预防保健为一体的三级甲等中医医院，是浙江中医药大学附属医院、上海中医药大学附属龙华医院台州分院、上海中医药大学研究生联合培养基地。温岭市中医院党委下设党委办公室和纪检监察办公室，纪委独立设置。有书记1名，副书记1名，委员4名。党委下设8个党支部，党员226名，其中在职党员201名，退休党员25名。党员高知占比52.2%，党员结构合理。

医院党委以“中医+党建”为指导，成功创建温岭市党建示范点，特色品牌“健康50”红色暖心行动深入民心，“一支部一特色”建设卓有成效，党建工作亮点纷呈。在等级医院评审、大型医院巡查、系统党建工作考核中成绩优异，获得好评。特色党建“健康50”红色暖心行动被评为“温岭市第一批全市机关党建品牌”，2021年医院党委获“台州市基层先进党组织”荣誉称号。

二、主要做法

（一）政治强基，创新学习。为进一步加强广大党员干部思想政治教育，提高党员干部政治素养与理论水平，保持党员队伍纯洁性与先进性，医院党委于2019年8月创建“初心讲堂”学习教育特色品牌，旨在巩固拓展主题教育成果，为医院全体党员、发展对象、入党积极分子、入党申请人及其他积极向党靠拢的同志提供政治理论学习平台，提高广大党员对中国共产党的认识，明确入党条件，端正入党动机，坚定理想信念，牢固宗旨意识，为全面提升公立医院党建工作水平打下组织基础。

（二）多措并举，提质增效。“初心讲堂”主要以课堂教学、红色基地教学、专题讲座、研讨学习、知识测试、交流心得、经验总结等为学习教育方式，重点学习和掌握党的性质、党的政治路线、党的历史与奋斗目标、党员的义务与权利等基本理论知识。结合自身岗位工作，做到理论联系实际、解放思想、实事求是，提高解决思想问题和实际问题的能力，更好地发挥党员的先锋模范作用。

（三）深耕厚植，德才兼治。医院党委共组织开展十余场次“初心讲堂”大型学习教育活动：开展红色基地体验教育，党委书记李正祥宣讲党课《从党史学习中汲取前行的力量》，让大家感受峥嵘岁月，革命先贤洒热血的悲壮，与大国崛起，独领风骚创辉煌的荣光；举办清廉讲坛，邀请台州市特级教师、原新河中学

▲2019年9月3日 温岭市中医院医共体党工委“初心讲堂”启动仪式

校长王钦平授课，通过鉴古谈今，引经据典，总结出医者要守初心、正医风、强医德、展医术，端正“三观”为民服务……

三、取得成效

（一）理论赋能，服务争先。“初心讲堂”开展以来，广大党员干部积极学思践悟，将学习成果内化于心、外化于行，厚植为民服务情怀，提升为民服务能力。以党建特色品牌“健康 50”红色暖心行动为载体，纵深推进“三为”专题实践活动，开展了一系列便民利民的服务工作。包括进学校、进企业、进社区、进基层，开展各类义诊、送医送药、专病筛查、慢病管理、居家护理、推广中医适宜技术、抗疫指导复工复产复学等，为“新温岭人”群体及弱势群体提供优质的医疗服务和全方位的健康教育服务。到目前为止，共开展各类服务活动 60 余次，服务人群 10000 余人次。

（二）精神铸魂，冲锋在前。学红色经典、承革命精神。广大党员积极响应时代号召，在急难险重处，艰苦奋斗、逆势而上。一是抗疫显担当。在新冠疫情暴发第一年，医院 50 余名党员医护工作者主动请缨，纷纷写下请战书奔赴抗疫一线。二是抗灾冲在前。面对超强台风袭击，党员干部带头坚守一线，落实巡访防台抗台措施，保证患者安全和医院正常运行。三是攻坚做表率。在医院重大项目工程、重点项目、主要 KPI 指标面前，党员同志率先垂范积极认领，为全院医生做了很好的榜样作用。

（三）知识武装，卓有成效。自“初心讲堂”开展以来，广大党员学习劲头明显提高，对党的基本理论学习兴趣愈加浓厚，呈现出比学赶超的态势，切实增强了“四个意识”，坚定了“四个自信”，坚决做到“两个维护”。在医院党委组织的党史知识竞赛、红色歌咏比赛、廉政书画比赛，及当地卫健系统组织的相关比赛中，党员同志文韬武略、执笔挥墨，尽显卓越风采，先后获得当地卫健系统党史党建知识竞赛团体三等奖、卫健系统“学党史 迎百年”党史知识竞赛团体二等奖，调研文章《医共体党的建设推进策略——基于温岭市中医院医共体的实证分析》获得温岭全市机关党建调研文章和理论文章评比一等奖。

党旗下的光明行动

温州医科大学眼视光学院附属眼视光医院党委

温州医科大学眼视光学院（生物医学工程学院）附属眼视光医院党委打造的“党旗下的光明行动”特色品牌项目，通过实施“川藏青健康光明工程”项目，以党旗为指引，自 2012 年以来，每年组织本院党员师生、医护人员，通过组建师生临时党支部等方式，到高寒缺氧、气候恶劣、平均海拔 4000 米以上的青藏高原开展“光明行”公益医疗服务活动，为藏族群众送去光明和健康。

十年来，党委以“党旗下的光明行动”为号召，先后组织了 500 余人次党员教师、医师及 1500 多名学生，开展了 19 次光明行活动，活动足迹遍布川、藏、青高原 16 个贫困县（市）和 150 多个贫困乡村，累计开展全身及眼科体检 30039 人次，眼科手术 3311 台，发放眼镜 2 万余副，为 5 个民族近 4 万名群众建立眼健康档案，为超过 61 万当地群众进行科普宣教，帮助 9000 余人重见光明。在此基础上，项目团队积极对接当地医院签订 3 ~ 5 年帮扶计划，帮助成立联合眼视光中心，开展定点眼科医学人才培训，从根本上改善藏民就医条件。团队与当地联合成立眼视光中心 11 家，设立远程平台 8 个，建立眼科手术室 3 间，开设低视力教室 1 间，培养藏区眼科专业人员 16 名，在健康帮扶和促进民族大团结征程中贡献了力量。

十年来，该项目先后获得第十一届“中华慈善奖”“全国民族团结进步模范集体”、全国高校思想政治工作精品项目、第五届中国“互联网 +”大学生创新创业大赛青年红色筑梦之旅赛道金奖和精准扶贫奖、“最美浙江人 · 最美天使”称号、浙江省实践育人工作优秀成果案例、浙江省卫健系统志愿服务大赛一等奖等，多次被媒体报道，产生广泛的社会影响。

一、主要做法

（一）服务国家战略的目标定位。院党委将党建基因深深融入眼视光学科发展血脉，带领眼视光学科实现“从无到有”“从有到强”“从强到优”的快速发展，树立了全国乃至国际领跑地位。立足于眼视光学科全国领先的专业优势，院党委希望通过打造特色品牌，切实服务“健康中国”“一带一路”等国家重大战略。自2012年以来，该院启动了“党旗下的光明行动”品牌打造，十年来他们通过“川藏青健康光明工程”等项目，深入西部高原藏区开展眼健康服务行动，推进中国东西部眼健康事业发展共同体建设，为“健康中国”建设做出贡献。同时，该团队走出国门走向“一带一路”，在非洲布基纳法索、中非共和国等地开展眼科医疗援助、临床带教和学术交流活动，得到所在国家政府、民众和我国驻外大使馆的高度赞扬。

（二）构建党委引领的工作体系。校院两级党委高度重视这一品牌的打造，原校党委书记吕帆亲自参与该项目的顶层设计，院党委书记张建、副书记陈洁负责具体实施，把该项目列入党委重点工作任务，建立了党委统一领导、部门分工负责、全员协同参与的工作格局，调动各方力量齐抓共管，协调配合，形成合力，整体推进。

（三）打造立德树人的特色品牌。院党委深入贯彻习近平总书记“培养党和人

▲ 院党委成立川藏青健康光明工程临时党支部

民信赖的好医生，到祖国最需要的地方去”的重要回信精神，把培育和践行社会主义核心价值观贯穿于医学人才培养全过程，创新打造了“高原上的思政课”。在项目开展过程中充分发挥党员教师的先进性作用，带领学生在条件艰苦的公益实践中经受考验、磨炼意志。很多次活动地点就设在红色革命根据地，例如红军达维会师的小金县，师生们在当地寻访红色足迹，重温伟大历史，受到精神和思想上的洗礼，激励师生们不忘革命先烈，坚守理想信念。

（四）形成多方合力的组织模式。在项目的实施过程中，院党委积极发挥协调作用，不仅全方位调动院内资源，还通过校地协同，逐步形成院校、政府、社会“三位一体”的组织模式。

（五）构建长效发展的救助模式。以位于四川省阿坝藏族羌族自治州南部的小金县为例，该县曾是当年红军翻越第一座大雪山的地方，原属经济贫困县。该团队多次进入小金县，不仅在当地开展公益医疗服务，还积极推动融合共建，与当地政府和医院通力合作，共同建立了“温州医科大学－小金县联合眼视光中心”，与中国移动及清大视光合作，共同建立了小金县人民医院5G眼科远程门诊室，加强当地人才培养，目前已有6位当地医护人员来温进修，其中当地医院副院长已能独立开展白内障手术。多措并举推进当地眼科医疗水平全面提高，探索出了一条由“输血”向“造血”转变的新途径，为小金县脱贫攻坚打下坚实基础，2019年小金县退出贫困县序列。

二、经验启示

（一）发挥学科优势，项目实施品牌化。利用在眼视光教育、医疗、科研领域强大的学科优势，医院以作为全国最大的眼科人才培养基地为支撑，以“党旗下的光明行动”为主题，精心设计内容、定向组建团队、精准对接问题、突出成果应用，打造社会公益与人才培养有机结合的品牌项目。在国内西部高原地区探索的同时，该院响应“一带一路”“健康丝绸之路”重大决策，走出国门，在非洲布基纳法索等地首先开展探索，将“光明行”品牌带至全球视野。

（二）深化多方协同，项目培育基地化。依托学院、医院的定点扶贫等工作，医院整合目前已建立的西藏拉萨、青海果洛、四川小金、四川金川、四川壤塘等服务基地，发展完善健全的基地服务模式、育人机制，同时结合当地特色，开展高校实施、政府支持、社会参与三位一体合作模式，将该项目打造成为稳定的社会服务平台，成为引领全国医学院校、医院开展思政品牌建设的新样板。

（三）强化体制建设，确保活动持续化。院党委积极构建完善的工作体制机制，党委领导亲自牵头，把该品牌建设列入党委重点工作，建立了完善的工作体系，每年开展专题研究谋划，建立健全考核激励制度、入党志愿服务制度等，确保了该品牌十年来的生机活力与可持续性。

积极打造“同心援”志愿活动项目

浙江省温州市急救中心党支部

一、创建背景

浙江省温州市急救中心系温州市卫生健康委员会下属的公共卫生医疗单位，负责温州市辖四区的院前急救服务，灾害、事故等突发公共事件的紧急医疗救援，各种大型会议、活动的医疗保障，各县（市、区）院前急救业务指导、培训等工作，在此基础上中心积极开展市民急救知识的科普教育。

2017 年，为提高群众自救互救能力，普及急救医疗知识，弘扬急救人奉献、友爱、互助、进步的志愿服务精神，中心利用全市急救网络和院前医疗服务专长搭建急救志愿服务平台，成立了温州市急救中心“同心援”志愿者服务队。“同心援”志愿者服务队意在汇聚社会有志之士，秉着自愿参与，量力而行，为民服务的原则，为社会提供免费急救服务和急救知识技能普及，组织指导急救志愿者参与突发性公共卫生事件现场抢救和转运伤患等志愿服务工作，为社会人人自救互救，增强第一目击者救援蓄积力量。

二、主要做法

（一）强化部署，组织保障强有力。

一是中心高度重视。中心成立了工作领导小组，启动温州市急救中心志愿者服务队队名、LOGO 和口号征集活动，历时 35 天共征集 37 个队名、113 个口号、16 个 LOGO 作品，最后经专家评选确定突出中心为民服务的意义，具有院前急救特色和元素的队名、LOGO 和口号。

二是提供必要的保障。党支部专题研究志愿活动形式、制度等，制定了《温州急救中心志愿者管理办法》，确保为品牌活动开展提供必要的保障。

三是确保品牌创建活动落地。中心确定由团支部负责牵头实施志愿活动日常工作，联系党员、业务科室、站点，细化分解各站点任务要求，联系具体结对基地，形成“支部+站点”的双层责任落实结构，并把建设效果与站点的年度绩效考核相挂钩。

（二）夯实基础，队伍建设规范化。

一是规范志愿者招募、录用、管理工作。制订中心志愿者招募方案、流程。除中心专业工作人员外，向社会招募志愿者，保证志愿者队伍素质，进而推进志愿服务工作规范化、制度化。

二是加强志愿者培训。通过专业救护知识培训和实践，提升志愿者院前急救知识、技能和志愿服务意识，积累活动经验，逐步成熟开展院前急救志愿医疗服务活动。

三是加强日常活动管理。落实志愿者服务承诺书，公布温州市急救中心志愿者服务内容要求，加强志愿汇等政府平台签到签退管理，强化队伍的组织纪律。

（三）多措并举，推进思想政治教育。

一是加强青年思想政治教育。坚定不移用习近平新时代中国特色社会主义思想武装头脑，建立“机制+活动”模式，坚持“领导带头学、支部组织学、青年员工自觉学”，结合当年工作重点，年初制订学习培训计划，抓实集体学习，深入推进习近平新时代中国特色社会主义思想、党史等学习教育活动。

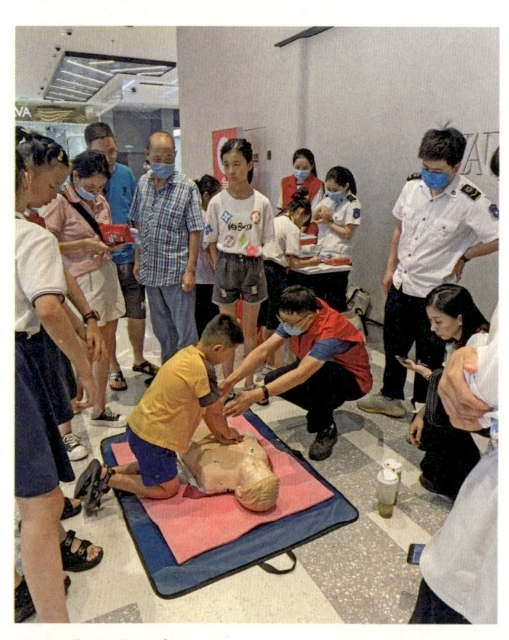

▲ 开展志愿服务

二是实施思想政治引领先锋行动。开展全市“最美急救人”活动，并在救护车上设立党员示范岗，在抗疫一线组建党员先锋队，让思想政治工作与急救发展融合发展，促进高质量发展。深化以职业道德为重点的“四德”建设，推出事迹过硬、服务优质的典型，引导更多职工投身志愿服务和文明创建活动，助力全国文明城市创建。

（四）特色志愿，展示急救专业风采。

一是建立特色品牌项目。中心团支部牵头在温州市红日亭、三乐亭等慈善地标建立温州市急救中心志愿服务基地，助力疫情防控工作，开展急救知识宣教和口罩等防疫物资发放，受到广大市民热烈欢迎。开展“走进120”暑期急救体验活动，邀请青少年学生体验急救；开展急救科普“夜摊”活动，满满急救知识技能“干货”引市民点赞。

二是创建温州首个急救安全屋。立足中心急救服务特点，在世纪公园打造全市首个急救安全屋，不仅为市民设置救援柜和急救物资，还配置了模拟人等设备，为市民提供想学就学的环境，并开展志愿者驻点，以随到随学的模式向市民宣传急救知识和技能，发挥青年志愿服务阵地的功能，自急救安全屋活动开展以来服务群众逾5000人次。

三是急救“七进”普及急救知识，提升社会自救互救能力。温州市急救中心“同心援”志愿者队牵头开展急救进企业、进学校、进社区、进乡村、进公园、进机关和事业单位科普志愿活动。为提升营商环境，助力复工复产，急救志愿活动走进农业银行、迦南集团等企业，为企事业机关开专场科普；为提升青少年急救知识，急救服务走进校园，与温州市第二十二中学，温州实验中学等学校开展急救知识课堂；为便民惠民，中心连续开展急救志愿服务进社区、乡村、公园活动，让急救科普、义诊活动遍布双屿社区、西岫社区、苍南望里镇、永嘉县岩门村、桂柑社区、松台社区等，为广大市民开展急救知识普及和义诊活动逾170场，服务群众逾万人次。

三、取得成效

（一）“同心援”志愿者品牌活动增加了党团组织建设的维度。丰富了党支部的活动形式，充分调动了党员同志的积极性、主动性、创造性。同时，在为群众服务的过程中，党支部也在进行着自我进化，持续强化党支部的凝聚力、创造力和战斗力。中心党支部获得2020年度温州市先进基层党组织，2020年度温州市抗击新冠疫情先进集体等荣誉，切实提升了每一位职工的荣誉感和自豪感。

（二）急救队伍自我成长成效。在服务员工、服务群众的过程中，党员干部的素养得到进一步提升。每一名尽心参与志愿服务的职工，每一次意义非凡的志愿活动，都在急救人心中逐渐树立起可信、可敬、可亲的崇高形象，有效提升了党组织在职工中的威信，同时助力了党员干部的自我成长。

健康科普进基层　服务全民健康

安徽省疾病预防控制中心党委

作为全国文明单位，安徽省疾病预防控制中心始终注重将党建和业务有机结合，把精神文明建设融入其中，立足健康科普专业优势，带领广大党员干部职工立足岗位、发挥优势、服务群众，在常态化志愿服务活动中培育和践行社会主义核心价值观。2013 年 3 月，中心成立学雷锋志愿服务队，并在此基础上，打造了一支健康宣讲科普服务队。多年来，中心党委带领广大干部职工不断丰富服务内容、拓宽服务渠道、创新宣讲方式，得到了上级主管部门和所在社区、机关企事业单位、各类学校和广大群众的广泛好评。

一、党员进社区，深入服务基层

自 2014 年起，为充分调动党员服务群众的积极性，中心党委积极开展在职党员到社区为群众服务工作。以在职党员受教育、居民群众得实惠、社区工作上水平为目标，以服务改革、服务发展、服务民生、服务群众、服务党员为主要内容，鼓励和引导在职党员在社区亮身份、树形象、做表率。在有关部门的协调下，中心在职党支部与合肥市芙蓉社区、莲花社区所在的八个街道居委会建立了党员进社区报到制度，常态化开展进社区服务活动。

目前，中心在职党员 156 人，全部由党委牵头、支部组织完成到社区报到工作。中心各党支部积极深入社区开展健康宣讲活动，在职党员均积极参与到社区治理工作中，每年人均健康宣讲进社区服务时长达 5 小时。

二、共建辖区学校，关心下一代成长

多年来，中心各类先进模范、防病专家、青年志愿者深入校园开展健康宣讲，

▲青年志愿者深入社区开展健康科普活动

针对学生家长关注的膳食营养、近视防控、春冬季流行性传染病防控、新冠疫情防控等主题开展健康宣讲。2020年以来，中心专家志愿者多次积极配合多所学校开展新冠疫情防控学校复学演练和针对教职工、学生的防控培训讲座，助力学校有序开展教学工作。在安徽大学和合肥理工大学，专业技术人员围绕《高等学校、中小学校和托幼机构新冠疫情防控技术方案（第五版）》有关要求，通过线上、线下相结合的方式对如何提高学校疫情防控应急处置能力开展培训。

三、加入党建联盟，推动社区共治

2018年底，中心所在合肥市芙蓉社区筹备成立区域党建联盟，中心作为辖区单位，积极支持和参与了相关筹备工作。2019年3月，芙蓉社区区域党建联盟正式成立，安徽省省疾控中心作为联盟单位，签署了共建共治协议。主动在联盟项目认领单上认领了“微爱接力”“邻里和谐”“传递健康”“助力成长”“文明新风”“筑梦未来”等项目。2019年5月，为实现资源共享、优势互补，促进社区和美发展的共建目标，中心党委与芙蓉社区党委协商，共同打造了“家·健康”惠民项目。2021 年 4 月，由相关单位牵头，与合肥市芙蓉社区新月居委会新时代文明实践广场开展结对帮扶工作，进一步探索文明创建与社区治理新形式。

3 年多来，中心按期积极参加社区党建联席会议，围绕社区治理，特别是常态化疫情防控建言献策。2021 年 6 月，中心被评为芙蓉社区“十佳共建共治”单位。中心党员干部职工积极参与社区建设和健康宣讲活动中，先后多人被评为芙蓉社区最美劳动者和经开好人。

四、深化志愿服务，爱心服务社会

为持续深化社区党建共建，进一步推进新时代文明实践，2021 年 4 月，合肥市芙蓉社区成立志愿服务联盟，为弘扬“奉献、友爱、互助、进步”的志愿服务精神，中心青年志愿者服务队积极加入，并在成立大会上宣讲中心志愿服务活动。为做好志愿服务活动，中心团委部广泛了解群众需求，结合健康宣传日和特定人群需求，制订志愿服务计划，每月开展一次有针对性的志愿服务活动。中心青年志愿者服务针对重点人群的志愿者服务项目在合肥市项目大赛中荣获铜奖。同时，为进一步推进志愿者服务工作，2021 年 5 月，中心志愿者服务队加入了合肥市志愿服务联合会，承诺积极参加联合会组织的活动，认真完成联合会安排的工作，为促进合肥市志愿服务事业持续健康发展做出应有的贡献。

2021 年，中心健康宣教活动立足党史学习教育“我为群众办实事”实践活动，走进企业、社区、校园，将学习成果转化成为民服务效果。2022 年，新冠疫情常态化防控面临新的挑战，中心志愿者根据不同单位不同社区的需求，先后前往安徽省监狱管理局、安徽省公安监管总队、安徽省烟草专卖局等单位通过线上线下等多种方式，广泛开展健康宣讲活动，紧密契合受众需求，坚持“人、物、环境”同防，为各单位有力有序开展各项工作提供了技术保障，筑牢抗疫防线。

抓好“学、分、融” 提升党的组织生活质效

安徽省胸科医院党委

党员是党的肌体“细胞”，加强党员教育管理是党的建设的基础性、根本性、经常性任务。安徽省胸科医院（安徽省结核病防治研究所）党委立足工作实际，全面落实新时代加强和改进思想政治工作的意见，坚持抓好“学、分、融”，不断提升党的组织生活质效，为推动高质量发展提供强有力的政治保障及组织保障。

一、基本情况

安徽省胸科医院以诊治肺、心、食管、气管、纵隔疾病为主的三级专科医院，同时作为省级结核病防治专业机构负责全省结核病防治督查指导工作，现有党员430名。由于医疗卫生行业工作的特殊性，存在人员难集中、时间难协调、落实难抓紧，工学矛盾突出、党员教育管理效果不明显等问题。为此，院（所）党委积极探索思想政治理论学习新模式，以党员“积分制”管理为抓手，形成党建有力量、服务创一流、职工有干劲的良好氛围。

二、主要做法

（一）以“学”为基础，激发党建原动力。院（所）党委始终把思想政治建设摆在首位，坚持以学为先，充分发挥党委理论学习中心组示范作用。

1.“互联网＋学习”——积极调动党员思想政治理论学习积极性，探索互联网新模式，引导党员通过党建微课堂、“学习强国”、线上微党课直播等平台完成个人自学。

2.“实践＋学习”——不断创新政治理论学习载体，组织开展党史知识竞赛、经典诵读、主题宣讲等专题活动，指导支部开展个性化微党课、读书会等主题活动，鼓励先进模范、普通党员上党课、谈心得，展示学习成果和成效。同时院（所）定期邀请专家进行专题辅导，组织党员开展革命传统教育，开展知识线上测试，拍摄主题党建微视频，组织观影观展等，以党员需求为导向，不断丰富教育形式，切实让党员教育“实起来、亮起来、动起来”。

（二）以“分”为抓手，夯实组织战斗力

1. 细化积分，量化考核。科学制定党支部目标责任制及党员管理考核办法，细化量化支部及党员考核标准，在考核“三会一课”、主题党日等常规党建工作的基础上，将党组织及个人履职尽责、党风廉政建设、申报科研课题、发表核心期刊论文和开展三新项目、学习强国排名、党建微课堂学习、受上级表彰及患者表扬、在重大突发事件及重大任务中的表现、参加文体活动以及创新开展党建活动等情况纳入考核范围，科学制定加减分标准，切实做到了将党建和业务同部署、同考核。

2. 结果运用，形成闭环。党支部每年度做好党员积分的登记、汇总、反馈、公示的流程，院（所）党委在年度开展党建考核时采取现场述职与支部轮转互查的方式进行考核，形成工作常态化。

（三）以“融”为目标，助力发展添动力

1. 红色有高度——打造学习型党组织。以党史学习教育为主线，大力加强“六学”健全“三项机制”，组织观看艺术党课、经典诵读、主题摄影、主题征文比赛等专题活动，积极打造党建微课堂，营造了浓厚的学习氛围。

2. 橙色有温度——打造志愿型党组织。组建“580”志愿服务队，施行“点单式”志愿服务法，制定个性化志愿服务内容，积极组织支部开展活动，并将其纳入党员教育管理重要内容，形成党委—党支部—党员三位一体的工作格局，2021 年度围绕健康科普、义诊赠药、关怀慰问、爱心捐赠、义务献血、消费扶贫、联防联控等内容开展了百余次主题活动，服务人次超过 10000 人次。

3. 金色有态度——打造示范性党组织。设立“党员示范岗”，引导党员自觉亮身份、树形象，党员自觉在院（所）建设、疫情防控、便民服务等工作中发挥带头作用，将老百姓就医“烦心事”变为“舒心事”。

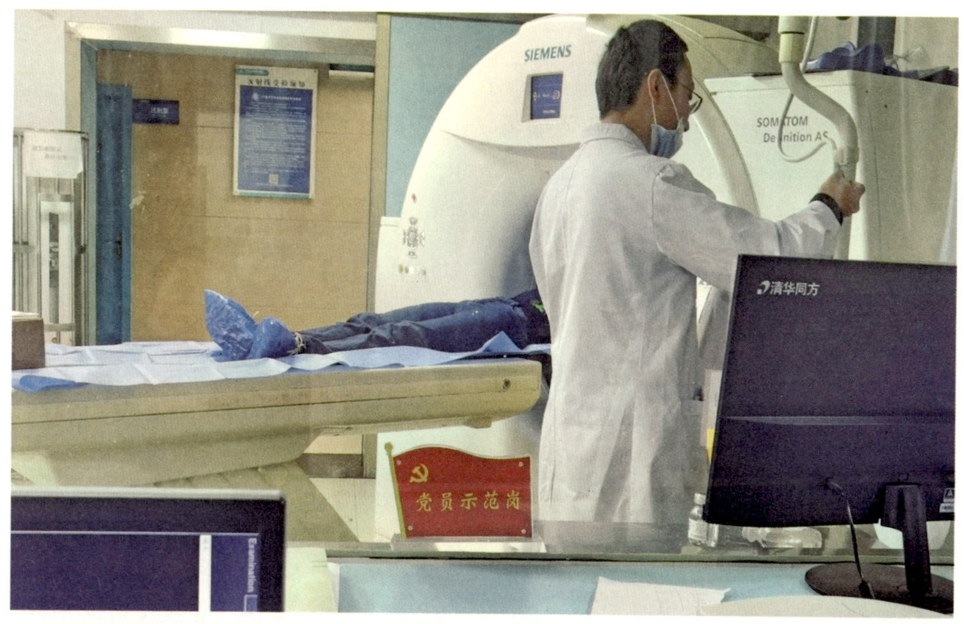

▲设置“党员示范岗”，引导党员自觉亮身份、树形象

4. 绿色有广度——打造专业型党组织。坚持以提高群众健康获得感为中心，做好“高层次专家引进来、高水平人才走出去”工作，引进心脏大血管诊疗中心团队，让患者“不出远门看名医”。

5. 蓝色有深度——打造实干型党组织。定期开展“领导一线工作日”调研活动，聚焦问题促整改，大力解决患者就医“四难”，顺应职工发展“四盼”，满足辖区居民生活“四要”，2021 年为群众办实事服务超过 80000 人次，切实打通服务群众“最后一公里”。

6. 青色有力度——打造廉洁型党组织。常态化开展警示教育，定期开展廉洁文化课堂，打造“线上 + 线下”廉洁教育阵地，结合“身边事”教育“身边人”，2021 年院（所）自制的廉洁行医警示教育片《“不准”永铭记 廉洁在我心》被安徽省纪委、安徽省监察委员会评为精品微视频，入选“安徽廉洁文化精品库”。

7. 紫色有亮度——打造创新型党组织。充分挖掘支部工作亮点，鼓励发挥专业特长，创新“党建 + 科普”“党建 + 窗口”“党建 + 服务”等新模式，打造有活力、有效力、有特色的标准化支部，院（所）医技二支部入选“领航计划”省级培育库，预防支部入选省卫生健康委直属示范库。

三、实际成效

（一）思想政治理论学习成效显著。形式多样、内容新颖的思想政治理论学习新模式，使得学习内容变得生动活泼，更具吸引力，切实提高了党员的学习积极性；依托互联网技术，对党员学习情况进行及时、准确的把握，通过后台管理建立党员学习监督机制，确保每位党员落实好学习任务，增强党员教育管理工作的科学性。

（二）党建工作更加规范标准。通过公开、透明、科学的考核，在院（所）内形成了“比学赶超”的良好氛围，使党员真正成为群众中的一面旗帜，增强党员主体意识和获得感，切实提高了基层党组织的凝聚力和战斗力。院（所）党委获评省卫生健康行业“领航”培育库。

（三）品牌建设初见成效。打造“七彩党建”品牌建设，深入推进党建业务工作融合，为支部间开展学习和特色工作的提供了分享经验、交流学习的平台，切实增强了服务能力与水平，有效调动党员参加组织活动的积极性。

四、经验启示

（一）加强领导，压实责任。创新党员干部教育管理监督，需要形成有力的长效机制，要充分发挥党委领导班子的“领头雁”作用，层层压实工作责任，推动党建提质增效。

（二）丰富内容，创新形式。创新党员干部教育管理监督，要立足岗位工作实际，积极听取党员意见建议，采取广大党员喜闻乐见的形式，充分发挥专业技能优势，促进党建业务深度融合。

（三）强化督导，巩固成效。创新党员干部教育管理监督，要从严落实监督考核，科学运用考核结果，坚持做好对党支部的指导工作，及时巩固教育管理成效。

党建创新激活力　暖医暖院暖人心

中国科学技术大学附属第一医院

一、案例背景

为深入贯彻落实中共中央办公厅《关于加强公立医院党的建设工作的意见》及安徽省委办公厅《贯彻〈关于加强公立医院党的建设工作的意见〉实施办法》，扎实推进安徽全省公立医院党的建设，进一步改善人民群众看病就医感受，关心关爱医务人员，做到患者与医务人员满意度双提升，中国科学技术大学附属第一医院（安徽省立医院）南区（以下简称南区）自2019年初，自上而下地在全院范围内开展了“暖医·暖院”专项活动，提升医疗服务质量、优化医务人员执业环境，全面增强患者就医体验感及医务人员行医获得感。

二、主要做法

（一）简流程缩时间，畅通“生命线”。作为安徽全省心脑血管疾病诊疗中心，南区简化急诊就医流程，搭建院内专项绿色通道，与院前急救无缝衔接，实现医疗信息快速共享，在卒中、胸痛的平均急救反应时间上做到全省最短，初步构建安徽省卒中与胸痛防治的“生命网”，不断提高国内影响力。2020年中国脑卒中大会暨脑卒中防治工作总结会在安徽省合肥市举办，这是国家脑防委首次在北京以外的城市举办。

激发支部活力，深化开展党支部立项活动。南区将党支部立项活动和“暖医·暖院”、党史学习教育活动相结合，凝聚党建工作成果。如胸外科党支部在2021年支部立项中设计一款专门针对食管疾病术后患者的移动式多功能输液架，以加快康复、预防血栓发生。门诊支部针对婚前性行为导致的意外怀孕增多情况，走进多所大中专院校开展青春期生理知识进校园活动。

（二）强调人文关怀，打造“舒适区”。将人文元素融入医院的各个角落，努力为患者、医务人员提供干净整洁、安静舒适、私密性良好的就诊及工作环境。如手术室通过术前预热手术室温度，加温冲洗液等，降低患者围术期寒战发生率。胸外科根据科室患者特点原创设计制作病员服以及戴鼻肠管出院患者的安全口罩。药剂科开展可视化的慢病患者用药教育和在线用药，在线实时回答患者问题。儿科改良采样装置、规范操作流程，减少患儿痛苦。在全省医院中首家推出共享轮椅。为候诊孕产妇定制特制门诊候诊椅。关心关爱医务人员，试点暑假职工子女托管班。

（三）换位重思考，架起“沟通桥”。党支部牵头，各科室以工休座谈会、节日义诊、科普讲座等形式搭建患者与医护人员的沟通桥梁，积极解决患者在就医过程中遇到的“烦心事”“添堵事”，以全心全意的“新付出”赢得患者的信任与认可。

▲做好“后援团”——开办暑期职工子女托管班

（四）冲锋战疫情，勇担“排头兵”。2020年2月13日，医院第三批支援湖北医疗队出征，南区分党委书记鲁朝晖、时任南区副院长王锦权作为正副领队与137名医护人员，接管华中科技大学同济医学院附属协和肿瘤中心内科6病区。南区普外科樊华、病理科吴海波、李恒也分别参加了首批护理组及病理组的武汉抗疫。此外，南区抽调人员保障中科院临床研究医院应对疫情防控科技攻关指挥部工作，为“托珠单抗＋常规治疗”免疫治疗的“科大方案”出炉贡献力量。鲁朝晖获省优秀共产党员，王锦权、费明明、吴丹丹等获安徽省“五一劳动奖章”，朱余友、汪澄等获安徽省卫健系统“新冠疫情防控工作先进个人”，宇霏获安徽省优秀共青团干部，樊华家庭入选“全国抗疫最美家庭”。

三、主要成效

近 3 年来，“暖医・暖院”活动取得显著成效。2020 年南区门急诊量达 117.96 万人次，出院患者总数 8.64 万人次，较三年前分别增长 195.04%、90.31%，平均住院日 7.70 天，较三年前缩短 1.13 天。南区学科建设水平有力提升，医院品牌影响力进一步释放，成为省内首家且唯一一家国家示范高级卒中中心，入选安徽省唯一“中国卒中中心培训基地”，牵头组建安徽省卒中防治联盟、安徽省房颤中心联盟等。南区就诊流程进一步优化，门诊实现全号源、分时段预约，多科室进驻南区，日间手术中心全面投入使用，患者就医满意度持续攀升。南区职工文化建设进一步提升，文艺会演、各类竞赛、相亲联谊、团队沙龙等特色品牌活动蓬勃开展，软硬件环境持续改善，医务人员与医院发展同呼吸、共成长。

名医直播间　普及健康知识

安徽理工大学第一附属医院党委

思想政治工作是党的优良传统、鲜明特色和突出政治优势，安徽理工大学第一附属医院（淮南市第一人民医院）以思想政治工作的相关政策文件为基本原则，以名医直播间为抓手，助推医院文化宣传与品牌建设，以健康科普和促进惠及于民。

一、基本情况

安徽理工大学第一附属医院始建于1952年，是淮南地区唯一的公立综合性三级甲等医院，国家爱婴医院，全国综合医院中医药工作示范单位，全国脑卒中筛查与防治基地医院，国家级全科医生临床培养基地，国家级住院医师规范化培训基地，中国高级卒中中心，中国胸痛中心、中国房颤中心、中国心衰中心。

二、案例做法

医院与淮南市广播电视台联办一档名为《名医直播间》的栏目，于2016年4月正式开播，2022年6月节目改版，采用全新模式，普及健康知识，截至2022年10月已播出158期。

（一）栏目结构设置合理。《名医直播间》栏目，每月两期，每期3个主题，一期时长为20分钟，一年首播24次、重播120次，首播后会分别用电视台和安徽理工大学第一附属医院（淮南市第一人民医院）微信公众号发布节目。栏目由《名医在线》《寻医问药》《医政动态》《专科护理》《走进医院》《健康快讯》几个版块自由组合。

▲2022 年 6 月，《名医直播间》在安徽理工大学第一附属医院（淮南市第一人民医院）演播室录制实景

（二）节目亮点突出。《名医直播间》是典型的访谈模式的医疗健康类电视节目。访谈模式是医疗健康类节目中运用较多的一类，这种模式中规中矩，符合医疗健康类题材的特性，可以树立较好的可信度和说服力。

节目主题吸引、内容简单实用，具有如下亮点：

1. **品牌知名度高。**安徽理工大学第一附属医院（淮南市第一人民医院）是淮南地区唯一的公立综合性三级甲等医院。

2. **节目信用度高。**节目邀请最具权威的名医专家阐释节目主题的基本概念，细数种种误区，介绍治疗方法，把生活中的养生方法和注意的地方简单化、通俗化地介绍给观众，使“名医”系列成为老百姓身边没有距离的“保健医生”。

3. **节目贴近生活。**《名医直播间》多以“导乐陪伴 无忧生产”“戒烟门诊摆脱烟瘾困扰”“预防糖尿病刻不容缓”“消除歧视了解传染病”“儿童用药指南”等群众关心的话题为节目主题，从生活中细小的话题出发，主题都是和每个人每天生活息息相关的，受到广大观众的欢迎。

4. **多次走进校园、社区。**《名医直播间》拍摄多次走进校园、走进社区，如：“目”浴阳光 预防近视、走进安理大“急救知识进校园”活动、义诊，等等，另外还通过讲座等形式把健康保健知识带到同学们身边、老百姓身边，增加了全民的健康常识。

5. **收视人群稳定。**《名医直播间》目标收视群体不仅仅是患者，更重要的是对健康知识、医疗常识感兴趣的受众群体，正因为对保健的兴趣所在，观众相对稳定、不易流失、忠诚度高。

6. 风格温馨亲切。《名医直播间》以演播室访谈方式播出，演播室装修以温馨色调作为基调，也象征着“健康生活”，节目主持人端庄知性，得到了观众的认可好评。

7. 设置专业演播室。节目演播室还是全国唯一一家在医院内设置的专业演播室，专家查完房、手术后或是出完门诊，在同一栋大楼内就可以直接走进演播室，方便节目的访谈录制。

8. 节目传播范围广。《名医直播间》不仅在淮南电视台播出，更借助新媒体平台在淮南新闻网官网、微信公众号以及医院官网和微信公众号广泛传播，受众覆盖至全网网名。

三、案例成效

《名医直播间》自 2016 年 4 月开播至 2022 年 8 月已经播出 154 期，一直秉承关注大众健康，倡导优质生活的原则，受到全市乃至周边地区观众的欢迎。同时大大促进了医力下沉，丰富了医院健康促进工作的内涵。

节目播出后，通过网上预约、门诊预约、24 小时电话预约的人数大幅增加，通过留言和对患者的随机调查，其中很大一部分患者是收看《名医直播间》节目后前来健康体检、预约就诊以及寻医问药的。

随着二孩政策全面放开，生育问题越来越得到重视，但是由于环境污染、工作压力的增加、生育年龄推迟等因素，现代女性不孕现象愈发普遍。输卵管性不孕是女性不孕症的重要原因，直播间播出了《子宫输卵管超声造影新技术将在市一院投用》的子栏目，详细介绍了子宫输卵管四维超声造影的优势。节目播出后，已有多名不孕症患者前来就诊检查后成功怀孕，目前来就诊检查的人数还在不断增加。

《名医直播间》紧紧围绕促进健康、健康保护、疾病预防、康复治疗等治疗未病的医学理念，现已成为淮南市电视台健康保健类代表栏目，收视率在同时段播出栏目保持较高水平。节目的播出也进一步提高了医院的影响力，促进医院文化宣传与品牌建设，成为健康促进工作的典型案例。

讲好微故事　培育新时代暖医

安徽省六安市人民医院直属住培党支部

面对新形势和新任务，安徽省六安市人民医院直属住培党支部落实立德树人根本任务，以新内涵强化医学生培养，通过开展“讲好微故事 培育新时代暖医”教育实践系列活动，将思政元素融入医生日常通识教育中，丰富教学思路和模式，帮助住培医生树立正确的价值观和职业精神。

一、基本情况

六安市人民医院始建于1949年8月，是一所集医疗、教学、科研、急救、预防、保健、康复于一体的六安全市唯一一家三级甲等综合性公立医院。自2020年8月，直属住培党支部通过开展“讲好微故事 培育新时代暖医”教育实践系列活动，将思政元素融入医生日常通识教育中，创新教学思路和模式，丰富教学内容，帮助住培医生树立正确的价值观和职业精神，培养他们成为敬畏生命、医德高尚和医术精湛的新时代暖医。

二、主要做法

（一）讲好红色微故事，筑牢信仰之基。红色资源是革命先辈用鲜血和生命铸就的，为弘扬红色文化，支部通过每年组织住培医生参观大别山烈士纪念馆、舒城县新四军第四支队政治部旧址（韦家大屋）和张家店战斗烈士陵园，聆听革命先烈的光荣故事等活动，加强医学生对国家民族的自豪感和满足感，增强政治信仰、政治认同，夯实铸牢坚持真理、坚定理想的信仰之基。

（二）讲好抗疫微故事，践行初心使命。通过宣传抗击疫情优秀人物，让住培医师深切感受到广大医务人员以生命赴使命、用大爱护众生的初心使命。同时，通过对参加抗疫的优秀住培医生进行访谈，传递大爱、温暖和希望，引起住培医生们的共鸣，真正领会"健康所系，性命相托"的深刻内涵。

（三）讲好医生微故事，彰显职业价值。在每年的"中国医师节"活动中，邀请工作 30 年以上的临床教授分享做人、读书、做学问、做事的感悟。在江淮名医论坛上，邀请医院里的名医们向住培医生阐述医疗卫生与健康事业的职责和使命，畅谈关于职业、理想和人生的故事。宣传皖西名医的先进事迹，激励年轻医生顽强拼搏，不断增强职业认同感和自豪感。

（四）讲好病人微故事，诠释人文关怀。2021 年 3 月支部组织住培医师举办主题为讲述"我和病人的故事"的道德讲堂，2019 级 20 名住培医生代表纷纷畅所欲言，从点滴的经历中体会医患之间的理解与沟通、耐心与宽容。通过分享亲身经历，将人文精神润物无声地融入医学教育中，培养住培医生求真博爱的大医精神。

三、主要成效

（一）战斗堡垒作用进一步发挥。"讲好微故事，培育新时代暖医"活动开展以来，医院党委高度重视，增强了直属住培支部党组织的内在动力和创新能力，党组织的战斗堡垒作用和党员的先锋模范作用得到了进一步发挥。依托红色资源开展实践教学，培养住培医师的爱党爱国精神。近 3 年来发展新党员 8 名，预备党员 3 名，递交入党申请 5 人。住培医师王凤在献礼建党百年共青团安徽省委"青春正向党，百年正芳华"红色信息评选中荣获一等奖。2022 年 8 月申报安徽卫生思想政治工作促进会理论研究课题获批立项（立项编号 CJH2022007）。

▲2021 年 8 月 17 日，皖西名医徐皓主任给 78 名住培医生分享医学人文精神的实践体现与意义

（二）培养无私奉献精神。“讲好微故事，培育新时代暖医”活动开展以来，教育住培医生以“最美逆行者”为榜样，弘扬伟大抗疫精神，培养他们的无私奉献精神。2020年直属住培党支部获得“六安市卫健系统优秀基层党组织”称号。2022年1名支委被评为六安市卫健系统“优秀党务工作者”；1名住培医生被评为六安市人民医院“优秀党员”。

（三）发挥医院先进典型作用。“讲好微故事，培育新时代暖医”活动开展以来，发挥医院先进典型作用，培养住培医师为民服务的职业精神。组建50人的流动住培志愿小分队，50余名住培医生先后参与创城创卫、门诊服务达40多次。每年开展送药送医下乡义诊、老年康养中心送温暖活动，真正做到医疗资源下沉，为群众办实事，利用所学反哺社会。2022年9月在全市首次启动健康促进护佑儿志愿活动，利用休息时间为幼儿园儿童进行生长发育的筛查。

（四）提升住培医生共情能力。“讲好微故事，培育新时代暖医”活动开展以来，建立医患共同体，提升住培医生共情能力，培养他们成为暖医。自2020年起，将红色革命传统教育纳入入院教育培训，组织住培医生进行庄重的医学生誓言宣誓授袍仪式，多元化培养住培医生，注重发现和培养人才，历年的结业典礼上，住培医生们自编自导的文艺节目，展示了他们才艺和昂扬向上的精神面貌，并自创自演“住培之歌－破茧逐梦”，深受全院干部群众一致好评。

近3年来，20余名住培医生先后收到患者的锦旗和表扬信。2020年初，14名住培医生累计献全血4400ml，1个治疗量血小板。同年全体住培医生和老师自发为1名住培医生患病的家属捐款达2万余元。在2021年、2022年院医师节活动中，直属住培党支部团体和个人共获5个一等奖、4个二等奖和1个三等奖。

医心向党　学史力行

福建省肿瘤医院党委

一、基本情况

福建省肿瘤医院是福建省肿瘤防治与研究的重要平台，医院编制床位 1600 张，年收治肿瘤患者 9 万余人次。医院设党委，共有 6 个党总支、64 个党支部，党员 781 人。

党史学习教育启动以来，医院按照党中央部署和福建省委、省卫健委工作要求，加强组织领导，把学习党史与观照现实、推动工作结合起来，弘扬党的光荣传统、优良作风，强化为民情怀，广泛开展“我为群众办实事”实践活动，高标准、高质量推动党史学习教育走深走实，引导医务人员和党员干部职工做到学史明理、学史增信、学史崇德、学史力行。

二、主要做法

（一）提高政治站位，深刻认识党史学习教育的重大意义。院党委研究制定开展党史学习教育实施方案，成立由医院党委书记为组长的党史学习教育领导小组，在党史学习教育中，坚持以习近平新时代中国特色社会主义思想为指导，引导党员在学习中进一步锤炼党性，牢记共产党员全心全意为人民服务的宗旨，牢记医务人员的初心和使命，坚持不懈用习近平新时代中国特色社会主义思想武装头脑、指导实践、推动工作。

充分发挥党委中心组“头雁”作用，带动党总支、党支部、党员学习。以学习习近平总书记在党史学习教育动员大会上的重要讲话精神、来闽考察重要讲话精神和“七一”重要讲话精神为重点，掀起学习热潮。积极推进读原著、学原文、悟原理活动，开展中心组学习 15 次，向各党支部发放党史学习教育指定书目以及其他学习资料 9 本，全体在职党员纳入“学习强国”平台管理，覆盖率 100%。

▲2021 年 6 月 12 日，党员专家赴沙县区开展为民服务活动

（二）聚焦工作主责主业，联系实际抓好党史学习教育。院党委围绕医院中心工作，把学习党史与学习贯彻习近平总书记对福建工作的重要讲话重要指示批示精神、对卫生健康工作的指示批示精神和在福建工作期间的重要理念、重大实践结合起来，深入开展“我为群众办实事”实践活动，把学习成效转化为服务群众实效。

一是针对优化流程问题，开展以“改造流程提升患者就医体验”为主题的项目评比。实现服务“速度”与服务“温度”双提升。如乳腺肿瘤外科五区运用流程重组，将科室标本准时送达率提升至 94%；第四日间治疗室通过改善疫情防控常态化日间入院流程，将办理手续时长缩短了一半。将安宁疗护理念运用到临床护理中，为肿瘤患者提供症状控制、舒适照护、心理支持和人文关怀等服务，举办仲夏心灵音乐坊、沙盘游戏活动等。发挥护士在健康教育中的作用，通过发放宣教图文手册、组织观看健康宣教视频、召开病员座谈会、开设公众号、实施个体化宣教等，促进患者康复。

二是针对患者等候排队问题，采取有效措施。医技科室合理安排检查设备和人力资源，缩短医技检查等候和报告时间，提升群众就医体验。核磁共振机房建设项目竣工验收投入使用，有效缓解 MRI 检查预约排队时间长的问题，缩短患者就医周期。

三是针对患者出院带药、复印病案等问题，努力打造“一趟不用跑”服务。为出院患者提供出院带药送药到病区服务“一站式”出院服务，日均送药处方数约 350 张，最高峰值达 600 多张。在提供病区患者中药饮片代煎送病区服务的基础上，为门诊患者提供中药饮片代煎代送服务。改造病案复印缴费流程，实现患者复印缴费“一站式”办理。研发病案复印预约系统，实现在线预约复印病案并邮寄到家服务。自主研发动静态交叉码技术，在省内率先实现“医院电子就诊码”门诊全流程、全覆盖电子化就诊，提高诊疗效率。

四是针对群众看病缴费问题，设计多码融合接口方案，实现“电子健康卡（码）、医保结算码、金融支付二维码”的“三码融合”。患者在医院 App 上注册健康码后，使用“多码融合健康码”，在挂号、诊疗、收费、取药、检查等诊疗环节扫码就诊，同时可通过“多码融合健康码”手机在线结算及支付。“多码融合”实现医疗、医保数据在省级平台的双向融合，患者就医可免去办理就诊卡或携带社会保障卡，免去窗口预交费用，享受“一键结算”便捷就医。

五是针对如何促进优质医疗资源下沉，更好地服务基层群众问题。牵头组建福建省肿瘤专科医联体（县域），成员涵盖全省 46 家县级医院、3 家市级医院，不断完善肿瘤专科医联体建设。开展多种形式的医联体帮扶协助工作，在医联体框架内组建适宜的专病联盟，先后成立妇科肿瘤微创治疗中心永泰县总医院工作站、仙游县医院工作站、沙县区总医院工作站。鼓励高级技术职称人员到基层开展“名医工作室”，打造一批专业品牌，发展医德高尚、技术精良、社会认可的名医名科，目前已成立 26 个名医工作室（站）。深入推进学雷锋志愿服务制度化，全国肿瘤防治宣传周期间，开展健康咨询、科普讲座以及肿瘤防治知识宣传。

三、取得成效

医院以开展党史学习教育为契机，结合工作实际，传承红色基因，汲取前进的智慧、奋进的力量，通过认真开展“我为群众办实事”实践活动，不断查问题、找差距、补短板，切实解决了一批群众“急难愁盼”的具体问题，进一步明晰了工作发展思路、工作重点、政策举措等，不断增强人民群众的获得感、幸福感。

在 2021 年度全国三级公立医院绩效考核中门诊患者满意度、住院患者满意度、医务人员满意度等“三个满意度”实现全满分，满意度评价维度首次获得满分，全国三级公立医院绩效考核“国考”连续获肿瘤专科医院最高等级——A 等级，荣获全省卫生健康系统先进集体称号。

党建+网格联动　抗疫志愿者的探索和实践

江西省第五人民医院党总支

江西省第五人民医院是一所集医疗、预防、保健、教学和科研为一体的省级综合性医院，规模体量较小、人员床位较密、楼层设计较老、防控难度大，就诊患者普遍年龄大且并存疾病多，如何在新冠疫情期间做好社区、门岗和家属区的防控，稳妥做好诊室、病房、病区的诊疗保障，是医院面临的难题。

对此，医院党总支坚持党建引领，围绕加强和改进新时代卫生健康思想政治工作，发挥城市医联体作用，大力弘扬伟大抗疫精神，坚定不移贯彻“外防输入、内防反弹”总策略和“动态清零”总方针，打破院际“藩篱”，医防一体，联心联手，创新载体，通过“上下联”“医患联”“党群联”“网格联”，拓宽志愿者服务思路，建立“党建+网格联动”抗疫志愿者小队，打造了有影响、有温度的志愿服务项目和品牌。

一、提供精准服务

（一）门诊值守分诊服务。充分发挥党支部战斗堡垒作用和党员先锋模范作用，选拔责任心强、业务精、沟通好的党员干部作为抗疫值守志愿者，参加门诊值守预检分诊，把好就诊入门关，坚持分类施策，做到高风险患者立即进行转诊；中风险患者立即会诊筛查；低风险或无风险患者分诊到各科室。

（二）医保政策保障服务。针对医院慢病患者多、年纪大和行动不便等实际，开展医保政策放宽服务，允许高龄及慢病患者在疫情期间申请开具 3 个月维持药量，允许子女代为开药取药，极大地方便了患者，减少了患者往返医院次数，缩短了患者外出暴露时间，降低了接触感染概率。

（三）患者精准筛查服务。为最大限度地降低潜伏期患者收治的风险，志愿者配合临床一线医生加强住院收治患者的遴选，除严格收治住院标准外，还对患者个人的流行病学史、近半个月合并疾病情况，家庭、小区、村庄及密切接触者的患病情况进行全面了解，有针对性增加了新冠病毒感染的筛查项目，确定为低感染风险，再收治入院。

（四）环境通风消杀服务。志愿者配合临床一线医生，严格入院患者管理，做到初入院患者尽可能分开单独收治，完善相关检查确保安全后，再调整病房病床。住院期间，做到了一天两测温，一天两通风、一天两消杀，患者封闭管理，监护人员相对固定，外出严格控制，用餐和日常用品坚持无接触交接，最大限度降低感染风险。

二、建立组织架构

（一）横向专业组队。打破党员组织关系和服务区域的局限，按志愿者的专业特长，在门口、诊室、住院部值守，组成排查、巡逻、消毒 3 个专业服务队，形成“党员 + 志愿者 + 护士 + 保安”的组织架构，开展常态服务、上门入户结对服务，突出个性服务，建立网状化服务职能体系，实现了防控服务结构由条状向网状转变。

（二）纵向同步建站。整合基层组织资源，实现组团人员最优化。将医护、党务、行政等各方面资源整合起来，在政府、社区、小区、病房志愿者“服务站”，挖掘网格内的服务资源和社会志愿服务力量，组建服务团队，满足群众多元化的需求。

（三）按政策需要布点。强化门口、诊室、病房分片包干职责，明确责任区，网格团队通过上门走访、电话联系、召开座谈会等形式，对每一网格实施动态、全方位管理和多元化、人性化服务。

三、创新运营模式

（一）组织化引导。通过党组织的统筹、协调、指导，强调志愿者的主体地位，合理配置医生、护士、职工、家属志愿服务资源，坚持“见诸日常、细致入微、网格联动”，品牌化运作、社会化融入、组织化引导的工作模式，提升组织自我发展的活力。

▲抗疫志愿者队伍

（二）制度化推动。党建引领，自发聚集，全员参与，“一周一排班，一月一公示”，量化服务时间及进度效果，拓宽满意度评价渠道。将不可控因素转化为可控因素，并将可控因素固定下来，建立常态机制，推动服务精细化和多样化，提升志愿服务供需匹配度，实行流程化运作。

（三）社会化激发。通过“网格化管理、组团式服务”，联合防疫单位和医疗机构共青团，发动名人、能人、热心人参与，服务渗透，扩大宣传，“丰沃的土壤”诠释着雷锋精神，让“疫情挡不住温情”的故事激起正能量涟漪。

（四）项目化运行。建立从项目生成到组织实施、过程管理、成果评估和总结推广的一整套工作机制，完善“有组织、易注册、立项目、找活动、记考勤、微捐赠”的功能，实现“人人愿做志愿，随手可做志愿”的激励保障和计划目标。

四、主要成效

1. **支部党员带头。**建立了一支130余名志愿者的稳定队伍，自动聚集，接龙排班，开展网格联动抗疫值守和疫情防控。

2. **建立起党员社区报到“志愿者工作实践基地”。**和社区、临床防控紧密结合，开展抗疫志愿服务探索与实践研究。

3. **涌现了一批“最美志愿者”代表。**比如，张岚学习老年机扫码方法，盛想明为患者送上防疫香包，党员张海华动员儿子初中同学参加志愿者值守，预备党员马瑛让8岁的儿子为防疫值守制作宣传抖音动画，吹响了共同战“疫”的集结号。

4. **构建起“+”思维下的医院志愿服务体系。**激发自下而上的公益力量，进一步优化了服务流程，改善了服务质量，筑起了疫情值守第一道“防疫墙”，切实提升了群众满意度和获得感。

以“五个聚焦”推动基层党建提质增效

南昌大学第二附属医院党委

一、背景

公立医院是党领导下医疗卫生战线的主力军，是守护人民生命健康的主阵地。确保党组织政治引领地位、筑牢基层战斗堡垒、充分发挥党员先锋模范带头作用，是加强公立医院党的建设的应有之义。

为切实提升基层党支部凝聚力、战斗力，有效解决重业务、轻党建等问题，南昌大学第二附属医院充分发挥党组织政治引领作用，积极探索以“五个聚焦”夯实基层基础，激发基层党建工作新成效。

二、主要做法

（一）聚焦“双带头人培育”，增强党建融合度。医院坚持和加强党对医院工作的全面领导，切实发挥党支部的战斗堡垒作用，将“双带头人”培育工程作为推进党建与业务工作深度融合、贴近医患需求开展党的活动的重要载体。通过选拔党性强、业务精、有威信、肯奉献的临床医技科室带头人或副主任担任党支部书记，使“双带头人”在临床医技科室党支部达到100%。

（二）聚焦“支部民主决策”，加强政治引领力。支部建在科室上，制定《规范党支部组织生活若干规定》，推进党的组织工作科学化、制度化、规范化。制定《党支部参与科室重要事项决策制度》，在科室民主管理小组会议中，党支部在科室“三重一大”事项上有参与决策权和监督权，科室重要管理事项需征求支部书记意见。进一步完善党员承诺、党务公开、民主评议党员制度，提高民主决策、科学决策水平，不断完善决策和监督机制。

▲“五个聚焦”内涵示意图

（三）聚焦“一支部一品牌”，夯实支部组织力。结合江西省委组织部提出“双融双育”活动要求，以固堡垒、强管理、促发展为目的，重点打造业务型、服务型、规范型“一支部一品牌”的“融合式”特色党建品牌，立足工作实际，大胆开拓创新，挖掘、培育支部自身特色亮点，把党建工作与医院中心工作、临床业务工作融合起来，结出诸多硕果，多个支部被评为学校党建工作样板党支部。如神经外科支部“医心向党、聚精会‘神’品牌，从医疗技能培训、教研相长、党建活动方面全力出击，激活支部活力；心内科支部“强基础，三注重”品牌，结合中心工作，对支部制度的细化和创新，使党建业务相互促进；影像中心支部“黑白影像 彩色人生”品牌，重点围绕学科建设促进科室高质量发展。

（四）聚焦“党员先锋岗”，提高支部凝聚力。“党员先锋岗”创建工作是发挥共产党员先锋模范作用的有效载体。通过实施学习型、技能型、创新型、服务型“党员先锋岗”，深入挖掘身边典型，讲好优秀共产党员先进事迹故事，通过“五亮”——亮身份、亮职责、亮服务、亮承诺、亮形象，用党的光荣传统和优良作风坚定信念、凝聚力量，目前，医院已推出党员先锋岗40个，形成“比学赶超”“争先创优”的良好氛围。

（五）聚焦“党建考核机制”，提升支部向心力。为激发党支部的工作主动性、积极性和创造性，建立党建考核机制，发挥“考核”指挥棒作用形成考评目标、考评体系、考核检查、结果运用。

一是科学设立考评标准。制定《医院基层党组织书记抓党建工作述职评议考核实施方案》，党建述职成为科室述职的重要部分，实行“双百”考核机制，有效破解党建与业务工作“两张皮”问题。

二是树立正确导向。通过对党建与业务各个指标逐一考核评价，广泛检验工作成绩，推动党的领导深度融入医院治理各环节，形成党建与业务齐抓共管、齐头并进的鲜明导向。

▲医院组织党员赴井冈山开展党性教育

三是加强考核结果运用。按年度进行考评、分类定级，形成各党支部的考评定级结果，作为奖惩兑现、评先树优和选人用人的重要依据。考评为“不达标”的，要求上级党组织谈话教育，党支部整改到位。

三、工作成效

医院党委认真履行主体责任，从严治党，发挥示范、引领和服务作用，聚力“四个凸显”，推动支部建设全面进步、全面过硬。

（一）为民服务责任凸显。党建引领下，各支部党员坚定政治自信，深刻把握“人民至上、生命至上”的理念，崇医德、精医术、铸医魂，坚守为民初心，不断提升就医获得感、幸福感。

（二）支部组织力凸显。党支部整体组织坚强有力、制度健全完善、活动规范有序、队伍担当有为、工作保障到位，切实强化和提升党组织政治功能、服务功能，为医院高质量发展提供了坚强有力的组织保证。

（三）党员先锋模范意识凸显。积极发挥党员先锋模范带头作用，各科室党员在支援武汉、上海等地疫情防控及各地核酸检测过程中，充分展现出“一名党员就是一面旗帜”的表率作用，展现了良好风貌。

（四）党建工作成果凸显。各支部先后获批学校党建工作样板党支部、优秀基层党组织荣誉称号；党建项目获得江西省高校党建研究项目南昌大学校内规划项目、江西省医院管理创新奖一等奖等成果。

实施党建“品管圈”创新项目 推动党建与业务工作深度融合

山东省卫生健康委员会机关党委

在充分调研论证、摸清基层需求的基础上，自2022年3月初，山东省卫生健康委试点实施了党建“品管圈”创新项目。试点近一年来，各单位基本熟悉了“品管圈”这一管理工具的使用方法，推动解决了一批党建与业务工作问题，党组织的凝聚力、战斗力得到进一步加强。

一、实施背景

品管圈（QCC）指的是，相同、相近或互补性质工作职责的职工自动自发组成数人一圈的小圈团体，整体合作、集思广益，按照一定程序解决工作中存在问题的管理方法。自20世纪60年代开始应用于企业管理，目前广泛应用于医疗卫生机构管理。其理念思路、方法手段在以下方面与党建工作高度契合：

（一）问题导向。对于巡视巡察、述职评议、督查调研，以及民主生活会、组织生活会等发现的党建问题，通过推行品管圈，能够系统分析问题，找出主要原因，有针对性地整改。

（二）持续改进。按照规范的管理流程，聚焦党建工作短板弱项，形成一个接一个解决问题的循环，从而持续发现问题、持续整改提升。

（三）科学有效。运用品管圈特别是头脑风暴、鱼骨图等管理方法和工具，能够进一步提升党建工作的规范性、科学性和有效性。

（四）平等自愿。品管圈以自愿参加为原则，圈内所有成员平等，这与党内平等的理念一致，能够有效激发党员干部的主人翁意识。

二、基本做法

考虑到品管圈管理工具使用相对比较专业，山东省卫生健康委选择了省公共卫生临床中心、省第二人民医院、省立三院、省妇幼保健院、省精神卫生中心、省血液中心6家直属单位先行试点。结合基层党建实际，对照“PDCA”管理理念，即Plan（计划）—Do（实施）—Check（检查）—Act（总结改进），确定4个阶段、8个步骤的基本流程。

（一）计划阶段。

1. 组建团队。以基层党支部为单元成立项目团队，工作性质相关联的党支部可联合组建团队，明确圈长、圈名和工作规则等，圈长原则上由支部书记担任。有条件的单位可安排熟悉品管圈管理工作的同志全程参与。

2. 选定主题。针对基层党建与业务工作中的问题，如上级重要决策部署落实不到位、党内法规规章执行不严格、组织生活制度落实有欠缺等方面，精准确定整改突破主题。一般由单位党委明确选题方向，各项目团队再结合实际进行细化，防止出现党建与业务“两张皮”。

3. 了解现状。针对选定主题，通过收集数据资料、实地调研、调查问卷等方

▲山东省卫生健康委召开6个党建“品管圈”试点单位评估会议

式，全面掌握问题的具体表现形式、当前的需求等，力求准确、完整地把握问题现状。

4. 原因分析。采取头脑风暴、“柏拉图”等方法，集思广益寻找问题产生的原因，并制作鱼骨图，分析问题产生的主要原因和影响因素。

5. 拟订计划。重点解决好六个方面问题，即为什么制定党建工作整改措施、制定什么样的党建工作整改措施、措施在哪一级党组织执行、什么时间执行、由哪位党员负责执行、用什么方法执行。

（二）实施阶段。按照第一阶段确定的目标、任务、措施、分工以及其他工作要求，协同抓好措施落实。

（三）检查评估阶段。评估分析措施落实情况，与目标任务进行比对，检查措施与预期效果达标情况。

（四）总结改进阶段。认真总结经验，深入分析评估结果，对实践证明行之有效的措施加以标准化、制度化，纳入长期执行范畴。对于尚未解决的问题或者评估发现的新问题，持续改进提升。

三、主要成效

（一）推进基层党建有了新载体。通过试点，党委、党支部等基层党组织普遍认识到，实施党建“品管圈”创新项目是很好的党建工作抓手，党委出题目、支部做细化，项目团队实施，能够集中、持续解决一批问题。6家试点单位基层党组织共实施40多个“品管圈”项目，涵盖党建与重点业务各个方面。

（二）解决党建问题有了新工具。多数参与人员初步掌握了新的管理工具，比如，在原因分析时，能较好运用头脑风暴、鱼骨图、柏拉图等方法，查找出关键因素，精准确定任务目标和攻坚点，有效提升了基层党员发现问题、分析问题、解决问题的能力。

（三）党建与业务工作有了更多结合点。目前95%以上的项目做到了党建与业务相结合，比如，省公共卫生临床中心的“降耗效能组”，以解决医用耗材、试剂价格和占比超高问题为突破点，提出4项针对性整改措施，使占比下降近10个百分点；省血液中心成立了红马甲圈、血容融圈等具有血站特色的品管圈，引导党员立足岗位比学习、比服务、比创新、比奉献，克服了疫情防控等因素带来的不利影响，采供血量不降反升。

（四）党组织凝聚力有了新提升。项目实施过程中，圈内成员一律平等，民主协商氛围热烈，党员主体意识充分彰显。比如，山东省妇幼保健院的“佑芽圈”项目，通过开展主题党日、科普宣传、染色体读片技能竞赛等活动，党员传帮带，并吸收非党员参加，凝聚了支部和整个科室的合力，部分高知非党员群众也初步表达了向党组织靠拢的意愿。

（五）工作长效机制开始建立。各试点单位在解决具体问题的同时，着眼长效机制建设，将一些好的做法以制度形式固化下来。比如，山东省精神卫生中心的“同心筑爱圈”，通过丰富组织生活、完善激励机制、开展心理治疗等方式，有效提高了党员的价值感、幸福感，在此基础上制定了《党员干部心理健康促进工作方案》。

“每周壹点”推动理论指导中医药工作高质量发展

山东省中医药研究院党委

山东省中医药研究院党委历来重视政治理论学习，始终坚持以习近平新时代中国特色社会主义思想为指导，全面贯彻党的基本理论、基本路线、基本方略，坚持系统观念，把思想政治工作与科技创新和其他各项工作结合起来，为中医药高质量发展提供有力的政治和思想保障。该院创新性开展“每周壹点”理论学习，以理论学习指导工作实践，推动单位各项工作全面提升。

一、基本情况

山东省中医药研究院是一所有着 60 多年悠久历史的省属中医药科研单位，隶属于山东省卫生健康委员会（山东省中医药管理局）。前身是成立于 1958 年的山东省中医药研究所，2003 年与原山东省针灸科学研究所合并组建而成。现有在职职工 148 人，其中高级专业技术人员 70 人，硕士及以上人员 102 人，硕士、博士生导师 14 人。山东省中医药研究院是国家重大新药创制平台共建单位、博士后实践创新基地、省级研究生联合培养基地和山东省医养健康产业协会中医药传承创新联盟主席单位，拥有 9 个国家中医药管理局重点学科平台，18 个省级及厅局级重点实验室和学科平台。

二、主要做法

2019 年 11 月，山东省中医药研究院党委以党委理论学习中心组为载体，创新性开展“每周壹点”理论学习活动，领导班子成员和行政管理部门负责人每周一上午固定一小时，集中学习研讨习近平新时代中国特色社会主义思想，习近平

▲2021年在三楼会议召开"每周壹点"活动

总书记最新重要讲话、重要指示精神，最新政策和大政方针等，并结合理论指导具体工作实践。周一下午，由各党支部组织集体学习。活动开展以来，已经累计组织学习120多次，各支部累计学习300多次。

（一）学习内容上，紧跟习近平总书记最新重要讲话精神。"每周壹点"紧跟最新形势发展，紧盯政策前沿，有针对性地开展学习。一是着重突出习近平新时代中国特色社会主义思想这一"必修课"，把《习近平谈治国理政》《习近平新时代中国特色社会主义思想学习问答》《习近平经济思想学习纲要》《习近平生态文明思想学习纲要》等作为必学书目，深入学习习近平经济思想、法治思想、生态文明思想，以及总书记关于新冠疫情防控、科技创新、卫生健康、中医药工作的重要讲话精神。

（二）学习形式上，采取轮流领学加随即研讨相结合方式。

一是领导班子成员和行政部门负责人轮流领学，自行确定当期学习的专题，领学人提前备课做好领学准备，并安排至少2～3名参会人员提前熟悉所学专题，精心准备研讨发言。领学结束后随即进行有针对性的研讨，领学者讲深讲透所学内容，研讨发言者做延展性、扩充式阐释和交流，形式上针对性强且非常灵活。

二是在理论学习中心组带动下，各党支部每周一下午组织支部全体党员开展集中学习和交流研讨活动，既学习政治理论，也探讨理论与实际工作的有机结合，真正实现党建与业务工作双促进、双提升。

三是在业务层面上带动科研人员创新性开展"青麝讲堂"学术沙龙活动，以各业务部门为单位开展学术讲座，进一步增强了学术氛围，激发科研人员主动性和创新性。

（三）学以致用上，第一时间将学习内容落实到本周工作中去。"每周壹点"

理论学习立足工作实际，把指导实践、解决问题、推动工作作为学习的出发点和落脚点，坚持问题导向，紧紧围绕本周工作的重点难点问题，提出解决问题的新观点、新认识、新思路。

三、取得成效

（一）政治理论武装得到进一步强化。通过开展“每周壹点”理论学习活动，全院广大干部职工对习近平新时代中国特色社会主义思想有了更深的领悟，对“两个确立”的决定性意义有了更深刻的认识，政治站位更加提升，大局意识更为增强，更加自觉在思想上政治上行动上同以习近平同志为核心的党中央保持高度一致。广大干部职工凝聚力更强，以创新理论武装头脑，勇于担当作为，以“严真细实快”的作风坚决把各项工作落到实处。

（二）单位发展方向得到进一步明确。通过深入学习贯彻习近平总书记关于科技创新、中医药工作的重要指示精神以及党中央、国务院决策部署，院党委深入研判发展环境，准确研判发展机遇，透彻分析困难挑战，认真谋划总体发展思路，科学制定目标指标，确定了“十四五”时期发展目标、工作思路、重点任务：一是通过实施党建领院，全面落实管党治党主体责任；二是通过实施人才强院，持续提升科研人才队伍素质；三是通过实施合作兴院，坚定走产学研融合发展之路；四是实施制度治院，建立健全科学高效制度体系。

（三）干事创业新氛围得到进一步浓厚。一是修订完善了职称聘任、人才引进、科研激励、评优评先等一系列激励干部职工干事创业的规章制度，有力地支持敢闯敢干、锐意进取的干部职工，为担当者担当、为负责者负责、为干事者撑腰，更好地引导干部、激励干部、管理干部，激发干部队伍活力。二是落实干部年轻化的要求，一大批“80后”“90后”走上中层干部岗位，他们精力充沛、头脑灵活、干劲十足，攻坚克难意识强，成为单位事业发展的中流砥柱。三是各党支部战斗堡垒作用凸显，广大党员先锋模范作用发挥更加明显。

（四）事业发展成效得到进一步彰显。凝练传承青蒿素麝香酮精神，积极融入黄河流域生态保护和高质量发展国家战略，中医药科研立项数量持续增加，近3年来年均增长68.3%。科研平台建设不断取得新的成绩，先后获批山东省经典名方开发中心、山东省传统中医芳疗的现代化研究与开发工程研究中心等多个科研平台。

公立医院党建工作与业务工作深度融合的实践与探索

山东第一医科大学附属省立医院党委

近年来，山东第一医科大学附属省立医院（山东省立医院）坚持以习近平新时代中国特色社会主义思想为引领，坚决贯彻党中央《关于加强公立医院党的建设工作的意见》和山东省委的实施办法，充分发挥医院党委把方向、管大局、作决策、促改革、保落实的领导作用，着力解决思想意识和工作方式方法中存在的问题，不断找准结合点和切入点，强化党医的深度融合，通过有效的载体和形式，在党建 + 文化、党建 + 服务、党建 + 质量等方面做出了大量实践与探索，以高质量党建推动医院高质量发展。

一、坚持党建 + 文化引领，激发高质量发展新活力

党中央历来高度重视革命历史传统的发掘、整理、保护以及红色基因的传承和弘扬。医院作为百年名院，积淀深厚，是 1948 年济南解放后由党领导的华东国际和平医院接收，并发展壮大而来，文化气质里天然具有浓厚的红色基因和革命传统。党史学习教育开展后，医院党委秉承赓续红色基因，发扬红色传统，打造院史馆并使其成为党史教育基地和公立医院红色思想传播阵地。院史馆先后通过了山东、江苏、江西、安徽四省党史研究机构的审核认定，成为山东省卫生系统首例，在国内亦不多见。

二、坚持党建 + 学科建设，注入高质量发展新动能

学科建设是医院品牌、声誉、地位的基石，是医院管理、业务、质量的抓手。医院党委不断发挥党建引领作用，形成了以党建引领促学科发展的新模式。2019

年，医院党委印发《学科建设与发展规划（2019—2023年）》，提出“错层布局、分层建设、抓优扶强、突出特色”的学科发展思路，通过打造国家级培育学科和区域培育学科以及省级特色专科群，力争以优势学科的高峰凸起，带动整体学科形成群山环抱、峰峦高耸的新局面。文件印发后，医院党委先后制定院内学科考核指标体系、与学科负责人签订目标责任书、努力打造学科发展平台等方式，助推学科发展。经过几年的努力，医院学科发展取得显著成绩，在最新的国家三级公立医院考核成绩中，医院排名连续三年上升，位居全国第24位；在中国医学科学院医院科技量值成绩中，医院排名连续四年上升，位居全国第32位，共计提升39个位次。

▲山东省党史教育基地挂牌

三、坚持党建+质量保障，构建质量安全管理新机制

2022年，医院印发《2022年度党支部书记抓基层党建突破项目》，将年度主题定为“医疗质量持续改进”，将基层党建有机融于临床医疗业务工作。每个临床医技科室党支部制定1～2个目标，如攻克医疗新技术的难点、规范和合理化诊疗活动、持续提升医疗质量等。党支部书记以年度党建工作突破为抓手，在日常“三会一课”中有效展开党建与业务知识双学习、双促进；持续改进一个医疗质量，继而带动科室整体医疗质量水平提升，达成全院医疗质量和患者满意度的整体提升，从而达到“围绕中心抓党建，抓好党建促发展”的目的。

四、坚持党建+服务促进，满足群众就医新需求

为深入贯彻落实习近平总书记关于卫生健康工作、志愿服务工作的重要指示精神，医院党委在院内义诊、社工活动的基础上，组建了“党员为民健康志愿服

务队”。重点运用“互联网 + 志愿服务平台”等信息化手段，实现志愿服务信息化、即时化，缓解广大群众看病难问题。“互联网 + 医疗”保证了医患不直接见面，避免了交叉感染；海量数据、极速传输保证了“虽不亲见，无所不见”。

五、坚持党建 + 疫情防控，打造疫情防控新格局

新冠疫情发生以来，医院始终把疫情防控作为最重要的政治任务，深入学习贯彻习近平总书记“把人民群众生命安全和身体健康放在第一位”的重要指示精神，各党总支和广大党员，充分发挥其战斗堡垒和先锋模范的作用，在疫情面前冲锋在前，勇于担当，争做表率，汇聚了众志成城、共克时艰的强大正能量。2021年，医院荣获“全国五一劳动奖状”，4 名党员分别荣获全国卫生健康系统新冠疫情防控工作先进个人和“山东省五一劳动奖章”。2022 年，在支援上海市抗击新冠疫情中，闫根全担任石龙路方舱医院临时党支部书记，带领全体党员干部及 36 名队员经过 50 天的奋战，圆满完成各项防控任务，其中 15 人获得“方舱之星”的荣誉称号，赢得上级政府和人民群众的充分肯定和高度认可。此外，医院还持续派出骨干力量驰援滨州、烟台、威海等地的疫情防控。

坚持“六化”党建工作法 打造过硬基层党组织

山东中医药大学附属医院党委

山东中医药大学附属医院始建于1955年7月，为全国最早成立的省级中医医院之一。经过近70年的发展，医院现已成为一所集医疗、教学、科研、预防、保健、康复于一体的大型三级甲等综合性中医医院，是全国示范中医院、国家中医临床研究基地、国家中医药传承创新工程建设单位、国家药物临床试验机构、国家中医药考试工作基地、首批全国中医住院医师规范化培训基地。医院现有趵突泉、千佛山两个院区，占地面积187亩，总建筑面积32.5万平方米，现开放床位2148张，年门诊量260万人次，年出院患者6.5万人次。

医院党委下设9个党总支，101个党支部，1713名党员。2021年7月以来，医院党委坚定履行管党治党主体责任，全面落实新时代党的建设总要求，提出“一流党建引领一流中医院建设”的指导思想，紧紧围绕医院中心工作，坚持以“六化”党建工作法为抓手，全面加强医院党的建设。

一、组织保障标准化

医院出台《“创建一流党建”工作实施方案》，聚焦“七过硬”“六有力”“六好”要求，建设一流党委、一流党总支、一流党支部，细化制定建设标准，把抽象的党建工作内容变为看得懂、记得住、用得上的使用说明，以标准化推进基层党建规范化、科学化。

二、活动阵地规范化

医院充分发挥党员活动阵地的引领激励、教育规范功能，按照有固定场所、

▲2022年7月机关、临床党支部联合到山钢集团开展“不忘初心，中医药服务进万家”义诊活动

醒目标识、室内布置、党报党刊、活动记录、工作文件、规章制度的“七有”标准，建设党员活动室、红色书屋。向全院各基层党组织和全体共产党员发起倡议，所有在职党员在上班时间、工作活动场所坚持佩戴党员徽章，时刻以合格党员标准严格要求自己。制作具有医院特色的“党员先锋岗”公示牌，统一设置在窗口工作台及办公桌显著位置，公开党员服务承诺，自觉接受社会和群众监督，增强党员的认同感和归属感。

三、教育管理精细化

医院对“三会一课”、党员干部讲党课、主题党日等12项制度进行了规范。坚持把学习习近平新时代中国特色社会主义思想作为基层党组织学习“第一议题”。设立“求实大讲堂”，举办专题读书班，开展“亮身份、践承诺、做表率”，争当践行习近平总书记伟大号召的模范实践活动和基层党组织“四亮”活动，切实强化党员的党性意识。建立院领导接待日，接待职工群众来访，落实院领导联系专家制度，增强党在各类人才中的凝聚力、号召力。以“六个一”为主要内容，为党员过政治生日，教育党员坚定信仰，增强责任感和使命感。各基层党组织聚焦载体创新，开展丰富多样的“主题党日”活动，坚持“每个支部每月为患者做一件实事”，打造了以“六进六送”为主题的“中医药服务进万家”特色党建服务品牌，组建青年专家志愿服务团，切实为群众提供中医药服务。基层党组织书记普遍反映，对基层党建工作愿抓、敢抓、会抓了，党组织的公信力和号召力明显提高。

四、运行机制体系化

以务实创新精神完善基层党建制度设计，做到各项工作有章可循。科学设置党支部，做到科科都有党组织，将党建工作与业务工作拧成“一股绳”。出台《党总支、党支部委员工作职责》《“创建一流党支部”考核标准》系列文件，列出责任清单，形成完整评价指标体系，明确谁来抓，认清抓什么，厘清怎么抓。组成党建工作督导专家委员会，定期集中调研督导。

五、档案资料简约化

突出务实管用，不搞烦琐指标、刻意留“痕”。统一印制《党支部工作手册》，完善“灯塔 e 支部”电子日志，实时记录党支部组织生活开展、党员学习教育等情况。健全完善发展党员制度，依托“灯塔——党建在线”发展党员纪实公示系统，严把培训关、考察关、审批关、转正关。规范履行党群团组织推荐、听取意见、政治审查、培训测试、培养考察、支部研究、组织谈话、公开公示、上报备案等程序，做到程序严谨、材料完整和填写规范，无违规违纪发展党员情况。

六、作用发挥常态化

引导医院广大党员干部以学促做、学做结合，把坚定理想信念体现在履职尽责上，把学习成果转化为推动医院高质量发展上。围绕“共过组织生活、共促队伍建设、共享党建资源、共解职工急难、共推事业发展”，机关部门党支部与临床科室党支部开展结对共建共创。机关开展创建“六型机关”、争做“六型干部”，临床科室开展建设“六有科室”、争当“六个表率”工作，促进党建和业务工作深度融合，凝聚事业发展合力。设立“党员示范岗”“党员责任区”，常态开展“党员义诊进社区”志愿服务活动。

通过坚持实施“六化”党建工作法，全院上下心齐、气顺、风正、劲足。医院党委委员、第一临床医学院副院长贾新华当选党的二十大代表，内科系统党总支书记彭伟被授予“山东省优秀党务工作者”称号，急诊重症医学中心副主任、重症医学三科主任、副主任医师郝浩被授予“山东青年五四奖章”荣誉称号，感染管理办公室副主任孟宪卿荣获“山东省五一劳动奖章”。医院连续三年获评国家公立中医医院绩效考核 A+ 等级，在 2020 年度国家三级公立中医医院绩效考核指标评价结果中位列全国第 6 位。2022 年，医院以医疗机构类综合评分第 8 名的成绩，成功入选国家发改委、国家中医局“国家中医药传承创新中心”重点项目库，着力打造“医产学研用”紧密结合的中医药传承创新高地。作为山东省唯一一家国家中医疫病防治基地，先后成立了国家中医紧急医学救援队伍和国家中医疫病防治队伍，300 余名医护人员赴山东各地市、上海、新疆参加疫情防控工作。医院被遴选纳入国家区域医疗中心建设输出医院，充分发挥中医医疗高质量发展的引领示范作用，为中医药强省建设贡献智慧和力量。

打造"绿洲先锋"党建品牌 促进医院党建工作开花结果

山东省青岛市市立医院党委

"生命绿洲"是山东省青岛市市立医院的品牌，在数十年医院发展中发挥了精神激励和文化引领作用。近年来，青岛市市立医院党委以习近平新时代中国特色社会主义思想为指导，以人民健康为中心，医教研协同推进，以党建品牌建设为号角和催化剂，激发全院党组织和党员的生机与活力，通过支部建在科室上，围绕"三个注重"，打造"绿洲先锋"党建品牌等措施，全面推动党的建设为医院高质量发展提供了重要的政治保证和精神动力。

一、主要做法

（一）注重组织建设，让"绿洲先锋"强起来。医院党委按照《党支部工作条例》和"便于管理、应建尽建、建在科室、发挥作用"的原则，将党支部建在科室。对 3 名以上党员、条件成熟的科室设立党支部，对多护理单元、条件不成熟的科室设立联合党支部，将党建工作与业务工作由两根"平行线"拧成"一股绳"，确保党的组织和工作全面覆盖医院各科室、各部门，医院党支部数量由原来的 40 个增加至 145 个。同时还设立了党委办公室、行风办公室、改革办公室等，健全了党建工作机构，配齐配强了党建工作干部。组织建设步伐稳健，组织基础扎实牢固，真正实现"绿洲先锋"强起来。

一是抓好支委班子建设，管理决策强起来。严格落实"双带头人"和"双培养"机制，及时把优秀人才和业务骨干培养到党的队伍中来。医院实行支部书记与科室行政干部一肩挑，党建与业务一起抓，配齐支委班子，参与医院"三重一

▲2021年5月18日青岛市市立医院东院外科党总支主题党日

大”事项决策，切实扛起支部党建第一责任。支委会将学科建设、绩效分配、职称晋升、人事任免、支部活动等都纳入党支部会议研究范围，保证党的路线方针政策和医院各项决定的贯彻落实。

二是提升党员素质，示范带动强起来。医院党委每年度定期组织“党员干部培训班”，对330余名党务干部进行集中培训。在发展党员和党员管理工作中，严把党员入口关，把政治标准放在首位，注重发展医疗专家、学科带头人、优秀青年医务人员等高知识群体入党，把业务骨干发展成党员，把党员培养成业务骨干，使党员干部成为助推医院发展的主动力，进一步推动党建、业务深度融合。

（二）注重教育培训，让“绿洲先锋”动起来。医院党委始终把政治理论学习和党员思想教育放在首位，利用“学习强国”“灯塔党建在线”“市立先锋第一课堂”、先进事迹报告会、“专家教授讲党课”、干部培训班等多元化方式开展学习培训。引导党员发挥主观能动性，将医院精神和医院文化根植于心，真正实现“绿洲先锋”动起来。

一是学习教育常态化，工作激情动起来。以党支部为单位，常态化落实“三会一课”，充分整合线上、线下优质学习资源，推动学习教育走深走实。线上，创办了“市立先锋第一课堂”微信平台公众号，每周两次线上党课，打造24小时微课堂，组织党员职工依托平台进行自学。线下，将集中党课学习融入晨会早交班，开展“讲党课、评党课”活动，党委成员深入所在党支部讲党课，评选出优秀教案”奖15名，党员学习标兵100名。

二是制度管理常态化，自我约束动起来。为进一步加强党员法纪知识和红线意识，提升自我管理能力，支部结合岗位风险点严格落实“第一议题”制度，积极开展“清廉科室”“清廉团队”创建活动。纪委监察部“每月一讲”课堂、红包治理季度通报、行风督查回头看等刚性制度和柔性管理双管齐下，不敢腐、不能腐、不想腐的机制初步形成，党员职工在自觉增强自我约束意识上做出“先锋”表率，坚定不移推动医院全面从严治党向纵深发展。

（三）注重载体创新，让“绿洲先锋”品牌亮起来。

一是五星级党支部创建活动。各党支部根据“政治功能要强、支部班子要强、党员队伍要强、发挥作用要强”的创星标准，找准党支部标准化规范化建设本专业的薄弱领域、薄弱环节，画出“路线图”、排出“时间表”，推动各项工作任务落地见效。2022年以来经党委根据各党支部工作情况，在95个先进党支部中评选出47个五星级党支部，全院掀起了创先争优新高潮。东院区急诊科党支部被评为全市卫生健康系统唯一的市级五星级党支部。

二是主题党日+活动。党支部紧紧围绕打造“绿洲先锋”党建品牌这一主题，组织开展“党员奉献日义诊”“党史院史知识竞赛”“政治生日”学思践悟沂蒙精神党建“第一课堂”，慰问、志愿服务老党员暨听“老党员讲述市立故事”、市立集团电影节红色电影展播、干部培训等活泼生动的党建活动：“百名医学博士进社区”活动，让居住偏远的乡村百姓在家门口就能享受到三级甲等医院的“专家级”医疗服务；互联网协同门诊将“三甲”医疗服务延伸到社区实现优质医疗资源下沉，提升基层诊疗水平；用扎实有效的党建工作推动医院、科室各项业务工作的顺利开展。

三是文化阵地建设。各支部在门诊窗口设置示范党员岗、在示教室建立党员活动室，在护士站、办公区设置党建文化墙等，对组织设置、工作职责、党建制度、活动开展等情况及时公开，加强党内监督，密切党群联系。医院文化不断引领着“绿洲先锋”创新发展，成为医院加强党的建设的强大推动力。

二、效果成效

通过“党建引领业务，支部建在科室”，充分发挥“绿洲先锋”党建品牌效应，医院党员干部的先锋意识和奋斗意识被持续激发，工作行动力与担当力明显增强。不断涌现出“最美医生”、市级优秀共产党员、感动青岛道德模范、山东健康卫士、富民兴鲁先进个人等一大批模范人物和先进事迹。全体党员干部理想信念更加坚定，政治觉悟明显提升。尤其是疫情以来，在集团党委的带领下党员同志们冲锋在前，38 批次 600 余人次积极参与支援湖北、武汉、西藏、新疆、上海、海南及山东省内各市区抗疫任务，为疫情防控取得战略性成果贡献了自己的力量。新华社、央视、人民日报、健康报、学习强国等媒体先后 2400 余次进行报道，医院抗击疫情工作受到省市有关部门的高度肯定，医院抗疫志愿者团体被评为“最佳志愿者组织”。

基层党支部通过一系列丰富多彩的党建活动，充分激发了党支部活力，增强了党员在干事创业中奋发有为、建功立业的热情，有效破解医院党建、业务“两张皮”现象，推动党的建设与医院高质量发展同向聚合，相容并进。东院泌尿外科党支部先进事迹《我们把自己捐给病人》获青岛市委组织部“我和我的支部”微视频优秀奖，东院急诊科党支部荣获青岛市“五星级党支部”称号。

铸硬核“五环” 汇聚发展势能

山东省济南市疾病预防控制中心党委

“新时代”凝聚新气象，昭示新使命，引领新担当。山东省济南市疾控中心党委在济南市委的正确领导下，以党建工作为统领，运用“五新绘五色，五心融五环”建立“五环”党建工作品牌，促使传统党建工作焕发出新的发展势能。

一、贯彻“新思想”，淬炼“红色核心环”

党建之根，首当要有旗帜鲜明政治为先的“红色核心环”。

（一）探寻“新路径”，增强党建活动的知识性、趣味性。组织全体党员干部认真学习贯彻习近平新时代中国特色社会主义思想，持续推进“两学一做”学习教育常态化制度化。坚持在细节中找突破、创新意，例如：在开展集中学习、参观培训、座谈讨论等常规形式的基础上，创新开展“党课我来讲”评比展演、党课微视频大赛、心向党歌咏比赛、读书分享会、升国旗仪式周、政治生日等教育学习活动。

（二）凝聚“新合力”，激发党群学习的积极性、主动性。大力推动学习教育从支部、党员延伸到科所、群众。规范政治理论学习制度，按月更新主题、配档细化内容、实时跟进督促，确保学习实效。积极运用“文化自信”持续加强意识形态教育，拍摄“疾”情唱响微视频、观看爱国影片、图片摄影展、开展成果会演、诵读经典美文、“我眼中的最美国旗”影像作品征集、书画展等学习教育活动。

二、牢记“新使命”，传承“金色初心环”

党建之魂，要有像火炬一样传承使命火焰的“金色初心环”。

（一）扛稳“新责任”，增强人民群众的获得感、幸福感。坚持带领全体党员干部践行党的初心使命，以“赓续百年·初心传承”为主题全面开展党史学习教育，开展纪念庆祝建党100周年、喜迎党的二十大系列活动。中心28名离退休党员荣获“光荣在党50年”纪念章。

（二）冲锋“主战场”，展现为民担当的表率性、战斗力。中心党委全面加强战时党建工作，带领全体党员干部职工全方位、全过程、全身心投入疫情防控工作中，“疫”线党员占比达到74.8%，8名同志向党组织递交了入党申请书，相关工作在“学习强国”平台报道11次。开展“疾行在前”——党建引领“先锋365”行动，各党支部按照“一支部、一特色、一品牌”，均成立了疫情防控党员先锋队，全体党员干部职工努力在抗“疫”之路上“走在前”，作为疫情防控“尖刀班”取得了一场场抗“疫”的胜利，为泉城百姓守稳了生命安全铁防线。在济南全市党建工作座谈会上做典型发言。

三、打通“新脉络”，润滑“蓝色轴心环”

党建之基，要有适应时代发展党建队伍管理新格局的“蓝色轴心环”。

筑牢“主阵地”，促使基层党建的规范性、开拓性。全面开展党组织标准化、

▲6月23日，组织离退休党员前往章丘第一抗日武装纪念馆开展主题党日活动

规范化建设三年规划得到明显实效。一是筑牢组织根基。修订党建工作规章制度，调整党支部架构，建立组织成员制度，党委领导班子成员分别联系一个支部。原在职5个党支部荣获全市示范党支部1个，过硬党支部3个。二是改进管理措施。制定党支部评星定级管理方案和评选细则，不断推动评星定级科学化和精准化。三是鼓励“新做法”，各支部带领党员走进三涧溪村、党史馆、大峰山、莱芜战役纪念馆等学习基地接受理想信念教育；走进困难家庭、乡村社区、荒山河道等，助力卫生城、文明城创建，进一步提升服务意识。

四、融入“新理念”，打造“绿色实心环”

党建之力，要搭建现代化信息技术的“绿色实心环”。

围绕“数字济南建设”，积极探索“互联网+”引入党建管理工作，积极运用学习强国、灯塔、旗帜等党建管理教育平台，实现采准基础信息点、联通党员学习线、推动实现零距离、构建党建综合体，有效规范了党务管理和党组织生活标准化规范化，自“灯塔”使用以来记录三会一课、主题党日共792次。综合运用云上党课等形式，把线下学习与线上交流相结合，把书面学和互动学相结合，增强学习教育的活力动力。连续3年，评选表彰学习强国学习达人、优秀党支部、优秀科所。1位同志获市委宣传部“学习达人”称号。

五、严守“新戒线”，远离“黑色严心环”

党建之本，要将阳光下淡淡荷香永驻心间，远离“黑色严心环”。

全面落实从严治党要求，全面推进党风廉政建设责任制的全面落实，不断强化“一岗双责”，切实抓好教育、制度、监督三个重点环节。通过上好廉政党课、观看警示教育片、观摩教育基地、参加各类党纪法规测试、知识竞赛等活动，使中心党员干部知敬畏、存戒惧，守底线。建立能够实时监控、适时提醒、倒查问责，覆盖全部工作流程的办公自动化系统。

以“体验式教育”创新党员理想信念教育模式

山东省泰安市中心医院党委

一、背景

山东省泰安市中心医院现有10个党总支，51个党支部，1278名党员，占全市卫生健康系统党员总数的近三分之一，开展党员教育的需求量十分巨大。医院通过研究新形势下开展党员教育的新途径新方法，进一步创新学习教育载体，促进党建业务双融合，增强破解党建与业务“两张皮”问题，形成抓党建促发展、促发展强党建的良性循环模式。

体验式教育作为一种情境化学习模式，以“在做中学”“体验式学习圈”“发生认识论”等教育学、心理学理论为主要理论架构，学习效率、记忆持久度是传统学习方法的5～10倍。受其启发，在经过多次理论研究、深入各党总支、党支部调研后，院党委创新党员学习教育内容和模式，打造出属于自己的党建品牌——“党员理想信念体验式教育”项目，使广大党员变得愿学、会学、乐学、善学。

二、思路及做法

“一个主题”：以“信仰的力量”为主题。

“两个定位”：“立足岗位，面向患者”，作为党员及医务工作者，学习贯彻全国两会精神就是要以人民健康为中心，为人民群众提供高品质的医疗服务。

“三个目标”：“明之以理、动之以情、见之以行”，针对性解决传统理想信念教育“学不到位、识不到位、行不到位”的问题。

“四有”：站位有高度、医学有温度、教学有深度、服务有态度，让人文照进医院，打造“四有”人文医院。

“五种做法”：采取“线上＋线下”“学习＋竞赛”“走出去＋请进来”“党建＋业务”“党建＋共建”等形式，大力推进“体验式教育”，创新学习教育内容、形式、方法，增强学习教育针对性实效性。

（一）“线上＋线下”。线上通过“学习强国”“学习强院”学习平台、“灯塔——泰山先锋”等新媒体平台收听、收看微党课，参加党史网上系列专题培训。线下积极参加专题培训，组织党员、入党积极分子观看《长津湖》等有较高思想水平和艺术水平的作品，深化提升党性教育水平。举办医院微电影展播周，展播我院“我和我的支部”系列微电影，交流经验，激励支部间比学赶帮超。

（二）“学习＋竞赛”。组织开展“百年百部红色经典”阅读活动、专题研讨。通过阅读分享活动，进一步激发干部职工的学习热情，提高党员干部的综合素质和履职能力。组织开展“学党史 守初心 强信念 担使命”党史和业务知识竞赛。以各党总支为单位进行选拔，组队参赛，督促大家进一步学习习近平总书记论述、党史知识、医院文化建设等。

（三）“走出去＋请进来”。开展“红色体悟”。邀请泰安市委党校、泰安市直机关工委专家教授开展党史、党务工作专题辅导，邀请医院老干部、老党员、先进模范人物讲授红色故事、先进事迹，发起“以先进模范为镜，向先进典型看齐”的倡议，从老一辈和先进模范的事迹中汲取奋发向上的精神动力。组织“医院开创者”走访慰问、“学党史、强信念、跟党走”主题团日活动，让青年人厚植爱国情感，传承红色基因。

（四）“党建＋业务”。组织党员、青年志愿者在社区、医院门诊大厅为群众宣传讲解党的路线、方针、政策；开展“我为群众办实事”主题党日活动，以“双报到”志愿服务为抓手，如集中组织党员上街头、进村（居）、入农户，开展义务劳动及送健康、送文化、送服务等丰富多彩活动。

（五）“党建＋共建”。在泰安岱岳区郑家寨子村建设“党建主题教育基地”。向农村先进基层党组织郑家寨子村委学习，与村委共建一间党员活动室，以档案、图片、实物、图版展览为主要教育形式，组织党员干部参观及开展教育活动。以支部为单位，分区划片，承包田地。与村委共同着力打造汶阳寨田园综合体项目。

▲学党史知识竞赛现场

与泰安革命烈士陵园管理服务中心共建“爱国主义教育基地”，对医院党员干部职工进行国防教育、革命传统和爱国主义教育。

三、取得成效

（一）促进了党员理想信念的“两个转变”。

一是“全面从严治党”理念贯穿教育学习全过程。实现理想信念从模糊到清晰的转变。广大党员通过革命遗址遗迹、纪念场馆等实地体验，更加深刻认识到保持艰苦奋斗作风的重要性。

二是坚持“学、思、行”一体式。使广大党员实现了理想信念从浅层认知到深入实践的转变，将理论学习与业务特色相结合，革命历史与改革发展新常态相结合，运用历史、辩证的方法，帮助广大党员夯实理想信念的理论基础。

（二）促进了坚定理想信念和服务群众“两个结合”。

一是以情动之，化“硬”道理为“软”故事。信仰需要情感的共鸣，教育学习没有选择长篇大论，而是给党员讲身边先进模范大小生动的轶事、典故，并以事迹报告会、微电影、演讲等直观感性的方式，在学习的过程中深化党员对使命的认识。

二是以行贯之，以“体验”实现历史与现实对接。课堂学习与精神修炼结合，如在体验新农村发展和乡村生活中，自己动手播种、收割，发扬“吃大苦、耐大劳”的艰苦奋斗精神。通过体验式教育，完成党员对服务群众的思考与实践。

（三）促进了党员教育的“两个突破”。

一是立足自身行业、资源打造特色党员教育品牌。通过创新党员教育形式，设计规划教育方案，最大限度利用本地红色资源，把党史国史教育与世情国情党情教育结合起来，引导党员增强忧患意识、使命意识，自觉为党分忧、为国尽责、为民奉献。

二是传统教育方法与现代方式有机结合，实现培训模式的突破。通过情景教育、体验教育和实践教学等行之有效的方式，找准理想信念教育和医院文化的契合点，挖掘地方特色和行业特点，使党员置身其中、潜移默化。

“青春力量·党史我来讲”
“青春力量·青年干部话清廉”

山东省威海市卫生健康委员会

山东省威海市卫生健康委现有干部职工 44 名，其中中共党员 39 名。下辖委属单位 13 个，市直卫生健康系统现有职工 7349 人（含市中心医院、市卫生学校），党员 2724 人，党员比例超过 37%。直属机关党委下设 104 个党组织，其中 7 个党委、2 个党总支、95 个党支部；管理党员 2266 人，其中在职党员 1660 人，离退休党员 606 人。

近年来，威海市卫生健康委以“先锋引领健康行”党建工作品牌为主线，认真落实党组织建设各项措施，不断改进工作方法，持续创新工作思路，推动机关党建与业务工作深度融合，促进机关党建高质量发展，不断扩大品牌的影响力，自党史学习教育以来，成功开展了“青春力量·党史我来讲”和“青春力量·青年干部话清廉”主题活动，以党建引领推动卫生健康事业发展行稳致远。威海市卫生健康委先后荣获首批国家公立医院综合改革示范城市、全国公立医院综合改革成效明显城市、首批全国健康城市建设示范市、健康中国年度标志城市、全国健康城市建设省级样板市、国家中医药综合改革试验区、国家卫健委食品安全与营养健康综合实验区、全国医养结合试点城市、国家城市医联体试点城市、山东省抗击新冠疫情先进集体、威海市精神文明建设先进单位、威海市脱贫攻坚先进单位、威海市精致模范机关先进单位等称号，连续 32 年保持国家卫生城市荣誉，连续 11 年保持省级文明单位称号。

一、精心组织策划

为把党史学习教育和廉洁教育开展更加深入、更贴实际，市卫生健康委制定了"青春力量·党史我来讲"和"青春力量·青年干部话清廉"活动方案，活动皆由委机关年轻干部三人自由组合，共分成十组，每两周举办一期，每期活动由一组干部共同完成，采取"1+2"模式，即1人主持、2人讲课或其他创新模式，聚焦建党百年来的伟大历程和重大成就，聚焦党员干部十二个"易腐之时"，通过唱红歌、你画我猜、廉洁知识问答等多种形式，结合PPT对委机关党员干部职工讲课，年轻干部边讲边学习践行，党员干部边听边交流思考，分管领导边评边谆谆引导，让党史学习教育和廉洁教育入脑入心、走深走实、见行见效。

二、丰富形式内容

威海市卫生健康委为年轻党员干部搭建展现自我、展现风采的平台，在"青春力量·党史我来讲"活动中，年轻党员干部结合卫生健康领域及党史学习教育，带大家回顾抗美援朝时期对抗美军细菌战的胜利事迹，重温抗日战争时期"自力更生、艰苦奋斗"的南泥湾精神，聚焦抗疫精神和改革开放精神，详细讲解国际共产主义战士白求恩的感人事迹和我国粮票发展历程，介绍爱国民主先驱章乃器和1977年高考恢复的故事，聚焦防疫治疫的百年历史，带领大家深刻感悟共产党人矢志不渝"一切为了人民健康"的初心使命。

年轻干部充分发挥自身聪明才智，寓教于乐，通过设计红歌抢答、击鼓传花等环节，在游戏互动体验中学习百年党史；以诗歌朗诵、红歌演唱等创新手法，将党史学习教育融入文艺创作和文艺表演活动中；情景互动式讲廉"话廉"，讲认识、谈体会，通过"大家讲"的形式，变"灌输式"为"研讨式"，使廉洁的种子根植于脑、厚植于心。

三、活动见行见效

（一）筑牢思想根基。"青春力量·党史我来讲"和"青春力量·青年干部话清廉"主题活动是有计划、有组织、常态化开展理论教育学习的一种方式，以更细更深更实的举措，筑牢年轻干部对党绝对忠诚的信仰根基，使得广大党员干部牢固树立"四个意识"，坚定"四个自信"，做到"两个维护"，自觉在思想上政治上行动上与党中央保持高度一致。

（二）树立宗旨意识。引导广大党员干部领办为民实事，践行群众路线，深

▲2022 年 9 月 16 日，举办“青春力量 · 青年干部话清廉”活动

入推进常态化党史学习教育，以卫生健康服务“六进、三关爱、四强化”为主要内容，精准对接群众健康需求，实施完成了百件“我为群众办实事”活动；年轻干部把通过党史学习教育激发的工作热情、焕发的奋斗精神，转化为推动卫生健康事业发展的动力，每月赴市直医院开展“助力疫情防控，携手志愿同行”活动，发放疫情防控明白纸，讲解疫情防控知识，进行现场导医导诊，为医院优化服务流程、提升服务能力建言献策，共为 60 余名来院就医群众提供导医服务，发放宣传单、讲解卫生健康知识 300 余次；领导干部坚持问题导向，立足群众需求，持续开展“体验式调研”“千人大走访暖心工程”等活动，全体机关干部参与，累计走访群众 11.21 万人次，收集并解决群众反映问题 500 余件次，真心实意为群众办好事、办实事、解难事；机关党员干部到社区“双报到”，积极参加核酸检测督导、秩序维护、满意度走访等志愿服务工作，在职党员报到率达 100%。

（三）筑牢拒腐防变防线。培养年轻党员干部主动学习党纪法规的思想自觉和严守党纪法规的行动自觉，教育年轻党员干部“四慎”——慎独、慎初、慎微、慎友，引导年轻党员干部知敬畏、存戒惧、守底线，筑牢拒腐防变的思想堤坝。

打造“1234”高质量党建工作体系

河南省疾病预防控制中心党委

河南省疾病预防控制中心深入学习贯彻习近平新时代中国特色社会主义思想，紧紧围绕新时代党的建设总要求，围绕“大党建、强体系、深融合、聚人心、促发展”的党建工作思路，致力打造“1234”高质量党建工作体系，即围绕一条主线、实现两个融合、发挥三个作用、做到四个亮明，把坚持党的领导、加强党的建设贯穿疾控事业发展全过程、各方面，以党的高质量建设引领和带动疾控事业的高质量发展。

一、围绕一条主线

中心紧紧围绕“打造党建与业务深度融合一体发展的全国一流省级疾控中心”这个主线，落实“党建工作质量提升年”工作要求，以党建促提升，以创新求发展，对标一流的人才队伍、一流的科研水平、一流的检测能力、一流的应急能力、一流的管理机制、一流的文化环境、一流的精神风貌、一流的党建工作，努力打造全国一流的省级疾控中心。

二、实现两个融合

一是党建工作与业务工作谋划推动相融合。将支部建在“连”上，强在“连”上，支部书记由部门负责人担任，在工作谋划和推动上，通盘考虑党建和业务工作，广泛深入实施“党建+业务”工程，做到业务工作部署到哪里，党的工作就跟进到哪里，建立重点任务党员领衔制，在业务岗位中专设党员先锋岗，以党建统领疾控改革和疾控现代化建设，将党风廉政建设覆盖到业务工作全过程。

二是党建与业务工作绩效考核相融合。制定出台“党建责任制考核办法”，将业务工作考核融入党建考核之中，制定完善集党建与业务于一体的“四位一体”（党建、业务、纪检、文明单位创建）综合考核体系，全面评价各部门工作实效。将党建考核结果记入干部业绩档案，真正做到考核干部考党建，任用干部看党建。

三、发挥三个作用

一是发挥中心党委的领导核心作用。全面强化党对中心工作的领导，严肃党内政治生活，提升党组织领导的能力素质。充分发挥党委“把方向、谋大局、定政策、促改革”的核心作用，完善和落实民主集中制等各项制度，完善党委议事规则，健全“三重一大”决策监督机制，确保党的领导落到实处。

二是发挥党支部战斗堡垒作用。实施党支部建设提质工程，开展党支部星级评定，深入推进“逐支部观摩、整单位提升”和党支部规范化建设达标创建活动，实施“三直联”党建联系点制度，努力形成“一支部一特色，一支部一品牌”。中心应急办被授予党中央、国务院和中央军委授予全国抗击新冠疫情先进集体的称号，还有5个党支部被河南省委、省直工委等上级党组织评为先进党支部。

三是发挥党员先锋模范作用。以“五比一争”活动（比党性、比学习、比担当、比作风、比实绩，争当中原出彩先锋）为载体，激励中心广大党员干部持续改作风、勇担当。强化用人导向，注重有为有位，加大培养使用“党建+业务”双强干部力度，让业务专家成为党务能手，练就“一肩挑”“两手硬”的真本领，发挥示范带动作用。在这次疫情防控斗争中和疾病预防控制工作中，河南省疾控中心涌现出一大批可歌可泣的先进典型和感人事迹。

四、做到四个亮明

一是党员亮身份。严格规范党员佩戴党徽工作，全体党员在参加党内重大活动或会议期间，以及在对外窗口岗位、服务群众一线的党员在日常工作中，必须佩戴党徽。积极倡导党员在其他时间主动佩戴党徽，“全天候”亮出身份。通过佩戴党徽及设立“党员先锋岗”“党员责任区”等形式，亮明党员身份，时刻提醒自己不忘共产党员先锋战士角色，时刻接受群众和社会监督，切实增强宗旨意识、党员意识、责任意识、服务意识。在此次抗疫斗争中，每一名党员就是一面旗帜，

▲援鄂防疫队出征

用实际行动诠释了“特别能吃苦、特别能战斗、特别能奉献”的老防疫精神，提振了战胜疫情的必胜信念。

二是服务亮承诺。弘扬伟大的抗疫精神，深化中心服务型单位建设，发挥党员模范带头作用，要亮出党员岗位，向服务对象亮出岗位职责、服务承诺、监督联系方式等相关信息。党员为部门负责人和科室负责人的要亮出党员责任区，亮出工作标准。各支部引导本支部党员积极开展争创党员示范岗、争创党员示范责任区，树立身边典型，弘扬新风正气，用实际行动履行“为人民健康服务”的承诺。

三是工作亮业绩。工作实绩是检验党建工作实效的最好标准。中心党员干部在宣传党的路线方针政策、完成本职工作、承担急难险重应急任务、提供优质服务、履行党员义务、扶贫援疆，特别是在业务工作等方面亮出成绩单。疫情防控工作中，充分发挥主力军作用。其一是紧遵党和政府决策，持续开展疫情定期分析和动态研判，为省疫情防控指挥部和省卫健委提供“全天候”信息服务。其二是充分发挥行业引领作用，完善技术方案，加大流调力度，精密溯源检测，组织业务培训，开展基层指导，支援兄弟省份，助力疫苗研发使用，带领全省疾控工作者扛起抗疫主力责任。其三是充分发挥社会指导作用，力保抗疫大局稳定。进机关、入企业、下社区、赴基层开展防控指导和“抵近式”宣教，为全省疫情防控营造良好舆论氛围。使艾滋病、结核病、手足口病防治形成河南模式，并历史性地实现了消除疟疾的目标。由中心具体承办的“健康中原行·大医献爱心”健康扶贫专项行动获得中宣部、中央文明办等部门表彰，成为2019年度宣传推选学雷锋最佳志愿服务活动。

四是担当亮作风。党员来源于群众，又服务于群众。面对困难和危险，“我是党员我先上”就是一名党员最鲜明的身份标签，“平常时候看得出来、关键时刻站得出来、危急关头豁得出来”，就是一名党员最生动的形象展示。通过大力弘扬抗疫精神，丰富疾控文化建设，选树先进典型，加强新闻宣传，建立荣誉体系，充分发挥党员先锋模范作用，全面提振中心干部职工精气神，凝聚起疾控事业发展的强大合力，为保障人民健康、让中原更加出彩做出积极贡献。

“活力党建”引领　实现高质量发展

河南省健康中原服务保障中心党支部

中共河南省健康中原服务保障中心支部委员会在河南省卫生健康委党组的正确领导下，始终守牢“思想政治工作是一切工作的生命线”，围绕“活力党建·出彩豫健”特色党建品牌创建，凝聚全体党员干部力量，为健康中原建设贡献力量。

一、基本情况

中心党支部现有在职党员21名，占单位全体职工数的75%，设书记、副书记、委员各一名及三名党小组长。

中心党支部坚持党建引领一切工作，制定相关考核评估标准，开展相关领域的交流、研讨；重点疾病、中医药发展、健康影响、健康服务等综合监测、分析、评价；策划、组织开展健康中原行动、健康科普、健康传播活动等工作职能，积极开展各项工作，高质量推动各项工作开展。

二、主要做法

为进一步激发党员们参与思想政治工作的积极性，中心党支部创新工作方式方法，通过“一堂课、双建设、三平台、四活动”等各具“活力”的工作，切实让思想政治工作入脑入心。

（一）开设“政治学习课”。中心党支部始终坚持理想信念教育常态化，每周一开设“政治学习课”，发动全体党员参加学习。

一是坚持“第一议题”学习制度。将第一时间跟进学习习近平总书记最新重要讲话和指示批示精神，作为会议“第一议题”。党支部书记带头领学，深化理解，融会贯通，做到领导班子先学一步、学深一步，进而带动全体党员自觉运用习近平新时代中国特色社会主义思想武装头脑。

二是学习党史及先进典型。先后组织全体党员学习《中国共产党简史》等书籍，并组织观看焦裕禄、王春霞、黄久生等优秀党员干部的视频。学习后，积极组织大家谈感想、说体会，以榜样的力量带动全体党员。

三是发动党员互学互鉴。在每次政治学习课上开设“党员故事我来讲”环节，每一名党员分享自己的政治生活故事。对讲得好的同志通报表扬，激发大家参与活动的热情。

（二）推进“廉政建设及文化建设”。中心党支部以“廉政建设”“文化建设”为双驱动，营造风清气正、舒心惬意的工作氛围，全面提升单位软实力，提高党员干部的行动自觉力，积蓄工作发展的“活力”。

一是警钟长鸣，加强廉政建设。定期组织全体党员参观廉政教育基地，以鲜活案例，筑牢全体党员的廉洁自律防线。

开展内部廉政宣讲，让全体党员干部“知敬畏，扬清风”。针对存在廉政风险的重点环节，出台《河南省健康中原服务保障中心招标采购领导小组》等规范性文件。达到5000元以上经费支出须提交“三重一大”会，审议形成会议纪要后再由中心主要领导签字审批后支付。

二是春风化雨，加强文化建设。坚持文化先导，确定以“培育一流人才、创作一流精品、搭建一流平台、建设一流中心”为发展愿景。

开设全省首个卫生健康行业“学习强国”号——“豫健宣教”号，设置“党建”板块，发布河南省卫生健康行业内党建先进事迹、典型工作经验。

倾力打造“豫宝”“豫健”形象，进一步提升单位健康科普产品的亲和力、感染力和竞争力。以品牌效应带动作品提档升级，全方位提升宣教作品质量和水平。

（三）搭建“三个平台”。中心党支部积极探索党建工作发展新路径，搭建党建工作载体，做好制度平台、队伍平台及监督平台建设，将平台作为党建工作开展的跳板，让党建工作更具活力，党员干部更有干劲。

（四）开展“四项活动”。中心党支部以开展四项活动为抓手，淬炼党员思想政治纯洁性，凝聚党员向心力。

一是主题党日活动丰富多彩。中心党支部确定每月十五号开展主题党日活动。结合实际情况，先后组织党员干部赴新密市、登封市等地参观红色教育基地，提升党员思想政治素养。开展“微长征”健步走比赛，鼓励干部职工发扬不怕苦、不怕累的精神。

▲2021年为河南省的山区儿童开展义诊活动

二是“党员走基层”系列活动惠及群众。先后走进焦作、平顶山、新乡等地市的十多所山区小学，开展“健康启蒙山区行”党员服务活动，为山区的小学生们开展免费的义诊服务。在新冠疫情防控关键时期，组织“党员先锋队”，发挥业务职能优势，开发健康宣教产品，引导群众科学防疫。

三是开展党组织共建活动实现双赢。积极与洛阳市第五人民医院、三门峡市中心医院、信阳市人民医院等单位对接，开展党组织共建活动，把“全心全意为人民服务”的服务宗旨落到工作实处。

四是承办党建活动精彩纷呈。根据河南省卫生健康委机关工作委员会工作安排，中心承办“颂红色经典·温初心使命”主题演讲活动、文明礼仪知识培训、“小手拉大手·节约我带头”漫画作品征集活动等多项活动。

三、活动成效

通过开展“活力党建·出彩豫健”思想政治工作特色品牌创建，中心党支部凝聚力进一步提升，党建与业务工作进一步有机融合，影响力进一步增强。

（一）凝聚力进一步提升。全体党员“比学赶超”的意识明显增强，参与党建活动的积极性也进一步提升。赵杜涓、郑宏、丁海峰等多名同志被河南省卫生健康委机关工作委员会评为“优秀党员”；文晓欢、杨澜等同志参加机关党委组织的演讲比赛喜获一、二等奖。

（二）党建与业务工作进一步有机融合。通过党建引领，中心业务工作再上新台阶。近三年来，累计获奖作品百余件。其中，纪实文学作品《看病，你懂的》、健康戏曲作品《乡村医生》荣获行业文化最高奖——中国人口文化奖二等奖；《豫宝新冠病毒感染科普知识系列动漫》荣获河南医学科技奖一等奖。图书《新冠肺炎科普知识读本》、歌曲《千年的乌龟活万年》、曲艺《猫狗对话》荣获河南省科技厅 2022 年度河南省优秀科普作品三等奖。

（三）影响力进一步提升。通过思想政治工作特色品牌创建，中心的影响力明显增强。《河南日报》在报道中心的健康科普工作时表示：“在河南广袤的大地上，只要有人出入的地方，不出一公里就有该单位的宣教产品。”截至目前，中心已构建起了面向河南全省的一支近百人的卫生健康宣教通讯员队伍；搭建起面向河南省市县乡村五级传播的健康科普产品创作团队；进一步激发了全社会支持卫生健康工作的热情。

坚持党建引领　促进急诊学科高质量发展

郑州大学第一附属医院急诊党支部

一、基本情况

郑州大学第一附属医院医技总支急诊党支部由河医院区、郑东院区、惠济院区及南院区急诊内科、急诊外科、急诊 ICU、急诊门诊和综合 ICU 等专业科室组成，设置 4 个党小组，包含党员及职工 400 余人。急诊党支部严格落实河南省委及各级党委工作部署，不断加强支部自身建设，将党建工作与廉政文化建设、学风建设以及临床、教学、科研工作有机融合，在立德树人、治病救人方面取得了较好的成绩，先后被评为郑州大学、河南省高校和全国高校“党建工作样板支部”。

二、主要做法

（一）坚持党建引领作用，促进急诊医学学科发展。急诊党支部结合“三严三实”“两学一做”和党史学习教育活动，在组织架构、会议学习、队伍建设等方面充分践行党建与业务“双融合”：支委班子与科委会班子高度重合，支委会议与科委会议同时开展，将党建与业务内容高度融合。按不同院区不同科室设立党小组，将科室学习会、科研组会与党小组学习会合并开展。通过党建活动，开展常态化传帮带，同时传授党的理论知识与业务工作技能，打造党建 + 业务复合人才，以高质量党建引领学科高质量发展。

（二）发挥急诊先锋作用，抗疫抗洪担当有作为。在 2020 年抗击新冠疫情的战斗中，支部书记孙同文率先报名，主动请缨到武汉疫情一线。急诊党支部全体共产党员和全体职工均主动报名到抗疫一线，共有 14 名党员和职工支援武汉，

▲ 医院援沪医疗队急诊团队

60余名党员和职工支援河南各地市和本院隔离病房。在2021年郑州“730”新冠疫情防控中，先后有38名医护人员派至郑州市第六人民医院、郑州第一人民医院港区医院、郑州岐伯山医院参与新冠患者收治工作。共有67人参加郑州市新冠病毒核酸检测工作。在郑州“7·20特大暴雨”期间，支部全体人员不顾个人安危，在停电、停水、氧气停、负压停的极端灾害条件下，克服重重困难，以超常规的思维和行动，安全转运了全院600余名危重患者，用实际行动诠释了随时为党和人民的利益牺牲一切的入党誓词。

（三）医教研协同发展，提升综合服务能力。急诊党支部始终围绕医院党委的中心工作，重视医疗、教学、科研。召开动员大会，目标责任到病区、责任到人。主要做法如下：

开展“强服务、塑形象”活动，为保障急危重症患者安全转运，成立重症转运团队，免费转运基层重症患者到我院。同时，主动改善服务，完善“绿色通道”，优化急诊流程，建立“120之家”，为外院的医生、护士及司机提供临时休息场所。各病区设立共产党员责任岗，开展“亮出形象正党风，医德建设争先锋”活动，做到“急患者所急、想患者所想”，提高救治能力和服务水平。

（四）开展基层帮扶活动，助力乡村振兴建设。利用现有医联体体系，每月开展“名医名家走基层”系列品牌活动，先后至新密市中医院、巩义市人民医院、滑县人民医院、商城县人民医院等地，开展名医名家走基层暨河南省医学适宜技术推广活动和河南省急诊急救 / 重症岗位培训班，开展现场义诊、疑难患者会诊、学术讲座等活动，已经走遍河南 18 个地市、108 个县城。

三、取得成效

（一）急诊党支部坚持党建、业务两手抓、两手硬，结合急诊和全科的具体实际，“盘活”党建工作对业务工作的引领与促进，取得了突出的成绩。急诊党支部多次被评为郑州大学及医院年度先进基层党组织，入选全国高校党建工作样板支部；急诊医学学科排名位列复旦大学医院专科综合排行榜全国第八，中国医学科学院科技量值专科排名全国第十。

（二）急诊党支部党员职工用实际行动诠释了共产党员的使命和担当，为历次疫情防控的胜利做出了巨大的贡献。在河南省卫健委党组抗击新冠疫情表彰中，急诊党支部荣获“记功表彰”10 人，荣获“嘉奖表彰”21 人。韩国杰护士长荣获由郑州大学工会委员会评选的“优秀护士”。急诊门诊预检分诊处荣获医院“抗疫先进集体”。兰超主任带领的一附院重症隔离二病区荣获全国三八红旗手。孙同文、兰超荣获中华医学会急诊医学分会抗疫先锋，孙同文荣获中华医学会重症医学分会抗疫学术先锋。

（三）通过医疗、科研、教学等综合业务水平的提升，急诊医学部获批“河南省创伤医学中心”和“河南省重症医学工程研究中心”。急诊医学部 2021 年获批国家自然科学基金面上项目 2 项，2022 年获批国家自然科学基金青年基金 2 项。

支部书记孙同文作为“双带头人”，充分发挥模范带头作用，获国务院特殊津贴专家、河南省二级教授、河南省优秀专家、河南省高层次 B 类人才、中原科技创新领军人才。获批国家自然科学基金 3 项，荣获中国研究型医院学会医学研究创新一等奖 1 项、河南省科技进步奖二等奖 3 项。急诊党支部统战委员、急诊医学部主任朱长举教授当选第十届中华医学会急诊医学分会常务委员，标志着河南急诊医学的学术影响力得到了全国同道认可。高艳霞主任获河南省教育厅学术技术带头人，河南医学科技进步奖一等奖。兰超主任当选为中国医师协会急救复苏与灾难医学分会副会长。支部多人荣获郑州大学"三育人"先进个人。

（四）"急救知识进社区"系列品牌活动，将急救知识带进社区、进学校、进工地、进广场，现已成为我院的优质品牌，赢得了百姓的广泛赞誉。显著增强了郑州市广大群众的急救意识与自救互救能力，充分发挥在突发事件中"第一急救者"的社会作用，挽救更多生命。"名医名家走基层"系列品牌活动的常态化开展，让基层老百姓在家门口享受到国内知名专家的诊疗服务。同时，为基层医务人员提供学习机会，显著提升基层医院急危重症疾病的救治水平，助力基层医院如巩义市人民医院、滑县人民医院等顺利通过"三级综合医院"评审，更好地造福广大人民群众。

"研习舍" 小阵地发挥大作用

郑州大学第三附属医院学生党总支

为深入贯彻落实党中央、国务院《关于新时代加强和改进思想政治工作的意见》，充分发挥先进典型的示范引领作用，助力提升卫生健康思想政治工作质量水平，郑州大学第三附属医院学生党总支致力打造一支青年学生党员先锋队，不忘入党初心，带着医者仁心，让党旗在思政教育中高高飘扬。

一、基本情况

郑州大学第三附属医院学生党总支是融教师党员和学生党员为一体的党的基层组织，是一个年轻、团结、活泼、进取的集体。目前设有三个党支部，共有党员 82 人，其中教工党员 5 人，学生党员 73 人，预备党员 4 人。党总支书记由教学办公室的翟亚奇主任担任，党支部书记由各专业组的教师党员担任，学生担任党支部的委员。

二、主要做法

结合医学生临床学习任务重、住宿比较集中以及疫情常态化的实际，为不断提升学生党总支党建研究水平，创新基层党建工作方法、促进青年学生党建工作在实践中进步，学生党总支进一步探索构建管理体系、搭建交流平台和党建实践平台，2021 年 4 月 23 日以年级为单位成立 3 个研究生思政教育阵地——"研习舍"，通过"研习舍"这个小阵地，实现"三全育人"的目标。

（一）开展思想政治教育，争做新时代、新思想的倡导者。

一是制定学习任务清单。明确学习内容，每个月的最后一周开展思想政治教育学习，并鼓励各支部创新学习方式，确保学习教育不断线，努力在学深、悟透、

▲2021 年 7 月 10 日党员分享学习体会

做实上持续发力，深入推进思政学习教育走深走实。通过“研习舍”这个阵地，利用学生下班或者晚上的时间，集中学习党的十九大会议精神、习近平总书记重要讲话精神、党史教育、诵读红色家书等，全面理解习近平新时代中国特色社会主义思想的伟大理论意义和丰富思想内涵，真正把习近平新时代中国特色社会主义思想内化于心、外化于行，做到善学善用，真学真用。

二是开展支部委员讲党课。以“研习舍”为单位，党支部书记、支部委员、班干部争当排头兵、领头雁，带头讲党课，支部全体党员参加，以“关键少数”带动“绝大多数”的方式，营造一级带着一级学的学习之风，增强全体党员的参与性、互动性，丰富党课的形式和内容。

三是开展“每日一课，每人一讲”活动。为了做到党员学习教育的全面覆盖，充分利用微信平台，每天一名党员进行领读《论中国共产党历史》《中国共产党简史》等相关章节内容，并分享学习体会。坚持读原著、学原文、悟原理，逐篇学习、深刻领会、开展交流。营造“人人讲党史”的浓厚学习氛围。通过持续学、深入学、反复学，日更不辍、久久为功，坚持用科学理论武装头脑、指导实践。

四是坚持“请进来”和“走出去”相结合。2021 年上半年和下半年分别两次邀请学校博士团成员进行党史知识和党的十九届六中全会精神的宣讲；在进行理论学习的同时，寻着红色足迹，组织党员赴兰考县焦裕禄纪念馆进行实践学习，感悟焦裕禄精神，传承红色基因。

五是坚持“线上”和“线下”相结合。线上发挥互联网在党史学习中的重要作用，积极探索“互联网＋学习”新模式，以“学习强国”“青年大学习”平台为载体，搭建网络学习矩阵。线下依托“研习舍”，组织“党史学习大家谈”“我心中的思政老师”“把灾难当教材 做出彩妇幼人”主题党日、观看红色电影等活动，结合自己的学习和工作特点，交流学习的体会和感悟。教育引导学生找准新时代的历史方位，把握当代中国的实际情况，从实际出发找准自身定位，为青年学子的成长发展指明方向，为“中国梦”的实现凝聚青春力量。

（二）提升临床专业技能，争做新科技、新知识的创造者。在卫生健康这个特殊领域里，专业能力和创新精神是医学生必备的素质。为了提高青年学生的临床专业能力，学生党总支利用“研习舍”，举办文献汇报、小讲课、学术交流等活动，聆听国内外相关专业大咖教授的讲座，持续提升学生的专业能力和创新精神，形成良好的学习氛围，树立重视学习、善于学习、终身学习、带头学习的理念，带动全体研究生系统学习专业知识，不断攀登科学高峰。

（三）提升实践工作能力，争做新时代、新事业的开拓者。在新冠疫情防控管理和郑州“7·20”特大暴雨期间，学生党总支的老师、“研习舍”的党员同志有组织、有纪律地组成“学生保障党员志愿服务队”战斗在疫情防控和事件的一线，全力做好学生们日常饮食、预防中药发放、应急药品调配、核酸检测等保障服务，充分彰显了青年敢于担当、勇于奉献的精神品质。

为了缓解疫情防控管理期间学生们的焦虑、不安，学生党总支除了组织线上党的二十大讲话精神学习、伟大抗疫精神讲座、心理健康讲座、线上棋类比赛等活动外，还以“研习舍”为单位，征求同学们在生活、学习上存在的困难和问题，逐一梳理，进行解决。引导学生正确认识疫情、坚定必胜信心，弘扬主旋律、传播正能量。

三、取得成效

通过“研习舍”这个阵地，将立德树人与教育教学有机结合，将价值引领、知识传授与实践能力有机统一，实现党组织从“有形覆盖”到“有效覆盖”。通过盘活党支部、教师和研究生的积极性，形成协同育人的合力。

青年党员谨记要肩负责任，努力学习，只有掌握扎实的医学基础和拥有精湛的医术技能，才能够真正为人民健康服务。“研习舍”的党员同志，也在临床工作中多次受到患者锦旗表扬；多次组织并参与健康科普讲座等实践活动。

坚持“四个在前”党建品牌推动采供血高质量发展

河南省安阳市中心血站党支部

1993 年，河南省安阳市中心血站的成立，开启了安阳市采供血工作的新纪元。经过栉风沐雨的二十多年的发展与变迁，如今，安阳中心血站已从单纯的采供血业务发展成为集采供血、教学、输血科研、临床输血技术指导为一体的综合性采供血机构，拥有全自动核酸检测系统等大型仪器设备 160 余台（件）。年采血量近 32 吨，临床用血 100% 来自街头无偿献血，献血率达到千分之十二。无偿献血工作持续走在河南全省乃至全国前列，在河南全省 18 家采供血机构中一直名列第一方阵，连续 12 次荣获“全国无偿献血先进市”荣誉称号。

近几年来，安阳市中心血站党支部认真履行全面从严治党的主体责任，以党的政治建设为统领，充分发挥党支部战斗堡垒作用和党员的先锋模范作用，持续推进党建工作与业务工作深度融合，呈现比翼双飞的良好态势。

一、政治引领强在前，深化理论武装

党支部将狠抓理论学习，力求学用结合摆在重要位置，建立了支部带头学、小组集中学、党员自主学的政治学习体系。血站党支部通过各种理想信念教育、党建书籍读书交流、观看正能量电影、举办党性教育培训班、党章知识测试、学习强国和演讲比赛等方式教育党员干部，号召党员干部在岗位上发挥模范带头作用。创新学习方式，建立专题读书班，支部书记带头上党课，开展党史知识竞赛和庆祝建党文艺会演，组织党员参观红色教育基地、观看爱国电影，完成党建宣传片《力量在党旗下凝聚》，投资近 2 万余元打造血站党建文化长廊，发挥党建微信公众号平台的宣传力度，推送党建和无偿献血宣传文章 68 篇，关注人数从年初的 13000 人增加到 18901 人。通过网站和新闻媒体，对党建工作和先进典型进行宣传报道，让党的“熔炉”真正火热起来。

二、组织建设严在前，提升凝聚功能

支部班子带头牢固树立“四个意识”，坚定“四个自信”，做到“两个维护”。制定支委会议事规则、站长办公会议事规则，提升了站党支部决策的科学化、民主化水平，提高了议事效率。完善组织建设，设立血站党办，配备办公设施。重视换届选举，调整 3 个党小组组长，以强健党建“骨骼”。围绕“申请突出广、标准突出高、程序突出严”的要求和“双培养”原则，严把党员入口。坚持用严的标准保质量、用活的形式保参与，严格落实党内政治生活，确保规定动作一丝不差，关键环节一步不漏，引导党员增强主体意识，形成党内政治生活“生物钟”，确保组织生活严肃认真、常态长效。

三、党建业务融在前，保障血液供应

积极探索党建与业务工作融合切入点，采取“嵌入式”“点穴式”工作方法，实施党员负面清单和量化考核，每季度考核兑现，激励先进，鞭策后进。血站党支部充分发挥做思想政治工作能力的优势，通过党组织联建的沟通协调机制和作用，先后到 35 家团体单位宣传协调，组织单位集体献血 2741 人，大大提升了中心

▲2019 年安阳市中心血站学员在大别山干部学院门前合影

血站采血工作的进度。同时，深入46个县（市）乡镇宣传无偿献血120余次，献血人数合计8621人次，乡镇献血人数较去年同期增长了65%。我站共采集Rh（-）献血人数合计145人次，供应临床Rh（-）红细胞290单位，保证了稀有血型的临床供应。通过组织党员参加礼仪培训及沟通技巧培训，增强与献血者沟通能力，提升电话预约成功率，分血型建立了4个机采血小板献血者微信群，极大地激发了部分献血者的献血热情，在保障临床机采血小板供应取得重大突破。

四、党员骨干冲在前，发挥头雁效应

新冠疫情发生后，党支部的战斗堡垒作用和共产党员的先锋模范作用得到充分发挥。通过微信预约、电话预约、网上预约、上门服务献血新模式，将采血车开到居民小区，为市民提供采血服务，开展应急团队分次献血活动，严格控制献血场所的人员数量。增加乡镇社区采血点，目前近150个，年采血量增加到目前的4.3万人次，全力完成疫情中的采供血，保障了全市临床用血，先后10次向武汉市、南阳市调剂血液，被河南省卫健委表扬为“全省血液应急联动保障先进单位”。在郑州“7·20特大暴雨”抢险救灾中，全站党员奋战在防汛一线，在保证全市临床用血的同时，又支援郑州市144000毫升血液，保障了郑州临床用血需求。为帮助灾后重建，两天时间为8个受灾乡镇卫生院送去价值26688元的消杀防护物资。站党支部及时在“5·12国际护士节”、庆祝建党101周年表彰大会上对在疫情防控特殊期间，毅然决然奋战在采供血第一线的最美“逆行者”，12名“优秀护士”、6位“优秀共产党员”进行表彰，通过典型发言、播放风采视频片，肯定成绩、展示风采，发挥了先进典型示范引领作用，激发党员干部职工争先出彩当先锋的工作热情，营造了见贤思齐、争做先锋的良好氛围。

在血站党支部的带领下，采供血工作和党建都取得了显著成果，在河南全省18家采供血机构中一直名列第一方阵，连续12次荣获“全国无偿献血先进市”荣誉称号，血站获得全国“无偿献血促进奖”先进单位荣誉。体采一科连续两次荣获全国表现突出采血班组。党支部连续4年被命名为安阳市卫健系统“先进基层党组织”；2020年被安阳市直工委评定为“市直机关五星级党支部”；2020年被安阳市委宣传部、安阳市总工会联合表彰为“学习型组织先进单位”；2021年被安阳市委组织部命名为“市级党建示范点”。

信念教育常态化　健康服务志愿化

湖北文理学院医学部

为提高卫生健康思想政治工作质量，提升医学生医学人文素质，树立为中国卫生健康服务奉献一生的理想信念，发扬“奉献、友爱、互助、进步”的志愿者精神，促进群众健康知识普及，湖北文理学院成立了“湖小医”健康促进志愿服务队（前身为“湖小医”志愿服务队），经多年建设，团队组织机构完善，有严格的管理制度与章程，成效显著，具有品牌效应，值得同行借鉴。

一、基本情况

“湖小医”志愿服务队于2010年6月成立，2021年1月更名为“‘湖小医’健康促进志愿服务队”，下设4支小分队，分别是小红花志愿服务小分队、医学急救小分队、健康知识普及服务小分队、“医路花襄 阳光逐梦”社会实践小分队。12年来，志愿服务队成员秉持“淡泊明志 宁静致远”校训及“厚德博学 崇医济世”院训精神，本着“医学人文融通 专业技能卓越”办学理念，不仅专注医学知识和技能的教学事业，更专心引导广大学生提升医学人文素质，用所学所识投身于志愿实践服务，所成立的志愿服务队一直坚守爱心援助事业。目前，团队成员500余人，既有学生，也有教师参加，35周岁以下青年占比99%，且均有一定的医学知识背景。团队积极对接湖北省襄阳市红十字会、学校附属医院、襄阳市疾控中心等单位，进社区、进学校、进企业、进福利院（养老院）、进农村持续开展各类志愿服务“五进”活动，尤其是健康知识宣传和普及工作，累计服务时长5000余小时，爱心足迹踏遍整个襄阳市。

▲2020 年 11 月，小红花志愿服务队成立仪式

二、主要做法

（一）与理想信念教育相融合，开展服务人民健康为中心的健康国情教育，实现信念教育常态化。团队围绕“明志行动、躬耕行动、致远行动”，扎实开展隆中山下党旗飘工程。定期组织“医路有党”“医心向党”“医路花襄 阳光逐梦”主题活动，组织党史知识竞赛，知党爱党演讲比赛等系列活动；组织附属医院抗疫突出贡献专家作报告；联合附属医院组织义诊、量血压、测血糖、健康知识宣教等活动。寓理想信念教育于主题活动之中，坚定献身于卫生事业的信念。

（二）与医学人文素质相融合，开展践行社会主义核心价值观的医学人文教育，培养担当健康中国的时代新人。通过出版医学人文素质教育专著、开展国家级和省级以及校级素质教育项目建设等，指导团队定期开展“医者仁心 大爱无疆”主题活动，使学生将医学人文知识应用于社会实践之中。小红花志愿服务小分队联合湖北文理学院附属医院（襄阳市中心医院）开展“关爱襄阳市中心医院血液病儿童患者”。团队已连续 2 年为血液病儿童患者开设手工课、美术课等兴趣课程，累计课时量近 300 小时，为儿童患者带来爱、温暖与希望。

（三）与专业技能教学相融合，强化专业实践锻炼，实现健康服务志愿化。定期组织“运用专业、奉献社会”主题活动，利用专业特长为社会健康服务，开展“周末导医”和“周末义工”活动。开设“救在身边”课程，提升团队成员专业技能。联合襄阳市、襄城区红十字会、附属医院深入学校、社区、乡村、敬老院等地宣讲急救知识并开展 CPR（心肺复苏）、受伤包扎、救援等活动。推进线上线下协同，通过“两微一端”、B 站、抖音、H5 等方式为重点人群普及应急救护知识。队员们在活动中经风雨、壮筋骨、受教育、长才干。

三、取得成效

（一）思想素质得以提升，疫情防控成绩显著。团队成员怀着“阳光筑梦，决战疫情”的斗志，自发地在疾控中心与工作人员同甘共苦，进行疫情防控排查、抽检公共场所安全指标等活动。新冠疫情暴发以来，协助 30 余所公共场所监测，完成了 4500 个新冠病毒感染密接者的流调排查，形成了 84 页的调查总结报告等工作。活动事迹被襄阳日报、中青校园、极目新闻、湖北高校思政网及本校多个平台宣传报道。团队成员高尚的思想境界受到襄阳市疫情防控指挥部和襄阳市疾病预防控制中心表扬。

（二）信念教育效果显现，优秀典型不断涌出。团队建设为师生创造的实践服务平台，融党的理想信念教育与其中，有效促进了队员们的成长。团队成员中，周佳豪 2020 年 2 月获省志愿者协会表彰；魏林威、张璇、黄煜彬等多人因积极参与疫情防控先后获襄阳市级以上荣誉证书；2021 年 8 月石晓惠奋战郑州市抗洪、疫情防控第一线，荣获郑州市委市政府颁发的荣誉表彰证书。团队志愿服务事迹被湖北高校思政网、楚天都市网、湖北日报、襄阳日报、今日头条、新浪网、帮女郎等多家国家级、省市级媒体广泛宣传报道百余次。

（三）团队建设创新特色，建设成效硕果累累。医学部的卫生健康思想政治工作以党的理想信念教育为主线，采取“三融合”“两化”的创新模式，开展志愿服务队建设，通过不断实践与探索，取得了丰硕成果。

“高、实、广、变”打造医院管理每月谈

湖北省妇幼保健院党委

思想政治工作是党的优良传统、鲜明特色和突出政治优势，是一切工作的生命线。湖北省妇幼保健院始终坚持党的领导，高度重视思想政治工作，以服务社会、服务患者、服务职工、服务医院中心工作为出发点，为实现“医疗、教学、科研、预防、保健、康复‘六位一体’的国际知名、国内一流妇幼保健院”的发展目标提供强大的思想引领、精神力量和文化滋养，使得广大党员干部职工“四个意识”不断增强，“四个自信”更加坚定，团结奋斗的共同思想基础更加牢固，“以人民为中心”的宗旨理念更加深入人心，主旋律更响亮，正能量更强劲。

一、基本情况

湖北省妇幼保健院成立于1977年，是国家第一批授予的三级甲等妇幼保健院，2018年4月挂牌华中科技大学同济医学院附属湖北妇幼保健院。目前是“一院四区”结构布局，分为街道口院区、光谷院区、洪山院区、汉阳院区。医院现有职工3000多人，卫生技术人员2800多人，副高及以上职称近500人，硕博士930多人，开放床位1860张。拥有4个国家级特色重点专科，13个省级临床重点专科，有16个国家级人才培训基地、17个省级管理和技术指导中心，医院综合实力位居全国省级妇幼保健院前列。

医院党委下设8个党总支，69个党支部。第一党总支部是医院的行政支部，分布于19个行政职能部门，下设党办和监审党支部、院办党支部、人力资源党支部、财务党支部、宣促党支部、医务党支部、科教党支部、保健党支部、护理党

▲2022 年 4 月 13 日 赴嘉鱼县官桥八组思源广场开展红色教育活动并重温入党誓词

支部、院感党支部、门诊和拓展党支部、医学装备党支部、物资采购党支部、信息党支部、后保党支部、基建项目党支部 16 个支部，现有党员 113 名。

二、主要做法

“医院管理每月谈”是第一党总支部倾力打造的学习交流活动，大家在此平台上交流工作方式方法、思想体会感悟，是进一步统一思想、凝聚共识的重要抓手，是干部职工相互学习、比学赶超的互动平台，是信息公开、相互交流的重要方式，对贯彻落实中央、湖北省委、湖北省卫生健康委关于做好思想政治工作的总体要求、加强党员干部职工党性锻炼思想淬炼政治历练、推动医院高质量发展具有十分重要意义。

（一）在组织标准上求“高”，打造品牌特色。作为医院管理品牌建设，坚持高起点策划、高标准要求，防止活动流于形式。一是不断加强党的领导。坚持以习近平新时代中国特色社会主义思想为指引，把思想政治工作贯穿活动全过程，在院党委的领导下，由联系第一党总支部的院领导亲自统筹部署，总支书记组织谋划实施，各行政管理部门配合任务落实。二是推动活动常态化规范化开展。坚持每1~2个月至少开展1次“管理每月谈”活动，互相启迪促进激荡思想提升能力，营造积极向上的学习氛围，打造开放宽松交流平台，提升医院现代化治理能力水平。

（二）在主题选择上求“实”，突出实践特色。秉持务实高效、持续改进、精益求精的理念，围绕推动医院高质量发展大主题，在“医院管理每月谈”上可以谈工作、谈案例、谈制度、谈感想、谈做法、谈打算，可以分享业务内容、技能技巧、新思路新理念，分享内容涵盖行政管理工作方方面面，内容丰富、重点突出、实用性强，达到理论与实践充分结合。

（三）在讲述对象上求“广”，丰富育人特色。每期活动指定1个部门全程筹备，指定该部门负责人全程主持。每期活动由2至3位不同行业领域、不同文化层次、不同年龄阶段，甚至不同职级岗位的同志进行主讲，主讲人以行政部门干部职工讲解为主，鼓励青年职工积极参与，注重传帮带，筑起老中青人才队伍学习教育体系，为青年职工提供了一个展示自我的平台，真正做到学有所思、学有所悟、学有所获、学有所用。

（四）在活动形式上求“变”，彰显创新特色。

一是参加活动对象从原来以党员干部为主向全体党员和普通职工转变，扩大了活动的覆盖面，提升了全体员工的积极性、主动性和创造性。

二是开展活动的形式从党委号召向以项目制形式推进转变。除了支部规定动作外，开展“管理每月谈”，打造学习型支部，使支部活动内容更加丰富、措施更加扎实、活动效果更好呈现。每期活动后，活动开展情况及时在医院“一网、一刊、两微”自媒体平台进行广泛宣传，扩大品牌影响力。

三是开展活动的内容从以党建工作目标为主向实现党建与行政共同目标转变。将党建与业务工作结紧密结合，推动基层党政组织进一步形成合力，影响和带动广大干部职工积极投身医院改革发展，增强凝聚力和战斗力。

三、取得成效

“医院管理每月谈”活动聚人心，合人意，鼓士气，增动力，谈出了全院上下和谐、人心向上的好氛围、好作风，激发了全体职工干事创业的正能量。

通过打造这一学习交流平台，第一党总支部紧抓党员干部思想政治教育，筑牢职工共同思想根基。大家相互总结工作中的经验教训，创新医院管理工作理念，职工的思想道德素质、工作业务水平、业务服务能力不断提升。

坚持以高质量管理带动医教研协同发展，提升医院现代化管理与科学化运营水平，推动医疗服务和质量安全的持续改进。

紧紧围绕医院党委行政中心工作，充分发挥一个支部一个堡垒，一名党员一面旗帜作用，将支部建设与行政管理工作有机结合，积极拓展医院思想政治教育工作的新路径和新载体，不断丰润人文滋养，深化医院管理内涵式建设，全力打造思想政治教育新空间和新阵地，推动全院理论武装工作走深走实、意识形态管理鲜明有力、精神文明创建持续发力、文化建设活力持续释放。

“党建+”创新项目 点燃新湘雅高质量发展“红色引擎”

中南大学湘雅三医院党委

一、基本情况

中南大学湘雅三医院是国家卫生健康委直管的一所大型综合性三级甲等医院，医院以“湘雅”百年医学品牌为传承，现已成为一所集医疗、教学、科研、预防、保健、康复于一体的现代化综合医院。目前，医院共设12个党总支，其中教职工党总支10个，离退休党总支1个，学生党总支1个，12个党总支下设57个党支部，其中教职工党支部45个，离退休党总支部3个，学生党支部9个（含1个住培党支部）。医院在编在岗职工3385名，其中中共党员1869名。

近年来，医院先后荣获“全国五一劳动奖章”、全国卫生系统先进集体（2次）、全国教育系统关心下一代工作先进集体、全国五四红旗团委、“全国工人先锋号”称号、全国卫生系统改革创新奖、全国城市医院思想政治工作先进单位、全国城市医院文化建设创新奖、全国模范职工之家、第十四届全国职工职业道德建设标兵单位、湖南省先进基层党组织、湖南省抗击新冠疫情先进集体，援鄂抗疫国家医疗队荣获“抗击新冠疫情全国三八红旗集体”等称号，19人获评湖南省抗击新冠疫情先进个人，3人获国家级疫情防控先进个人，1人获湖南省优秀共产党员。医院党委先后获评湖南省高校“党建工作标杆院系”、学校“党建工作标杆二级党组织”，医院5个党支部获评学校“党建工作样板党支部”，1个党支部获评学校“双带头人”教师党支部书记工作室，1人获评全省高校“青年教工党员示范岗”。医院党委在2019年度、2020年度、2021年度二级党组织书记抓基层党建工作述职评议考核中获得“好”等次。

▲2021 年 11 月 23 日，医院党委组织开展 2020 年度新湘雅“党建 + 医疗质量安全核心制度”创新项目结题答辩会

二、具体做法

（一）强化顶层设计。为贯彻落实习近平总书记在中央和国家机关党委的建设工作会议上的重要讲话精神，加强公立医院党的建设，推动党建与业务融合。医院党委在党建与业务融合方面创新提出党建“四个融合”新模式，即党建工作与业务工作融合、党建与现代医院管理融合、理论学习与发展实践融合、医院党建与区域党建融合。目前，党建“四个融合”已经成为医院党建工作的重要工作方针。

（二）创新工作载体。按照“围绕中心抓党建、抓好党建促业务”的思想理念，为进一步创新党组织活动内容方式，推动医院党组织活动与业务工作有机结合，切实将党建“四个融合”新模式干在实处、走在前列，医院党委创新性开展了“党建 +”创新项目活动（以下简称“创新项目”）。自 2013 年起，医院党委围绕各年度重点业务工作，研究确定各年度创新项目活动主题，以党总支、党支部为主体进行创新项目申报，由医院党委组织专家评审委员会，择优遴选优秀项目立项支持，对于立项完成度高、质量好、成效佳的创新项目，医院党委还将组织宣传推广，并在年度考核中予以加分奖励。目前，医院党委已对 170 余个项目予以立项资助与培育，创新项目已成为医院推进党建“四个融合”的重要举措和党建业务双融合的特色品牌。

（三）聚焦主业赋能。2019 年，为探索建立适应医院发展的多学科协作诊疗模式，医院党委以优化党组织结构为契机，开展以多学科诊疗模式（MDT）为主题的创新项目，以党建引领带动学科发展，立项培育 17 个项目；2020 年，为提升医院医疗质量，落实"18 项医疗质量安全核心制度"，医院党委以医疗质量安全核心制度为主题，组织开展创新项目，立项支持 20 个项目；2022 年，为提升医院综合实力，推动医院高质量发展，医院党委将主题确定为国家三级公立医院绩效考核，立项支持 20 个项目。

三、相关成效

（一）强化融合共促。通过实施创新项目，切实做到党建和业务工作一起动员、一起谋划、一起部署、一起落实，以实践工作促进医院党员充分认识到党建与业务融合的重要性和必要性，从而破除"重业务、轻党建"的思想偏差，切实防止公立医院党建"务虚"，真正推动公立医院业务工作的"务实"，有效解决了党建工作与业务工作"两层皮"现象，促使党建、业务同频共振，为医院党建业务的深度融合提供实践基础。

（二）激发党建活力。自医院组织开展"党建 +"创新项目以来，医院党总支、党支部积极响应、主动参与，从临床一线到党政管理部门，营造出了全院动员、全员参与、全力行动的良好组织氛围，切实增强基层党组织的创造力、凝聚力、战斗力，激发党员干事内生动力和创造活力，全面提升基层党建质量促进医院发展，将党建工作做成新湘雅品牌的一面旗帜。

（三）发挥引领示范。通过项目活动将党建与业务融合列入基层党建工作重点、将党建与业务融合作为解决临床问题举措、将党建与业务融合纳入述职评议考核范畴，压实"一岗双责"，有效提升党建质量、推动业务工作、提升工作效率，切实发挥基层党组织的引领示范作用。

（四）转化工作实效。自 2013 年起，医院党委始终坚持"党建 +"创新项目，在实践中不断完善工作机制，以党建赋能医院高质量发展，工作成效逐步显现。建立了以患者诊疗需要为中心的多学科协作诊疗模式（MDT），持续组建并完善 MDT 门诊团队，打造新湘雅多学科专病诊疗特色，医院 MDT 诊疗影响力不断扩大。

完善医疗质量安全常态化管理机制，医疗服务质量稳中向好，获评湖南省优质护理服务评价表现突出医院、示范医院。攻重点、破难点，2020 年度三级公立医院绩效考核位居全国 38 名（A+），位居湖南省第二，较上一年度进步了 24 名，医院综合实力、整体竞争力稳步提升。

强化政治引领
把“固本强医”品牌落到实处

广东省人民医院党委

一、基本情况

长期以来，广东省人民医院党委坚持以习近平新时代中国特色社会主义思想为根本遵循，将推进健康中国建设作为根本目标，以广东所需、医院所为，团结带领全院干部职工筑牢理想信念，把“固本强医”工程作为党建工作“守正创新”的具体抓手，打造了具有广东特色的公立医院党建品牌。2021 年 10 月，医院《党建引领守初心，固本强医勇登峰》案例被广东省委组织部评选为“全省党建优秀案例”。

二、主要做法

（一）坚持党对公立医院的全面领导，强化医院发展的“主心骨”。

1. **全面加强党的领导，持续完善治理机制。**院党委修订完善《党委会议议事规则》《“三重一大”制度实施办法》等规章制度，持续抓好党委会全流程管理，不断赋予医院改革发展新内涵、新动力。贯彻落实“第一议题”学习，确保学习传达、贯彻落实、跟踪督促全过程闭环管理。

2. **积极探索勇于实践，守正创新党建体系。**出台《医院处（科）室民主管理小组工作制度》，发挥党支部参与科室重大决策的政治核心和民主监督作用。开设党建课题，每年 12 个总支立项 30 余个党建课题，提高思政工作能力。每年开展两次党建查房，将软任务量化为硬指标，进一步推动基层党组织规范化建设。建立一年两次从严治党、党风廉政建设、意识形态定期研判的“2+3”工作机制，持之以恒推进全面从严治党。

（二）坚持公立医院的公益属性，勇当医疗改革的“排头兵”。

1. 锚定医疗改革目标，推动发展提质增效。院党委践行“毫不动摇把公益性写在医疗卫生事业旗帜上”的使命担当，在重点领域、重点科室的破壁攻坚战中，充分发挥党支部的“定盘星”“压舱石”作用。持续推动500多个品规耗材降价9%，药占比从38%下降到30%，降低群众就医负担。大力推进以RBRVS点数、DRGs支付改革等为依据、结合劳动强度和成本状况为要素的薪酬制度改革。通过优质医疗资源与互联网技术相结合的5G智慧医院建设，让医疗更安全高效。

2. 筑牢为民服务宗旨，坚持强化公益导向。持续开展先进典型选树工程，树立了一批可敬、可信、可学的标杆，如“全国抗疫先进个人”覃铁和、“中国好医生”尹平、92岁“广东省最美志愿者”杨来宾等。创新建立“医务志愿者＋医务社工＋社会志愿者”三联动志愿服务模式，志愿服务文化蔚然成风。

（三）坚持服务全国全省发展大局，争做区域辐射的“实干家”。

1. 坚决扛起政治责任，深化对口支援工作。院党委统全力履行对口支援政治任务，建立“院包科”“组团式”等机制，精准推进援藏、援疆、援青、援赣，紧密帮扶西藏林芝、新疆喀什等地17家医院。

2. 深入实施人才战略，提升区域辐射能力。院党委立足“双区”建设更高站位，坚持党管人才原则，不断完善“引育留用”机制，配套健全不同层次人才培养与支持体系，激发人才创新活力。同时，牵头成立覆盖全省21地市、近百家医院加盟的人民医院联盟，让“大病不出县”的国家战略落到实处。

（四）坚持中国式现代化道路，做好人民健康的“守护者”。

1. 主动服务防疫大局，坚守疫情防控一线。院党委统筹院内、院外防控两个大局，研究制定基层党组织应对急难险重动员机制和作用发挥机制，外派支援抗疫医务人员共计19647人次，足迹遍布7个航空国际口岸、6个境外地区、11个省份、21个地级市。从星夜驰援武汉、荆州，到逆行奔赴香港、海南；从深圳、广州保卫战，到塞尔维亚、马来西亚救援战，党员干部舍小家为大家、昼夜奔忙，党旗在抗疫一线高高飘扬。

2. 提高危重救治能力，加快现代医院建设。院党委优化学科布局，确定“强心、健肺、壮肾、敬老、安宁”为主线的优势学科发展方向。落实高水平医院提高危重病救治能力的国家使命和人民期盼，布局建设广东省大卫生健康科学中心等重大项目。同时，构筑空中、陆地、地下三位一体的高效率立体生命救护线，急救和疑难重症救治能力进一步增强。

三、主要成效

（一）党建铸魂凝聚共识，品牌理念深入人心。医院全面从严治党体系进一步严密，党员干部理想信念进一步坚定，政治意识进一步增强。“头雁工程”和“双带头人”培育工程持续推进，88 个党支部主动作为，善用支部工作法，提炼出“连心桥”“杏林先锋”等支部品牌。“固本强医”理念成为全院上下团结一心、干事创业的价值共识，医院获评广东省公立医院党建“四有”工程示范点。

（二）党建引领定向发展，品牌形象社会认可。党委“把方向、管大局、做决策、促改革、保落实”的领导作用得到充分发挥，党委会研究决定“三重一大”事项的决策机制持续完善。成功创建全球首个智慧腹膜透析中心，肺癌治疗模式改写国际指南，心血管病专科入选国家心血管区域医疗中心。重大疑难疾病诊治能力引领全国，医疗服务产出、CMI 值连续 5 年位居全省三级综合医院榜首，时间

▲2021 年 7 月 30 日召开广东省医院党建“四有”工程示范点表彰大会暨医院党建工作推进会

消耗指数连续 3 年在大型三甲医院排名第一。品牌形象为媒体、社会、政府高度认同，入选广东省首批高水平建设医院，心脏大血管外科荣获 2022 年广东省政府质量奖，国家公立医院绩效考核连续三年位于全国前列。

（三）党建赋能高质服务，品牌口碑群众赞誉。通过品牌塑造党建赋能，全院党员干部密切联系群众，为人民提供全方位全周期健康服务的先锋行动深入推进。院党委推进厕所革命、流程再造，连续三年组织编写《社会责任白皮书》，获得员工和患者的广泛赞誉。

传承精神谱系，锤炼服务精品
打造医院“党业融合”一支部一品牌

南方医科大学口腔医院党委

南方医科大学口腔医院党委以习近平新时代中国特色社会主义思想为指引，认真贯彻落实《国务院办公厅关于推动公立医院高质量发展的意见》《广东省人民政府办公厅关于推动公立医院高质量发展的实施意见》等文件精神，聚焦“党建领航聚合力，强本固基促发展”的思路，以思想“铸魂”，行动“立根”，弘扬传承“中国共产党人精神谱系”，将红色基因融入医院文化体系，围绕党的建设工作，以提炼支部精神为核心，打造“一支部一品牌”活动。

一、具体做法

（一）注入“红色基因”，“两步走”打造党业融合新模式。

一是淬炼精神内核，将红色基因融入医院60年文化体系。在支部精神的提炼过程中，强调支部对“中国共产党人精神谱系”的传承与融合，对医院60年精神的传承与发展，这就要求支部不但要对精神谱系进行深入学习，把握背景和要义，同时要能结合医院文化、支部业务方向，提炼出一套与支部特色相契合、与支部发展相适应的核心价值。在支部精神的选取上深化了党员对精神谱系的学习与传承，同时也让党员在“角色体验感”中感受到革命先辈和时代楷模的标杆力量，增强了使命感和责任感。如以“雷锋精神”为引领，针对广东省儿童口腔健康问题，党委打造微笑“童”行志愿服务品牌，累计为全省377万余名适龄学龄儿童完成口腔检查，为其中231万余名适龄儿童免费封闭第一恒磨牙710余万颗。

二是打造服务精品，让支部精神与项目载体绘出最大“同心圆”。如果说革

命精神是品牌建设创建中最浓的“底色”，那么项目载体的质量决定了品牌的“底气”。为了打造让群众有获得感的服务精品，各党支部聚焦业务痛点、难点，总结开展群众服务的好做法、好经验，从提高管理能力、深化医改、提高医疗服务质量等方向入手，挖掘可塑性强、具有品牌发展潜质的服务举措。如种植中心党支部书写“西柏坡精神”时代意义，打造“三岗便民”服务项目，针对患者“一号难求”的现象，设立党员值日服务岗，每天由党员值日，加班加点为患者增加号源；针对患者对疾病的认识不足问题，设立宣教服务岗，每月定期开展宣传教育活动；针对加强带教学生学习，设立答疑解惑服务岗，每月由党员为学生开展专业授课和答疑解惑，让他们更好更快适应临床，学习更多的知识。

（二）点燃“红色引擎”，“三举措”助推品牌建设见实效。

注重党史学习和思想修养的提升，开展了“党史天天读”、“人人一个党史故事”、“百年党史我来讲”宣讲活动、线上党史知识竞赛、“颂歌献给党”、“向先进看齐”、“医心向党”等系列党史进医院活动。同时组织党员赴古田会议旧址、黄埔军校、学校党建基地、校史馆等地开展教育培训。通过系列活动激活红色记忆、传承红色基因，夯实党员思想基础。

▲机关三支部“微笑童行”服务品牌

一是以“党业融合”为驱动的科室发展路径。正畸党支部让“红船精神”绽放时代光芒，发扬开天辟地、敢为人先的首创精神，坚定理想、百折不挠的奋斗精神。在广东省开展首次口腔MDT多学科诊疗，为疑难复杂病例提供“一站式服务”，提高就诊效率和治疗效果，深受群众的一致欢迎。此举得到了南方日报、广州日报、羊城晚报、新快报等权威媒体广泛报道，产生很好的社会效应。

二是以“星级考核”为基础的质量研判机制。在项目执行中建立了严格的质量考核机制。一是定期研判分析品牌创建情况。每季度主题党日上进行项目汇报，及时发现存在问题，提升品牌创建的保障力。二是强化责任落实。结合医院党支部“星级管理考核机制”，把建设工作与支部星级考核挂钩，每年年末，院党委对各支部品牌项目进行审核验收，对成功的党建品牌予以表彰，对不适应党建工作形势或不符合品牌要求的项目，重新确立支部品牌，保证品牌项目的实效性和先进性。三是坚持动态发展工作思路。每年年初党支部需按照新形势、新任务，完善更新工作方案，增加创建投入，丰富品牌内涵。

二、工作成效

（一）党员队伍锤炼更有“力度”。建立了以“中国共产党人精神谱系”为主线的党性教育模式，让党员在重温初心中厚植人民情怀，把红色基因深深植根于思想中、落实到行动上。各党支部作为党联系群众的桥梁和纽带，有效提升了党员队伍整体形象，为实现医院高质高效发展打下了坚实的基础。

（二）医疗服务更有“温度”。支部品牌的不断实施，激发了职工干部“为民服务”初心使命，优质服务让百姓心中“暖”起来，支部品牌项目取得显著成效。“微笑童行”项目获中国青年志愿服务项目大赛银奖、广东省2022年“益苗计划”示范项目、广东省卫生健康系统“我为群众办实事”优秀案例等。海珠广场第一党支部打造“环境舒适、服务舒适、医疗舒适”的舒适化服务模式，让患者感受满意、暖心的就医体验，荣获广东省青年文明号。海珠广场院区第三党支部打造“关爱患者，拔牙及种植术后暖心随访服务”品牌，搭建起咨询—诊治—宣教—随访全流程患者管理，目前共随访670人。

（三）党业融合更有“深度”。2018—2020年三级公立医院绩效考核结果显示，医院病例组合指数CMI值连续3年在全国口腔专科排名第5，全省第2，连续

4 年国家公立医院绩效考核患者满意度综合得分 90 分以上，医疗工作卓有成效。医院以专科协作为纽带，以“打造口腔专科医疗发展的健康生态圈”为愿景，牵头建立省内第一个口腔专科联盟，吸引了全省 13 个单位专科加盟，优质医疗资源下沉，全面提升全省基层口腔医疗机构的服务能力。

（四）红色示范更有“广度”。今天的南方医科大学口腔医院（广东省口腔医院），已经建成拥有口腔医院、口腔医学院、广东省口腔医学研究院和广东省牙病防治指导中心“四位一体”的三级甲等口腔医院。在全体人员的努力下，医院服务获得了群众的持续好评以及同行的广泛认可。

“红色基因 靶向教育”高质量提升党建水平

广州复大医疗有限公司复大肿瘤医院党委

广州复大医疗有限公司复大肿瘤医院是集医疗、教学、科研于一体的三级肿瘤医院，创建于2003年，2012年7月成立党委，隶属广东省民营医院和卫生社团组织联合党委管理。医院现有员工420人，其中党员115人，共设4个支部。

医院党委坚持以习近平新时代中国特色社会主义思想为指导，强化政治引领，创新提出“红色基因、靶向教育”党员教育模式，打造党建引领发展红色引擎，以党建引领和助推医院打响品牌、创新升级、科学发展。医院党委先后被评为“广东省两新组织党建工作示范点”“广东省先进基层党组织”。此外，医院党委连年被评为广东省卫生健康委直属机关“先进基层党组织”。医院2017年被评为“广东省文明单位”，连续三届获中国医院协会“全国百姓放心示范医院”；荣获“抗击新冠贡献品牌”称号。总院长徐克成被中宣部授予“时代楷模”称号，并荣获“白求恩奖章”。

一、强化政治引领，打造党建引领发展红色引擎

医院秉持“思想建党、文化建院”理念，牢牢把握围绕中心抓党建的工作思路，立足行业和医院实际持续创新党建工作机制。创新提出“红色基因、靶向教育”党员教育模式。2016年9月至今，先后多批次组织党员前往古田会址、井冈山、西柏坡、北京城、遵义会址等革命圣地，采取“走、看、听、想、写”的方式，重温初心使命，并现场邀请国内知名党建专家讲党课，身临其境的党员们学有所思、学有所想、学有行动，结合工作实际认真撰写学习心得体会，精准查找

工作中存在的问题，靶向整改，提高了党建工作质量。

（一）用红军坚定不移的革命信念解决党员队伍理想信念淡化的问题，陶冶为人民健康服务的思想情操。医院党委针对党员队伍中存在的模范带头作用不够强、党的理想信念意识淡化问题，组织党员重上井冈山，开展“重走长征路”、重温先烈们在黄洋界奋勇杀敌的情景党课，并请知名党建专家现场讲述专题党课、重温入党誓词，使每个党员深深感悟到：“坚定信念、艰苦奋斗、实事求是、敢闯新路、依靠群众、勇于胜利”井冈山精神的真谛，写出“让井冈山精神放射出时代光芒”的体会和感悟，激发广大党员全心全意为人民健康服务的斗志和决心。

（二）用“支部建在连上”的建党理念解决民营医院党建力量薄弱问题，建设发挥思想引领作用的先进党组织。在革命圣地古田会议纪念馆，医院党委组织党员学习理解毛泽东同志关于“红军所以艰难奋战而不溃散，支部建在连上是一个重要原因”的经典论据，从而结合工作实际分析目前绝大多数民营医院存在社会信誉度不高的问题，其中一个重大因素就是在办院方向上缺少党组织有力的思想政治引领；由此，发挥徐克成等先进典型人物的“头雁”作用，充分发挥共产党员的先锋模范作用带动医院建设，形成“关键岗位有党员、科研攻关有党员、困难面前有党员”的红色风景线，有力带动全体党员职工创优争先。同时教育党员职工学史明理、学史增信、学史崇德、学史力行，脚踏实地干好本职工作，在日常医疗工作中以患者为中心，全心全意为患者服务，用实际行动来展现共产党人的政治本色，真正把党的历史学习好、传承好。

（三）用“两个务必”不忘初心的理念解决贪图享乐问题，建设“制度+自律”的清廉文化。医院党委围绕强化全体党员和员工自我约束力，制定了廉洁“三不”原则（不收受红包、不拿回扣、不接受吃请）。设置“高压线”，抵制“灰色诱惑”，形成了廉医文化，受到社会各界的好评，“制度+自律”清廉文化成为医院文化的一道亮丽风景线。广东省纪委、广东省政府纠风办、广东省卫健委将医院确定为廉洁办院示范点，并制作光碟《大医精诚》在广东全省宣传。针对少数党员在成绩面前滋生的骄躁情绪，组织党员在西柏坡重温了毛泽东在党的七届二中全会上提出的：“务必继续保持谦虚、谨慎、不骄、不躁的作风，务必继续保持艰苦奋斗的作风”著名论述，使大家充分认识建设“制度+自律”清廉文化的重

▲在广东省汕尾红宫广场开展学习教育活动

要意义。近 4 年来，医院职工共拒收红包合计约 31.5 万元，均退还或交还住院押金于患者，收到感谢信 1970 封、锦旗 109 面，受到了患者及家属的一致好评。

（四）着力整体提升职工队伍素质。持续发掘先进典型，积极营造学习典型、争当典型良好氛围，绘成了以医院创始人、白求恩奖章获得者、时代楷模徐克成同志为首的“群英图”。医院从 2016 年至今共发展党员 39 名，目前有入党申请人及积极分子合计 35 人。

二、发挥专业优势，战疫中彰显责任担当

2020 年，新冠疫情暴发后，医院党委第一时间主动请缨驰援湖北一线，得到广东省卫生健康委党组批准后，党员自发带头请战，短短数小时收到 99 份请战书，精选其中 3 名医务人员随省医疗队星夜出征。在洪湖重症监护室，医院的 3 位抗疫战士以精湛的技术、温馨体贴的服务受到患者好评。在亲临一线战疫过程中她们深刻感受到党的坚强领导并决心永远跟党走，杨召琴、吴梦婷两位同志志愿申请加入中国共产党并已“疫”线入党。

同期医院先后派出 20 余批次医务人员参与属地社区三人小组入户排查、核酸采样等工作。在复工复产复学的关键阶段，实地指导多家属地企业、酒店、学校做好防控工作。

三、深化党医融合，打造医院核心竞争力

勇攀科研高峰，肿瘤消融治疗技术全球领先并取得重大创新突破，医院被国际冷冻治疗学会认定为“亚太地区冷冻治疗培训中心”，徐克成和牛立志教授分别被推选为第 18 届国际冷冻治疗学会主席和副主席。科研团队主持、参与国家自然科学基金和省市级研究课题 50 余项，累计发表学术论文约 300 篇，多次获得广东省科技进步奖。在医院管理上，开展《创建民营医院“四力合一”经营模式实证研究》课题研究，该研究项目获得省科技厅立项资助，并分别获得广东省科学技术奖三等奖、中国医院协会科技创新二等奖。

经过多年努力，医院从最初的 20 张床位发展到目前 400 余张床位，患者来自世界各地 106 个国家或地区，对诊疗效果非常认可、口口相传，显著提升了医院的竞争力、服务力。党建促院建，为促进医院业务拓展，2022 年 7 月，医院党委与汕尾逸挥基金医院开展党建共建活动，组织党员前往广东汕尾海丰县红宫红场、金厢银滩等红色革命遗址参观学习，进一步深入开展党史学习教育，传承红色革命文化精神。高质量服务于人民群众，以实际行动谱写党建发展新篇章。

“党建福民”让公立医院立足于“公”，着眼于“民”

广东省阳江市人民医院党委

近年来，广东省阳江市人民医院党委始终坚持以习近平新时代中国特色社会主义思想为指导，全面加强公立医院党建工作，赓续医院百年福民文化和红色基因，形成“党建福民”党建品牌，紧扣业务强党建、抓好党建促发展、促进发展福民生，让公立医院姓“公”，让党业融合服务于“民”，推动医院党建工作与业务工作同频共振，党旗与白衣交相辉映。

一、基本情况

阳江市人民医院始建于1902年，是地区首屈一指的公立性三级甲等综合医院，广东省高水平医院，区域医疗中心，全国住院医师规范化培训基地、南方医科大学阳江市人民医院博士后创新实践基地、广东省博士博士后创新平台、广东省博士工作站、广东省内首批互联网医院。

二、主要做法

（一）筑牢党建工作理论基础。坚持把学习贯彻习近平新时代中国特色社会主义思想作为首要政治任务，严格落实党委会“第一议题”制度，以党委中心组为学习龙头，制订党委中心组学习计划，以党支部为单元，严格落实“三会一课”制度，组织书记带头讲党课、参观红色教育基地、老党员讲党史、线上学习、主题征文、演讲比赛与“党史小故事”“我身边的凡人小事”等，定期开展党风廉政教育，强化医德医风建设，通过多途径充分释放学习教育“立德树人”的政治功能，尤其注重“思想建党”与“文化建院”共融互促，深化党员“为人民服务”的宗旨意识和“福民”意识，将学习教育内化于心、外化于行，汇聚助推“党建福民”品牌发展的力量。

（二）优化医院党建组织体系。在制度上着力，制定“党建福民”品牌实施方案，健全党委、支部、党员三个层面的工作制度，让医院党建工作从零散转向系统，为党建工作成效转化为工作实效打牢基础。医院党委从党建架构上发力，将原14个党支部调整重组为52个党支部，将支部建在科室上，实现支部的“有形覆盖”。同时，实施院党委委员分片挂点支部制度、双带头人培养制度，建立党支部工作台账标准，每个支部围绕“党建福民”确定有独具特色的支部工作法，建立党支部、党支部书记考核评价体系，实现支部的“有效覆盖”，为医院党建业务融合奠定基础。

（三）强化品牌阵地丰富品牌活动。在健康中国、乡村振兴的背景下，医院党委坚持党建引领落实党的大政方针，以群众需求为导向，在组织各党支部与村级党组织结对共建的基础上，与村卫生站结对搭建了127个“福民连心站”，将三甲医疗资源直接下沉到乡村，组织党员骨干定期开展义诊、带教、培训、会诊，并以大数据、物联网平台帮助基层从治病向健康预防转变，形成“线上+线下”的长效帮扶模式，累计服务60余万人次，解决基层群众日常就医难的症结，赋能乡村振兴。

针对群众办事来回跑，建设了群众服务中心，推出便民轮椅、雨伞等服务，也可帮群众“一站式”解决看病就诊遇到的问题。针对群众看病就医“三长一短”问题，依托信息化建设优势，搭建了智慧门诊、互联网医院、信息管理闭环等，让群众看病更便利、更安全。互联网医院发挥远程服务优势，在疫情期间免费向群众开放。

院党委以“我为群众办实事”为契机，组织各党支部开展疾病免费筛查下基层项目，实现群众在“家门口”就能完成疾病筛查，提高筛查效率，帮助群众早发现、早治疗、早康复。

（四）挖掘品牌文化，增强品牌内涵。坚持“思想建党、文化建院”，弘扬“福民”的文化精髓，把“福民”精神贯穿于党的组织生活的始终。搭建了医家大讲堂等平台，宣讲人文理念，设立员工服务中心与后勤服务中心，强化对员工的

▲2021 年 8 月 11 日，阳江市人民医院党员专家队伍走进"福民连心站"开展义诊活动

人文关怀，使人文融入医学、让医学回归人文，培育员工人文素养，建设人文服务示范病区，为群众提供更优质的人文服务、医疗服务。完善院训、院徽、院歌、医院口号、医院精神、服务理念、医院目标、发展战略等，融入"福民"理念，在院内、院外进行广泛发动宣传。定期归纳梳理党建工作经验，形成"党建福民"品牌理论指导实践，实践推动理论发展的良性循环。

（五）以"福民"为核心促党建业务融合。"党建福民"的内涵是"党建引领，福民为本"，进行党建工作提升，促进党建与业务融合，最终将"福民"贯穿到医院工作的始终。医院进行高水平建设，强化学科发展、提升技术服务，在疫情防控中，找准疫情防控与满足群众日常看病就医的"平衡点"，完善院内、院外"双机制"，致力于护我山河无恙；强化信息建设，致力于让群众看病更加便利，服务更加多元、智慧；建设医院集团和"福民连心站"，把党建平台搭在群众"家门口"，把连心服务送到群众"心坎上"，致力于让优质医疗资源下沉，打通服务基层群众的"最后一公里"；弘扬医院人文文化，致力于让服务更有人文温度；推进院区升级改造，征求群众意见，致力于让群众拥有更加舒心舒适的就医环境。

三、取得成效

（一）通过品牌建设实现内聚人心、外树形象。近年来，医院荣获“全国改善医疗服务创新型医院”“群众满意的医疗机构”“广东省先进基层党组织”“广东省抗击新冠疫情先进集体”等荣誉；“党建福民”品牌建设被广东省委党校党建教研部列为党建研究课题，被中央广播电视总台列入全国100个优秀党支部案例，多家国家、省级官方媒体进行宣传报道；涌现出全国抗击新冠疫情先进个人、全国巾帼建功标兵、全国好人周敦荣等一批国家级、省级先进集体与个人。

（二）通过品牌建设激活发展细胞、强基固本。根据群众需求发力，在人才培育、学科发展、科研教学、高精技术等方面实现跨越发展，建设有中国胸痛中心、国家高级卒中中心等21个市级以上医教研中心和重点实验室，形成地区完善的急危重症救治网络体系，为阳江经济社会发展融入湾区建设提供了有力的健康支撑。

（三）通过品牌建设找准“小切口”促“大变化”。“党建福民”建设管理集成了医院党建的方方面面，从党委到支部、党员形成聚焦“福民”谋发展的共识，找准群众健康的“小切口”，搭建了诸多福民服务载体，达到了群众得实惠、党员得锤炼、医院得发展的“大变化”目的，践行新时期公立医院的“红色”使命和责任担当。

“一网双村”缓解基层群众健康“三难”

广东省高州市人民医院党委

一、基本情况

广东省高州市人民医院是一所位于粤西山区的县级公立医院，2022 年，医院年门诊量 136.4 万人次，出院患者 10.83 万人次，其中 43% 住院患者来自高州市外。医院获评三级甲等医院、全国现代医院管理制度试点医院、广东省高水平医院、广东省公立医院改革与高质量发展示范医院等荣誉。连续两届荣登全国县级医院百强榜首，DRG 能力指数排全省第 21 名。在国务院办公厅发布的 2018 年度公立医院综合改革真抓实干成效明显予激励支持的全国 21 个地方名单中，高州市为广东省唯一上榜。2021 年高州市县域住院率达到了 96.4%，连续 7 年保持广东全省第一，提前 4 年实现了“大病不出县”的医改目标。

二、主要做法

高州市人民医院党委以党史学习教育为契机，大力推进“一网双村”品牌建设，“一网”指建设县镇村健康服务网络，“双村”指的是村医和村民。医院充分利用自身作为高州市互联网总医院的技术优势，以“云端技术”帮扶高州全市村医提升医疗服务能力，和组织动员党支部，在全市建立“村医通”健康微信群，邀请村民入群，免费向村民开展健康科普、互联网问诊，将健康关口前移至农村，提升村民的健康意识和健康水平。“一网双村”基本建立起了与县域群众需求侧相适应的健康服务体系，提前 4 年实现“大病不出县、常见病不出镇、小病不出村、治疗预防并重让群众少生病”的医改目标。

（一）组建县镇村三级网络帮扶村医能力提档升级。在高州市委、市政府“全市一盘棋”的高位推动下，高州市人民医院在做强技术的同时，主动担当，充分发挥自身作为高州市互联网总医院的技术优势，通过“云端医院”平台实现县镇村乡村医生可视化远程教学、问诊，联通高州 32 家乡镇卫生院、卫生服务中心和 439 个行政村卫生站，促进“基层首诊、分级诊疗、急慢分治、双向转诊”的诊疗模式落地。专家可线上指导分级诊疗和远程培训乡村医生，并通过大数据平台对镇村居民进行慢病管理，三年来培训乡村医生累计超过 2 万人次，有效提升乡医技术水平，村民通过远程网络不出镇即可看好病。

新冠疫情期间，三级网络发挥出明显优势，医院开设网上发热门诊等医疗服务，为 15835 例发热门诊、常见病、慢性病等患者提供了免费咨询服务。党员专家带头开展线上疫情防控知识培训，为村医提供分级诊疗 + 分级隔离的指导，联防联控筑牢“防疫墙”，被国家卫生健康委称赞为基层抗疫高州模式。

（二）全市建立村医通健康微信群为村民免费答疑问诊。高州市人民医院根据高州市委对卫生强市的要求，主动作为，从“以治病为中心”向“以健康为中心”转变，2018 年 4 月，在全国首创“党建 + 互联网 + 村医通”，将健康预防关口前移至农村，做村民身边的医生，打造免费向村民开展健康科普、互联网问诊的服务平台。全院 43 个党支部分片“承包”全市 439 个村，每个村建立“村医通”健康微信群，由党员做群主，每天发送党建惠民知识和医院根据村民需要制作的群众喜欢看、看得懂的健康知识微视频，提高村民预防疾病的意识和能力，每个村医通群里都有 2 名或以上的高级职称医师，建立以医院书记为群主的专家群，免费接受村民健康咨询，村里不能解决的问题，引导村民到村卫生站与医院专家面对面视频问诊，使村民不出村就可解决常见病问题。

医院还及时回应“村医通”群里的群众需求，积极向农村空巢老人白内障患者“送光明”，破解空巢老人眼前黑的难题。

为助力健康乡村建设，医院大力探索“医防融合”慢病管理新模式，以长坡镇试点为抓手，全院党支部下乡进行慢病回访，为 2447 名高血压、871 名糖尿病患者建立慢病管理档案，“云端医院”开设高血压病、糖尿病、卒中、冠心病、肿瘤、慢阻肺等 6 个慢病诊室，通过大数据平台开展镇村居民的慢病管理，进一步改善慢病群众的生活。通过建设肿瘤防治中心、“省、县、镇”联动，在乡镇卫生院开展高州县域早癌筛查项目，为基层群众免费进行常见肿瘤的初筛检测和健康管理，实现早发现、早干预、早治疗、早康复，提升村民健康水平、节约社会支出成本。

医院“一网双村”品牌活动，有效缓解了基层群众健康“三难”，受到了中央广播电视总台、人民日报客户端、新华社、南方日报等权威媒体争相报道。

三、取得成效

（一）有效缓解村民就医难问题。“村医通”已覆盖全市 26 万户乡村家庭 100 多万村民，日常实现在微信群免费问诊、健康宣教等，让村民“小病不出村”。

（二）有效提升村医医疗水平。近 3 年来，共通过线上培训乡村医生，线下组织党员专家下乡培训、临床技能培训中心开班培训村医超过 2 万人次，推动村医医疗服务水平提升常态化长效化。

（三）基本实现“常见病不出镇，小病不出村”的就医格局。高州市人民医院的“一网双村”，兜底托起镇村健康保障网，实现县强、镇活、村稳，上下联、信息通，模式新，覆盖全市，成为全国首家解决看病难、看病贵，就近看好病的县市。推进“基层首诊、分级诊疗、急慢分治、双向转诊”的诊疗模式落地，常见病不出镇，小病不出村，在高州成为现实。

▲医务人员下乡向村民宣讲“村医通”

党建引领　医心为民

广东省佛山市第一人民医院党委

广东省佛山市第一人民医院始建于1881年，是一所集医疗、教学、科研、预防保健为一体的多功能三级甲等综合性医院，拥有员工3518人、编制床位2000张，2021年平均开放床位约2430张。

医院党委下设9个党总支部、63个党支部，现有党员1379名。医院党委坚持将党史学习教育贯穿到医院医疗工作中，打造“党建引领，医心为民”的党建品牌，持续巩固拓展党史学习教育成果，全方位全周期保障人民健康，不断提升人民群众医疗服务的获得感、幸福感、安全感。

一、汲取一份力量，牢记初心使命，“一条心”坚持“医心为民”

（一）线上线下熏陶。医院新建党史学习教育园地，展现党的百年奋斗历史、新中国卫生健康事业发展史、医院党组织的建立和发展、党员先锋等，做到润物无声、启发自觉。上线“学习强院”App，着力打造能随时随地学习的移动平台，成为医院广大员工加强党史学习教育、了解医院动态、学习医学知识、提升业务能力、实现自我突破的好帮手。

（二）红色力量感召。医院创新开展党员领导干部领学清晨第一课、党委书记每日一首爱国爱党爱院诗词、百名党员讲党史、千名党员齐宣誓系列活动。采取“第一议题学”“政治学习日”“实地感受学”“主题党日”等多种形式，组织党员干部自觉主动学党史、及时跟进学党史、联系实际学党史。

（三）院训文化感化。通过开展院庆升国旗仪式、专业学术讲座、科普志愿服务、院史知识教育等活动，大力弘扬“厚德臻术 循道致远”的院训精神文化。弘扬“关爱员工，关爱患者”的关爱文化，传承创新医院“家”文化，创“家”

▲2021 年 6 月 25 日，医院举办重温入党誓词宣誓活动

的温暖，建“家”的环境，立“家”的规矩，享“家”的幸福，让广大员工干事创业有舞台、学习成长有平台、冷暖病痛有关怀。

（四）“一亮二重三化四比”活动牵引。结合“我为群众办实事”实践活动，在全院开展“党员亮身份；重承诺、重实效；细化医疗环节、优化服务流程、美化就医环境；服务比满意、技术比疗效、疗效比费用、行风比医德”活动，号召医院党员干部“从我带头做起”“从小处着手做起”“在细小处比成效”。积极开展“我为群众办实事，千名党员志愿服务活动”，发挥各专科的优势，在各个节日开展线上线下义诊累计近 20 场，服务近 6000 余人。

二、凸显一种责任，彰显红色担当，“一面旗”提升疫情防控战斗力

医院党委坚决扛起新冠疫情防控的政治责任，号召全院医务人员用实际行动践行“守初心，担使命，最美佛山市一人”的医者责任与担当。在新冠疫苗研发工作中表现突出，2021 年获国家科学技术部表扬。

（一）抗击疫情，发挥党员先锋模范作用。按照“一个支部一个堡垒、一名

党员一面旗帜”，医院党委发出《学好党史 做好防控 让党旗在疫情防控第一线高高飘扬》等5份抗疫应急先锋队倡议书，甄选培养200名党员技术骨干担任“尖刀兵”，冲锋在前、发挥模范带头作用。2022年1月8日—10月30日，累计派出7012人次赴东莞市、深圳市、珠海市、广州市、佛山市共812个采样点，合计采样共3029114人次。

（二）别样抗疫战场，扎实推进疫苗接种工作。践行“我为群众办实事”的理念，新冠疫苗接种中心20多名医护人员主动放弃休假，奋战在疫苗接种的一线。

利用互联网医院远程医疗中心开展新冠病毒感染患者MDT远程会诊84次，新冠疫情防控远程会议101次。在佛山市医疗机构率先实行流行病学史问卷的无纸化记录填写，方便快捷，节约环保，而且保障了病源的易溯性。

三、紧盯一条主线，聚焦急难愁盼，“一站式”提供便捷服务“菜单”

（一）以“一床式管理”为抓手解决医疗服务瓶颈问题。深化“一床式管理”，对医院床位统一调配，减少患者入院等候时间，让有限的医疗资源得到更加合理的分配使用，实现“一个帮助、两个减少”的目标：帮助临床科室合理安排住院患者病床管理，减少临床科室空床率，减少患者入院或手术等候时间。2022年1月—10月开放床位使用率达到85.01%，通过“一床式管理”提高医院运营效益，有效地缓解了患者住院难的压力。

（二）以患者需求为导向，整合提升一批临床专科。启用国际医疗中心，提供一站式与国际接轨的诊疗服务，满足市民及国际友人全方位、多元化的健康医疗服务需求。运营35天，门诊累计接诊2033人，患者满意度达96.67%。

开设产科特需中心，提供更安全、高质量的围产期“一站式”服务。

启用日间医疗中心，进一步提高医疗资源的有效利用，手术患者从入院、手术到离院压缩在48小时内，缓解老百姓手术难问题。

开设中西医结合科，将传统中医药与现代医学相结合，提高临床疗效，满足广大群众对高质量中医药服务的需求。

（三）推动多院区发展，促进优质医疗资源扩容与均衡布局。全面托管三水区乐平镇人民医院，派驻38人，平移人才、技术、服务、管理，开启同质化建设。

接管仅4个月，乐平医院医疗业务量呈现快速增长势头。日均业务收入较托管前增长54%，日均门急诊、住院、手术人次分别增长47%、29%和100%。附属三水医院，5月正式通过三甲复评。附属高明医院，2020年“国考”评级为B，全国排名第692位，同比上升42位。

（四）优化住院餐饮服务流程，提升服务质量。提升优化出入院办理流程和服务效率，全面启用住院患者智慧订餐系统。患者和家属实现线上充值、点餐、退费等操作，同时订餐系统与医院HIS系统对接，同步获取患者饮食医嘱并作出适当提醒和限制。

近3年，在国家三级公立医院绩效考核中获等级A+，位列全国百强。医院先后荣获“全国文明单位”“中国最美医院”“佛山市精神文明建设突出贡献集体”“佛山市先进基层党组织”等荣誉，2021年，成为广东省高水平医院重点建设单位，并获评广东省公立医院党建“四有”工程示范点。

“四式融合”工作法探索解决新时代党建与业务“两张皮”难题

广东省佛山市中医院党委

一、基本情况

广东省佛山市中医院是一所具有66年历史的集医、教、研及康复于一体的三级甲等现代化大型中医医院，近年来，医院党委深入学习贯彻习近平新时代中国特色社会主义思想，认真贯彻落实党中央关于加强公立医院党建工作和破解“两张皮”问题推动党建和业务工作深度融合的决策部署要求，归纳提炼多年对解决党建与业务“两张皮”难题的探索经验，总结成“四式融合”工作法，助力医院走上“党建引领、业务融合、文化并进”的高质量发展之路。

二、主要做法

（一）引领式融合破解上级与下级“两张皮”问题。佛山市中医院充分发挥党委领导作用，牢牢把握公益性办院方向，全面落实党委领导下的院长负责制，坚定把党的领导融入医院治理的各个环节。创新建立“党委—党支部—科室”三级管理架构，纵向压缩管理层级、横向整合职责，把管理模式从“学科管科室”转变为“党支部管科室”。

推行“支部责任田”制度，建立党委班子密切联系支部制度，党委领导亲自过问支部工作，充分打通上下级沟通和管理障碍。实现党建业务综合查房机制，把党建工作融入大科业务查房中，创新对科室支持配合医院党建工作程度进行考

▲ 医院的党建文化阵地——初心广场

核，评定科室负责人“一岗双责”履职情况，激活党建引领的新动能。

（二）植入式融合破解党务与业务“两张皮”问题。近年来，医院致力构建与医院发展战略相匹配、与医院改革创新相匹配、与医院管理模式相匹配的党建质量管理体系。推动规范化建设高质量，建立 84 项党支部工作制度、工作流程和工作表单，运用 6S、PDCA 等精益管理工具分析解决党建工作难题，实现党支部建设与精益管理相融合。

推动党支部赋能扩权高质量，赋予党支部主导所管辖科室的思想政治工作、医德医风建设、文化建设、意识形态工作，要求科室负责人每年要向所属党支部进行业务工作述职；赋予党支部对所辖科室人才引进、干部提拔、薪酬分配、职称晋升、评优评先、设备耗材药品采购配置等“三重一大”事项的决策权限；赋予党小组长管理主动权，推行“党务工作日”实现党务与业务联合排班，充分调动党务骨干积极性和主动性；赋予党支部对党建新方法新模式的科研探索权，2021 年涌现了 23 项创新支部工作法，其中 2 项获得市直机关党建创新大奖。推动考核评价高质量，建立“党委考支部、支部考科室、支部考党员”的党建三级量化考核体系，通过党委督导、党办巡察、支部交叉评比等方式，每半年开展一次党建专项考核，将考核结果与年度评优评先、综合目标管理考核、绩效考核评比等直接挂钩，切实推动党建与业务深度融合。推行党建业务同部署同述职。

（三）渗透式融合破解理论与实践“两张皮”问题。医院坚持以树“三观”为抓手，将党建渗透到育人育才全过程，实现思想教育与行动落实的“搭桥通路”。

树立正确职业价值观，把党风政风行风教育融入员工新入职培训、继续教育、思想教育、年度考核和日常生活，落实党支部书记和科室负责人廉政建设责任制，强化对重点工程、重点岗位、干部提拔、评优评先等审核把关，规范提醒谈话机制，始终不渝把严的主基调贯彻到每个支部、每名党员。

树立正确选人用人观，坚持党管干部原则，实行党支部书记选拔任用和综合考核评价机制，选优配强 27 名党支部书记，100% 由临床医疗技术骨干担任。建立健全中层干部管理办法、后备人才管理办法、主任助理管理办法等制度，实行党员与骨干“双培养”机制，近 3 年将 7 名中层管理干部发展为党员，11 名党员获提拔。

树立多样化人才培养观，与中科院、上海交大合作建立中医药技术人才培养基地和医疗管理人才孵化基地，引进及培养名中医、医学领军人才 31 名，选拔 48 名青年杰出医学人才，选派 103 名精英骨干到国内外知名医院和高校深造。

（四）覆盖式融合破解文化与管理“两张皮”问题。医院坚持党建引领的全覆盖式文化建设，以“中医药文化全覆盖、志愿文化全覆盖、好人文化全覆盖”理念打造佛中医文化名片。

中医药文化全覆盖是以打造“名医、名科、名药”三名品牌为重点，坚持师带徒的中医药教学传承，搭建国医大师教学平台，同时推动中医药产学研转化和中医治未病发展。2021 年佛山市中医院被推荐为全国百家中医重点医院项目建设单位、被世界中联医疗机构管理专委会授予首个骨科学培训基地。

志愿文化全覆盖是以党支部为基石成立十大党员志愿服务队，向市民群众提供专业化、特色化的志愿服务。

好人文化全覆盖是以弘扬“大爱佛中医、技术佛中医、人文佛中医”理念，积极树立和宣传表彰道德模范人物，修订《医院员工手册》，为员工见义勇为行为提供法律援助、工伤保险及相应奖励和权益保障，使“争当好人先锋、传播好人故事、弘扬好人精神”在院内蔚然成风，截至目前共有72人次获得“广东好人”等107项市级以上道德模范类荣誉，并获评2022年度佛山市传播正能量致敬单位，成为市民公认的一道亮丽道德名片。

三、活动成效

“四式融合”工作法充分发挥党建与业务双轮驱动的强大力量，推动了佛山市中医院走上了高质量发展道路，实现了全国地级市中医院综合竞争力“十一连冠”，连续八年获得佛山口碑榜公共服务最佳口碑单位称号，目前规模已发展为拥有1个总院、5个分院、1个年产值过亿的制剂中心、1个临床医学院，同时牵头组建成拥有15省72家医院的医疗联盟，影响力辐射至全国。

2019年，医院被佛山市列为“登峰计划”重点建设单位，还成了华南地区骨科诊疗中心，伤科正骨入选第七批广东省非物质文化遗产项目，正打造全国领先的骨科手术机器人平台，积极发展数字化3D医学打印技术，并与广东季华实验室、中科院等合作打造高水平科研平台，成立广东省博士工作站、广东省博士创新实践基地。

2021年还获评广东省公立医院党建工作示范点，并作为广东唯一公立医院代表在全国公立中医医院党建工作座谈会和人民网《书记来了》栏目作党建经验分享。

人民医院为人民　守护生命勇担当

广西壮族自治区人民医院党委

广西壮族自治区人民医院创建于1941年，作为自治区卫生健康委直属最大的三级甲等医院，是一所集医疗、科研、教学、预防、保健、康复为一体的医疗中心，于2021年5月获批挂牌广西医学科学院，现已形成“两院三区四门诊”的格局。曾获全国卫生系统先进集体、全国三八红旗集体、全国五一巾帼标兵岗、全国杰出专业技术人才先进集体、广西壮族自治区主席质量奖提名奖（排名第一）、八桂楷模等荣誉。

院党委坚持“党建引领、文化聚心、学科发展”三大高质量发展战略，紧紧围绕“人民医院为人民”这一核心主题，连续5年针对大力弘扬社会主义核心价值观做出安排部署、制定年度方案，确保这项工作得到高位推进和常态化开展，让社会主义核心价值观在“两院三区四门诊”落地生根，绽放出绚丽之花。

一、价值引领，厚植家国情怀，将医院发展融入中华民族伟大复兴征程

（一）以制为纲，价值目标更加明确。院党委高标站位，按照习近平总书记提出的“坚持面向人民生命健康”“把保障人民健康放在优先发展的战略位置”要求，建立了党委统一领导、党政主要领导亲自抓、各部门齐抓共管的培育和践行社会主义核心价值观创建体制和机制。制定并长期坚持“党建引领、文化聚心、学科发展”战略，提出了“国强我强、院强我强，强国有我、强院有我”的口号，推动“以治病为中心”向“以人民健康为中心”转变，将社会主义核心价值观变为具体的工作要求。

（二）以文育人，宣传阵地“双线”并进。结合新时代文明实践中心建设要求，在线下建立“邕武医院临时应急病房新冠疫情实践教育基地”，利用邕武医院临时应急病房场地资源开展特色宣教；同时充分发挥院史馆、门诊大楼、中心花园主题宣传阵地、党员活动室等场地资源优势，开展抗疫专题宣讲会、党史知识竞赛、红色歌曲大家唱、党史故事大家讲等丰富多彩的宣传教育和主题实践活动，向全院职工和来院患者开展社会主义核心价值观常态化宣教，不断提高目标群体触达率。线上不断拓展“一报两网三微”的宣传矩阵，多渠道推送医院内外的文明事迹、榜样故事和实践活动，全方位展示医院社会主义核心价值观建设成果。

二、公益引领，履行社会责任，将为人民服务宗旨落到实处

（一）以民为本，便民惠民彰显初心。医院坚持以患者为中心、以全面提高医疗质量为主题、以建立和谐医患关系为目标，严抓医疗规范化管理和医疗核心制度的落实；依托智慧医院建设，提升诊疗效率；推行周末手术“不打烊”，上线用药指引单二维码，启用自助排队叫号系统，缓解患者看病难问题，提升群众就医获得感，曾获得国家“进一步改善医疗服务行动计划”优秀医院荣誉称号。同时，充分发挥区域引领与支撑作用，通过构建紧密型医联体、对口支援、开展巡回医疗工作，推动优质医疗资源下沉；通过对口帮扶、消费扶贫，推动乡村振兴。通过援外医疗、医务社工服务、志愿服务、链接社会资源救助大病患者等方式，服务人民，回馈社会。

（二）以行“服”人，文明实践成果丰硕。率先在全区范围内成立医务社会工作暨志愿服务工作部，通过个案、小组和社区工作搭建医患沟通桥梁，积极为患者拓展、整合、协调各种社会资源，为 4253 名住院患者提供个案及探访服务；链接医疗救助基金 9 项，救助患者 3040 人。固定在门诊大楼设置学雷锋志愿服务岗，对在岗志愿者进行专门培训和严格管理，以高素质队伍保障高质量服务。院团委以推进青年文明号创建工作为抓手，组织医院各青年文明号骨干开展学习实践活动，展现青年奋发有为的精神风貌。医院青年工作喜结硕果，近 3 年来获得 4 个全国或自治区青年文明号集体、1 个“全国五四红旗团委”、1 个“广西青年五四奖章集体”和 1 个“五四红旗团总支”。

▲2022 年 7 月 26 日，医院举办以“致敬抗疫英雄 弘扬道德新风”为主题的道德讲堂活动

三、典型引领，涵养医德医风，培育新时代合格医务工作者

（一）以德树人，榜样力量鼓舞人心。院党委立足社会主义核心价值观建设任务，培养新时代合格医务工作者，设立人文和精神文明专项奖、零投诉奖和优质服务奖等，组织岗位创先争优、“青年文明号”、“巾帼文明岗”、优秀医师、优秀护士等评选活动，大力营造崇德向善、见贤思齐的浓厚氛围，充分发挥先进典型的模范作用。将培育社会主义核心价值观与打造“人民医院为人民”党建品牌有机结合，成功培育出以“道德讲堂”为代表的思想政治工作精品项目，开展“道德讲堂”活动 50 余期，坚持每月一支部一主题，常态化抓好职工社会公德、职业道德、家庭美德和个人品德建设，涌现出“全国先进工作者”杨建荣，“全国五一劳动奖章”获得者尹东，全国抗疫先进个人、自治区第六届道德模范、广西勤廉先进个人熊滨，全国五好家庭李星家庭和许莉莉家庭等一批先进典型。

（二）以廉润心，从业意识不断强化。深化清廉医院建设，组织全院干部职工专题学习《医疗机构工作人员廉洁从业九项准则》并签订承诺书；医院职工自编自导自演廉政微视频《“医”身正气说清廉》用接地气的快板语言宣传党风廉政建设，得到广泛传播。建立健全精神文明（医德医风）查房制度、医院医德医风教育与政治学习制度和医德医风考评制度等，先后开展“三好一满意”“进一步改善医疗服务行动计划”等活动，以精神文明建设带动医德医风建设，促进服务质量提升，医院每年收到的感谢信、锦旗和镜屏等数以千计。突出习惯养成，深化群众性精神文明创建活动，开展道德领域突出问题专项问题整治，推进移风易俗，厉行节约，制止餐饮浪费，倡导光盘行动、文明餐桌等，全院职工文明程度有了显著提升。

“四个聚焦”汇聚思想政治工作合力 助力健康海南高质量发展

海南省卫生健康委员会机关党委

近年来，海南省卫生健康委深入学习贯彻中共中央、国务院《关于新时代加强和改进思想政治工作的意见》，突出“四个聚焦”，充分发挥思想政治工作传家宝和生命线作用，围绕人均预期寿命达到 81 岁的预期目标，聚焦群众关注的看病就医难题和卫生健康改革发展瓶颈发力，推动实现“小病不进城、大病不出岛”，有力助推健康海南建设高质量发展。

一、聚焦政治引领，着力强化理论武装

海南省卫生健康委始终把加强党的政治建设摆在首位，持续强化党的创新理论武装，用以指导实践、推动工作，牢牢把住卫生健康工作的正确方向。

（一）注重学习培训。修订完善海南省卫生健康委党委理论学习中心组学习制度，严格制订年度学习计划，周密开展理论学习活动。通过专题培训、专家辅导、理论测试、研讨交流等方式，持续深入学习贯彻党的十九届历次全会精神和习近平新时代中国特色社会主义思想、习近平总书记“4·13”重要讲话精神、“七一”重要讲话精神。

（二）坚持示范引领。始终发挥党委理论学习中心组领头雁作用，充分运用脱贫攻坚、疫情防控取得的巨大成就和党员干部先进典型，讲好中国共产党的故事、中国特色社会主义的故事，建立“每周一学”“每月一考”“每季一议”学习制度，举办“大家讲堂”“青年干部成长论坛”，让青年党员干部自己走上讲台当“讲师”，以讲促学增强干事创业本领。

二、聚焦组织建设，着力夯实党建根基

（一）坚持以上率下。创新成立行业党委和纪委，推动民营医疗机构党建、业务“两覆盖”；按照“书记带头抓支部”“深入支部抓支部”的工作思路，先后印发《领导班子成员党建工作联系点制度》《党建工作分片联系协作组工作制度》，定期开展调研座谈、参加党支部组织生活会，形成党委抓支部、支部抓党小组、党小组抓党员的三级工作网络责任机制。

（二）注重融合推进。坚持把社会主义核心价值观融入医院品牌文化、医务人员职业道德教育内容，开展“一支部一特色一品牌”创建活动，大力推进党支部标准化建设，推动联学联做、比学赶帮，实现全委党建上下联动、基层党建联建共建、行业党建融合发展新格局。目前，海南省卫生健康委全委 226 个党支部标准化建设全部达标，12 个基层党支部被评为“机关党建示范点”，委机关被命名为海南省直机关第一批“模范机关示范点”，基层党组织的凝聚力和战斗力得到有效的增强。

三、聚焦中心任务，着力提升服务质量

（一）扎实做好疫情防控工作。坚持“一手抓业务，一手抓防疫”。新冠疫情发生以来，成功应对多起海南省内疫情，以良好的防控成效保障经济社会持续健康稳定发展。积极响应党中央号召，举海南全省之力，先后于 2020 年组织派出援鄂医疗队 7 批次 865 人支援湖北、2022 年组织 943 人支援上海抗击疫情。新冠疫苗接种走在全国前列，全人群疫苗接种率超 95%，60 岁以上老年人接种率 89.4%。

（二）用心用情办好民生实事。以“能力提升建设年”和“我为群众办实事”活动为抓手，推进“一支部一特色一品牌”建设，大力实施改善医疗服务行动计划，在海南全省 53 家二级以上公立医院建立“一站式”服务中心，医疗服务质效大幅提升。打通中医专长医师注册堵点，成为全国少数几个能够注册的省份，被评为“我为群众办实事”优秀案例。快速推进“四大”为民服务事项，适龄女生 HPV 疫苗接种项目超额完成既定任务，新生儿先心病筛查与诊治率位居全国第一，老年人认知障碍筛查面大幅扩大，重症精神障碍患者门诊治疗免费服用基本药物成为全国唯一一个实现全覆盖省份。

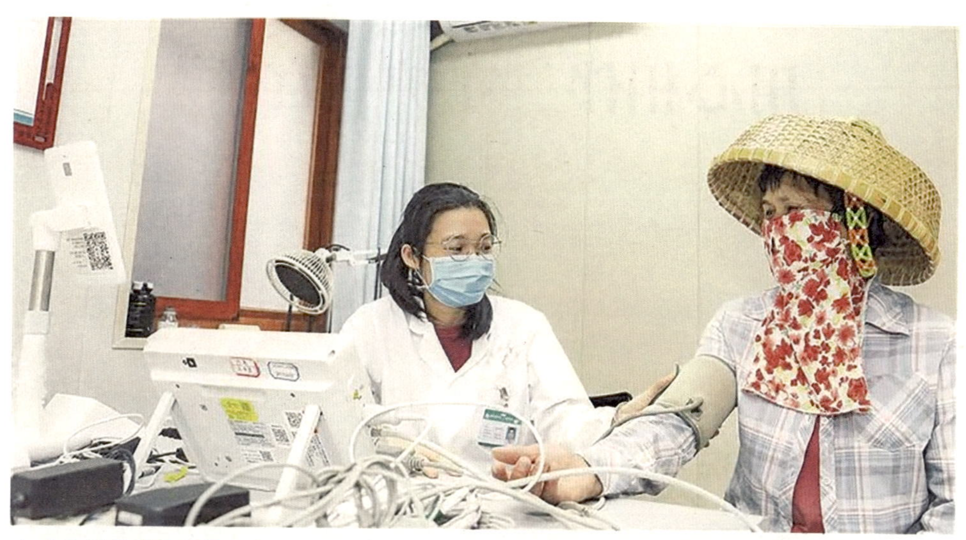

▲琼海博鳌镇沙美村卫生室的5G诊室，医生用"健康一体机"为村民检查身体状况

四、聚焦正风肃纪，着力净化行业风气

（一）筑牢思想防线。以党风廉政教育宣传月活动为抓手，开展党风廉政专题授课，对新提拔和晋升职级的处级干部进行任前廉政谈话，加强家庭家教家风教育，让"贤内助"变成"廉内助"。狠抓行业作风建设，对二级以上医院开展医院巡查，不断促进医院健康发展，持续纠治医药购销领域和医疗服务中的不正之风。深化运用监督执纪"四种形态"，以零容忍的态度查处群众举报违纪违法线索。

（二）深化行风建设。开展行风建设情况调研，研究制定《关于坚持以党建引领卫生健康系统行风建设的意见》，成立海南全省行风建设领导小组和办公室，明确部门职责，推进责任落实。从严落实廉洁从业"九项准则"，印发《关于全省卫生健康系统清廉医院建设实施方案》《开展创建无"红包"、回扣廉洁示范医院工作方案》，推进全面从严治党向全省卫生健康系统各级医疗机构延伸，为医疗机构高质量发展营造风清气正的政治生态和良好发展环境。

用心相伴　守护“宫颈”

重庆市妇幼保健院宫颈疾病诊治中心党支部

一、基本情况

重庆市妇幼保健院宫颈疾病诊治中心党支部成立于2019年3月，由科主任担任支部书记，现有党员7人，入党积极分子5人。支部着力打造“一支部一特色”，以“‘宫颈’守护、用心相伴”为特色党建品牌，以“党建引领业务、模范带动群众”为支部理念，以“为患者提供专业、高效、温暖的服务”为目的，着力打造“衷心为党、虚心好学、全心履职、诚心为民，精心规划、用心建设”的“六心”党支部。

支部及科室近两年以来获评重庆市卫健委“优秀党支部”“示范党支部”“先进基层党支部”“人文爱心科室”等荣誉称号；获2021年CSCCP全国阴道镜摄影大赛铜奖、2021年院级“先进集体”“医疗质量管理优秀科室”等多项荣誉称号。

二、主要做法

（一）严格对标对表，筑牢基础。党支部严格按照医院党委要求，以党支部标准化、规范化、特色化的“三化”建设为着力点，围绕发展抓党建、抓好党建促发展。扎实完成标准动作、创新开展自选动作，充分发挥了示范党支部的示范引领作用。

（二）注重人才培养，强化队伍。

1.优化人才队伍结构。

一是不断优化人才队伍的结构。做到“人岗相适”，以岗位需要选优配备专业技术人员。党员同志带头实行“阴道镜”轮岗制，2021年新培养阴道镜专业操作人员 4 名，党员同志主动放弃休息，新开设周末阴道镜门诊，进一步解决了患者周末阴道镜检查的需求。

二是注重对积极分子的培养和新党员的发展。不断增强支部凝聚力，2021 年党支部新吸收入党积极分子 2 名，新转入正式党员 2 名。

2. 提升人才队伍质量。

高度重视党支部成员综合素质提升，着力培养思想政治素质过硬、专业领先的党员人才，达到“使用一个人，激励一群人，培养一批人”的效果。

3. 完善人才保障机制。

以支部规划为载体，以党员示范为表率，建立科学的用人机制。以能力与业绩为导向，优劳优酬，积极探索有利于调动各类人才的奖励机制，对科室有贡献的人员实行重奖重用；对于政治素质好，工作能力强的青年人才，予以重任，并积极提供良好深造环境，激励其成长进步。

（三）打造党建品牌，突出特色。党建与业务工作深度融合，把党建工作成效转化为发展活力和业务实力，努力打造“用心学习理论，打造成长型团队；用心服务患者，打造战斗型团队；用心帮扶基层，打造奉献型团队”的“三心三型”示范党支部。

1. 用心学习理论，打造成长型团队。

建立党员长效学习机制，发挥党建文化熏陶作用，以支部理论学习带动科室业务学习，打造成长型团队。

一是规定动作高标准。支部“三会一课”全年参会率 100%，每次学习有发言、有分享；持续开展读书月活动、组织知识竞赛、落实支部书记不定期谈心谈话；“学习强国”你追我赶，截至 2022 年 10 月，最高积分 60418、平均积分 37189。

二是自选动作重内涵。通过“观红影”“参观红色基地”“读红书”写心得等方式不断增强宗旨意识；多次与院内、院外党支部结对共建，组织学习研讨，相互交流体会，共同提高；以党建文化引领群团工作，由党员骨干担任团支部书记，邀请入党积极分子、优秀团员主动参与每月主题党日活动，持续强化团员宗旨意识，不断传播党的优良传统和文化理念。

三是业务学习强动力。支部成立以来，增设“阅读角”，建立“五分钟充

▲2021年3月26日，宫颈疾病诊治中心党支部与基层机构结对共建开展义诊活动

电站"学习制度，党员带头每日同步进行党的政策理论精神学习和业务理论知识更新。

2. 倾心帮扶基层，打造奉献型团队。

一是结对共建扶基层。与多个社区街道建立长期共建平台，深入社区开展义诊服务大众。

二是以结对共建为主线，辅以教学，传授阴道镜技术。与多家重庆市内、外基层医院开展技术帮扶，签订支部共建协议书9个，建立"基层患者专病专治绿色通道"，为基层宫颈癌前病变患者提供便捷、高质、专业的就医保障。

三是党员骨干走基层。支部党员担任科室业务和教学骨干，勇于担重担、挑大梁，结对交流党建文化工作，传授阴道镜技术，规范宫颈癌筛查，足迹遍布我市下辖30余个区县。

四是专科培训强基础。通过举办学习班、接受进修学习、下片区技术督导等多种方式，培训基层专科医师、优化就诊流程、增设网络会诊等举措，提升基层医疗技术，深受基层医院欢迎和好评。

三、实际成效及经验启示

（一）学习强思想，增强凝聚力。根据支部特点，提出党建核心理念，利用智能化网络等多种学习平台、通过化整为零等多种学习方式，持续提升党员素养，重视理论与实践相结合，党员活力不断增强，树立了良好的模范形象。党团员表现优异，多名党员先后获得“优秀党务工作者”“优秀中层干部”“先进个人”“优秀共产党员”“优秀共青团员”等表彰，党的良好形象和优良作风，吸引多名职工群众积极向党组织靠拢。

（二）党建促业务，提高战斗力。制订党员个性化工作目标任务，认真筹划、层层推进党建工作，将党建理论融合渗透入日常业务，促进业务工作提档升级。党建成果和科室发展互为促进，不断增强党员、职工内生动力和荣誉感；支部规范化、制度化建设融入科室管理中，以党建文化引领、促进科室持续健康发展。依托医院信息化建设，拓展服务患者方式及范围，扩大党建宣传，提高患者满意度，提升工作效能。

（三）共建带基层，扩大影响力。抓实与基层医院党组织结对共建，党支部特色化建设项目——“宫颈疾病诊治绿色通道”，深受基层医院及广大患者的好评，该通道患者满意度高达100%，并实现新冠疫情下，科室业务量持续增长，基层转诊疑难病例增长209%。党建活动获得基层妇联支持称赞，得到多家主流新闻媒体的关注报道。

打造“三同”统战品牌 助力卫生健康事业高质量发展

重庆医科大学附属永川医院党委

2022年是统一战线走过百年历程、开启统一战线事业第二个百年的重要一年。重庆医科大学附属永川医院以“同心同德·同心同向·同心同行”为主题，紧紧围绕统战事业高质量发展的新要求，加强顶层设计，整合统战资源，充分发挥统战人士的作用，绘就最大健康“同心圆”，奋力推动重庆全市卫生健康事业高质量发展。

一、基本思路

发挥党建引领，依托医院统战人才队伍优势，强化平台建设，创新服务形式，丰富活动载体，通过内容多样的主题活动汇聚发展合力，夯实统战基础，提升履职能力，将统战人士的作用服务于基层医疗卫生服务建设。

二、具体做法

（一）加强顶层设计，增强凝聚力。院党委把统战工作当作自己的“责任田”，将其纳入党委重点工作，党委书记亲自抓，分管领导具体抓；严格制订年度工作任务清单，印发《重庆医科大学附属永川医院统战工作制度》《党员领导干部与党外代表人士联谊交友制度》等配套制度；定期召开统战工作会，组织开展主题活动；邀请统战人士列席医院重要会议、重大活动，提升领导班子凝聚力。

（二）服务中心工作，提升原动力。开展“统战人士美丽乡村行”活动，助推乡村振兴。院党委开展送医送药送健康，服务队由党委书记亲自带队，医院民革、民进、九三学社等6个民主党派统战人士担任成员，最大化满足服务对象需求。

义诊过程中，党委成员既是“统筹员”也是“协调员”，根据需求调配人员，充分发挥统战人士医学专长，让人民群众在家门口就能享受到三甲医院优质医疗资源，受到广泛好评。通过医疗义诊服务，践行“同心同德”理念，增强统战人士责任担当。

（三）助力疫情防控，增加向心力。开展“与党同心 携手战疫”活动，助力防疫抗疫。各党派听从党委号召，积极投身到战疫一线，在救治患者、筹备物资、志愿服务、后勤保障中表现突出，用实际行动践行与党同心、同向、同行的行动自觉。

（四）搭建三大平台 聚合发展力。

1. 搭建参与平台，提升参政能力。医院现有统战人士 63 人，2 个独立支部，4 个联合支部。医院开展“统战人士与党同心 携手共建”基层调研行动，组织各党派成员关注地方发展，在城市建设、医疗教育、民生实事、法治建设等方面，撰写多个接地气、促发展、有成效提案。如民革主委、神经外科苏祖禄带领支部成员积极撰写《关于新冠疫情防治工作的几点建议》《后疫情时代持续加强一线医护人员心理健康支持的建议》等提案，均被永川区政府采纳，为地方疫情防控出谋划策。

2. 构建交流平台，提高影响力。注重党外人才工作，按照党管人才、广泛吸纳、动态管理的思路做好重点人才储备工作。定期做好无党派人士认定工作，建立党外知识分子名册，定期开展联谊交友活动，落实《重庆医科大学附属永川医院党委联系高层次人才工作制度》，建立高层次人才名册，通过个别访谈、座谈会、咨询服务等形式进行交流。充分发挥高知群体交友广，影响力大的优势，大力开展“与党同心同行 共襄复兴伟业”联谊活动。杨全同志被聘为重庆市公安局

▲2022 年 3 月，医院统战人士到乡镇卫生院开展“同心同向 美丽乡村健康行”义诊活动

第五届“党风政风警风”监督员，他是永川区目前唯一受聘人员。

3. 拓展宣传平台，激活战斗力。 充分利用两微一端三号（即微信、微网、上游新闻客户端、快手号、抖音号、头条号）宣传平台扩大活动影响力。积极与新华网、健康报、重庆电视台等媒体对接，对统战工作中涌现出的典型人物先进事迹及时报道，营造良好的舆论氛围；通过各党派公众号及工作群实时有效传播医院统战工作，提升统战群体执行力；定期召开统战工作会，通报医院统战工作情况，增强统战凝聚力。

三、活动成效

（一）统战服务有温度。 2021 年 10 月，院长、重庆市知联会副会长龚放带领医院及市知联会相关专家走进垫江县，签订卫生帮扶协议，开展送医送药、教学查房，助力垫江县乡村振兴建设。通过大力开展卫生帮扶、义诊服务、乡村调研、同心战疫、红色主题教育等一系列活动，凝聚统战合力，夯实统战基础。

（二）抗疫成果有高度。 截至 2022 年 10 月，医院累计救治新冠肺炎患者 210 名，接收核酸检测样本 11.45 万管，检测 91 万余人次。全院 100 余名医护人员受到各级表彰，九三学社田文广被评为全国抗击新冠疫情先进个人。

（三）平台建设有力度。 组建服务平台，发挥统战人士专业特长，普惠基层民众；搭建参与平台，发挥参政议政职能助力地方健康事业发展；构建交流平台，提升医院统战影响力；拓展宣传平台，激活统战人士战斗活力。

（四）成果推广有广度。 田文广在全市率先提出“防范普通型转重症的预警指标”“开展出院患者持续跟踪随访”“出院患者居家管理指导”等建议在重庆全市推广。苏祖禄撰写新冠疫情防治建议被永川政府采纳。龚放通过“新时代红岩讲习所—重庆市统战系统‘学身边典型·创一流业绩’抗疫先锋报告会”向重庆市委常委、统战部部长李静、市委直属机关工委常务副书记张国忠等市委统战部干部职工 230 余人汇报抗疫成果与经验。

（五）宣传报道有深度。 “抗疫故事”“美丽乡村行”等被中央电视台、重庆电视台、健康报、重庆日报、新华网、人民网、重庆市委统战部官网、上游新闻等报道，合计 30 余条，单条访问量 50.17 万人次，全网访问量 1000 余万人次，得到政府和社会各界广泛认可。

“四医”宣传靓品牌　传播行业正能量

重庆医药高等专科学校附属第一医院党委

重庆医药高等专科学校附属第一医院创新推出“四医”宣传品牌，多形式、多角度宣传卫生健康事业新亮点、医疗技术探索新成就、医疗战线职工新面貌，形成正面舆论导向，塑造医院良好形象。

一、基本情况

重庆医药高等专科学校附属第一医院始建于1948年，其前身为中国人民解放军第二野战军中原卫生部直属医院，经过74年的传承和积淀，医院发展取得长足进步，至今已发展成为一所以职业病防、治、研及中毒处置为特色，以医疗、教学、科研、预防及保健为一体的国家三级甲等综合医院。现为南京医科大学公共卫生学院职业病与中毒研究院，重庆医科大学、重庆理工大学等高校的教学医院；国家自然科学基金依托单位；国家级助理全科医生培训基地、市级住院医师规范化培训基地；国家二类化学中毒救治基地、重庆市核辐射定点救治医院；国家突发中毒事件处置队承建单位，是国内最早承建国家突发中毒事件处置队的医疗机构。

二、主要做法

（一）坚持党性原则，筑牢“四医”宣传根基。作为公立医院，医院始终坚持正确的政治方向、正确的舆论导向、正确的价值取向，始终牢记举旗帜、聚民心、育新人、兴文化、展形象的使命，始终坚持公益性原则，坚守为人民群众健康保驾护航的初心。在“四医”宣传内容的选择和审核上，坚持“三审三校”，实行“OA流程＋新媒体临时链接”双审校，严把政治关、法律关、政策关、保密关、文字关，重点稿件反复核校，及时发现和纠正错漏信息。对已发布信息，坚持自查和复查相结合，确保观点正确、内容准确，避免因表述和内容问题引发舆论争议，全面筑牢"四医"宣传根基，坚持正面舆论导向。

（二）加强阵地建设，搭建"四医"传播平台。为了让公众多途径、多终端自由接收信息，医院加快构建网上网下一体、内宣外宣联动的主流舆论格局，系统搭建"四医"宣传平台，牢牢占据舆论引导、思想引领、文化传承、服务人民的传播制高点。推动传统宣传方式与新媒体的深度融合，形成线上线下"同心圆"。加强医院宣传栏、宣传展板等规范管理，因地制宜拓展党建文化墙、文化长廊、特色宣传区等新阵地建设。举办医师节、护士节、世界读书日、爱老敬老、书法培训、宣传培训等活动，建立主流意识交流平台。加强自媒体建设与管理，目前医院已建立"一网两微两视频"的新媒体矩阵，坚持原创为主，以创新、灵活、百姓喜闻乐见的宣传方式，推送大量优质、实用内容，在平台影响力持续增强的同时，也带动了医院品牌知名度的提升。加强主流媒体合作，形成院内院外"包围圈"。医院与多家市级主流媒体达成合作，对"四医"优质内容进行推送，全面扩大受众群及辐射面，进一步提高传播力、引导力、影响力、公信力，春风化雨、润物无声，让正能量更强劲、主旋律更高昂。

（三）创新内容形式，丰富"四医"宣传内涵。打造"医声守护·科普"专题。在院内大力营造"全员科普"氛围，将科普意识渗透医务人员日常工作，使健康科普成为医务人员自觉自愿行为，生产更多优质科普内容。

打造"医路有您·人文"专题。以医患之间的感人故事、医务人员先进事迹、个人风采、锦旗感谢信等医德医风展示为核心内容，讲好医患故事，汇聚向上向善力量。

打造"医讯速览·新闻"专题。以医疗活动、新技术新项目开展、学术会议、义诊讲座、其他医疗工作等为核心内容，展现医疗技术进步和医院高质量发展的方方面面。

打造"医者初心·文化"专题。以党建文化、廉政文化、医学历史故事、院史故事、文化活动等为核心内容，彰显医院文化内涵，增强干部职工文化自信。

三、取得成效

“四医”宣传品牌打造以来，截至2022年10月24日，医院已共发布“医声守护·科普”专题36期，“医路有您·人文”专题38期，“医讯速览·新闻”专题33期，“医者初心·文化”专题31期，共计138期，累计阅读量10w+，为建立医院大宣传、大融合、大品牌格局，打下了坚实基础。

▲2022年，医院微信公众号全新打造“四医”品牌

针对“医声守护·科普”专题，医院建立了“1+5”工作机制，即建立1张清单，提前5日提醒。年初建立全年卫生节日工作清单，每月结合卫生节日进行科普稿件征集，提前5天发布征稿通知，初步拟定科普选题。“1+5”的工作机制从海量的宣传中明确了主题，为临床医务人员提供了宣传选题，细化了宣传内容，有效促进了临床一线开展科普宣传的积极性，也为向群众普及健康知识、提高健康素养贡献了力量。

绩效考核让党员的先锋模范作用充分彰显

重庆市忠县人民医院党委

重庆市忠县人民医院党委切实发挥绩效考核“指挥棒”作用，探索实施“党员先锋”绩效考核，积极构建有利于党员管理和成长的考核评价体系，党组织的战斗堡垒作用不断增强，党员的先锋模范作用充分彰显，鲜红的党旗在健康线上高高飘扬。

一、基本情况

重庆市忠县人民医院是一所三级综合医院，是国家县级公立医院综合改革试点县医院、国家卫生健康委建立健全现代医院管理制度试点医院、国家卫生健康委“千县工程”综合能力提升县医院、重庆市率先推动公立医院高质量发展医院，曾获“全国卫生系统先进集体”“重庆市先进基层党组织”等荣誉。2020 年 5 月，院党委落实中共中央关于加强公立医院党的建设工作的意见精神，推进党组织和党的工作全覆盖，按照“应建尽建”工作要求，将原来的 7 个党支部增设到了 24 个。随着“把支部建到科室”，院党委坚持大抓基层的鲜明导向，围绕提升基层党建水平，充分调动和发挥党员的先锋模范作用，把党支部建设成为坚强战斗堡垒，结合建立和落实不忘初心、牢记使命的制度要求，积极探索构建党员教育管理考核评价体系。

二、主要做法

（一）有方案标准。根据中央及市县关于加强公立医院党的建设工作的意见精神，结合建立和落实不忘初心、牢记使命的制度要求，按照“以党支部为基础组织，突出支部主导、党员主体原则；实事求是、客观公正、民主公开、注重实绩原则；支部考核与科室评价相结合原则；平时考核与年度评价相结合原则，注重调动党员的积极性和创造性”的基本原则，在充分征求基层意见、反复讨论修改的基础上，形成了《党员先锋绩效考核评价方案（试行）》，并经党委会研究通过，以党委文件下发党员先锋绩效考核评价试行方案和考评标准，自2020年9月起施行。

▲医院建立党建工作台账

（二）有组织实施。以支部为单位，结合实际细化考评标准、负责具体实施。日常考评每季度一次，由“基础分”和“先锋积分”组成。

1. 基础分：每名党员接受所在支部和科室的双重考核，分别从“政治自觉”“遵章守纪”“道德品行”“担当作为”四个维度12条具体标准，按A（10分）、B（8分）、C（6分）、D（4分）、E（2分）五级评分进行评价。由支部书记和科主任结合党员日常表现，在充分听取支部党员和科室职工意见的基础上，将评价结果填写在《党员先锋绩效考核评价表》上。支部和科室分值权重各占50%，基础分满分80分。

2. 先锋积分：党员通过参加党组织生活、志愿服务、科研论文、获奖荣誉等为自己争取的加分项，包括7大类。按照《党员“先锋积分”登记表》，由所在支部根据党员考核季度实情如实登记并记录积分。

（三）有经费保障。医院按每季度在岗党员200元/人的标准在年度党建工作经费中提取“党员先锋绩效”，每季度发放一次。

（四）有结果运用。季度考核综合得分80分及以上者全额发放党员先锋绩效，80分以下不予发放。由各支部综合党员日常表现及先锋绩效考评结果开展年度民主评议党员工作，评定“优秀”党员，党内表彰一般从“优秀”中择优推荐评选。

（五）有督导检查。院党办负责对各支部开展党员先锋绩效考核工作的督导检查，重点督查完成考评工作的及时性、考评资料的完整性及先锋积分登记的真实性。对弄虚作假、敷衍塞责的支部书记和委员取消当月党务工作绩效。

三、取得成效

（一）战斗堡垒作用更强。各支部切实发挥政治功能，以“五强”标准（政治功能强、支部班子强、党员队伍强、作用发挥强、阵地建设强）推进支部标准化规范化建设，“五项先锋引领”“四比四看”等一系列强党建促发展具体举措，党员带头亮身份、认领责任岗，全面融入科室管理，参与科室重大决策，推动党建引领业务发展。2020 年以来创新开展医共体支部联建、“党课开讲啦”、健康科普“五进”、红色基地研学 + 实践锻炼等活动，在守正中创新，支部工作思路愈加清新，从过去的等靠抄，到如今的主动求新求变，支部特色更加鲜明。选送党课视频获市委组织部优秀作品 1 件，县级一等奖 2 件、二等奖 1 件。

（二）示范引领作用更显。广大党员积极作为、率先垂范，苦练内功、提升本领，涌现出了一大批技术标兵、服务标兵。获市劳模创新工作室 1 个、杰出人才突出贡献奖 1 人、重庆好人 1 人、重庆好医生 3 人、医学头雁人才 11 人，摘得全国医院品管圈大赛二等奖、全市公众卫生应急技能大赛第二名、全市健康科普技能大赛二等奖等佳绩。2021 年党史学习教育开展“我为群众办实事”实践活动 48 场次，党员办实事 701 件。

（三）医改先锋名片更亮。作为国家县级公立医院综合改革试点县医院，忠县人民医院勇担医改先锋，助力忠县医改从“试点”走向“示范”，获国家卫生健康委 2018—2020 年“改善医疗服务先进典型”。2020 年分别在全市卫生健康系统党建暨党风廉政建设工作会、全国现代医院管理制度培训班上做交流发言。2021 年成功接待国家紧密型县域医共体建设片区交流会现场观摩。

（四）大战大考答卷更优。新冠疫情暴发以来，院党委统揽全局、科学调度，切实发挥“哨点”作用，从严从实从细落实各项防控任务，在坚守全县疫情防控医疗救治主阵地的同时，派出援鄂援万援沪援黔等 133 人次，6 人被吸收为预备党员，获全市抗疫先进个人 3 名、优秀共产党员 1 名，全院上下众志成城的战疫故事被媒体报道 220 余篇次，被中国卫生健康思想政治工作促进会采用 14 篇。2021 年院党委获“重庆市先进基层党组织”称号。

“双联支部”凝聚医院发展合力

四川省医学科学院 · 四川省人民医院党委

四川省医学科学院·四川省人民医院党委把强化党支部建设作为加强医院党建工作和职工思想政治工作的基础和关键，在实践探索中于2018年建立了党委常委每年联系一个工作相对薄弱或工作任务重的党支部，既联系党员又联系职工、既联系党建又联系业务的“双联支部”制度，与党内法规制度紧密结合、与医疗业务工作紧密结合、与深入临床一线紧密结合，形成了责任落实机制、问题整改机制、对标先进机制，推动情况在一线掌握、问题在一线解决、党建在一线开展、形象在一线树立，实现党建工作与业务工作相得益彰、深度融合。

一、基本情况

按照中共中央关于加强公立医院党的建设部署要求，实行党委领导下的院长负责制，院党委下设党总支部10个、直属单位党委1个和党支部141个，全院党员3218名，其中在职党员2484名，配备专职党务干部51名。医院2017年首次进入复旦大学全国医院综合排行榜“百强榜”，2020年上升至第57名（在全国省级公立医院中排名第3名）；2019年在国家三级公立医院绩效考核中排名第99名，2022年上升至第27名。

二、主要做法

（一）三个结合确保“双联支部”联得紧密。

1. 与党内法规制度紧密结合。开展“党支部建设年”活动，对照院党委《关于进一步推进医院党支部标准化规范化建设的通知》要求，院党委常委和党总支书记、直属单位党委书记指导联系党支部全面排查问题，制订党支部建设提升计划；同时，在联系党支部每年至少讲 1 次专题党课，每半年参加 1 次学习讨论、1 次组织生活会或主题党日，推动解决党支部所在科室、部门工作存在的突出问题。严格落实“党支部书记一般由内设机构负责人中的党员担任”要求，制定院党委《“双培养”工作制度（试行）》《临床医技科室党支部书记“双带头人”培养工程实施方案》，指导各党支部做好高素质人才的培养联系、培训工作，加强高知群体入党积极分子队伍建设，推动高素质人才积极向党组织靠拢。

2. 与医院业务工作紧密结合。党委常委结合工作实际，在推动医疗、科研、教学、管理等业务工作的同时，注重指导联系党支部坚持把党建工作与业务工作一起谋划、一起部署、一起落实、一起检查，做到既从党委层面推动，又从支部层面督导，点面兼顾细化“双联”任务。推动党支部全面参与本部门本科室业务发展、招标采购、评先评优、薪酬分配等重大问题的决策，明确决策范围、形式、程序。院党委把党支部“以党建促业务”工作情况作为年终党建督导考核的重要内容，考核结果与部门、科室绩效挂钩，每年按全院党支部总数的 30% 确定“先进党支部”，业务工作、党建工作同时被评为优秀的，年终发放一档绩效。

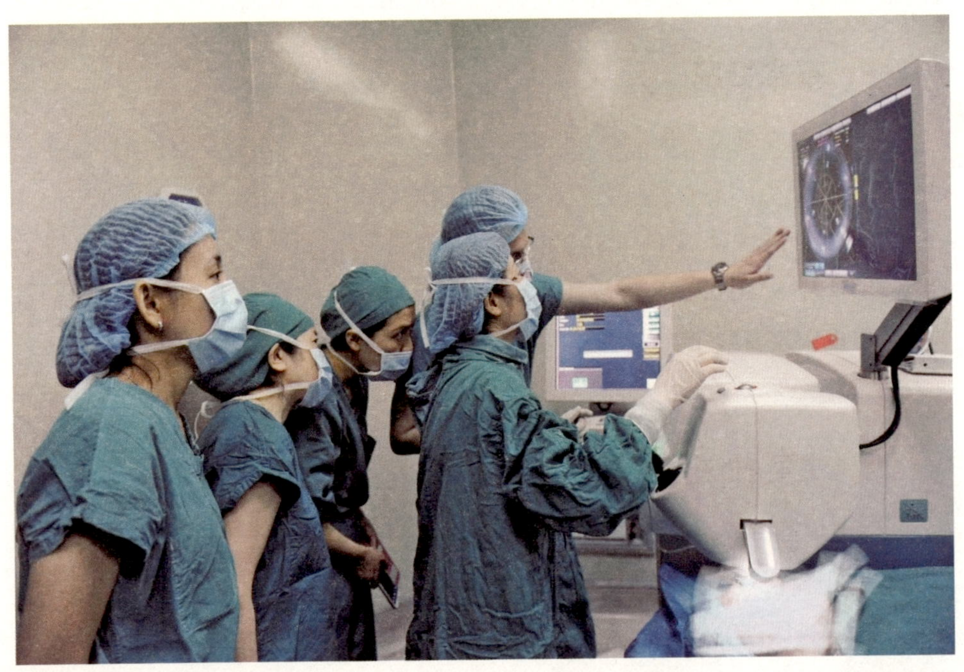

▲党建与业务工作密切结合

3. **与深入临床一线紧密结合。**党委常委带头改进工作作风，带头下移管理重心，结合主题党日、院长查房、工作调研等，进临床、听意见、问需求，每月与临床一线的党员、职工座谈交流，了解党支部建设实际情况，掌握职工的思想动态和真实评价，并及时与联系党支部的书记沟通交流，反馈职工意见建议，指导党支部建设在从严从实上下足功夫。

（二）三项机制推动“双联支部”联出实效。

1. **形成责任落实机制。**近年来，院党委先后制定了《关于落实党建工作责任制的实施办法》《党建工作履职不力约谈制度》等，进一步细化了党委常委抓党支部建设的工作责任，推动党建主体责任和“一岗双责”落地落实；完善了党支部书记抓党建工作述职评议考核制度，把加强党支部建设作为党支部书记述职考核的必要内容，自上而下做到抓党支部建设责任、目标、措施、效果“四公开”，形成党委有部署、常委分头抓、党支部书记主动抓的党建责任落实机制。同时，在“三分类三升级”活动中还带动29个“一般”党支部晋升为“先进”党支部。

2. **建立问题整改机制。**每位党委常委每年形成1份联系党支部的工作情况报告，对联系党支部存在的问题列出清单，实行销号管理、限期整改。“双联支部”制度建立4年来，推动10个相对“薄弱”党支部的20余个突出问题得到有效整改，特别是针对个别科室科干会设置不完善、绩效二级分配政策不够公开透明导致职工意见大等问题，通过约谈科室负责人、配强党支部书记，问题得到及时整改，科室凝聚力得到增强。党委常委联系的某临床党支部扎实开展“以案促改”，医药耗材使用进一步规范。

3. **健全对标先进机制。**院党委组织部分党支部书记到上海瑞金、仁济、中山、华山等医院实地“取经”，在党支部建设中引入精益管理理念，以开展“我是省医党员”主题活动为载体，积极对标、创先争优，带动党支部建设整体水平不断提升。党委常委联系的医学信息中心党支部推出门特线上审核系统，极大缓解了患者办理门特排长队问题。

三、工作成效

（一）创新活力进一步增强。院党委通过“双联支部”，以改革破瓶颈、以创新添活力，聚焦阻碍医院改革发展的体制机制障碍，探索形成一些创新做法。比如，开展“省医创新奖”评选，以党建创新带动管理、服务、技术、科研、教学等工作创新，2019年以来共评选367项，推动医院开展医疗新技术300余项，不断提升疑难重症诊疗水平，2020年国家自然科学基金资助数量翻倍增长、2021年资助金额创新高，两个学科进入复旦大学全国医院专科排行榜前10位。

（二）发展动力进一步增强。院党委从患者和职工的实际需求出发，把“双联支部”工作贯穿医疗、科研、教育、管理、服务等工作全过程，解决了一批影响科室、医院发展的关键问题。通过抓支部、夯基础、强党建，进一步激发了党支部和党员的工作动力，推动医院的医疗质量和服务水平大幅提升，出院患者微创手术、四级手术占比位居不断提升，4年时间，患者满意度提高14个百分点、职工满意度提高24个百分点。

（三）担当能力进一步增强。按照“业务工作难点在哪里，党建工作重点就在哪里”的原则建立党支部品牌。运营部党支部建立“赢在行动”党支部品牌，以点“实”成金案例分享为主要载体，及时为临床科室宣讲绩效政策导向、分享部门（科室）绩效管理经验。通过精细管理，医院运营效率和服务效能不断提升。

党政协同促发展 业财融合显实效

云南省第一人民医院机关党总支第四党支部

一、基本情况

云南省第一人民医院机关党总支第四党支部（财务处党支部）现有党员31人，设支部委员5人，其中党支部书记1人、支部副书记兼青年委员1人、统战委员1人、纪检委员1人、组织兼宣传委员1人；并设有两个党小组。支部于2018年通过党支部规范化达标创建，2018年被医院评为“先进基层党组织”；2019年获得云南省卫生健康系统先进基层党组织荣誉称号；2020年被医院评为“先进基层党组织”；2020年获得云南省教育卫生科研工会“模范职工小家”称号。

二、主要做法

云南省第一人民医院机关总支第四党支部（财务处党支部）在医院党政班子的正确领导下，紧密围绕医院中心工作和各项要求，坚持以新时代党的建设为统领，认真贯彻党要管党全面从严治党方针，抓基层、建机制、强基础、激活力，同时把党建工作贯穿于业务工作全过程，注重在业财融合上充分发挥功能作用。

（一）确保工作落地见效。党支部及财务处的全体党员干部职，严守政治纪律和政治规矩，积极主动地开展工作，形成齐抓共管的工作格局。坚持以习近平新时代中国特色社会主义思想、党的十九大系列精神为指导，围绕医院的十四五规划和高质量发展目标，不折不扣地贯彻落实好党建责任和业务工作的各项目标任务。

（二）强化思想政治建设。通过“三会一课”、主题党日活动、民主评议党员、全处大会等组织活动，学习习近平总书记重要讲话、重要批示指示精神和党中央决策部署，不断加强全体人员的日常教育和培训，锤炼党员党性修养，牢固树立“全心全意为人民服务”的宗旨意识。推动党史学习教育常态化长效化，通过党史专题学习交流、参观红色教育基地等方式开展学习活动，巩固党史学习教育成果。

（三）党政合力提升效能。党建与业务工作深度融合，围绕财务精细化管理的推进和服务对象的不同特点，统筹推进惠民利民工程。

1. 为解决群众看病就医难愁盼问题，缩短患者就医等待时间，充分运用信息化手段，实现就诊一卡通。所有门诊、住院收费实现一站式服务，门诊、住院各楼层均设置自助挂号缴费机，开通网络、微信、114、现场等预约挂号渠道和微信、支付宝、银行卡及现金预存缴费等多渠道支付方式，方便患者可同步完成建档、预存、预约挂号、缴费、查询缴费明细、打印化验检查报告、打印电子病历等业务。通过就诊流程的不断优化，极大提升患者的就诊体验。

2. 积极推动医疗收费电子票据上线工作，以方便患者快捷获得结算单据。在云南省范围内首家实现了“全面启动医疗收费电子票据管理改革”，医疗收费电子票据和“医疗保障医保结算单”实现线上推送，通过票据投送方式的改革，极大地打破了空间限制，缩短患者在院往返等候时间。

3. 支部会同处室将“转作风、提质效，集众智、办实事”“对标先进、争创一流”和“我为群众办实事”实践活动紧密结合，深入一线进行。党政干部、党员、业务骨干联合主动深入医院各临床科室和职能部门，进行财务线上报账系统、退费、价格、个税等方面的政策宣传、服务，达到了全覆盖，协助职工办理个税清缴 2000 余人，收到并现场解决问题近 100 个。

4. 牢固树立“今天再晚也是早，明天再早也是晚”的效率意识，不断完善规章制度和内控建设的同时，大力推进医院财务管理平台线上报账系统建设，深入职能部门理顺工作流程，减少办事人员往返，不断提高工作效率和质量，提升服务能力。

（四）注重内涵带动群团。

1. 支部会同处科全体人员严格落实常态化疫情防控的各项工作要求，并参与总支督查和值守工作。在疫情严峻的时候，党政工团响应医院号召，助力疫情防控工作，为临床一线医务人员和住院患者送餐。

▲2022 年，财务处机关四支部会议室，全员进行“党风廉政、行风教育”培训

2. 重视党政文化建设和内涵，将业务骨干和表现突出的学员作为“双培养人才”，进行梯队建设。关心年轻人的成长，鼓励职工进行学历、职称的提升。关爱职工身心健康，关心职工思想、工作和生活，加强与职工的情感联系，为其排忧解难，增强职工归属感和职业荣誉感。

3. 重视党建带群建、团建工作，组织开展“建党 100 周年共建林”“党建引领群团共进，民族团结你我同行”多种形式的党政工团共建活动，增进同事之间的沟通交流，增强凝聚力，形成激情干事、风清气正的良好文化氛围。

4. 整合党员学习园地、工会、团青活动阵地，进行“作风革命、效能革命”“对标先进 争创一流”“民族团结进步”“清廉医院”建设，“喜迎二十大”，对发展党员、岗位竞聘等内容进行宣传公示，实现阵地资源共享。

三、取得成效

（一）依托智慧医院建设，实现患者分时段预约挂号就诊、多渠道缴费方式，使《进一步改善医疗服务行动计划》和《云南省医疗服务便民惠民十制度》的要求得到很好落实，患者看病就医感受明显改善，社会满意度不断提高。

（二）医疗收费电子票据上线使用，使常态化“疫情防控”任务和“互联网+政务服务”工作要求得以落地，实现了“让数据多跑路，让群众少跑腿”的目标。

（三）通过深入临床和部门一线服务，推进“智慧财务”精细化管理，实现了财务报账由传统“线下”向“线上”转变，结合医院经济管理业务，将经济管理的各项要求融入医、教、研等业务活动和质量控制环节，让业务工作流程化、清晰化、可视化，减少经办人员往返次数，提高审批和付款等环节的效率和质量，让职工有更多精力从事本职工作，从而进一步提高医院总体的工作效率。

（四）通过加强全体人员思想政治、法律法规、职业道德和业务培训，不断提升学历和职称，支部与处室凝结为一支信念坚定、遵纪守法、恪尽职守、廉洁奉公、勇于担当、善于作为、团结进取的敬业、乐业、勤业、精业财务团队。

质量控制组点亮公立医院党建高质量发展“新引擎”

云南省大理白族自治州人民医院党委

云南省大理白族自治州人民医院党委始终坚持以习近平新时代中国特色社会主义思想为指导，坚持“以人民为中心”的发展思想，坚持新发展理念，树牢“一切工作到支部”的鲜明导向，以基层党组织规范化建设为抓手，建立党建质量控制组，使公立医院党支部规范化建设建有标尺、抓有方向、评有依据，点亮公立医院党建高质量发展“新引擎”。

一、基本情况

云南省大理白族自治州人民医院建于 1941 年，是一所集医疗、科研、教学、康复于一体的大型三级甲等综合医院，医院党委下设 6 个党总支、24 个党支部，党员 730 名。有 3 个党支部被评为云南省省级规范化建设示范党支部，有 4 个党支部被评为大理州州级规范化建设示范党支部，其余党支部都通过了大理州卫生健康党工委规范化建设党支部的验收。云南大理白族自治州人民医院党委被大理州委评为“基层党组织规范化建设示范点”，被大理州委组织部命名为“服务行业党员作用发挥示范点”“大理州公立医院党建规范化建设示范点”。

二、主要做法

（一）组建党建质量控制组，以标准化引领党建规范化。根据中共中央办公厅印发《关于加强公立医院党的建设工作的意见》等相关文件要求，2021 年 3 月大理州人民医院结合工作实际，从医院 6 个党总支选出 6 名优秀精干基层党务工作者，组建了党建质量控制组。医院党委针对考核内容及方式对质控组成员进行了系统的培训，并在医院党建工作会议上为质控组成员颁发了“党建质量控制员证书”。质控组每季度对全院所有党支部的“三会一课”、主题党日、党费收缴、入党积极分子培训、党建资料归档等情况进行集中检查指导，并在日常工作中，实行动态质量督查，逐项量化评分。

（二）形成一份“质检报告”，以问题促进党建发展。医院党委党建质量控制组按照年初党委书记与党支部书记签订的《中共大理州人民医院委员会党建工作责任书》和《中共大理州人民医院委员会党支部党建质量季度考评细则》相关条款，针对党支部思想政治建设、党内组织生活、党员教育管理、党建活动开展、特色典型选树、“智慧党建”推广运用等方面进行考核，通过看、听、问等方式，为各党支部“把把脉”。党建质量控制组针对考核情况形成一份“质检报告”，使各党支部发现问题举一反三，看到亮点触类旁通，营造一种你追我赶的良好氛围。

（三）选树一批先进典型，发挥模范带头作用。党建质量控制组每季度考核完成后，及时归纳汇总出党支部党建质量季度考评登记表，报医院党委办公室审

▲每季度对各党支部进行集中考核

核，组织在院务会、院周会、党建工作会上公布党建考核结果，为考核得分第一名的党支部颁发“流动红旗”，并将每个季度各党支部的考核情况，进行积分管理，纳入年度党建考核，增强集体荣誉感，体现党员先锋模范带头作用，切实提升党组织的战斗堡垒作用。

三、取得成效

（一）在疫情防控中，支部筑堡垒，党员当先锋。新冠疫情发生后，医院党委发出了发挥基层党组织和党员作用的 6 条措施，580 名党员和 725 名医务人员纷纷递交了请战书，按下了红手印，先后有 22 名医疗队员驰援湖北，145 名医务人员驰援瑞丽，8 名核酸采样队员支援上海，5 名医护人员支援鹤庆。医院广大医务工作者舍小家顾大家，在州医院成功救治了 14 名新冠病毒感染确诊患者。

（二）在抗震救灾中，组织领航，彰显责任担当。2021 年 5 月 21 日，漾濞彝族自治县发生地震，党员干部星夜奔赴震中，争分夺秒抢救伤员，收治的 13 名受伤群众全部治愈，为人民群众筑牢了生命安全屏障。

（三）在医疗服务中，党员示范带头，做精做优医疗服务。通过引进专家、建立专家工作站、与基层医院签订医联体协议、与院校多方进行深度合作，全面提升学科水平，有效缓解了滇西地区患者看病难、就医难等问题。医院建成上海交通大学附属瑞金医院王东专家工作站、中国科学院大学重庆医院王槐志专家工作站等 11 个国内知名专家工作站；引进学科带头人王立成专家，组建心脏外科，心脏手术难度达到省内先进水平；医院人工耳蜗植入手术填补了大理州技术空白；专家下沉到州内外县级医院建立 22 个专家工作站，提升基层医疗服务能力。

（四）在重点工作中，聚焦民生所需，彰显社会责任。医院党委坚持“典型引路法”，聚焦民生所需、患者所求，不断总结和创新“党建 +”工作模式。“党建 + 重点项目”，全力推进州医院医疗核心区和传染病医院建设，目前医疗核心区已整体封顶；州传染病医院建设项目进入装修阶段，为人民群众创造了更好的就医环境。“党建 + 民族团结”，州医院成功创建为全国民族团结进步示范单位；“党建 + 乡村振兴”，州医院真情实意帮扶挂包点复兴村，下派的两名党员与村组干部打成一片，守住不发生规模性返贫这条底线，瞄准乡村振兴这个目标，走村入户，做实工作。

（五）在创先争优中，亮点频出，起到示范引领作用。2021年，医院各项业务指标实现稳步增长，党建、党风廉政建设、乡村振兴工作再创“三优”佳绩；荣获“2021年度全省党建读物学用平台示范点”荣誉称号；被中共中央宣传部授予“全国学雷锋服务示范点”；荣获云南省2021年度“艾滋病抗病毒治疗综合指标达标奖”；荣获“云南省科普教育基地”认定并授牌；2022年，医院团委荣获“全国五四红旗团委”荣誉称号;《擦亮“白州医院”党建品牌以高质量党建引领医院高质量发展》入选2021年中国公立医院高质量发展论坛医院党务建设创新典型案例;《塑造服务品牌　情暖红土大地——公立医院铸牢中华民族共同体意识的探索与实践》入选医院优质服务创新典型案例;《安心抗疫 后方有我》志愿服务项目被中国医院人文品牌峰会组委会评为2021年度中国医院人文品牌建设“风尚案例”荣誉称号。

做新时代人民健康卫士

西安交通大学第一附属医院党委

西安交通大学第一附属医院建院60多年来，涌现出大批先进典型和模范人物，骨科的殷培璞教授是其中最具代表性的医者。

殷培璞教授是我国著名的地方病科学专家，在20世纪50年代后期，他承担起国家重大科研课题——大骨节病的防治研究工作。自1976年起，他扎根陕西省永寿县、麟游县等病区，首创了大骨节病5步14个动作快速检查法，首先提出“吃杂、改水、讲卫生”综合防治理念，并首次科学创制大骨节病手术治疗方法。1985年，殷培璞代表中国在世卫组织学术大会上报告大骨节病研究成果。从那以后，陕西省一直坚持采用殷培璞的研究成果，地方病得到有效控制，截至2020年，全部病区县均达到国家控制和消除的标准。

为了传承弘扬殷培璞教授的精神，医院党委在2018年率先开展了“学习弘扬殷培璞教授精神，做新时代人民健康卫士”活动，在陕西省卫健委的支持下，通过组建一支宣讲团、展开一次大讨论、开展一系列传承活动、建立医学人文教育的基地、推出一系列文化作品、形成一种价值认同的“六个一”工程，高树旗帜、凝聚精神、汇合力量、励志笃行，持续在陕西全省掀起学习热潮，形成了医院乃至陕西省卫生健康思想政治工作的特色品牌。

一、组建一支宣讲团

2018年5月8日医院在推荐筛选、专业老师培训、多场院内宣讲的基础上，组建了一支由殷培璞教授的学生、救治资助过的患者、继承大骨节病防治事业的骨科医生以及青年志愿者等50余人的报告团，在全省开展“弘扬殷培璞教授精神，做新时代人民健康卫士”主题巡讲活动，先后走进陕西省卫生健康委机关、陕西

▲2018 年 5 月 8 日，医院牵头成立陕西省殷培璞教授先进事迹报告团

省内部分高校、各大医疗机构及西安、宝鸡等十余个市县，历时 9 个月，累计宣讲 22 场，从不同角度、不同侧面，深情讲述殷培璞近半个世纪扎根大山、服务病区的感人事迹，感人至深，催人泪下，直接观众 1.1 万余人。

二、展开一次大讨论

医院将学习习近平新时代中国特色社会主义思想及贯彻落实党和国家医疗卫生健康工作方针政策，与传承弘扬西迁精神、抗战迁陕精神和学习殷培璞教授精神相结合，作为“不忘初心，牢记使命”、爱国奋斗主题教育活动以及“奋进新征程 建功新时代”专题活动等学习宣传活动的重要内容，在全院广泛组织开展殷培璞教授精神大讨论，从理论、思想、实践三方面，总结凝练出“矢志不渝攻关、一生为民情牵、科学防治结合、扎根病区奉献”的殷培璞教授精神。在此基础上，形成了长效机制，每年围绕学习宣传落实主题，立足医教研管实际工作，不断丰富、深化和推进殷培璞教授精神落实落地，推进各项医疗卫生健康事业高质量发展。

三、开展一系列传承活动

围绕传承精神，医院先后开展了多项医疗服务主题实践活动。在地方成立大骨节病等地方病防治中心 / 治疗基地，开展医疗帮扶工作，助力健康中国战略的实施。组建以殷培璞教授命名的骨科骨干医师服务团队，经常牺牲休息时间赴病区开展义诊，建立“交大一附院—麟游骨科疾病诊疗群”，借助互联网技术进行远程诊疗，为大骨节病患者提供无偿医疗服务。选树了一批“人民好医生”“三秦楷模”“抗疫先进个人”等殷培璞教授式的先进典型，在医学教育中融入人文教育，培养卓越可信赖医生……

作为教学医院，在骨关节疾病章节的学习中，教学团队拓展融入了陕西地区高发的骨关节疾病大骨节病及其防治专家殷培璞教授的感人事迹，让学生感受到老一辈医务工作者的仁心仁术、甘于奉献的精神，为医学生成长提供榜样力量，增强学生的职业认知与职业认同。

四、建立医学人文教育的基地

在上级部门及领导的支持下，在殷培璞教授墓地和纪念馆的现有基础上，打造陕西省医学人文教育高地，并力争成为全国性医学人文教育基地。

每年清明节，医院组织干部职工在殷培璞教授墓前扫墓祭奠，开展医学人文教育培训和为当地群众义诊咨询服务活动。每年，陕西省医疗卫生机构和当地政府、学校都会组织干部职工走进纪念馆，感悟大医精神。

五、推出一系列文化作品

经过多年的资料收集整理，在 2016 年院庆 60 周年之际，医院编印了以殷培璞教授等医院老一辈先进典型为主要内容的《大医担当》。以殷培璞教授事迹为主线，联合摄制电影《信念一生》，于 2020 年 8 月 19 日中国医师节当天在全国公映。作为医师节致敬中国医者的医疗题材电影，公映后反响巨大，国家卫生健康委将电影作为“五个一工程”候选项目上报中宣部。

2021 年邀请专业作家共同撰写《医者仁心——防治大骨节病专家殷培璞教授纪事》，同年 10 月，在延安举行的由中央文明办、国家卫生健康委主办的全国道德模范与身边好人“中国好医生、中国好护士”现场交流活动中，骨科副主任医师李萌讲述殷教授和大骨节病之间的故事及对其精神的传承。

六、形成一种价值认同

医院将殷培璞教授精神融入医院建设发展进程中，落实在日常医疗服务工作中，召开专题研讨会，形成思想认同、感情认同、价值认同，丰富殷培璞教授精神内涵和高尚品质，绵绵发力，久久为功，激励和引导广大医务工作者献身医学事业的信念。

在殷培璞教授先进事迹的激励和感召下，陕西全省卫生健康系统正在将殷培璞同志的崇高精神转化为干事创业的激情和动力，学先进、见行动、争优秀、比奉献，推动卫生健康事业高质量发展，不断提升三秦百姓健康获得感和满意度，推进健康陕西、健康中国建设。

七、伟大时代呼唤伟大精神，崇高事业需要榜样引领

殷培璞教授的事迹和精神是激励医院广大教职员工、学员、学生前行的强大力量。近年来，医院坚持“四个面向”着力打造一流学科，聚焦“国考”全面深化改革，胸怀“国之大者”创建国家医学中心，在全国三级公立医院绩效考核中位居全国前列、西北第一，医院荣获全国抗击新冠疫情全国先进基层党组织、先进集体，2021 年入围国家医学中心首批“辅导类”创建单位……

建设书香医院　弘扬医学人文精神

西安医学院第一附属医院党委

一、基本情况

西安医学院第一附属医院创建于 1951 年，当时为西北军区第一野战军总后勤部卫生部疗养院，现已成为一所集医疗、教学、科研、预防保健、康复与急救为一体，具有较强救治能力、较高科研水平和国际交流能力的综合性三级甲等医院。

院党委以习近平新时代中国特色社会主义思想为指引，全面落实新时代党的建设总要求，坚持党建引领医院文化建设，深入探索“党建 + 文化”的模式，推进思想政治教育与医院文化深度融合，持续发挥文化启智润心作用，不断增强医院高质量发展的软实力。

书香医院建设是医院讲好医院故事的阵地，是传播健康文化的舞台。书香支部、书香科室通过“健康 + 阅读”“医学 + 写作”，举办分享会、故事会、赏析、对话等系列活动，让书香医院成为连接患者、医者和社会的医学人文交流平台。

二、活动内容

（一）用丰厚百年党史滋养新时代大学附属医院精神文化。自开展党史学习教育以来，院党委认真谋划和部署，紧紧围绕“学党史、悟思想、办实事、开新局”，统筹推进各项工作。

院党委理论学习中心组每月进行集中学习，围绕“党的初心使命”“党的光荣传统和优良作风”“党的教育方针”等主题开展交流研讨，通过主题交流研讨，不断提升对马克思主义的真理认同，增强历史定力，增强听党话、跟党走的坚定信念，升华党员干部的精神境界，不断激励党员干部在实际工作的开展中凝心聚力、开拓创新。

医院先后进行《中共中央在陕北十三年》和《学习党的十九届六中全会精神》专题宣讲，邀请延安精神研究中心教授讲授《走进习近平的知青岁月》专题党课。院领导、党委委员、党支部书记赴延安进行实地现场教学，聆听了由延安市委党校教授讲授的“习近平的七年知青岁月”“白求恩精神”专题讲座。通过参观学习，加深了对艰苦奋斗、理论联系实际、不断开拓创新、实事求是的延安精神的了解，更是砥砺了学员们坚定正确的政治方向，不忘初心，牢记使命，为社会主义建设贡献力量。

开展微朗读、微故事分享、微视频访谈。院网站开设“党史学习教育”专栏，对党史学习教育活动进行持续性集中报道和宣传，方便全体教职工、学生查阅。院微信公众号设立“有声党史”微党课栏目，邀请党委书记、组织员、党委委员、党支部书记讲读党史。

（二）培育特色文化，建设书香医院。医院新文化建设根基在医患的精神发育，思想升华。因此，医院阅读风尚的养成关乎医患和谐、职业精神、生命意义，关乎疾苦观、生死观、医疗观。医者的精神追求离不开阅读，阅读润志、润心，是实践医学人文关怀非常好的路径。

医院创办文化季刊《梨花风起》，首期以抗疫为主题，彰显党支部战斗堡垒作用和党员先锋模范作用，记录抗击新冠疫情中的工作纪实、感人瞬间、思想感悟，弘扬伟大抗疫精神，激发医者承担时代责任的神圣使命感，彰显医院各岗位上的医务工作者风采，培育具有良好叙事素养的医疗人才，鼓励教职工踔厉奋发、笃行不怠，构建和谐医患关系、推动医院高质量发展。

▲2021 年 12 月 10 日，医院举办叙事医学分享活动

2020 年开辟《医声朗读》栏目，每月邀请一位医者对读书的感悟，通过医者自己的声音，诉说成

长中的困惑，对生命的感悟。《医者传承》在微信公众号上推出一个个医者故事，连续三年在护士节、医师节共推出了16位医疗护理岗位上的优秀楷模，展现医院发展变迁与一代代医者拼搏成长的故事。撰写的人物事迹已被遴选并被“学习强国”陕西平台、西部网、陕西头条等广泛宣传报道。

（三）成立叙事分享中心，培育人文医者。2021年12月18日，揭牌成立了西北首家“生命健康叙事分享中心”，将叙事医学与临床实践相结合，培育拥有良好叙事素养的医疗人才。开设“叙事医学”“叙事护理”专栏文章近12篇，共享医护人员在临床工作中的故事与思考。配备核心叙事书目作品库，举办多期叙事医学故事分享会，以阅读、写作滋养医者的人文精神。

三、取得成效

医院以打造“书香医院”为落脚点塑造“暖医”品牌的不懈努力，让越来越多的医者更加深刻理解医学人文在医疗工作中的重要性，更能够浸入服务对象的世界中，激发起同理心，将对患者的关注、关怀与尊重自觉融入工作的点滴细节中。通过读书活动增强医护人员学习的自觉性，弘扬医学人文精神，提高医学人文素养，提升健康服务水平，为医院建设发展提供思想保证和精神动力。

用活“12345”党建品牌 引领医院高质量发展

陕西省西安市儿童医院党委

一、基本情况

陕西省西安市儿童医院是陕西省儿童医学中心、国家儿童区域医疗中心，陕西省、西安市唯一一所集医疗、教学、科研、预防、保健、康复、管理及院前急救于一体的三级甲等综合性儿童专科医院。

院党委下设 17 个党支部，共有 744 名党员，其中在职党员 541 名。近年来，院党委认真贯彻落实党的路线方针政策，坚持以习近平新时代中国特色社会主义思想为指引，坚持公益性办院方向和以“患儿为中心”的服务理念，切实履行党建责任，突出党建主体地位，建立“大党建”格局，以党建工作的“一根针”穿起业务工作的“千条线”，用足用活“12345”党建法宝，破解“两张皮”，强化“双融合”，立足国家儿童区域医疗中心建设，践行健康中国发展战略。

二、主要做法

（一）聚焦健康中国战略，抓实“一个精神内核”，把好“方向盘”。西安市儿童医院是根植于 1939 年的延安中央医院，院党委始终坚持以“继承红色基因 传承儿医血脉”为理念，通过建设院史馆，出版 80 年院志，在延安中央医院旧址及医院现址立碑铭志，与中国延安精神研究会联合主办《人民的医院 伟大的精神——延安中央医院建院 80 周年纪念文集》首发仪式等一系列举措，将延安精神内化于心、外化于行。

（二）聚焦公立医院党建，提出“双亮品牌建设”，用好“助推器”。在推动基层党支部建设标准化、规范化的基础上，全院各党支部开展“一支部一品牌”特色创建活动，从品牌名称与内涵、创建机制与成效入手，围绕党支部建设、党建促业务等重点，形式多样地开展特色党建品牌创建工作。目前已形成“三亮两带”“以科研支撑核心技术，打造学术型支部”等一系列独具特色的党建品牌；“健康大讲堂”“助残微公益”等形式多样的党员志愿者活动品牌；“党建联建＋科研”“书香致远”等丰富多彩的党建项目；“党员先锋岗”“党建品牌擂台赛”等党员创新创效工程，切实把各支部建设成凝聚人心、推动发展、促进和谐战斗堡垒。

（三）聚焦区域医疗中心建设，明确“三大攻坚战”，画好“坐标轴”。针对医院发展面对的三大重点工作——经开院区建设、国家区域医疗中心建设及评估、三级公立医院绩效考核，院党委在全院启动打赢“三大攻坚战”三年行动计划。全院上下形成“书记院长亲自抓、分管领导具体抓、支部科室全力抓、职能部门精心抓”的工作格局，采取“倒计时”的工作方法，将重点工作、重点项目、重点任务分解量化到月、到周，确保各项指标抓紧、抓实、抓细、抓到位，促进各项指标一一落地。2022 年重点围绕“国家区域医疗中心建设提升”，成立 12 个工作组，

▲2021 年 3 月 16 日，医院与中建八局第二建设有限公司支部党建联建启动仪式在经开院区建设现场举行

以“五大提升行动十大精准路径”为切入点，进一步凝聚共识、汇聚合力。

（四）聚焦深化医疗体制改革，构筑“四轮驱动”，跑出“加速度”。

一是构筑以国家儿童区域医疗中心为己任的辐射引领驱动。在西安市内打造半小时就诊圈，形成“一院三区七门诊”的儿科医疗服务格局。成立中国遗传学会遗传咨询远程会诊中心（西安分中心）互联网医院，远程神经电生理诊断、心电诊断及影像诊断中心相继投入使用。作为90余家成员单位的“西北儿科联盟”牵头单位，全面落实国家医改和分级诊疗政策，带动提高区域内儿童医疗、教学、科研及预防保健服务水平。

二是构筑区域急危重症救治为主的医疗驱动。在现有1个国家重点专科建设单位，3个陕西省级重点专科，14个西安市级重点专科、优势专科和培育专科的基础上，进一步均衡优质医疗卫生资源布局，细化完善学科建设，外科系统已从4个专业两个病区发展到现在的13个专业11个外科病区，小儿内科系统涵盖16个相关专业19个病区，陕西省儿童疑难危重症多学科会诊中心落户医院，多项医疗技术达到世界先进水平。

三是构筑区域遗传病罕见病为主的科研驱动。依托“三大平台”（陕西省儿科疾病研究所、陕西省儿科疾病诊疗转化医学工程研究中心、陕西省儿童疾病临床研究中心）及陕西省级重点实验室——陕西省儿童疾病精准医学实验室，设立教研室、临床技能培训中心及科研基地，近年来取得明显成效，医院科研工作捷报频传。申报国家自然科学基金共26项，获批2021年西安市博士后创新基地资助项目1项，2022年国家、省、市继教项目52项。

四是构筑区域儿科紧缺人才为主的人才培养驱动。坚持党管人才原则，以“引进人才—组建团队—成立科室—建设重点科室—完善学科系统布局”为步骤，以科研课题协作、带项目进院、技术攻关、合同聘用等灵活方式引进高层次人才，各学科取得跨越式发展。创新人才培养机制，近3年发展党员高知群体占比为45%，党员担任中层占比为64%。

（五）聚焦推进高质量发展，落实“五大机制”，筑起“防护墙”。

一是落实我为群众办实事的长效机制。以“解决群众看病难、提效增速行政效能”为出发点，持续提升“我为群众办实事”工作内涵，连续两年相继推出符合儿医特色的“两大板块五个聚焦十项行动”“五大行动二十项举措”，努力破解诊疗服务中出现的问题和就医流程中存在的难题。

二是落实党建和党风廉政建设责任考核机制。建立党建、党风廉政建设责任制网络，把各支部、各科室落实党建和党风廉政建设责任情况纳入年度目标考核，与评优评先挂钩，做到纵向到底，横向到边。

三是落实党建查房机制。由院领导班子作为主体，围绕党支部自身建设情况，重点任务推进完成情况，强化服务群众情况，问题整改落实情况，解决难点热点问题五个方面定期开展“党建查房”，督导支部及科室针对反馈问题，加强整改并建立长效机制。

四是落实提醒谈话机制。院领导班子成员围绕群众反映、巡视巡察反馈等内容及政治、思想、工作、生活、作风、纪律等方面的苗头性、倾向性问题开展定期或不定期提醒谈话。加强重点人员、重点岗位的监督，通过抓好“关键少数”带动“绝大多数”。

五是落实急难险重任务引领机制。聚焦新冠疫情防控工作等急难险重任务，充分发挥党支部的战斗堡垒作用和党员先锋模范作用。第一时间在院内防控一线设立“党员先锋岗”，成立“临时党支部”“抗击疫情青年先锋号”，累计500余名同志前往武汉、长春、西安市新冠病毒感染定点收治医院等开展抗疫工作，近十名党员同志荣获全国抗疫先进个人、西安市劳动模范等称号。

三、取得成效

“12345”党建工作方法以易记易懂的品牌提炼、清单式的实施方案、针对性的活动设计和有效的制度机制，促进了党建与业务工作的“双融合双促进”，为实现以高质量党建引领医院高质量发展，推动健康中国建设提供了坚强保障。

近年来，医院获批国家儿童区域（西北）医疗中心，并先后荣获“全国五一劳动奖章”，全国巾帼文明单位，全国实施妇女儿童发展纲要先进集体，全国五四红旗团委，陕西省先进集体，陕西省先进基层党组织，陕西省三八红旗集体，国家卫生健康委“群众满意的医疗机构”“中国医院质量管理卓越奖”“全国改善医疗服务先进典型医院”，陕西省医院思想政治工作先进单位，连续多年荣获西安市卫生健康委综合目标考核优秀单位等称号。

党建铸魂　服务创先

甘肃省第三人民医院党委

一、基本情况

甘肃省第三人民医院始建于1982年，是集医疗、科研、教学、预防、康复、职业病、老年病、医养结合、卫生信息化为一体的三级甲等综合医院。医院现有41个临床医技科室，始终秉承人民医院为人民的服务宗旨，不断提高医疗质量，完善管理体系，为实现现代化公立医院发展目标不懈努力。近年来，医院党委全面加强公立医院党建工作，形成“党建铸魂、服务创先”党建品牌，紧扣业务强党建、抓好党建促发展、促进发展惠民生，推动医院党建工作与业务工作同频共振，党旗与白衣交相辉映，释放新时期公立医院践行健康中国战略的“力度”与“温度”。

二、主要做法

医院党委在“党建铸魂、服务创先”品牌建设和管理过程中，持续实施强标准、强制度、强阵地、强活动、强文化、强实效的“六强”党建战略，形成条理清晰的党建工作体系，全院动员能力和资源统筹能力不断提高。

（一）强标准。将党建工作指标从定性转向定量，将原有的7个党支部调整重组为20个党支部，强化业务骨干“双培养”机制，在支部所含科室就近设立党员活动室作为党支部开展各项活动的前沿阵地，院党委委员包抓联系支部，完善党支部工作台账，形成“一支部一特色，一支部一亮点”的特色服务建设体系。探索建立党支部和支部书记考核评价办法，重点突出为民服务工作成效评价，推动各支部呈现“学比赶超”的积极工作氛围。

（二）强制度。坚持在制度上着力，严格落实党委领导下的院长负责制，落实“一岗双责”，把党的领导融入医院治理各环节。以抓住关键少数、注重督促指导为主线，制定实施方案，健全党委、支部、党员三个层面的工作制度。坚持党管干部、建管并重，加强制度化、规范化建设力度，推动各项工作高效有序开展。采取常态督导与专项督导相结合，坚持“季初提示、季中督导、季末讲评”，坚持对发现的隐患、问题“点对点”帮带、“面对面”研究、“实打实”整改，为党建工作成效转化为为民便民工作实效打牢基础。

（三）强阵地。开展“班子成员深入基层开展调研”专项活动，通过“班子成员齐亮相、科室主任提建议、医疗行政齐研讨、达成目标共解决”筑强筑牢阵地建设。班子成员形成 9 个调研小组，2022 年深入科室调研 90 余次，征集意见建议 120 余条，集中解决患者和职工急难愁盼问题 50 余件。以群众需求为导向，通过“引、传、帮、带、教”等多种形式，加快优秀青年骨干人才培养。持续开展“最美党支部”“行政科室优质服务年”“临床医技科室质量创新年”活动。组织各党支部与街道、社区、帮扶村、帮扶医院党组织结对共建，建立“为民爱心驿站”，开展医疗服务和健康知识讲座等义诊活动，形成“线上线下、区域覆盖”的为民

▲2021 年 9 月 17 日，医院承办甘肃省卫生健康委党史学习教育知识竞赛并获得一等奖

服务链条，累计服务20余万人次。

（四）强活动。院党委把着力抓好学习教育，深化思想政治引领，以“跟进学”强化“跟着走”指导“创新做”。在探索多元化“互联网+党建”的创新模式下，通过理论结合实际，持续用力打造医院“党团园地”微信公众平台，开展“红色经典引读”、党史百年每日学、党史故事每日分享、“学党史铭初心”每日一答、应知应会等专栏专项，不断深化党员干部理论知识学习和思想政治建设。坚持党委班子成员以上率下，充分利用线上线下资源融合，以智能技术助推党建发展，党建工作实现“智慧升级”。通过主题演讲比赛、读书分享会，营造党员干部群众浓厚的学习氛围。增加线下实际参观学习，通过“红色寻访”主题实践教育培训深入开展党性教育。

（五）强文化。深入挖掘党建文化内涵，让党建更具生命力和群众基础。医院坚持“思想建党，文化建院”，弘扬“厚德 仁爱 博学 创新”的文化精髓，把为民服务的精神贯穿于党的组织生活的始终。建立了党建文化博览墙，举办书画作品展，录制“唱支红歌颂党恩，不忘初心跟党走”MV，为职工修建职工之家、职工书屋、健身房等丰富医护职工文化生活。搭建了“名医名家大讲堂”“健康百家谈”“百姓话健康”“岐黄大家圆桌会”等平台，利用多种形式，使人文融入医学、让医学回归人文，以坚定地文化自信，引领服务内涵。

（六）强实效。近年来，医院以精细化管理为引领，深入推进三级公立医院绩效考核，实现核心能力持续提升。医院不断加快推进区域医疗“中心”，全省老年病、慢性病、职业病“中心”，医养结合“中心”的发展定位和“五大中心”建设，构建起高效便捷的急危重症救治保障网，持续深化急危重症快速救治体系建设。关注群众诉求，把党建平台搭在群众“家门口”，把连心服务送到群众“心坎上”，找准疫情防控与群众日常看病就医的“平衡点”，打通服务基层群众的“最后一公里”。

三、案例成效

（一）通过党建实现内聚人心、外树形象。近年来，医院荣获全国“平安医院”，甘肃省“先进基层党组织”“抗击新冠疫情先进集体”“文明单位”“五一劳动奖状”等荣誉；挂牌成为甘肃省职业病防治中心、老年病防治中心、医养结合质量控制中心，担负多所大学临床教学基地。逐渐由甘肃全省医养结合省级试点单位向甘肃全省“医养结合”中心定位不断迈进。涌现出甘肃省卫生行业骨干人才、甘肃省抗击新冠疫情先进个人等一批先进集体与个人。

（二）通过党建激活发展细胞、强基固本。根据群众需求发展特色卫生健康服务，竭力弥补西北偏远地区公立医院发展的不足，医院在人才队伍建设、专业学科发展、科研教学实践、高精技术引进等方面实现跨越发展，为地方经济社会发展融入国家战略规划建设提供了有力的健康支撑。与多所高等院校、企事业单位联合成立医教研中心和重点实验室，形成地区完善的急危重症救治网络体系，为群众提供诸多更新、更多、更好的医疗服务。

（三）立足党建寻发展、保促民生稳民心。医院通过“党建铸魂、服务创先”品牌建设，集成了党建工作的方方面面，切实转变了工作作风，从党委到支部、党员形成聚焦群众诉求谋发展的共识，找准群众健康的迫切需求，搭建了一批为民服务的创新载体，切实发挥功用，达到了群众得实惠、党员得锤炼、医院得发展的目的，进而通过公立医院这一特殊窗口进一步加强党与人民群众的血肉联系，践行新时期公立医院彰显“公益”的使命和责任担当。

党建助力各项工作稳步提升

青海省妇幼保健院公共卫生党支部

青海省妇幼保健院公共卫生党支部成立以来，在院党委的正确领导下，充分发挥战斗堡垒作用，认真抓好党建工作，以党建促各项工作的开展，全体同志勇担当、真作为，为医院的创新、发展作出了自己应有的贡献。党建工作在思想建设、组织建设、作风建设等方面呈现出新的亮点。

一、基本情况

2020 年 7 月，青海省妇幼保健院公共卫生党支部根据医院党建工作需要，对支部进行了调整，改选了支部委员，创建新的公共卫生党支部，现有支部党员总共 7 人，入党申请人 2 人，分别来自项目办、新生儿疾病筛查中心。设有支部书记 1 名、组织委员 1 名、宣传委员兼纪检委员 1 名。

党支部自成立以来，认真贯彻中央精神和院党委的各项工作要求，积极谋划支部建设方向，制订工作计划，落实支部书记抓党建和全面从严治党主体责任，认真履行“一岗双责”，重视党风廉政建设，推动党建工作与业务工作相结合，努力服务医院发展、助力项目工作稳步提升。

二、主要做法及取得成效

（一）严格组织生活制度，保证党内政治生活常态化进行。支部认真落实党支部“三会一课”等各项制度，创新学习方式，注重将传统的学习方式和现代信息技术结合起来，组织大家开展政治学习。特别注重引导大家学习各级各部门文件，尤其是医疗系统发布的最新政策方针。及时传达院中心组会议精神，引导大家积极投入医院发展。更新学习园地，营造浓厚的党建氛围。开展多种形式的学习教育活动，积极培养入党积极分子，广泛征求党员群众意见，积极组织召开支部大会进行讨论。

（二）加强党风廉政建设，营造良好政治氛围。支部高度重视从严治党和党风廉政建设工作，及时传达学习和贯彻落实从严治党和党风廉政建设系列文件精神。做好党员的谈心谈话工作，认真组织开好组织生活会。运用好监督执纪“四种形态”，经常红红脸、出出汗，时刻提醒每名党员要保持清醒的头脑，做到廉洁自律，两袖清风。

（三）创新党建活动载体，提高支部凝聚力和向心力。

1. 充分体现公共卫生职能。积极配合卫生行政部门做好辖区妇幼健康管理，全省妇幼卫生指标全面达标，为青海全省“十三五”收官画上圆满句号。组织省级各医疗机构妇幼卫生专家，指导基层加快危重孕产妇和新生儿救治中心建设，完善转诊机制，按照《妊娠风险评估与管理工作规范》要求，做好孕产妇妊娠风险筛查和评估。开展青海全省孕产妇和新生儿死亡评审工作，为行政部门科学决策提供有效数据和合理建议。在疫情防控中，配合医院做好院内疫情防控工作，积极派人冲锋一线，参加预检分诊各项工作。

2. 在院党委的带领下，赴互助县、贵德县等多地开展新生儿疾病筛查主题党日活动。为贫困地区苯丙酮尿症儿童捐赠特殊食品，并在农工党青海省委员会的大力支持下，在海南州、西宁市开展苯丙酮尿症患儿救助活动。为患儿家庭送去了温暖和希望，社会效益良好，使群众多方面了解了预防出生缺陷疾病的惠民及医疗保障政策，引导群众主动接受孕前优生健康检查、孕期保健、产前筛查和诊断、新生儿疾病筛查等服务。

▲公卫党支部开展苯丙酮尿症患儿救助活动

3. 业务和党建充分融合。组织青海全省开展孕产妇和儿童系统管理方面的妇幼专干培训。积极开展妇幼健康服务督导行动，针对妇幼卫生年报、孕产妇和5岁以下儿童死亡监测、重大公共卫生服务项目、出生医学证明管理与软件操作等12项业务进行专题培训和现场技术指导和考核质控，打造一条新型“妇幼健康服务链条”，构建科学合理的妇幼保健计划生育服务体系，提高妇幼健康服务质量。

4. **与妇联等部门加强沟通、密切配合。**充分发挥“联”的优势，党支部书记受邀参加妇联组织的全省医改任务年终督导考核工作，与基层多部门、多系统交流，吸收经验，加大对婚前检查重要性和“两癌”“两病”筛查的宣传，保证青海全省的妇幼卫生工作顺利推进。

5. **开展多种形式的主题党日活动。**赴青海省藏医药博物馆进行了参观学习，详细了解青海省藏医药文化的起源与发展，并结合医院发展理念，提高医务人员的专业素养。组织开展以“公益植树添新绿，献礼建党100年”为主题的植树活动。提高了植树造林和保护生态环境的意识，进一步增强了保护生态平衡和绿化家园的责任感，提升了党员队伍的凝聚力及服务社会、回报社会的意识。

党建引领　文化聚力

宁夏回族自治区银川市第一人民医院党委

1957 年 7 月 1 日，作为宁夏回族自治区成立的献礼工程，银川市第一人民医院成立了。进入新时代，医院党委基于历史脉络，在全院提出了让爱党爱国成为奋进新征程鲜明底色的“五色党建”文化理念，探索出了一条党建引领公立医院高质量发展的新路子。

一、基本情况

银川市第一人民医院党委下设 4 个党总支、24 个党支部，其中五星级党组织 2 个、四星级党组织 4 个、三星级党组织 12 个。党员 577 名，其中在职党员 441 名、离退休党员 136 名。进入新时代，医院高举习近平新时代中国特色社会主义思想伟大旗帜，提炼形成了医院“红色堡垒、黄色预警、青色人才、绿色公益、蓝色智慧”五色党建文化品牌，促进了医院党建、文化、学科、管理、人才“五轮”驱动发展战略，为医院发展注入“源头活水”。

二、具体做法

（一）实施红色堡垒，强化基层组织建设。医院党委始终坚持以党建引领医院学科发展，把支部建在学科上，把党建和业务相融合，积极探索“互联网 + 党建 + 医疗”的三联合新模式，形成了医院“五色党建”文化品牌。在医院党建文化品牌的引领下，不断树牢全院党员干部职工“仁心仁术 至德至精 为师为范 立信立民”的医院精神，这为医院的发展和建设提供了强大的精神动力。医院各基层党支部结合各自特点，开展了内涵丰富、富有特色的党建文化品牌提升活动。

1. 妇产联合党支部“五心聚力，相伴成长”构筑基层堡垒。紧扣“忠心向党、凝心堡垒、精心业务、用心服务、关心社会——五心聚力”工作模式，以创建学习型、创新型、服务型、廉洁型、聚力型的党支部建设为重点，以实现创新型的支部班子、学习型的党员队伍、长效型的工作机制、服务型的党内活动为目标，成功创建五星级党支部，打造全区妇儿健康治疗与服务示范基地，为人民健康保驾护航做先锋。

2. 药学党支部“党建引领 三方联动”推动互联网＋药学新发展。借鉴新医改“三医联动”模式，建立“党建引领，三方联动”党建文化品牌。即心灵处方：不忘初心，充分发挥党员模范带头作用；药物处方：创新学科，建设银川市区域处方审核流转平台和精准药学服务平台，维护人民群众健康权益；服务处方：责任担当，持续开展“汇聚药师爱的力量”走基层活动，深入对口帮扶基层医院和社区卫生服务中心做好定点技术指导帮扶。

3. 社区党支部“三五守初心、六精促健康”探索新型社区发展模式。紧扣“五民、五心、五全”“精准定位、精准管理、精准服务、精准诊疗、精准指导、精准促进”理念，依托“135+”新华家庭医生团队，积极推行家庭医生签约服务管理制，借助中医“治未病”理念及其传统优势，利用“互联网＋”医疗途径，落

▲将健康知识送到基层

实分级诊疗、双向转诊、专家下社区、远程会诊，打造家门口的“15 分钟医疗圈”，让老百姓在家门口享受三甲医院的诊疗服务。

（二）实施黄色预警，助推党风廉政建设。医院建立了《公立医院章程》等核心制度，把党的领导融入医院治理各环节，确保党委领导下的院长负责制得到有效落实，保障党建工作与医院高质量发展协同联动。研究制定了《党委会议事规则》《三重一大议事规则》《院长办公会议事规则》，实现了医院“三重一大”问题党委把关和决策常态化，落实重大事项集体领导、民主决策、副职分管、正职监管的机制，压紧压实从严治党责任，用制度管人管事。将中医“治未病”理念引入廉政教育，建设中医“治未病”廉政教育园地。形成立体式常态化的监督教育机制：聘请社会行风监督员、设立举报监督热线电话和“一键评”、建立患者满意度评价平台、医德医风电子档案管理平台、投诉处理记录平台、临床一线医务人员红黑榜通报奖惩机制、院领导“值班日”和领导班子下临床科室调研查房制度，持续改善医疗服务行为、提升医疗服务质量，推进全面从严治党落地见效，确保党委主体责任和纪委监督责任落实到位，形成党风廉政建设战斗堡垒。

（三）实施青色人才，引才育才科教兴院。医院党委始终坚持党管人才，大力实施人才强医战略。提出“十年百人”的人才培养发展目标，出台《“十年百人”人才建设方案》等，以“星级示范、双强争先”为抓手，实施做党建带头人、学科带头人的“双强双带”能力建设和培养工程，重点培养两支队伍（领军人才队伍、技术骨干队伍）、四类人才（专业领军人才、高学历人才、学科带头人才、技术骨干人才）。积极推行“柔性引才”，邀请全国知名院长、国家及省部级有突出贡献的专家来院开展学术交流、临床手术指导、科研合作、提升专业人员学术科研水平。

（四）实施绿色公益，认真履行社会责任。医院党委充分发挥各党总支、支部、工会、团委和临床一线科室的优势，成立了核心专家团队基层分队、阳光志愿者服务队、医疗健康服务小分队，深入开展“健康助力行”、志愿者服务等。聚焦乡村卫生健康服务体系短板弱项，组织动员全院 23 个党支部“手拉手”对口帮扶 15 个重点村（社区）卫生院、卫生室，精心选配核心专家组建“核心专家健康讲师团”，启动“村医学堂”项目，将先进医疗技术留在基层，助推乡村振兴。同时，坚持常态化的深入学校、企业、社区、扶贫村、军民共建点开展义诊、咨询、健康扶贫、健康大讲堂、知识培训等，在奉献中创建星级支部、争当合格党员。

（五）实施蓝色智慧，打造“支部e站”智慧党建。把“支部e站”作为“智慧党建”一张靓丽的名片，依托门户网站、手机终端、电脑pc端+微信公众号，将传统党务工作与互联网技术相结合，使烦琐的日常管理工作得到整合优化。医院将智慧党建与“学习强国”、医院OA办公系统融会贯通，让医护人员随时随地利用零碎时间用手机学习微党课、业务知识，及时申请相关诊疗业务、提交意见和建议，各支部相互进行学习、交流和联络等，形成了党组织生活无处不在的新模式。

三、实施效果

通过实施五色党建文化品牌建设工作，积极打造阳光医院品牌，医院党的建设得到加强，基层党组织战斗堡垒作用得到充分发挥，党风廉政建设和反腐败斗争取得新成效，科研人才活力得到激发，文化建设成效显著，国际援助及疫情防控取得成果。医院获“全国文明单位”“全国三八红旗集体”“自治区抗疫先进集体”“百姓放心医院”等。一批先进基层党组织、优秀共产党员、优秀党务工作者、优秀医务工作者受到国家和区、市的表彰奖励，为夺取新时代医院高质量发展打下坚实基础。

后记

在有关各方的支持关怀下，本书正式出版了。

在此，对在本书编辑出版中给予指导和帮助的国家卫生健康委员会直属机关党委，中国卫生健康思想政治工作促进会各分会、各位特聘专家，以及北京、河北、上海、江苏、浙江、安徽、山东、河南、广东、重庆10省市优秀组织单位，各省（区、市）卫生健康思想政治工作促进会，中国人口出版社以及上海量欣科技有限公司等给予的大力支持，一并致以衷心的感谢和崇高的敬意！

为进一步发挥示范引领作用，挖掘与发现新典型，弘扬与传播正能量，中国卫生健康思想政治工作促进会将继续开展和配合各分会征集、编辑、出版具有本系统特色的“一地一品”优秀案例选编，以展示卫生健康系统的精神风貌、职业风范和时代风采。

由于时间仓促，水平有限，本书不足之处在所难免，欢迎大家提出宝贵意见，本书编委会将十分感谢。

本书编委会